Das Ich-will-mehr-Prinzip

Roswitha A. van der Markt

Das
Ich-will-mehr-Prinzip

Auf dem Weg zu einer
neuen Leistungskultur

Roswitha A. van der Markt
Hebertshausen, Deutschland

ISBN 978-3-8349-4473-3   ISBN 978-3-8349-4474-0 (eBook)
DOI 10.1007/978-3-8349-4474-0

Die Deutsche Nationalbibliothek verzeichnet diese Publikation in der Deutschen Nationalbibliografie; detaillierte bibliografische Daten sind im Internet über http://dnb.d-nb.de abrufbar.

Springer Gabler
© Springer Fachmedien Wiesbaden 2012
Dieses Werk einschließlich aller seiner Teile ist urheberrechtlich geschützt. Jede Verwertung, die nicht ausdrücklich vom Urheberrechtsgesetz zugelassen ist, bedarf der vorherigen Zustimmung des Verlags. Das gilt insbesondere für Vervielfältigungen, Bearbeitungen, Übersetzungen, Mikroverfilmungen und die Einspeicherung und Verarbeitung in elektronischen Systemen.

Die Wiedergabe von Gebrauchsnamen, Handelsnamen, Warenbezeichnungen usw. in diesem Werk berechtigt auch ohne besondere Kennzeichnung nicht zu der Annahme, dass solche Namen im Sinne der Warenzeichen- und Markenschutz-Gesetzgebung als frei zu betrachten wären und daher von jedermann benutzt werden dürften.

Lektorat: Ulrike M. Vetter, Sabine Bernatz

Gedruckt auf säurefreiem und chlorfrei gebleichtem Papier.

Springer Gabler ist eine Marke von Springer DE. Springer DE ist Teil der Fachverlagsgruppe Springer Science+Business Media
www.springer-gabler.de

Für Johannes

Vorwort

Mai 2012 – der Dokumentarfilm der Regisseurin Carmen Losmann „Work hard – Play hard" läuft gerade in den Kinos und zeigt in einer ergebnisorientierten Business-Sprache, wie in der heutigen Arbeitswelt der „richtige Mitarbeiter" mit „viel Spaß" und voller Optimismus ganz in seiner Arbeit für das Unternehmen aufgehen soll. Diese Sprache ist mir bestens bekannt. Ich bin als Top-Managerin darin aufgewachsen. Auch ich habe sie mit der Muttermilch der jeweiligen Unternehmen aufgesogen; aber ich bin auch vom Herzen Geisteswissenschaftlerin und deswegen unter meinen Kollegen oftmals ein Exot. Meine ganz persönliche Erfahrung, meine Gespräche mit zahlreichen Klienten zeigen mir sehr klar, dass wir an einer Grenze angekommen sind. Viele meiner Klienten stellen sich dieselben Fragen: Wie viel sind wir bereit, für unsere Arbeit zu geben, sogar noch einen Schritt weiter: Wie viel sind wir bereit, für angeblich notwendige Wachstumsziele zu leisten, allein weil „die anderen" es von uns fordern. Viele erkennen oft zu spät, zum Beispiel nach einem Burnout, dass sie eben als erfolgreiche Manager mitnichten die Heroes unserer Zeit sind mit viel Gestaltungsfreiraum, sondern oft nur mehr fremdgesteuerte Marionetten eines gesamtgesellschaftlichen Leistungssystems, das sein Ziel in einer Hochleistungskultur verinnerlicht.

Dennoch – ich bin immer noch der Meinung, dass Leistung, Leistungsbereitschaft und Leistungsfähigkeit die wesentlichen Erfolgsfaktoren für den Einzelnen, für Unternehmen, Wirtschaft und Gesellschaft sind und auch bleiben werden. Fordern und Fördern sind richtige und wichtige Kernaufgaben jeder Führungskraft hinsichtlich seiner Mitarbeiter, genauso wie Werte, Vertrauen und Wertschätzung jedes Einzelnen. Ebenso Profit, denn ohne Gewinn kann kein Unternehmen überleben und Arbeitsplätze schaffen. Auch das muss sich jeder bewusst machen. Eine Firma ist keine Sozialeinrichtung. Eine Firma muss Leistung von ihren Mitarbeitern fordern und darauf vertrauen können, dass ihre Mitarbeiter bereit und fähig sind, Leistung für das Unternehmen zu erbringen. Das sind die Grundpfeiler des gegenseitigen Vertrags. Während früher von der Ausbeutung der Arbeiterklasse in den industriellen Vorhöfen der Hölle gesprochen wurde, haben wir es heute mit der subtilen Selbstausbeutung unserer Leistungsträger, der High Performer oder Bestleister zu tun, die wie die Lemminge freiwillig mit vollem Ehrgeiz und Leistungsbewusstsein dem Ruf nach dem „richtigen Mitarbeiter", dem „richtigen Manager" folgen.

Denn wir Bestleister haben viel gelernt in den letzten Jahrzehnten, kennen die wesentliche Managementliteratur und praktizieren optimiertes Zeitmanagement, springen zwischen Projekten und Zeitzonen hin und her. Nur eines haben wir verlernt: zu leben!

Da nützt es uns wenig, wenn Professor Fredmund Maliks Werk zu den Kernproblemen im Management: „Führen – Leisten – Leben" heißt, aber den wesentlichen dritten Part – Leben – außer Acht lässt. Seit seinem Erscheinen 2006 ist es verdientermaßen zum Klassiker der Managementliteratur geworden. Im Mittelpunkt stehen die wesentlichen Fragen und Antworten zu den Bereichen Führen und Leisten, jedoch nicht Leben. Professor Malik gibt selbst an, dass er explizit weniger dazu geschrieben habe, als die Position des Wortes im Titel vermuten ließe, ging aber implizit davon aus, dass seine Prinzipien eines wirksamen Managements gleichsam auch ein balanciertes Leben ermöglichten. Warum? Er stellt wirksames Management, richtiges Management, den Beruf in calvinistischer Leistungstradition grundlegend in den Dienst eines erfüllten Lebens. Sein Versprechen: Wer sich an seine Vorschläge hält, hat die besten Chancen, erfolgreich im Beruf zu sein und auch seine Work-Life-Balance dauerhaft in den Griff zu bekommen. „Gerade wirksame Menschen leben (dies) vor" (Malik 2006, S. 12).

Sein Wort in Gottes Ohr – vielleicht mag es manche geben, bei denen dies funktioniert.

Allerdings sprechen der Anstieg psychischer Erkrankungen, die Zunahme allein der Thematik Burnout in den letzten Jahren eine ganz andere Sprache. Als Executive Coach vieler High Performer, das heißt der Zielgruppe, von der Professor Malik spricht, sehe ich ein anderes Bild.

Gerade unsere Leistungsträger, diejenigen, die voller Engagement sind, voller Bereitschaft, Verantwortung als Manager tragen zu wollen; gerade diese „Bestleister" sind an ihre Grenzen der Leistungsfähigkeit gekommen. Viele haben nicht einmal die Zeit, diesen schleichenden Prozess wahrzunehmen. Viele nennen es nicht so. Sie „outen" sich nicht. Sie versuchen alles, um „alles in den Griff zu bekommen und dauerhaft zu halten". Es gelingt ihnen allzu häufig nicht mehr.

Da fühlen sich erfolgreiche Führungskräfte als Versager, weil sie Unmögliches, ja Unmenschliches von sich verlangen und tagtäglich leisten wollen. Einen 24-Stunden-Tag in voller Verfügbarkeit an sieben Tagen die Woche in Einklang zu bringen mit dem eigenen Wunsch, ein guter Partner, Vater, Sohn oder Freund zu sein; oder einfach nur mal Zeit für sich selbst haben zu können. Das ist völlig

Vorwort

davon unabhängig, ob wir von männlichen wie weiblichen Führungskräften sprechen. Top-Leistung rund um die Uhr, Belastbarkeit, Durchsetzungsfähigkeit und Dauer-Vitalität mit kontinuierlichem Optimismus werden gefordert.

In diesem Buch wende ich mich daher diesem drittel Teil zu und reorganisiere die Prioritäten: Leben – (Selbst) Führen – Leisten.

Ganz bewusst bleibe ich jedoch im Denken Maliks über Management, wie auch in der Tradition des von ihm wie mir sehr geschätzten Management-Vordenkers Peter F. Drucker. Beide haben mein Verständnis über erfolgreiches Management dauerhaft und dankbar geprägt.

Dieses Buch tritt daher ganz bewusst in den Dialog mit den beiden führenden Management-Experten, um den Aspekt Leben in der aktuellen Wirtschaftssituation mehr in den Fokus zu rücken und mit den Erfahrungen und Erlebnissen aus meiner Beratung wie auch dem Coaching von Führungskräften zu differenzieren. Interessant war für mich auch die Erkenntnis, wie Konzepte und Strategien bereits vor mehreren Jahrzehnten erkannt, aber nicht in unserer jetzigen Management-Praxis umgesetzt wurden. Als hätten wir jahrzehntelang den Kopf in den Sand gesteckt.

Ich bedanke mich sehr für die Bereitschaft meiner Coaching- und Consulting-Klienten, meiner Management-Kollegen wie Business-Partner in den Personalabteilungen und Personalberatungen, mir mit ihrer Offenheit den Kern der Praxis einer modernen agilen Hochleistungskultur offengelegt zu haben, insbesondere Ildiko Kreisz, Accenture ASG Senior Vice President Human Resources, Katrin Neuendorf, Senior Human Resource Manager von Microsoft, sowie Bernd Schröder, CFO Sport+Markt und Leslie A. Perlow, Konosuke Matsushita Professor of Leadership, Bereich: Organizational Behavior der Harvard Business School. Ich bedanke mich bei den Professoren der Harvard Business School und der MIT Sloan School of Management, die seit Mitte der 90er Jahre wegweisend für mein persönliches Wachstum waren und auch heute für einen konstruktiven Erfahrungsaustausch: allen voran Professor Mark Maletz, Professor Nitin Nohria, Professor Edgar H. Schein und Professorin Teresa Amabile. Die Namen meiner Coaching-Klienten habe ich selbstverständlich durchgehend geändert, um meine Integrität und Diskretion zu gewährleisten.

Zusätzlich bedanke ich mich bei den Autoren, von denen Literaturangaben aufgeführt werden. Ein reiches Netzwerk – von schriftlichen wie persönlichen Partnern – auf das meine Synapsen weiter aufbauen können. Eine große Lebens- und Netzwerkbereicherung.

Roswitha van der Markt, Juni 2012

Danksagung

Mein besonderer Dank gilt den souveränen Führungskräften meiner Siemenszeit – Horst Jung, Albert Schaller, Wolfgang Jaeger, Walter Rössler, Richard Roy, sowie Mark Maletz und Gerhard Schulmeyer, die erfolgsentscheidend für meinen Lebens- und Berufsweg waren wie auch den Professoren der Harvard Business School und der MIT Sloan School of Management: die Professorinnen Teresa Amabile und Leslie A. Perlow und die Professoren Nitin Nohria, Edgar H. Schein und Thomas W. Malone. Die drei letzten waren bereits seit meinem Executive MBA wichtige Impulsgeber. Sie alle waren sofort bereit, mir ihre Erkenntnisse für dieses Buch zur Verfügung zu stellen und kritisch zu diskutieren.

Ich bedanke mich sehr für die Bereitschaft meiner Management-Kollegen wie Business-Partner in den Personalabteilungen und Personalberatungen, mir mit ihrer Offenheit den Kern der Praxis einer modernen agilen Hochleistungskultur offen zu legen, insbesondere Ildiko Kreisz, Accenture ASG Senior Vice President Human Resources wie Katrin Neuendorf, Senior Human Resource Manager von Microsoft, sowie Bernd Schröder, CFO Sport+Markt.

Mein Dank gilt des Weiteren dem Springer Gabler Verlag, der mich bei der Umsetzung dieses Buches mit dem gesamten Team unterstützte, vor allem Ulrike M. Vetter, der Cheflektorin General Management wie Sabine Bernatz. Es war eine äußerst angenehme, motivierende Zusammenarbeit.

Meinen Coaching- wie Consulting-Klienten danke ich für ihr Vertrauen, ihre gedankliche Offenheit und Bereitschaft, selbst Blockaden wie innere Wertevorstellungen mit mir zu teilen und die wesentlichen Entwicklungen gemeinsam mit mir zu gehen. Dies bedeutet für mich ein reiches, erfülltes Leben und ich bin stolz und dankbar, mit Ihnen arbeiten zu dürfen. Ohne sie hätte dieses Buch nicht entstehen können.

Meinem Mann danke ich für die jahrelange Ermutigung und Unterstützung. Er ist ein „wirklich starker Mann", der es nicht nur ertragen kann eine erfolgreiche, starke Frau an seiner Seite zu haben, sondern mich immer ermutigt hat, meinen beruflichen wie persönlichen Weg zu gehen, selbst dann, wenn dies Einschränkungen für ihn bedeutete. Eine wirkliche Partnerschaft – ein seltenes Kleinod. Ihm ist dieses Buch gewidmet.

Inhaltsverzeichnis

1	Einleitung		1
2	Die alte Leistungskultur		7
	2.1	Quantität und messbarer Unternehmens- und Arbeitserfolg	7
		2.1.1 Die Kriterien der westlichen Leistungsgesellschaft	8
		2.1.2 Grundlagen des „alten" Leistungsdenkens	12
		2.1.3 Kernfaktor des „alten" Leistungsdenken – Sicherheit	15
	2.2	Messbare Leistungskriterien	22
		2.2.1 Die Führungskraft der „alten" Leistungskultur	22
		2.2.2 Humankapital – Messkriterien der Mitarbeiterproduktivität	32
		2.2.3 Allein der Arbeitserfolg zählt	36
		2.2.4 „Zeit-Optimatoren"	41
		2.2.5 Der charismatische Manager – das Universalgenie	48
	2.3	Das Ende der Leistungsträger – sind unsere Ressourcen erschöpft?	53
		2.3.1 Kurzfristiger versus langfristiger Erfolg	53
		2.3.2 Das „Streben nach Exzellenz" – unweigerlich der Weg in den Burnout?	63
		2.3.3 Das Ende des Wachstumsglaubens – die Grenzen der Leistungsfähigkeit	75
3	Die neue Leistungskultur		83
	3.1	Leistung neu denken	87
		3.1.1 Grundlagen der neuen Leistungsgesellschaft	92
		3.1.2 Von der Industrie- zur Wissens- und Unternehmergesellschaft	109
		3.1.3 Der grenzenlose Arbeitsplatz	115
		3.1.4 Von der Zeit-Intelligenz zur Lebens-Intelligenz	128

3.2	Erfolg neu denken		133
	3.2.1	Veränderungskompetenz als wesentlicher Erfolgsfaktor	143
	3.2.2	Selbstführungskompetenz – „sein eigener Herr sein"	160
	3.2.3	Grenzen setzen – sich selbst und anderen	163
	3.2.4	Vertrauen und Selbstverantwortung	167
	3.2.5	Employability – Entrepreneurship	177
	3.2.6	„Gut leben (statt) Viel haben"	192

4 Wirksam leisten, wirksam führen, wirksam erfolgreich sein 207
    4.1 Personalmanagement neu denken 208
        4.1.1 Konzepte für eine neue Leistungs-,
               Führungs- und Erfolgskultur 211
        4.1.2 Werte – die einzige Stabilität in einem offenen Rahmen.. 222
        4.1.3 Karriereplanung passé? 225
    4.2 Management neu denken 233
        4.2.1 „Agile Unternehmen" – Projekt- und Prozessstrukturen
               ersetzen Hierarchien 233
        4.2.2 „Partnering" – der „neue" Erfolgsfaktor im Management 244

Literatur 257

Sachverzeichnis 263

Adressen 267

Über die Autorin 269

Einleitung 1

▸ Auf dem Weg zu einer neuen Leistungs-, Führungs- und Erfolgskultur

Kein Zweifel: Unsere Gesellschaft braucht Leistungsträger. Gerade für Unternehmen sind Leistungsträger der Garant für den wirtschaftlichen Erfolg. Es wird daher stark in den Bereich des **Talentmanagements** investiert, um die richtigen, die besten Mitarbeiter zu finden und im Unternehmen zu halten. Je mehr sie davon haben, desto besser.

Doch was heißt das heute: Leistung? Und was heißt es, Leistungsträger zu sein? Wie schaffen wir es, leistungsfähig und auch leistungsbereit zu sein und zu bleiben? Wie kann ein Unternehmen dazu beitragen? Und wie eine Führungskraft, wie ein Unternehmer?

Das sind bedeutsame Fragen. Die bisher theoretisch und praktisch bekannten und gelebten Antworten zielen verknappt auf die vertrauten Prinzipien wirtschaftlichen Handelns. Sie beantworten im Kern entweder die Frage, wie es uns als Einzelne, als Manager, als Team, als Unternehmen gelingt, dass bei gegebenen Ressourcen der Output maximiert wird. Oder sie beantworten die Frage, wie wir dazu beitragen können, einen anvisierten Output, ein gegebenes Ziel also, mit einem Minimum an Aufwand, an Ressourcen zu erreichen.

Diese Fokussierung des Leistungsgedankens auf primär quantitative Dimensionen hat lange Zeit große Erfolge produziert. In der Sprache des Sports ausgedrückt: Dem olympischen Mantra „Schneller, höher, weiter!" zu folgen hat Medaillen eingebracht, im besten Fall goldene. In Unternehmen und Teams, bei Führungskräften und Mitarbeitern hat er als motivierende Triebkraft zu Wettbewerbsvorteilen und zu nachhaltigem persönlichen wie unternehmerischen Erfolg beigesteuert.

Das jedenfalls war das Versprechen: Leistung – im beschriebenen Sinne – lohnt sich. Mehr Leistung, meist verstanden als messbar mehr gute und harte Arbeit, bringt mehr Erfolg. Einmal abgesehen davon, dass dieses Versprechen nicht immer und überall gehalten werden konnte, hat es doch lange eine Dynamik für Erfolge auf der Unternehmens- und der Karriereebene befeuert.

Aber die Zeiten haben sich geändert. Was Leistung ausmacht und wie sie beeinflussbar wird, wandelt sich. Grundlegende Veränderungen sind, wie so häufig, nicht auf den ersten Blick erkennbar. Und doch gibt es Indikatoren, die anzeigen, dass sich in Gesellschaft und Unternehmen etwas Neues entwickelt. Das eher quantitativ interpretierte Mantra des „Ich will mehr" des bislang vertrauten Leistungsverständnisses erhält vollkommen neue, auch qualitative Dimensionen. „Ich will mehr" als Triebkraft wird zu „Ich will mehr als das bisherige Mehr". Es entsteht ein neues Leistungsideal, eine „neue Kultur der Leistung". Wir müssen dieses Ideal verstehen lernen – damit wir es gestalten können.

Mit diesem Buch möchte ich zu beidem einen Beitrag leisten: zum Verstehen und zum Gestalten. Es wird sich dabei zeigen, dass dieses andere als das vertraute Leistungsverständnis zu mehr persönlicher Autonomie und zu mehr Wettbewerbsvorteilen und Unternehmenserfolg führen kann, ja führen wird.

Die Reaktion „Leistung ist Leistung und damit basta", die nun kommen könnte, greift daher zu kurz. Die durch Globalisierung und Digitalisierung induzierte wachsende gesellschaftliche und ökonomische Dynamik verändert auch das, was wir unter Leistung verstehen. Ich habe selbst lange als Spitzenmanagerin und -beraterin gearbeitet, und tue es noch heute. Ich verstehe daher, dass diese Reaktion kommen kann. Aber die Erfahrungen über die Jahrzehnte haben mich gelehrt, dass es diese andere neue Leistungskultur an manchen Orten bereits gibt, dass sie auf dem Weg ist und dass wir persönlich und in den Unternehmen gut daran tun, sie zu verstehen, zu hegen und auf breiterer Front weiterzuentwickeln.

Die Krise des alten Leistungsverständnisses zeigt sich an vielen Enden. Wir müssen nur genau hinschauen. Ist es zum Beispiel Zufall, dass immer mehr Leistungsträger für ihre Leistungsbereitschaft, für ihre Leistungsfähigkeit, ja auch für ihre Siege, an denen sie sich selbst messen, teilweise hohe, oft zu hohe Preise zahlen?

Und ist es Zufall, dass Erfolge sich oft erst dann einstellen, wenn überkommene Vorstellungen vom Weg zum Erfolg über Bord geworfen werden?

Der Hochleistungssport war schon immer und ist heute mehr denn je Projektionsfläche für unseren Umgang mit Konkurrenz, Wettbewerb und Leistung in Gesellschaft und Wirtschaft.

Die Geschichte von Sven Hannawald illustriert das. Einst umjubelter Skisprungheld und Medienliebling zieht er sich wegen eines so genannten Burnout-Syndroms 2004 aus der Öffentlichkeit zurück. Der Vierschanzentournee-Sieger und mehrfache Weltmeister und Olympia-Sieger konnte nicht mehr. In einer Klinik ließ er sich behandeln, und ein Jahr später teilte er mit, dass er seine Skisprungkarriere aufgeben würde. Schon seit einiger Zeit hat Hannawald den Weg zurück ins normale Leben gefunden. Er bezeichnet sich als geheilt und fährt durchaus anspruchsvolle Autorennen, bei denen er weiß, dass es nie zur ganz großen Spitze, etwa zur Formel 1, reichen wird. Dennoch scheint er mit sich im Reinen zu sein, spricht reflektiert und aufklärend in der Öffentlichkeit über seinen psychischen und körperlichen Zusammen- und Leistungseinbruch und über die Veränderungen in seinem Leben. Leistung zählt nach wie vor für ihn. Doch der Anspruch, der Ton, die Färbung, das Gefühl für Leistung haben sich für ihn verändert. Seine Lust auf Leistung hat sich gewandelt, und das scheint ihm gut zu tun. Hannawald verdient nun sein Geld mit Autorennen, und er will nach wie vor gewinnen, auch leistungsfähig und leistungsbereit ist er nach wie vor. Aber er lebt beides nun anders.

Anderen ist das weniger gelungen. Das tragische Beispiel des offenbar von Perfektionismus und Versagensängsten geplagten und durch Suizid verstorbenen Fußballnationaltorwarts Robert Enke ist noch in starker Erinnerung. Perfektionismus und Versagensängste sind gerade bei Begabten, sind gerade bei – nach altem Verständnis – Leistungsfähigen und Leistungsbereiten nicht selten. Einerseits können sie permanente Triebfedern für außerordentliche Leistungen sein. Andererseits stellen sie aber auch eine Bedrohung für Erfolge auf der persönlichen und der kollektiven Ebene dar. Mehr noch: Sie stellen eine Bedrohung für die Existenz dar, wie die traurige Geschichte von Robert Enke belegt. Sie werden zur Bedrohung, wenn es nicht gelingt, andere Formen des Verstehens von und des Umgehens mit Leistung und den damit verknüpften eigenen und Fremderwartungen zu finden als jene, die offenkundig über die Zeit „ausbrennen", „erschöpfen", überfordern.

Nicht, dass hier ein Missverständnis aufkommt. Fordern ist wichtig, richtig und ökonomisch sinnvoll, auch Ehrgeiz und mutiges Voranschreiten, und all dies mit Blick auf sich selbst sowie mit Blick auf Führungs- und Fachkräfte in heutigen Unternehmen. Wir sollten hungrig bleiben, auch die Anreize des Managements und der Führung sollten diesen Hunger befördern, denn nur so können wir als Unternehmen und als Einzelne erfolgreich bleiben. Aber das alleine darf es nicht mehr sein, wir müssen mit unserem Hunger anders umgehen lernen. Ein Beispiel: Auch mehr oder weniger lange Pausen können sinnvoll sein, auch andere Betrachtungen und radikale oder weniger radikale Kurswechsel. In Zeiten weiter wachsenden Innovations- und Wettbewerbsdrucks droht sonst die Gefahr der Ressourcenvernichtung auf der Unternehmensebene und der ungesunden Überforderung selbst von sehr belastbaren Leistungsträgern auf der persönlichen Ebene. In diesem Licht ist das zweite Beispiel für ein neues gelungenes Denken von Leistung aus dem Spitzensport zu sehen: Britta Steffen war lange eine sehr talentierte deutsche Schwimmerin, hatte aber offenbar Probleme, mit dem permanenten Leistungsdruck umzugehen und die selbst gesteckten Ziele zu erreichen. Sie entschied sich für eine mehr als einjährige Trainingspause und eine fast zweijährige Wettkampfpause, holte sich psychologische Unterstützung, um anders mit Leistungserwartungen umzugehen, gewann danach Titel am Fließband, u. a. als mehrfache Europameisterin, Doppelolympia-Siegern und Doppelweltmeisterin, und wurde Sportlerin des Jahres.

Hochleistungssport ist das eine. Doch auch in den Unternehmen hierzulande verändern sich die Sichtweisen. Im Zuge sich dynamisch entwickelnder Globalisierung und Digitalisierung wandeln sich die Erwartungshaltungen, auch in Bezug auf Leistung und Erfolg.

Es wachsen die Fremd- und Selbsterwartungen, flexibel, mobil und erreichbar, belastbar, kreativ und innovativ zu sein. Es wachsen die Erwartungen, (im alten Verständnis) mehr Leistung zu erbringen, um mindestens so viel Erfolg zu haben wie zuvor – mit oft ungenügendem Resultat, denn das Mehr, das in der Vergangenheit geholfen hat, hilft nun nicht mehr. Deswegen sind Erschöpfungssyndrome, seelische, körperliche und Leistungszusammenbrüche auch in der Wirtschaft immer häufiger anzutreffen. Das gilt für Führungskräfte der oberen, mittleren und unteren Ebene genauso wie für Fachkräfte. Die Betroffenen, oft hoch begabt, ambitioniert und sehr belastbar, sind dabei längst nicht mehr nur bei den über Vierzigjährigen anzutreffen, sondern immer häufiger auch bei deutlich jüngeren. Es wandeln sich die Erfordernisse, sich anzupassen, doch Anpassung an was, wo sich doch alles verändert und das immer schneller? In einer globalisierten, digitalisierten Welt, in der Innovations- und Wettbewerbsdruck steigen und Orientierung immer schwerer fällt, verändern sich die Bestimmungsgründe für den persönlichen und Unternehmenserfolg.

Was aber sind – durch die Linse eines sich verändernden Leistungsverständnisses betrachtet – die neuen Erfolgsfaktoren für Unternehmen und den Einzelnen? Die Frage nach der Leistungskultur, was sie bewirkt und wie sie sich verändert, ist damit auch eine Frage nach dem, was gestern, heute und in Zukunft Erfolg ausmacht. Der Blick auf allgemeine gesellschaftliche und ökonomische Entwicklungstrends ist daher grundlegend. Auf der Ebene der Unternehmensführung und der Personalführung etwa rücken dabei neben harten Faktoren wie Zahlen und Daten auch weiche Faktoren stärker in den Vordergrund. Auf der Ebene des Einzelnen lohnt etwa die Betrachtung, inwieweit wir künftig – neben dem überwiegend quantitativ messbaren Erfolg bei der Arbeit – auch immer mehr von auch qualitativ zu verstehender Lebensleistung sprechen sollten. Teil dieser Entwicklung ist die Entwicklung hin zu einem anderen Verständnis von Autonomie, von Selbstbestimmung im Leben und im Job, das eine permanente Selbsterforschung im Dienste der Aufgabe und ein neues Verständnis von Vertrauen erfordert. Gemeint ist damit das Vertrauen zu sich selbst und zu den Menschen, mit denen man lebt und arbeitet. Denn wenn sich alles permanent und schnell wandelt und wir darauf reagieren müssen, muss auch das neu gedacht und gelebt werden.

In diesem Buch zeige ich zunächst in Kap. 2, wie die uns – bewusst oder unbewusst – vertraute „alte" Leistungskultur aussieht und wie sie wirkt. Dabei ist es sinnvoll, zwischen den Ebenen der Gesellschaft, der Unternehmen und der persönlichen zu unterscheiden. Der Fokus liegt auf den Unternehmen und den in ihnen arbeitenden Führungskräften und Mitarbeitern. Denn es wird auch deutlich werden, dass die „alte" Leistungskultur untrennbar verbunden ist mit einer „alten" Führungskultur und einem „alten" Erfolgsverständnis.

Es wird außerdem erkennbar, dass das alte Leistungsverständnis mehr und mehr zu kurz greift. Der „alten" Leistungskultur wird daher die „neue" Leistungskultur in Kap. 3 gegenübergestellt, was sie kennzeichnet, wie sie wirkt und wo es bereits Beispiele gibt, in denen sie sich positiv auswirkt.

Wichtig sind dabei etwa veränderte Notwendigkeiten in Bezug auf Flexibilität und Mobilität, auf Führungs- und Selbstführungskompetenz, auf Kreativität und Innovationsfähigkeit, auf Entrepreneurship und Employability, auf Vertrauen und Selbstvertrauen, auf Achtsamkeit und Gesundheit, auf Bildung und Lernen.

Neue Formen und Instrumente der Unternehmensführung und der Personalführung sind die Folge. Neue Erwerbsbiografien entstehen, bei Führungskräften, doch nicht nur bei ihnen, sondern auf allen Ebenen. Auch Personalentwicklung und Karriereplanung in Unternehmen verändern sich. Die Kurve deutet – in den Kategorien des alten Leistungsverständnisses ausgedrückt – nicht immer nur von links unten nach rechts oben, vielmehr ist sie volatiler, brüchiger, bunter. Es zeigt sich: Die Wirtschaftswelt der „neuen" Leistungskultur ist einerseits farbenfreudiger als die alte; andererseits bietet sie für Unternehmen und den Einzelnen auch mehr und neue Chancen.

Das Verständnis von Unternehmens- und Personalführung in einer neuen Kultur der Leistung muss folgerichtig ein anderes sein als in der alten. Es ist flexibler und mit Blick auf Lernprozesse neu grundiert, um den permanenten Wandel zu meistern und nachhaltig erfolgreich zu bleiben.

Und dabei müssen auch alte Konzepte der Motivation, des Vertrauens, der Kontrolle und der Loyalität überdacht werden.

Das Verständnis von Erfolg schließlich, das mit der neuen Leistungskultur verbunden ist, ist ebenfalls anders zu denken, Werte und Sinnfragen, Achtsamkeit und Gesundheit und damit langfristig stabilisierende Elemente nehmen an Bedeutung zu. Wichtiger denn je wird dabei sein, als Unternehmen und Einzelner sich und anderen Grenzen zu setzen, auch, aber nicht nur, in Gestalt einer festen Werteverankerung und permanenten Sinnreflexion. Kurz gefasst: Es ist alles – an Erfolg möglich, weil nicht mehr alles möglich ist.

Dieses Paradox zwischen wachsender Notwendigkeit zur Flexibilität bei Führenden und Mitarbeitern, bei Beratern, Kunden und Lieferanten einerseits und wachsender Notwendigkeit, sich selbst und anderen Grenzen zu ziehen andererseits, ist dabei eine der spannendsten Triebfedern eines neuen Leistungs-, Führungs- und Erfolgsverständnisses.

Ich lade Sie ein, sich mit mir auf einen interessanten Weg zur Entdeckung einer neuen Leistungs-, Führungs- und Erfolgskultur zu machen. Sie ist nötig, und sie entsteht bereits – wir können sie verstehen und gestalten lernen.

Die alte Leistungskultur 2

Lassen Sie uns die Basis unseres westlichen Leistungsverständnisses in Erinnerung rufen, um zu verstehen, warum sich das „alte" Leistungsdenken in unserer Gesellschaft so lange halten konnte: Was ist eigentlich Leistung? Warum bezeichnen wir – definiert für die westlichen Industrienationen – uns selbstbewusst als Leistungsgesellschaft? Was kennzeichnet einen Leistungsträger?

2.1 Quantität und messbarer Unternehmens- und Arbeitserfolg

Im bisherigen Leistungsdenken dreht sich alles um glasklar definierte, messbare Kenngrößen, die eine höhere Effektivität und Produktivität des Leistungsträgers belegen können. Es sollte ein maximaler Output bei minimalen Ressourceneinsatz von Mensch und Maschine erzielt werden. Zielsetzung war und ist ein stetiges Wirtschaftswachstum, sei es für die Gesellschaft eines Landes wie für ein Unternehmen. Im Mittelpunkt stand der Mensch mit seiner körperlichen Kraft und manuellen Geschicklichkeit. Wer hart arbeitete, trug zum Erfolg des Unternehmens, der Gesellschaft wie zu seinem persönlichen Erfolg und sicherem Wohlstand bei.

Basis dieser Messgrößen und Theorien der wissenschaftlichen Betriebsführung sind immer noch die Ansätze von Frederick W. Taylor, der die Tätigkeiten der Arbeiter analysierte und in einzelne kleine Handgriffe zerlegte, um diese besser schulen und ausführen, aber vor allem exakter messen zu können. Dieser Tradition folgte sowohl die Gemeinkostenwertanalyse von McKinsey (Einführung 1975 in Deutschland) wie die mit Michael Hammer/James Champy Anfang der 90er Jahre beginnende Welle des Business Reengineerings, wo weniger ganzheitliche Geschäftsprozesse wertschöpfend geändert als eher Teilprozesse und einzelne Projektschritte ebenso akribisch zerlegt und analysiert wurden, um ein Fitzelchen mehr Leistungsfähigkeit zu erzielen.

Zu oft wurde die Gesamtheit der Prozessverantwortung und des Prozessverständnisses der einzelnen Mitarbeiter übersehen oder gar ausgeschaltet. Business Reengineering wurde allzu oft mit der Kündigung von Mitarbeitern verbunden, um kurzfristig eine optimierte Kapitalrendite zu erzielen. Prozesse wurden perfekt 120%ig gestaltet, was leider oftmals langfristig weniger als mehr Output und vor allem häufig mehr Unzufriedenheit und Unverständnis erzeugte, weil die in dem Prozess handelnden Mitarbeiter viel zu wenig einbezogen und berücksichtigt wurden. 50 bis 70 % aller Reengineering-Projekte scheitern, weil bei der Umsetzung gravierende Fehler gemacht wurden (Shapiro 1996, S. 24 ff., 247 ff.).[1]

Trotz unterschiedlichster Managementphilosophien und Methoden, die über einzelne Jahre mit wundervollen Buzz-Words die Managementriege durchkreuzten und obwohl bahnbrechende Technologien unsere Arbeitswelt völlig verändert haben, blieb der grundlegende Leistungsgedanke der „alten" Kultur in unserer Gesellschaft erhalten. Es geht schlicht darum, wirksame Ergebnisse und wirtschaftlich positive Resultate zu erzielen, als Unternehmen, als Führungskraft und auch als einzelne Person. Die Leistung schafft die Basis für unseren Lebensunterhalt, jedoch auch die Motivation, eigene Grenzen zu überschreiten, um bessere Ergebnisse zu erzielen, sprichwörtlich Erfolg zu haben. Und sei es nur, um mit seiner Kaufkraft die Wirtschaft anzukurbeln oder zu stabilisieren und über seine Steuerabgaben einen gesellschaftlichen Beitrag für die Infrastruktur und die Leistungsfähigkeit seines Landes zu leisten.

2.1.1 Die Kriterien der westlichen Leistungsgesellschaft

Messbare Daten und Fakten prägen auch hier die Definition einer **Leistungsgesellschaft**, die sich im globalen Markt nach den Richtlinien der Finanz- und Kapitalmärkte ausrichten muss:

- das Bruttoinlandsprodukt bzw. das Bruttosozialprodukt,
- die Arbeitslosenquote,
- die Analphabetenquote,
- das Import-/Exportrating und das Länder-Rating im Welthandel,
- Inflation oder Deflation,
- die Kaufkraftparität,

---

[1] Shapiro bezieht sich auf zahlreiche Umfragen in den USA und Europa, wonach nur 33 % der Unternehmen nach Abschluss von Reengineering-Projekten über Erfolge, 25 % jedoch über keine dem Aufwand entsprechenden Resultate berichteten.

2.1 Quantität und messbarer Unternehmens- und Arbeitserfolg

- die Fähigkeit der Zahlungs- und Leistungsbilanz und äußerst kritisch die Staatsverschuldung sowohl in Europa als auch in den USA.

Die Leistungsfähigkeit einer Gesellschaft, eines Landes hängt wiederum ab von der Professionalität und der Qualität des Managements. Auch wenn einige diese wirtschaftliche Abhängigkeit bedauern, müssen wir uns der Realität stellen. „Von Management – der gestaltenden, steuernden und lenkenden Funktion einer Gesellschaft – hängen die wirtschaftliche Wertschöpfung und damit unser Wohlstandniveau ab. Management mobilisiert die Ressourcen einer Gesellschaft oder lässt sie brachliegen, es macht aus Rohstoffen überhaupt erst Ressourcen und transformiert sie in ökonomische Werte. Von Management hängen Produktivität und Innovationskraft einer Gesellschaft ab. Von Management hängt es ab, ob eine Gesellschaft und ihre Wirtschaft konkurrenzfähig sind." (Malik 2006, S. 63 f.)

Nur mit einer positiven Leistungsbilanz kann eine Gesellschaft, eine Landesregierung, die für das Wachstum und die Stabilität eines gesicherten Wohlstandes notwendigen infrastrukturellen Leistungen erbringen, die für die Zukunft des Landes und des einzelnen Bürgers lebens-, ja überlebensnotwendig sind. Management ist nicht allein auf die Wirtschaft begrenzt, sondern bestimmt „auch unser Gesundheits- und Bildungsniveau".

Bildung ist einer dieser Grundsteine für ein prosperierendes Land. Nur gebildete Bürger können die notwendige Leistung erbringen, über den eigenen Lebensunterhalt in den Aufbau und die Stabilität eines Landes zu investieren. Der Schock bzgl. der Ergebnisse der Pisa-Studie zeigte dies mehr als deutlich, als Stimmen laut wurden, ob Deutschland sich zu einem Dritte Welt-Land entwickele. Nur mit einer positiven Leistungsbilanz können Budgets für Bildung, Forschung und Innovation, Kunst und Kultur, Sport wie die grundlegenden Voraussetzungen einer effizienten Infrastruktur bedient werden, ohne die weder der Einzelne Bildung und Arbeit erhalten wie Unternehmen in einem Land prosperieren können. All dies ist notwendig, um den Status einer Leistungsgesellschaft zu erhalten. Daher lautet die englische Übersetzung auch „achieving society" – also eine Gesellschaft, die etwas „erreicht". Dabei geht es nicht allein um positive wirtschaftliche Ergebnisse und Resultate, sondern auf allen Gebieten, in denen Leistung erbracht werden kann, sei es der Medaillenspiegel im Ländervergleich der Olympischen Spiele oder Welt- und Europameisterschaften, der Anteil deutscher Forscher mit Nobelpreisen, Weltklasse-Künstler aller Bereiche von Musik, Kunst bis Literatur.

Eine Leistungsgesellschaft zeichnet sich dadurch aus, dass viele ihr Bestes geben, um noch bessere Leistungen und Resultate zu erzielen als die Jahre vorher, um Grenzen zu überspringen und „Unmögliches" möglich zu machen.

So war es lange Zeit undenkbar, dass ein Mensch die 100 m-Distanz unter 10 Sekunden laufen könne. Am 14. Oktober 1968 durchbrach Jim Hines (USA) diese Schallmauer mit elektronisch gestoppten 9,95 Sekunden. In Berlin unterbot Usain Bolt (Jamaika) bei der Leichtathletik Weltmeisterschaft am 16. August 2009 die Marke mit 9,58 Sekunden und wurde zum schnellsten Mann der Welt.

Der Wettlauf um den nächsten Weltrekord geht weiter.[2] Es ist dieser Wille, die starke Motivation großer Einzelpersönlichkeiten, der in einer Leistungsgesellschaft Neues, Innovatives erzeugen kann und damit bahnbrechende Umwälzungen in Gesellschaft, Wirtschaft, Kultur und Sport wie im persönlichen Leben bewirkt, so zum Beispiel Bill Gates mit seinem Glauben an einen smarten Personal Computer mit leicht bedienbarer Software, Steve Jobs mit intelligentester Individualisierungstechnik des iPhones, iPads. Alles ist nahezu mit einem Fingertipp zu erreichen. Entrepreneurship gepaart mit Vision und gleichzeitiger Umsetzungsstärke. Beide begannen bereits als Studenten, an ihrer Vision zu arbeiten.

Wikipedia definiert eine Leistungsgesellschaft als eine Modellvorstellung einer Gesellschaft, in der die Anteile angestrebter Güter wie Einkommen, Macht, Status und Vermögen entsprechend der spezifischen Leistung erfolgt, die *jeder Einzelne erwirtschaftet.*[3] Eine Leistungsgesellschaft sollte dem Individuum genügend Möglichkeiten und Freiräume schaffen, diese Leistung motiviert zu erbringen.

Eine Leistungsgesellschaft motiviert ihre Bürger dazu, **Leistungsträger** zu sein, wobei wir hier besser von Leistern oder gar Bestleistern sprechen sollten. Denn diese treiben die Gesellschaft voran. Im Deutschen haben wir eigentlich kein passendes Wort hierfür, während im Englischen dagegen der Performer (Norm) vom High oder Top Performer wie auch Low Performer unterschieden wird. Deshalb verwende ich diese Begriffe auch bewusst abwechselnd in diesem Buch. Leistungsträger dienen in unserer westlichen Gesellschaft als Vorbilder. Sie haben im Laufe ihres Lebens etwas geleistet, sei es aufgrund ihrer herausragenden Talente und Fähigkei-

---

[2] Wikipedia: http://de.wikipedia.org/wiki/100-Meter-Lauf, abgerufen am 03.01.2012.
[3] Wikipedia: http://de.wikipedia.org/wiki/Leistungsgesellschaft, abgerufen am 03.01.2012.
„Grundsätzlich gesehen, ist ‚Leistung' eine Eigenschaft, die einem ganzen Spektrum von Handlungen zugeschrieben werden kann, und zwar nach Maßgabe gesellschaftlich gegebener Konventionen oder Nützlichkeitserwägungen. Vorausgesetzt wird dabei, dass trotz arbeitsteiliger Produktion und Dienstleistung und einer zwangsläufigen Erhöhung der Arbeitsproduktivität durch Automatisierung und Rationalisierung der erwirtschaftete (zusätzliche) Nutzen Einzelpersonen bzw. deren persönlichem Einsatz eindeutig zugerechnet werden kann. Zudem kommt es auf die Definitionsmacht für die Gütemaßstäbe zur Beurteilung von Leistung an. Leistung wird gewöhnlich im Arbeitsleben oder auch im Sport angesiedelt, kann aber auch in anderen Lebensbereichen, etwa der Familie oder in der Freizeit, betrachtet werden", vgl. (1) Hondrich (1988, S. 10); vgl. (2) Flassbeck (2010); vgl. (3) Schlie, Frank: *Die Vielfalt der Leistungsbegriffe.* in: a. a. O., S. 61.

2.1 Quantität und messbarer Unternehmens- und Arbeitserfolg

ten in Kunst, Kultur und Sport und/oder durch ihre Kenntnisse, Erfahrungen und ihren Einsatzwillen in Wirtschaft und Wissenschaft.
Exzellente Leistungsträger in einer Gesellschaft sind

- **Unternehmen**, die jedes Jahr bessere wirtschaftliche Ergebnisse erzielen und einen erheblichen Anteil am Bruttoinlandsprodukt einer Gesellschaft, eines Landes beitragen, Arbeitsplätze schaffen und erhalten und eine nachhaltige Wertschöpfung erzielen.
- **Persönlichkeiten** mit besonderen Talenten in Kunst, Kultur, Sport und Wissenschaft wie sozialen und medizinischen Einrichtungen.
- **Fachkräfte**, die aufgrund ihres Einsatzes und Könnens eine messbare höhere Produktivität erzielen und aufgrund ihrer Leistung und harten Arbeit in einem Unternehmen Karriere machen und zu Führungskräften, somit ins Management aufsteigen.
Sie erzeugen kreativ innovative Produkte, Services oder Verbesserungen und beeinflussen damit die Technologie oder das Wirtschaftssystem nachhaltig wertschöpfend.
- **Manager und Unternehmer**, die wirksam messbar höhere wirtschaftliche Ergebnisse, Renditen und Produktivitäts-Indizes für ihre Abteilung wie ihr gesamtes Unternehmen erzielen und/oder innovative Produkte auf dem Markt etablieren.

Leistung hat daher in unserer Gesellschaft einen sehr hohen Stellenwert. Leistung ist etwas Positives. Wer etwas leistet, ist gut angesehen.

Das Versprechen: Mehr Leistung, meist verstanden als messbar mehr gute und harte Arbeit, bringt mehr Erfolg, mehr Sicherheit, mehr Wachstum.

An der McKinsey-Umfrage 2006 – Perspektive Deutschland – nahmen 620.000 Befragte teil und sprachen sich eindeutig für eine starke Leistungsorientierung aus: „Fleiß und Ehrgeiz sind die wichtigsten Werte der Deutschen (72 %)." Die überwältigende Mehrheit bekennt sich zu lebenslangem Lernen, 29 % können „sich auf jeden Fall", 50 % „unter Umständen" vorstellen, in einem anderen Beruf zu arbeiten. Vorausgegangene Umfragen von Perspektive-Deutschland zeigten, dass 79 % der erwerbstätigen Teilnehmer mehr arbeiten wollen, 80 % einen anspruchsvollen Arbeitsplatz bevorzugen, 64 % auch dann noch arbeiten möchten, wenn sie finanziell unabhängig sind.[4] Allerdings träumen die meisten Deutschen bei dieser Befragung von einer sozialen Leistungsgesellschaft. „Der deutliche Auftrag an die Politik lautet, die sozialen Ziele nicht aufzugeben, aber Anreize zu schaffen, die das private An-

---

[4] Innovations-Report 26. April 2006 Forum für Wissenschaft, Industrie und Wirtschaft.

gebot zur Leistung fördern." (Richard von Weizäcker, Schirmherr von Perspektive-Deutschland)[5]

83 % sprechen sich in dieser Befragung für eine bessere Belohnung von Leistung aus. Leistungsgesellschaft steht somit auch für „**Gerechtigkeits-Gesellschaft**". Leistung muss sich lohnen und zum versprochenen Erfolg führen, sei dieser materiell oder nicht-materiell. Obwohl dieses Versprechen nicht immer gehalten werden kann, ist es immer noch Quelle der Dynamik für Erfolge auf der Unternehmens- und der Karriereebene. An der Spitze stehen die Top oder High Performer, die aufgrund ihrer Leistung zu den Top-Verdienern zählen und eine angesehene gesellschaftliche wie professionelle Position mit Macht und Status einnehmen. Zwar wurden in Personalabteilungen Karrieremöglichkeiten für „reine" Fachkarrieren gestaltet, die Management-Karriere bleibt jedoch immer noch „die Crème de la Crème". Wer es bis Anfang, spätestens Mitte 40 nicht bis dahin geschafft hat, ist kein wirklicher Leistungsträger, kein Top oder High Performer.

Aber wie kann in einer Gesellschaft, in einem Unternehmen von jedermann erwartet werden, Erfolg zu haben? Erfolg im Sinne, die Karriereleiter ins Management hinaufzusteigen. Allerdings gibt es „da oben" eben nur eine begrenzte Zahl an Plätzen. „Wo eine Person Erfolg hat, muss eine andere Misserfolg haben. In diesem Fall ist es unerlässlich, dass letztere einen Bereich hat, in dem sie Beiträge leisten, etwas bewirken und *jemand* sein kann." (Drucker 1999, S. 331). Dennoch zieht das Versprechen noch immer – wer ambitioniert ist, will eben gerade zu den wenigen Besten gehören, ist bereit, hierfür viel Kraft, viel Einsatz, Zeit und Wissen zu investieren: Leistung – im beschriebenen Sinne – lohnt sich bzw. wie die FDP im letzten Wahlkampf als Leitmotto betonte: „Leistung soll sich wieder lohnen." Immerhin haben sie mit diesem Slogan im September 2009 ihr bestes Wahlergebnis seit ihrer Gründung mit 14,6 % erzielt.

2.1.2 Grundlagen des „alten" Leistungsdenkens

Warum konnte sich dieses „alte" Leistungsdenken in unserer Gesellschaft so lange halten?

Im Mittelpunkt steht der Mensch als Leistungsträger, und wie die Maslow'sche Bedürfnispyramide darlegt, strebt dieser zunächst Sicherheit in den Grundbedürfnissen an. Den eigenen Lebensunterhalt aufgrund eigener Leistung erwirtschaften: ein sicherer Arbeitsplatz, ein sicherer Lohn für die erbrachte Leistung, klare Richt-

---

[5] Spiegel Online 26.04.2006: Staatsverständnis: Der Traum von der sozialen Leistungsgesellschaft.

2.1 Quantität und messbarer Unternehmens- und Arbeitserfolg

linien und Vorgehensweisen als Orientierung. Lokal bezogen auf einen gesicherten Platz in einer Gemeinschaft, wobei Maslows Bedürfnispyramide dabei ein westlich-industriell sozialisiertes Statusdenken und einen Individualismus voraussetzt, die in anderen Kulturen nicht selbstverständlich sind. Erst in der Spitze der Pyramide geht es um Selbstverwirklichung.

1. **Zahlengläubigkeit**
Klar messbare Daten, Fakten und Zahlen bieten **Sicherheit**. An diesen Messwerten lässt sich nichts rütteln. Die Wertungsmaßstäbe werden an Universitäten gelehrt, die Vergleichsdaten, Benchmarks liegen im Markt vor. Sie sind klar verständlich für alle Wirtschaftspartner wie Mitarbeiter. Diese Daten suggerieren eine Sicherheit, die sich zunehmend zu einer absoluten „Zahlengläubigkeit" entwickelte.

Daten, Fakten und Zahlen sind wahr, Renditen und Wachstumsraten in gut visualisierten Gantt-Charts sichern Wachstum und Gewinnmaximierung zu. Damit haben gerade Banken in den letzten Jahren Anleger in Beratungsgesprächen zu risikoreichen Investitionen überreden können. Aber selbst nach der Krise 2008 bleibt diese Zahlengläubigkeit erhalten. Überall werden umfangreiche Business-Pläne gerechnet. Die Zahlen stimmen, ob allerdings tatsächliche Werte als Basis dienen, dies bleibt oftmals offen. Leider sind sie realiter bewusst gar nicht vorhanden. Kurzfristiges Homo-Oeconomicus-Denken wird bevorzugt statt langfristiger Wertschöpfung mit einer nachhaltigen Wirtschafts-Ethik. In vielen Beratungsgesprächen musste ich feststellen, dass Business-Pläne als **Garantien für Geschäftserfolg** angesehen werden anstatt als Vision einer zukünftig möglichen Entwicklung einer hoffentlich marktfähigen Geschäftsidee. Bei zweifelndem Hinterfragen wurde mir mit kopfschüttelndem Missverständnis gekontert: „Aber das steht doch schwarz auf weiß im Business-Plan. Wir rechnen mit einer Auslastung von 95 % in zwei Jahren." Die Realität sieht oft leider ganz anders aus. Das will man nur ungern akzeptieren. Ein Business-Plan bleibt Vision, wenn auch hoffentlich konservativ mit realitätsbezogenen Daten berechnet. Mit dieser Unsicherheit muss man umzugehen lernen.

2. **Grundlegendes Vertrauen in Technologie**
Unser Leistungsdenken basiert auf einem **überzeugten Glauben an den Wachstums-Faktor Technologie**: In den letzten Jahrzehnten haben Technologie-Innovationen erheblich zum wirtschaftlichen Wachstum, zur Schnelligkeit und Flexibilität in einer globalen digitalisierten Welt beigetragen. Warum sollte dies nicht so weitergehen? Ganze Managementriegen vertrauten so in die Steigerung ihrer Unternehmens-Effektivität und -Effizienz aufgrund der Einführung eines ERP-Systems (Enterprise Resource Planning) wie zum Beispiel Oracle® oder

SAP®. Vertrauten mehr auf das Vermögen einer umfangreichen Anwendersoftware, um die Kern-Geschäftsprozesse des Unternehmens zu optimieren, als auf die eigenen Markt- und Prozesskenntnisse. Standardisierung oder Customization bleibt hier immer noch Kern der Kostenfrage. Nun gelten die gleichen Versprechen durch die Welt des Web 2.0 und höher. Die Technologie wird es schon richten? Aber gerade diese „neue Welt" bietet eine unglaubliche Bandbreite, Flexibilität, Offenheit – die eher als Jahrzehnte zuvor zur Verunsicherung führen kann, wenn man nicht selbstbewusst und selbstverantwortlich damit umzugehen lernt. Übersicht, Weitsicht und Konzentration auf das Wesentliche bleiben hier immer noch die kritischen Erfolgsfaktoren.

3. **Glaube an stetiges Wirtschaftswachstum**
Wir haben seit dem Zweiten Weltkrieg eine relativ lange Zeit eines teils mehr, teils weniger, jedoch stetigen Wachstums in den westlichen Industrienationen erleben dürfen.
Erst die Wirtschaftskrisen seit 2008 zeigten uns, dass wir weltweit eben nicht in einer stabilen Wirtschaft zuhause sind. Dass Krisen in einem Land auch sehr schnell andere Länder mitziehen können und sich bis auf die Kaufkraft wie Lebensfähigkeit jedes Einzelnen auswirken.

4. **Gewinnmaximierung als übergeordnetes Ziel**
Grundsätzlich ist und bleibt Sinn und Zweck eines Unternehmens, **Gewinne zu erzielen**. Nur mit einer gesunden wirtschaftlichen Basis können die Kosten für Human- und Kapitalressourcen wie Anlagen getragen und in notwendige Innovationen investiert werden, um zukünftige Produktionsziele zu erreichen. Wie Managementguru Peter F. Drucker und auch Professor Dr. Fredmund Malik anführen, bedeutet Management „Aktion, es heißt Tun, es heißt Vollbringen,… um Resultate zu erzielen". Wirtschaftsunternehmen müssen eine positive Leistung erbringen, um auch zukünftigen Herausforderungen und der Inflation standhalten zu können. Ob allerdings die Gewinnmaximierung und der Shareholder Value allein ausschlaggebend sein sollen, bezweifle ich ebenso wie Drucker und Malik (Malik 2006, S. 12, 26, 360, 386).
Gerade mittelständische Familienunternehmen beweisen, dass sie sich nicht allein nach der Höhe des Jahresgewinns ausrichten, sondern vielmehr die wirtschaftliche Gesundheit des Unternehmens im Ganzen und damit auch die Unabhängigkeit im globalen Wirtschaftssystem so gut als möglich absichern wollen für die nächsten Generationen. Der „Geist" dieser Unternehmen geht über den Gewinn hinaus, wie Ulrich Hemel als Ethik-Leitfaden für Manager darlegt (Hemel 2007).

2.1 Quantität und messbarer Unternehmens- und Arbeitserfolg

Das Operative Ergebnis (EBIT), die Kapitalflussrechnung, der Kapitalertrag, die Marktposition im nationalen wie internationalen Wettbewerb, die Personalrendite, der Produktivitäts- wie Qualitätsindex, die prozentuale Investition in Forschung und Entwicklung – alle sind aussagekräftige Messgrößen, die bei Bilanzanalysen auch möglichen Shareholdern den Wert des Unternehmens belegen. Wobei auf dem deutschen Markt erst in den letzten zwei bis drei Jahrzehnten die Aktienpositionierung (Dax, Top 50) und der Aktienwert relevant geworden sind, nach dem mehr und mehr deutsche Firmen auf den Börsen notiert wurden. Dies zwingt zu einer sehr kurzfristigen und kurzsichtigen Geschäftsplanung nach Quartalszielen, die akribisch von Finanzanalysten nach Wachstumsraten beobachtet werden und zu oft überschnellen Reaktionen der Anleger führen. Langfristigere Strategien und Innovationen lassen sich so schwerer in die Finanzplanung integrieren, weil dadurch der Shareholder Value gefährdet werden kann.

2.1.3 Kernfaktor des „alten" Leistungsdenken – Sicherheit

Unser „altes" Leistungsdenken bietet Sicherheit und so wird unsere „alte" Leistungskultur meist nicht hinterfragt. Sie ist geprägt durch die harten Konsequenzen der Weltwirtschaftskrise der 20er und 30er Jahre des letzten Jahrhunderts und die Folgen des Zweiten Weltkrieges. Die Welt der europäischen Industrienationen lag danieder. Deutschland war zerbombt und zerstört. Es musste wieder aufgebaut, produziert werden. Auch die Menschen waren innerlich zerstört, hatten das Schwerste durchgestanden. Diese Menschen wollten wieder Sicherheit und Ordnung, strebten nach Wohlergehen und Wohlstand. Was sie zu bieten hatten, waren allein ihre Arbeitskraft, ihre Leistungsbereitschaft und Leistungsfähigkeit. Sie wollten Leistung erbringen und sich selbst wie ihrer Familie diesen Wohlstand sichern, Schritt für Schritt mit harter und sehr guter Arbeit Erfolg haben.

Das war das Versprechen der Unternehmen in den 50er- bis 70er Jahren des letzten Jahrhunderts: Wer hart arbeitet, gute Leistungen erbringt, erhält einen sicheren, oft lebenslangen Arbeitsplatz. Er kann sich in der Gesellschaft eine respektable Position erarbeiten und seiner Familie als Erfolg ein Leben im gesicherten Wohlstand bieten. Wer hart arbeitet, Leistung erbringt, kann sich auch etwas leisten – eine interessante Doppeldeutigkeit des deutschen Wortes leisten.

Während man kurz nach dem Krieg noch jede Arbeit, heute würde man sagen, jeden Job annahm, um seinen Lebensunterhalt zu verdienen, konnte der Arbeiter, der Angestellte, der Vorgesetzte als Führungskraft in den 60er Jahren davon ausgehen, dass er nach einer soliden Ausbildung einen geradlinigen Karriereweg vor sich hatte. Nicht allein in ein und demselben Beruf, sondern meist auch in ein und demselben Unternehmen. Wenn man Leistung erbrachte, hatte man eine Lebensanstellung und in einigen Betrieben wurden sogar wiederum die Kinder oder Enkel der ehemaligen Mitarbeiter angestellt. Die notwendigen Schulungen und Weiterbildungen wurden durch die Unternehmen angeboten, um die Leistungsfähigkeit den aktuellen Technologie- und Methodenstandards anzupassen. Oftmals gab der Mitarbeiter das eigene Denken bei der Unternehmenspforte ab. Allein die Order des Vorgesetzten galt, seine Vorgaben wurden umgesetzt. Befehlshierarchie wie in der Armee – das war man gewohnt und hat es gebilligt.

> **Beispiel**
>
> Ein klassisches Beispiel ist auch heute noch die Firma **Trigema**: Wolfgang Grupp beschäftigt viele Mitarbeiter noch „lebenslang" und betont dies auch gerne in verschiedenen TV-Beiträgen. Grupp garantiert seinen Mitarbeitern einen sicheren Arbeitsplatz und bietet dies auch den Kindern seiner Mitarbeiter an. Seine Arbeiter und Angestellten rekrutiert er, wie er selbst betont, aus der „Volksschule". Als Textilunternehmer ist er einer der wenigen, der ausschließlich in Deutschland produziert und nicht in Asien. Er leistet damit einen wesentlichen gesellschaftlichen und wirtschaftlichen Beitrag für die dortige Region. Für ihn ist unsere Gesellschaft eine „Gerechtigkeitsgesellschaft". Wohlstand ist gerecht, denn Leistung muss honoriert werden. Nicht-Leistung darf nicht belohnt werden. Er sieht sich als „Patriarch alter Schule", der die Verantwortung für das Wohl seiner Mitarbeiter übernimmt, als Beschützer seiner 1200 Mitarbeiter, der darauf bedacht ist, dass es seinen Mitarbeitern gut geht. Viele sind über 20 Jahre im Unternehmen, sie „kennen es nicht anders", wenn Grupp schnell mal vom Privathaus in die Firma schaut, in der in drei Schichten gearbeitet wird. Als Kontrolle sieht er dies nicht, jedoch sei es jedem Mitarbeiter klar, was von ihm erwartet wird. Er sieht die wesentliche Aufgabe des Managers darin, klare Leistungsvorgaben zu geben, Schwierigkeiten bei der Erfüllung aus dem Weg zu räumen und Ergebnisse zu kontrollieren. Langgediente, verdiente Mitarbeiter, die nach seinen Prinzipien arbeiten, werden geehrt. Sehr gerne werden auch deren Kinder oder Enkel bei ihm beschäftigt. Leistungsbereitschaft und Verantwortung stehen für Grupp im Mittelpunkt. Die Trigema GmbH & Co. KG, gegründet 1919 in Burladingen ist somit der größte und damit auch alleinige Arbeitgeber mit diesem Volumen der Schwäbischen Alb. Nach der Übernahme durch Wolfgang Grupp in der 3. Generation wurden kleinere, dort ansässige Unternehmen aufgekauft und eingegliedert. Mitarbeiter, die einen sicheren Arbeitsplatz suchen und nicht mobil sind, sondern in ihrer Heimatregion weiterhin leben wollen, sind somit abhängig von einer Arbeit bei Trigema. Es gibt ja kaum Arbeitsalternativen. Der Leistungsdruck wächst somit auch in den Generationen. Wer will schon

2.1 Quantität und messbarer Unternehmens- und Arbeitserfolg 17

ein „schlechter Arbeiter" sein, wenn sich dies in der Familie und im Freundeskreis unweigerlich auswirkt. Grupp ist jedoch authentisch. Dieses Leistungs- und Verantwortungs-Bewusstsein lebt er selbst auch vor wie seine Familie. Diese ist ebenso perfekt durchorganisiert und lebt, arbeitet und studiert nach den vorgegebenen Leistungskriterien. Alle müssen nach den gleichen hohen Ansprüchen des Patriarchen Resultate erbringen. Seine beiden Kinder werden in Fernsehsendungen straff vor der Kamera nach ihren Leistungen an der Universität und ihren Werten und Sichtweisen bzgl. des Unternehmens befragt.

Ein klares, messbares Raster – Leben in und um Trigema, lebenslang nach klar vorgegebenen Zielen und Werten.[6] Dargelegt in unterschiedlichen Image-Videos und Mitschnitten von TV-Talkshow-Beiträgen von Grupp: Loyalität, Sicherheit und Kontinuität für Leistung und Einhaltung vorgegebener Richtlinien.

Hier ist die „alte" Leistungswelt eines produktiven Unternehmens auch 2012 noch in Ordnung.

Ulrich Hemel (Hemel 2007, S. 143) findet in vielen mittelständischen Unternehmen dieses Menschenbild von „Führung und Gefolgschaft" wieder. Es geht hier nicht um eine leere Status- und Machtorientierung des Firmeninhabers, sondern um eine Führungspersönlichkeit, die eine persönliche Orientierung ermöglicht und ein grundlegendes Sicherheitsgefühl vermittelt. Die Mitarbeiter fühlen sich in solchen Unternehmen geborgen, sie arbeiten für den Chef und wissen, dass ihre Arbeitsplätze sicher sind. Sie vertrauen der Glaubwürdigkeit des Unternehmensleiters, dessen starke persönliche Autorität auf der Basis seiner unternehmerischen Ausstrahlung einfach akzeptiert wird. Die Schwäche dieses Modells ist auf der Stärke des Inhabers begründet.

Problematisch ist die Anfälligkeit im Fall eines Führungswechsels, denn Mitarbeiter wie Führungskräfte „unter dem Chef" sind im Denken wie Handeln zu wenig eigenständig, dynamisch und flexibel.

Trotz der Globalisierung unserer Unternehmen, der weitgehenden Möglichkeiten durch Technologie im alltäglichen Berufsleben bis hin zur Arbeitslosenquote hat sich in den Köpfen in Bezug auf Flexibilität und Mobilität noch nicht viel gewandelt. Immerhin 75 % der Befragten zur „Perspektive Deutschland" sahen im Arbeitsmarkt einen besonders hohen Handlungsbedarf und jeder zweite Deutsche hatte 2006 bereits Angst um seinen Arbeitsplatz. Dennoch führte dies nicht dazu, flexibler oder mobiler zu werden: „Um ihren Arbeitsplatz zu sichern, würde jedoch nur etwa ein Drittel der Berufstätigen unbezahlt mehr arbeiten oder Urlaubstage opfern. Gerade einmal ein Viertel würde mehr als 100 Kilometer dafür

---

[6] Unterschiedliche Image-Videos auf der Webpage von Trigema, datiert 30. Januar 2012.

umziehen. Lediglich 23 % würden auf 10 % des Gehalts verzichten. Arbeitslose sind, wie die Befragung ergab, noch weniger flexibel."[7] Wir leben im 21. Jahrhundert, arbeiten jedoch immer noch nach den Prinzipien des 20., wenn nicht gar 19. Jahrhunderts.

Als ich Mitte der 80er Jahre im IT-Bereich von **Siemens** anfing, betrachtete man dies „als Lebensanstellung". Eine Anstellung bei Siemens war sicher, mit einem guten Status versehen und vergleichbar mit einem „Beamten-Job". Wer keine „goldenen Löffel" klaute, wurde nicht gekündigt. Selbst bei Mergern wie Siemens Nixdorf 1990 wurden äußerst humane Vorgehensweisen gewählt: frühzeitiger Ruhestand, Verlagerung in einen anderen Siemensbereich zum Beispiel. Man war sicher nicht „immer zufrieden" mit Siemens, man meckerte, jammerte, aber kaum einer hatte im Sinn, zu kündigen und zu einem anderen Arbeitgeber zu gehen, um seine persönlich-professionelle Entwicklung voranzutreiben. Auch die Führungsmannschaft war „aus dem eigenen Unternehmen, der eigenen Mannschaft " erwachsen. Man war „Siemensianer", sah dies als Gütezeichen und war letztendlich diesem Unternehmen loyal und integer ergeben. Man erhielt eine sehr gute Aus- und Weiterbildung. Es wurde viel in die Mitarbeiter investiert, vor allem Ingenieure konnten davon profitieren.

Die Personalentwicklung bot sowohl Fach- wie Führungskarrieren an, jedoch war man eindeutig auf seinen Kernbereich limitiert. „Einmal Kaufmann – immer Kaufmann", wenn auch in unterschiedlichsten Hierarchiestufen oder Bereichen. Wobei der Siemens-Kaufmann nach dem Vier-Augen-Prinzip einen hohen Stellenwert im Unternehmen hatte. Letztlich hing jede „Genehmigung eines Projekts, eines Auftrags" von der Finanzfreigabe des Kaufmanns ab.

Für High Performer bot Siemens ab dem unteren und mittleren Management kaum wirklich starke Entwicklungspotenziale. Zwar gab es ausgefeilte Zielvereinbarungen, Führungskräfte-Assessments (1994 die ersten weiblichen Kandidatinnen) und Personalentwicklungspläne, aber immer in klarer Leistung nach Step-by-Step-Vorgehensweise mit Hilfe eines guten Mentors innerhalb seines angestammten Bereichs. Richtlinien und Prozesse mussten eingehalten werden. Änderungen gegenüber verhielt man sich äußerst skeptisch, wenn sie nicht technischer Natur waren. Hier wurden mit „alten" vertrauten, immer sicheren Methoden neue Technologien entwickelt.

Erst mit einem Manager mit stark US-amerikanisch geprägtem Wirtschaftsdenken änderte sich das System, zumindest für den Bereich **Siemens Nixdorf**. Ein Aufschrei ging durch das Unternehmen und allgemeines Unbehagen herrschte 1994

---

[7] Spiegel Online 26.04.2006: Staatsverständnis: Der Traum von der sozialen Leistungsgesellschaft.

2.1 Quantität und messbarer Unternehmens- und Arbeitserfolg

beim Auftreten des neuen Vorstandsvorsitzenden (CEO), Gerhard Schulmeyer, und seinem Culture Change Programm. Nicht ohne Grund wurde Gerhard Schulmeyer in einem Artikel der Zeit, Nr. 43 im Oktober 1997 von Nina Grunenberg als der **Macher der Moderne** bezeichnet.

Gerhard Schulmeyer formulierte als Erster die Erwartung an die Mitarbeiter, jeder müsse sich um seine **Employability** (Beschäftigungsfähigkeit) selbst kümmern. Das Unternehmen könne keine langfristige Sicherung des Arbeitsplatzes bieten, sondern nur die Basis für Weiterbildung und Weiterentwicklung liefern. Wer nicht mehr gebraucht würde, müsse damit rechnen, gekündigt zu werden und in anderen Unternehmen eine Stellung zu finden. Was bisher ein sicherer Arbeitshafen war, wurde aufgebrochen. Durch das darauffolgende Culture Change Programm wurden radikale Änderungen durchgeführt und damit die Belegschaft in allen Bereichen stark verunsichert. Am Verständnis von Kunden wie Prozessen und Vorgehensweisen, „die immer schon so waren", wurde tiefgehend und radikal gerüttelt. Ein recht behäbiger, auf Großcomputer fokussierter Konzern musste sich auf die bereits vorhandene globale Personal Computer und Networking Economy einstellen.

Auch vier Jahre nach dem Merger von Siemens und Nixdorf agierten die Mitarbeiter in der jeweiligen Kultur und teils zum Nachteil der anderen.

Eine gemeinsame Vision, Mission und auch Value Proposition mussten erst gefunden werden. Eine radikale Forderung mit absolut neuen Formulierungen und Methoden aus der amerikanischen State-of-the-art-Wirtschaft. Erstmalig mit Gerhard Schulmeyer wurden auch die Management-Positionen mit Führungskräften aus anderen globalen Unternehmen besetzt und somit „moderne", vor allem aber andere als bisher gewohnte Sichtweisen und Erwartungen integriert.

Zu den harten Fakten kamen „Soft Facts". Recht schwer für ein Technologieunternehmen, als Ingenieure und Kaufleute nun den Fokus auf Kundenbedürfnisse und Kundenzufriedenheit zu legen, wie auch im Rahmen neuer Messkriterien bereichs- wie unternehmensweiter **Balanced Scorecards** (Kaplan et al. 1996) die Ebene der Mitarbeiterzufriedenheit und den Bereich Lernen und Entwicklung zu steuern. Neue Werte wurden definiert, eine neue Führungskultur sollte geschaffen werden:

- Kundenorientierung,
- Business Process Reengineering, Total Quality Management, EFQM-Ratings,
- Balanced Scorecards,
- Globalisierung, Englische Business-Präsentationen und Meetings,
- Einführung des Webs und E-Mail.

In weniger als vier Jahren wurden große Umwälzungen im Unternehmen vollzogen, denen nicht alle folgen konnten oder wollten. Als einer der High Potentials und Change Agents konnte ich an vorderster Front mitwirken, als Führungskraft Resultate in neuen Geschäftsbereichen erzielen, in globalen Teams arbeiten und mit Erfolg ein Executive MBA Programm in Boston an der Harvard Universität in Kooperation mit dem MIT, Sloan School of Management, absolvieren, was zu den besten der Welt zählte.

Change Management habe ich somit von der Pike auf gelernt, von inside-out und mit den besten Benchmarks von outside-in. Im Mittelpunkt stand immer das Verständnis für den Menschen, den Mitarbeiter und Kollegen, geprägt von der bisherigen Unternehmenskultur mit seinen Ängsten wie Erwartungen. Dies Verständnis aufzubauen, Empathie und Respekt zu entwickeln, war eine wesentliche Erkenntnis der Gruppe der Change Agents. Blockaden zu erkennen und mit Offenheit und Wertschätzung zu überzeugen, hat uns alle in unserer Management-Entwicklung geholfen. Es waren meine lehrreichsten Jahre mit Kontakten zu allen internen Ebenen wie vielen externen Unternehmen und mit den aktuellsten Management-Methoden der besten Universitäten: Von Balanced Scorecards, Business Reengineering, Total Quality Management – Lean Thinking bis Business Strategy (Hope und Hope 1996; Womack et al. 1996) – ich durfte alles in der Praxis umsetzen, Resultate erzielen und validieren.

Dies war genau ein Umfeld, wie es High Performer wünschen:

- Intrinsische Motivation aufgrund höchst komplexer, intellektueller Herausforderungen,
- Zusammenarbeit mit „Best-in-Class"-Persönlichkeiten in global virtuellen Teams,
- Erlernen, Anwenden und Umsetzen von State-of-the-art-Methoden,
- Zielvereinbarungen, die wir selbst definieren und gestalten konnten, und somit
- die Erkenntnis, als Manager tatsächlich etwas umsetzen und bewirken zu können, was zu weiteren Höchstleistungen antreibt.

Als ich jedoch den nächsten ambitionierten Schritt in die oberste Führungsetage nehmen wollte, traf mich der „Glass ceiling", die Inflexibilität hart. Siemens Nixdorf war 1998 noch nicht reif für eine weibliche Top-Führungskraft. Ich kündigte, was zu Gesprächen mit mehreren Top-Managern und dem Personalvorstand führte, die meinen Schritt nicht nachvollziehen konnten, mir sogar noch ein hervorragendes Seminar im Babson College, Boston spendierten – und dies genau zwei Monate vor meinem endgültigen Austritt. Man meinte, ein „Zuckerchen" würde meinen Wunsch nach weiterer Verantwortung und Karriere befriedigen.

2.1 Quantität und messbarer Unternehmens- und Arbeitserfolg

Bei Andersen Consulting, jetzt firmierend als Accenture, übernahm ich dagegen sogleich als Partner volle Verantwortung für den Bereich Change Management und Human Performance für ASG (Austria, Switzerland, Germany). Wenige Monate später leitete ich ein wesentliches Performance Programm für Siemens. Siemens musste nun meine Leistung, die auf meinem Know-how-Erwerb in ihrem Hause aufbaute, sehr teuer bezahlen.

Nicht nur Siemens Nixdorf, sondern auch andere Siemens-Bereiche traf die „neue Welt" der 90er Jahre des letzten Jahrhunderts hart, mit Kündigungen, Management-Buy-Outs, Offshoring und Outsourcing.

Heute ist das Prinzip der Employability, der Selbstverantwortung für die eigenen berufliche Entwicklung überall präsent und zwingend für eine Karriere. Viele der High Performer, die mit mir Change Agents waren, haben das Unternehmen Siemens wenige Jahre nach diesem hervorragenden Entwicklungsprogramm verlassen und herausfordernde Positionen bei anderen Unternehmen angenommen. Nur rund 20 % sind in der weltweiten Siemens-Familie verblieben. Wir alle haben großen Nutzen für unsere persönliche wie berufliche Entwicklung aus diesem Change Agent Programm gezogen. Daraus entstand ein internationales Alumni-Netzwerk mit hervorragendem Wissen.

Im Oktober 2012 treffen sich die Change Agents aller Jahrgänge wieder mit Gerhard Schulmeyer, der nicht nur Macher der Moderne, sondern Basis für viele erstaunliche Karrieren war. Er hat immer immens viel von uns gefordert und uns damit am meisten gefördert. Wenn sich das Investment auch nicht immer für Siemens selbst „gelohnt" hat. Es entstand meines Erachtens ein beeindruckendes Lebenswerk eines ambitionierten Managers, das auf einer klaren Leistungsbereitschaft und auch der glasklaren Forderung nach Leistung aufbaute. Es entstand ferner ein exzellentes Business-Network von High Performern, die über die ganze Welt agieren.

Auch dies hat Siemens in dieser Dimension eines „Alumni"-Netzwerks von Experten mit loyalem, positiven Verhältnis zur Ex-Firma nicht rechtzeitig verstanden. Viel Produktivität einer „Wissens-Kultur" ist dem Unternehmen dadurch entgangen. Architekt des Siemens Nixdorf Culture Change Programms war Professor Dr. Mark Maletz, dem wir unser exzellentes Wissen und vor allem unsere praktische Erfahrung in organisatorischen Veränderungsprozessen verdanken.

Zusammenfassung

Es geht uns um Sicherheit: Arbeitsplatzsicherheit, Sicherheit und Stabilität der Marktpositionierung eines Unternehmens, Sicherheit im Denken und Handeln durch Methoden, Tools und Analysen, Sicherheit durch klare Ziele, durch vertraute feste Rahmenbedingungen.

Daten und Fakten, klassische Messkriterien gaukeln uns hier eine vermeintliche Sicherheit und Stabilität vor. Wir vertrauen den Zahlen, den erprobten Methoden, dem System, der Technologie mehr als uns selbst und unseren Mitmenschen. Für die Moderne wird uns dieses Denken nicht weiterbringen.

2.2 Messbare Leistungskriterien

▸ Kontrolle, Macht, Führungsspanne, Budgetverantwortung und Profit Margin als Erfolgskriterien eines Managers.

2.2.1 Die Führungskraft der „alten" Leistungskultur

Was zeichnet die Führungskraft der „alten" Leistungskultur aus? Welche Kriterien sind ausschlaggebend für den Erfolg eines Managers?

Der klassische Unternehmer ist selbst Gründer und Firmeninhaber. Aber auch für angestellte Geschäftsführer wie Manager waren über Jahre und Jahrzehnte Loyalität und Integrität wesentliche Verpflichtungen gegenüber dem Unternehmen in der westlichen Industriegesellschaft. Erst seit den 80er Jahren sind kurzzeitige Management-Verträge en vogue geworden, und damit meine ich nicht die Interims-Manager-Verträge, die generell auf Kurzzeit ausgerichtet sind. Im besten Falle fühlt er sich als **Dienstleister der Organisation**, vergleichbar mit dem Arbeitsethos von Wolfgang Grupp von Trigema, als Patriarch in Sinne der Kundenerwartungen für das Wohl der Unternehmung und damit auch für das Wohl der Mitarbeiter verantwortlich zu sein. Und dies nachhaltend und wertschöpfend über seinen eigenen Auftrag hinaus.

Sein Ziel als Unternehmer ist es, für das Unternehmen **Marktführerschaft** zu erringen und diese lange Jahre zu halten. Verantwortung, Sorge, Umsicht und klare wirtschaftliche Resultate sichern diesen Erfolg des Unternehmens und gelten seit Drucker wie auch bei Malik zu den Kernqualitäten eines erfolgreichen Managers (Malik 2006, vor allem S. 84 f., S. 84–166):

- **Resultatorientierung** – eindeutig auf dem ersten Rang: „die Erreichung von Zielen und die Erfüllung von Aufgaben". „Was zählt ist der Output". Dabei fokussiert sich der Manager auf den Zweck seines Unternehmens, der Mission im Sinne seines Kunden.
- Einen **nachhaltig-wertschöpfenden Beitrag** für das Unternehmen selbst, für die Kunden, die Mitarbeiter wie für die Gesellschaft zu leisten.

2.2 Messbare Leistungskriterien

- **Konzentration auf das Wesentliche** und damit **auf weniges** – als Schlüssel zum Erfolg.
- **Fokussierung auf die Stärken** – die Kernkompetenzen der Organisation, der einzelnen Führungskräfte und Mitarbeiter und Umsicht in der Deckungsgleichheit mit den Aufgaben und dem Zweck der Unternehmung.
- **Vertrauen aufbauen** – damit Geschäftspartner, Kunden wie Mitarbeiter sich auf die Führung verlassen können. Dazu gehören Authentizität und Integrität, Klarheit und Geradlinigkeit sowie großes Durchhaltevermögen auch in schwierigen Zeiten.
- **Verantwortung tragen** – für die Erfolge wie Misserfolge.

Eine erfolgreiche Führungskraft sorgt für klare Ziele und gibt die generelle Grundrichtung vor, das heißt, der Unternehmer ist verantwortlich für die Vision wie Mission, vor allem aber für die **Value Proposition** des Unternehmens: Welchen Zweck hat das Unternehmen, welche Wertschöpfung und welchen Nutzen bietet es dem Kunden?

Structure follows strategy Nach diesem strategischen Leitsatz richtet sich die Organisation nach der Geschäftsstrategie und ermöglicht somit eine schnelle, möglichst effektive und effiziente Zielerreichung. Dies sind die wesentlichen Aufgaben des Managers im „alten" Leistungsdenken (vgl. Malik 2006, S. 171–257):

- Unternehmensführung per Zielvereinbarungen – der einzelnen Bereiche bis zum einzelnen Mitarbeiter,
- Kontrolle der Ergebnisse wie auch Selbstkontrolle,
- Entscheidungen treffen und Probleme lösen,
- Menschen entwickeln und fördern.

Diese grundsätzlichen Werte und Strukturen sind auch heute noch die gültigen Kriterien einer erfolgreichen Führungskraft. Nur die gesellschaftlichen, wirtschaftlichen wie technologischen Rahmenbedingungen haben sich gewandelt, so dass sich die aktuelle Realisierung der „neuen Zeit" anpassen muss. Schon Peter F. Drucker betonte, dass „das soziale Universum stetigem Wandel" unterworfen ist, bisherige Annahmen „innerhalb kürzester Zeit ihre Gültigkeit verlieren und vollkommen irreführend werden können". Noch „bedeutsamer" für die Disziplin des Managements ist „ein Wandel der Grundannahmen" (Drucker 1999). Aber obwohl sich so viel in unserem Geschäftsleben geändert hat, agieren wir auch heute noch in der „Welt der westlichen Industrienationen".

Die Grundannahmen der Führung in den westlichen Industrienationen basieren auf klaren hierarchischen, das heißt klassischen Top-down-Strukturen: „Ober sticht unter" – die Führungskraft hat die Befehlsgewalt. Dies ist in einem industriellen Produktionsbetrieb mit klar definierten und über längerfristig gleich bleibenden Aufgaben und Tätigkeiten rund um Maschinen und Werkzeuge effizient. Im positiven Sinne konzentriert sich diese klar auf die zu erreichenden Ziele und Aufgaben. Führungskräfte-Entwicklungen konzentrieren sich auf die Motivation der Mitarbeiter durch Management by Objectives (Peter F. Drucker 1955) und leistungsorientierte Vergütung.

Im negativen Sinne führt diese hierarchische Struktur zur Ausbeutung und Diskriminierung des Mitarbeiters. Der Mitarbeiter hat schlichtweg zu gehorchen, zu funktionieren – ohne zu murren oder ein Widerwort zu geben, ansonsten erwartet ihn eine Abqualifizierung, eine Abmahnung oder schließlich die Kündigung. Andererseits wird er wiederum vom Denk- und Verantwortungsprozess entlastet. Das eigene Denken wird an der Unternehmenspforte abgegeben.

Hemel (2007, S. 137–140) umschreibt dieses Führungsmodell als „Macht und Ohnmacht". Die Top Manager sind „oben" angekommen und sehr stolz darauf. Ihr Handeln wird oftmals weniger durch Leistungs- und Resultatorientierung geleitet als durch Statusstolz, der dazu führt, dass ein großer Teil der beruflichen Energie in die Verteidigung oder den Ausbau der eigenen Position fließt. Gerade die Abhängigkeit von diesem hierarchiegläubigen Menschenbild macht auf dieser oberen Ebene heutzutage ratlos, da das Schicksal der nächsten Ebene auf dem reibungslosen und widerspruchslosen Funktionieren basiert, welches oftmals in den oberen beiden Führungsetagen zum Alltag gehört. **Vertrauen wird zum Luxus** (Hemel 2007).

Strategie und Verantwortung sind Sache der Führung, kritiklose Ausführung die Sache des Personals. Dieses hierarchische Führungsideal entspricht der altväterlichen Hierarchie – hier der allwissende Vater – dort das fleißige, aber unmündige Kind. Inwieweit die liebende „Sorge" um das Wohl des Kindes integriert ist, bleibt offen.

Eine weitere Version folgt dem militärischen Herrschaftsdenken von Befehl und Gehorsam, Kommando und Kontrolle, ob die Befehle „von oben" erfolgreich ausgeführt wurden. Der Vorstandsvorsitzende als General im „feindlichen" Gelände des Marktes, im Kampf gegen den Wettbewerb. Generalstabsmäßig in Krisensituationen und bei Sonder-Projekten.

Daher wird ein harter Führungsstil in der „alten" Leistungskultur akzeptiert, vielleicht nicht als gut empfunden, aber der Chef hat quasi per seiner Autorität, seiner Position das Recht, cholerisch, laut und herrisch sein zu dürfen. Auch heutzutage trifft man diesen Führungsstil noch viel zu häufig an, der es an Respekt

2.2 Messbare Leistungskriterien

vor der anderen Persönlichkeit fehlen lässt. Auch Entrepreneuren wie Larry Elison von Oracle und Innovations-Gurus wie Steve Jobs von Apple sagt man einen cholerischen und unstetigen, unzuverlässigen Führungsstil nach. Im *Spiegel-Nachruf 41/2011* wird über den General Jobs und seiner Armee gesprochen. Jobs wird als despotischer, launischer und cholerischer Mensch und Manager beschrieben, auf dessen Urteil die Teams ängstlich warteten. Was er gestern noch super fand, konnte er anderentags verdammen. Er selbst verteidigte sein Verhalten: „Er müsse streng sein, müsse seine Leute fordern, die Leistung des Konzerns spreche für sich." (Bethge et al. 2011, S. 68–77)

Auch bei Siemens Nixdorf wie bei Oracle musste ich mitansehen, wie erfolgreiche Bereichsleiter, also Top-Manager vor den eigenen Mitarbeitern oder gar externen Beratern zusammengeschrien und erniedrigt wurden. Sie hatten „keine goldenen Löffel geklaut", sondern einfach ihrem Chef „widersprochen", also eine ehrliche Meinung kundgetan. Im Dezember 2011 beklagte sich bei einem Coaching der CFO (Chief Financial Officer) einer globalen Unternehmung, dass er in rüdester Form von seinem Vorstandsvorsitzenden angeschrien und diskriminiert wurde. Dies trifft also nicht nur den „einfachen" Arbeiter oder Angestellten. Während diese bislang oft kaum eine Wahl hatten oder zu unsicher waren, die Arbeitsstelle zu wechseln, verlieren solche Manager mit ihrem unkontrollierten Verhalten oft ihre fähigsten High Performer. Denn diese wissen, dass sie im Falle der „Ungnade" auch keine Karriere-Chancen mehr haben, wenn sie im Unternehmen verbleiben.

Dieser respektlose Führungsstil hat allerdings nichts mit einer klar nach Resultaten und Leistung ausgerichteten Führung zu tun, wie Steve Jobs dies rechtfertigen wollte. Eine klare Ergebnisausrichtung hat per se „überhaupt nichts mit zum Beispiel Brutalität, Menschenschinderei oder Ähnlichem zu tun" (Malik 2006, S. 87).

Aber es muss klargestellt werden: Der Manager hat nicht allein einen hervorgehobenen Status oder eine größere Entscheidungsfreiheit. Nein – er hat tatsächliche Macht: **Macht als Entscheidungsgewalt** über das Wohl und Wehe der Unternehmung wie einzelner Mitarbeiter. Macht aber sollte immer mit Verantwortung einhergehen, sonst führt sie auch in der Wirtschaft, nicht nur in der Politik, zur Despotie. Im bisherigen Leistungs- und Führungsdenken stehen Macht und Status im Fokus, häufig begründet durch prähistorische Grundlagen des menschlichen Handelns. So philosophiert Lutz Herkenrath, Autor, Schauspieler und Management-Trainer, dass es in der Natur kein Vakuum gäbe. Es geht in der Realität nicht um die besseren Argumente und Logik, sondern rein um Macht. Wer sich weigert, diese Chefrolle und damit die Macht anzunehmen und auszufüllen, wird einfach überholt (vgl. Focus 4/2012, S. 62; Grewe et al. 2012, S. 58–66). Macht wird bis heute tabuisiert. Kaum ein Top-Manager spricht öffentlich davon, dass er Macht besitze, vielmehr führt er in diesem Zusammenhang seine Verantwortung an. Begründet wird der legale Machtanspruch dagegen mit dem menschlichen Bedürfnis der Mitarbeiter nach Orientierung und Berechenbarkeit.

Denn ohne Machtausübung (auch im positivsten Sinne) kommt kein Manager aus, wenn er wirklich etwas bewirken und umsetzen will. Denn Macht ist letztlich das „Vermögen, einen Willen gegen einen Widerstand durchzusetzen", und Widerstand gibt es in jedem wettbewerbsorientierten System wie einem Unternehmen (Bauer-Jelinek 2011, S. 24–29, S. 26).

Diese **Machtpositionierung** einer Führungskraft wird in der „alten" Leistungskultur mit der **Führungsspanne** oder **Führungstiefe** gemessen:

- Im Personalwesen versteht man unter einer *Leitungsspanne* oder *Führungsspanne* (*engl.* **span of control**) die Anzahl der einer Führungskraft unmittelbar hierarchisch unterstellten Mitarbeiter,
- unter *Leitungstiefe* die Anzahl der hierarchischen Leitungsebenen, wobei man bei vielen Hierarchieebenen von einer steilen Struktur spricht. Im Gegensatz dazu von einer flachen Struktur (vgl. Lean Management), wenn wenige Ebenen vorhanden sind.

Die Macht, der Status ist umso größer, je größer die Kontrollspanne wie Leitungstiefe einer Führungskraft sind, selbst in einer Zeit, in der Hierarchien kontinuierlicher flacher werden, um damit sowohl eine Kostenminimierung wie auch eine Effizienzsteigerung der Führungskraft zu erzielen.

Die Karriere, der Erfolg eines Managers wird auch heute immer noch an der Quantität der Leitungsspanne und Leitungstiefe bemessen:

- Wie viele Mitarbeiter haben Sie bislang geführt?
- Welche Position in einer Organisation haben Sie erreicht?

Dies sind typische Fragestellungen bei einem Headhunter, bzw. diese Fragen werden bereits in der Vorauswahl selektiert. In den letzten Jahren kam noch die Erfahrung mit internationalen und inter-kulturellen Teams und komplexen Unternehmenskulturen hinzu. Wenn dazu noch die „Hard Facts" stimmen, also die finanziellen Zieldaten erreicht wurden, belegen diese Kriterien die „Verantwortung" des Managers für seine Mitarbeiter in Zahlen. Je mehr er effektiv und effizient führen kann, desto fähiger ist er als Manager, Ergebnisse abzuliefern.

Letzten Endes jedoch kommt es allein auf die Erreichung der finanziellen Ziele an. Ein Manager ist „umso mächtiger", je größer seine **Budgetverantwortung** ist, da diese seine Bedeutung für den Erfolg des gesamten Unternehmens mitbestimmt. Im Budget liegt seine Verantwortung, die Aufgaben und Ziele seiner Abteilung zu planen und letztendlich den angestrebten **Umsatz** und **Gewinn** zu erzielen.

2.2 Messbare Leistungskriterien

Der erzielte Gewinn, die tatsächliche **Profit Margin** seines Bereichs ist ausschlaggebend für den Erfolg eines Managers innerhalb eines Unternehmens. Denn sie belegt als Netto-Gewinnspanne die Profitabilität seiner Abteilung wie die Effektivität seines Kosten-Managements.

Erfolg ist die Siegerposition im Markt Als Unternehmen die Nummer 1 im relevanten Markt zu sein, oder zumindest zu den Top 3 zu zählen und diese Position über Jahre zu halten; als Manager zur Top-Managementriege von Dax oder Top 30 zu gehören.

Obwohl in der Managementliteratur die moderne Führungskraft mit den unterschiedlichsten Anforderungen beschrieben und gesucht wird, lassen sich die wesentlichen Leistungskriterien einer Top-Führungskraft in der „alten Leistungskultur" auf nur zwei Fakten reduzieren:

1. Finanzielle „Hard Facts": Umsatz und Gewinn und damit Ausbau wie Stabilisierung der Marktposition
2. Effiziente Mitarbeiterführung mit möglichst großer Leitungsspanne und Leitungstiefe, wobei der Fokus auf Personalproduktivität gelegt wird und nicht auf softe Leadership-Qualifikationen

Im Interview mit einer Partnerin einer weltweit anerkannten Personalberatung wurde dies noch verschärft: Wenn allein die finanziellen Leistungskriterien (engl. Key Performance Indicators = KPIs) nicht stimmen, wird der Führungskraft der Erfolg abgesprochen.

Mit erfolgreichen Zahlen kann sie ihre Management-Positionierung ausbauen. Ihr Status wird zusätzlich „aufgepolstert" mit **Insignien der Macht**, die ihren Erfolg nach außen bezeugen: die Sekretärin oder Executive Assistant, Ausstattung mit neuester Technologie, die Größe und Möblierung des Büros, der Firmenwagen mit Chauffeur und die Berechtigung, Business oder First Class zu fliegen.

Da in Siemens zum Beispiel die tatsächlichen Gehälter im Wettbewerbsvergleich über lange Zeit eher niedrig angesiedelt waren, wurden Fach- wie Führungskräfte mit einer zusätzlichen Rentenversicherung nach Firmenzugehörigkeit und Managementlevel für die Zukunft belohnt. Dadurch sollte eine zusätzliche Sicherheit geschaffen werden. Den Status einer Führungskraft konnte man allein schon an der Ausstattung des Büros feststellen: Größe, wie viele Fenster, Art der Vorhänge und Firmenwagen. Mit all diesen „Kleinigkeiten" wurden Leistungsträger geködert. Alles war fest geregelt – „unterschiedliche Karotten" für die „Esel auf der Karriereleiter". Natürlich habe auch ich mich gefreut, wenn ich solche erhalten habe und damit meine Leistung nach „außen" belegt wurde. Als ich in den 90er Jahren vermehrt Angebote anderer Unternehmen erhielt, wurde mir allerdings klar, dass die Angebotsliste dort nicht nur finanziell weitaus lukrativer, sondern auch Zusatznutzen auf besseren Niveaus geschaffen wurde. Sicherheit ist eben nicht immer alles.

Gleichzeitig musste ich wie auch etliche andere Frauen in Top-Führungspositionen erst lernen, dass gerade diese materiellen Boni wesentlich sind für den Status, die Positionierung im Unternehmen. Da über Macht nicht explizit gesprochen wird, wird Status ersichtlich aufgrund der erreichten **Insignien der Macht**. Sie machen Sinn, denn sie erleichtern den Umgang mit Mitarbeitern und anderen Abteilungen im eigenen Unternehmen wie auch mit Kunden und Partnern. Die Größe des Firmenwagens, des Büros, die Anzahl der Sekretärinnen bezeugen die Positionierung nach unten wie nach außen. Die Visitenkarte belegt diese Machtposition und den **erreichten Status**. „Diese Person muss im Leben etwas geleistet haben, sonst wäre sie nicht auf dieser Position."

Es folgen Anerkennung und Wertschätzung ohne Diskussion oder Infragestellung – meist leider reduziert auf die Machtposition und den Status, nicht auf die Person selbst. Dies mussten einige meiner Klienten feststellen, wenn sie ihre Positionierung, zum Beispiel aufgrund von Fusionen, verloren haben oder in den Ruhestand gingen: Waren sie bislang gern gesehener Gast auf internationalen Foren, Gremien und Kongressen, fehlte plötzlich die alljährlich erwartete Einladung. Die hatte nämlich nicht der Person gegolten, sondern dem „Amtsinhaber" – sprich der Person mit der Macht der Position.

Wie sagte einer meiner Coaching-Klienten ernüchtert: „Dann ist man nurmehr sein eigener Name auf der blanken Visitenkarte." Viele haben damit große Schwierigkeiten, da sie sich meist ihr ganzes Leben allein auf den Beruf konzentriert haben. „Plötzlich alleine dazustehen, ohne Firmenname und Position, macht mir Angst. Immer muss ich erläutern, wer ich bin und was ich geleistet habe."

Selbst das bisherige Business Network bricht meist nach dem „Austritt" auseinander. Personen, denen man bislang vertraut und auf die man sich verlassen konnte, sind dann oftmals kaum oder gar nicht mehr zu erreichen. Man hat keine Zeit mehr für jemanden, der für die eigenen beruflichen Ziele nicht mehr von Bedeutung ist. Das trifft viele zutiefst und meist gerade in kritischen Veränderungssituationen. Menschen, die Macht und Status gewohnt waren, fallen tief in die eigene Unsicherheit.

Mit weiteren Beschreibungen negativen oder inhaltlich leeren „alten" Führungsverhaltens möchte ich mich in diesem Rahmen nicht weiter aufhalten. Hierzu sind genügend Bücher geschrieben worden. Vielmehr geht es mir darum, was wir Positives aus dieser Vergangenheit in die Zukunft übertragen können.

2.2 Messbare Leistungskriterien

Mir geht es dabei um **drei wesentliche Werte:**

1. Verantwortung übernehmen,
2. Vertrauen aufbauen und respektvoll miteinander umgehen (Integrität),
3. Nachhaltige Werte schaffen.

Denn „die wahre Prüfung für einen Top-Manager ist nicht der Erfolg während seiner Aktivphase, sondern sie liegt in der Frage, in welche Situation die Organisation nach seinem Ausscheiden kommt: Ist sie weiterhin erfolgreich, ist sie robust gegen den Wechsel der Spitze oder bricht sie zusammen, weil eben alles auf diese Person zugeschnitten war?" (Malik 2006, S. 57) und die Mitarbeiter nicht genügend Freiraum zu selbstständigen Führen und Denken hatten.

Als Zusammenfassung meiner These zur „alten" Führungskultur kann ich mich auf ein positives Beispiel aus Kroatien stützen.

Beispiel

Der Kunde **Konzum®** ist die größte Einzelhandelskette in Kroatien mit mehr als 600 Märkten und über 12.000 Mitarbeitern. Jeden Tag kaufen rund 500.000 Kunden ein. Konzum ist Marktführer und expandiert auch außerhalb des kroatischen Heimatmarktes in Serbien, Bosnien-Herzegowina wie weiteren osteuropäischen Staaten, gegründet von Ivica Todoric 1957, der eine Machtposition in der kroatischen Wirtschaft innehat. Das Headquarter mit Sitz in Zagreb ist der sicherste und für gut ausgebildete, d. h. Mitarbeiter mit Universitätsabschluss, der einzige große Arbeitgeber des Landes. Während in den einzelnen Filialen zwar eine Mitarbeiterfluktuation vorhanden ist, jedoch unterhalb der Benchmarks zu anderen, auch internationalen Handelskonzernen, ist die Fluktuation im Headquarter gleich null. Nach dem Krieg kommt das Land Kroatien immer noch nicht auf eine wirtschaftlich gesicherte Basis. Der einzige tatsächliche Sicherheitsfaktor ist Konzum. Während Kroatien sich verschlechtert, verbessert sich Konzum, baut auf und aus und kann sich auch im internationalen Wettbewerb, z. B. mit Metro, bewähren. Das Mitarbeitergehalt ist sicher, was in vielen anderen kroatischen Unternehmen nicht der Fall ist. Mitarbeiter erhalten gute Schulungen und Weiterbildungen. Die Akademie ist State-of-the-Art und wurde von anderen Wettbewerbern als Benchmark genutzt.

Die Mitarbeiter arbeiten auf einem extrem hohen Stress-Niveau, ständig an mehreren Projekten, mit klaren Zielvorgaben zwar, aber die Strategieprojekte sind häufig einfach nicht zu bewältigen. Die Aufgaben und somit auch die persönlichen Zielvorgaben können sich außerdem abrupt ändern; was gestern noch

Priorität hatte, ist heute schon obsolet. Flexibilität und Veränderung sind die Norm.

Die Mitarbeiter haben gelernt, damit umzugehen. Sie fragen nicht nach, wollen gar nicht in den großen „Strategieplan" eingeweiht werden, sondern folgen dem Befehl. Sie legen das „alte" Projekt einfach mental ab und stürzen sich auf das nächste. Trotz Unsicherheit aufgrund häufig ändernder Zielvorgaben vertraut man auf einen „gerechten Lohn" und eine Bonuszahlung bei guter Leistung. Die Gehälter sind keinesfalls üppig, aber sicher, und Konzum ist einer der wenigen Arbeitgeber, der auch Weihnachtsgratifikationen gewährt.

Bei all dieser Belastung halten sich die Krankheitszahlen im Branchen-Durchschnitt. Wer länger ausfällt oder auch die bisherige Leistungsfähigkeit nicht mehr halten kann, dem wird nicht gekündigt, sondern er wird in ein anderes Einsatzfeld integriert. Private, persönliche Prioritäten – Kinder, Pflege der Eltern, somit notwendige Auszeiten werden akzeptiert und respektiert. Auch wenn man als Mitarbeiter „Untergegebener" ist, wird man als ganzer Mensch wahrgenommen, so zum Beispiel bat ein Bereichsleiter um eine klare Einhaltung des anberaumten Meetings, weil er zur Geburtstagsfeier seiner Tochter pünktlich erscheinen wollte. Das Arbeitsklima ist offen, sehr kollegial und warmherzig. Man fühlt sich als Team.

Obwohl im Headquarter alle einen E-Mail-Account haben, wird er für interne Kommunikation kaum genutzt, man ruft lieber schnell persönlich durch oder trifft sich in der Kantine oder an der Kaffeebar. Was als Zeitverlust gedeutet werden könnte, entpuppt sich als effektive Methode des „Teamzusammenhalts" über einzelne Bereiche hinweg.

Diese Arbeitsphilosophie wird auch auf externe Partner übertragen. Als ich 2011 insgesamt drei harte persönliche Phasen durchzustehen hatte (schwere Erkrankung des Ehepartners, Tod des Vaters, Operation) wurde darauf Rücksicht genommen. So konnte ich sowohl Einsatz und volle Verantwortung als Berater übernehmen wie auch meine Lebensaufgaben erfüllen. Jeder verstand meine Prioritäten, offen wurde über die zeitlichen und inhaltlichen Möglichkeiten einer effizienten Projektarbeit gesprochen und somit wurden Lösungen gefunden, die zum Erfolg führten.

Der Vorstandsvorsitzende Darko Knez hat einen harten, glasklaren, ja zackigen Führungsstil. Er wird oft als „Feldherr" mit militärischer Zielgenauigkeit bezeichnet. Seine Führungsmannschaft wurde nach ähnlichem Raster ausgewählt. Das Management konzentriert sich auf das „wesentliche Geschäft". Personalgespräche gehören nicht dazu und werden durch die Personalabteilung geführt, im negativen wie auch im positiven Fall. Die Möglichkeit der Motivation wird durch die Führungskräfte kaum wahrgenommen – nach dem alten Motto: „Wer

2.2 Messbare Leistungskriterien

nicht gerügt wird, weiß schon, dass seine Leistung stimmt." Kurz gesagt: Nach allen modernen Managementphilosophien ist es ein hartes Arbeitsumfeld mit sich stetig wandelnden Aufgaben und langen Arbeitsstunden, ausgerichtet nach den „alten Leistungskriterien" bei gut ausgebildetem Personal – und dennoch funktioniert es. Bei einer umfangreichen ERP-Einführung im Headquarter kam es natürlich zu stressvollen Situationen. Andere Unternehmungen hätten darauf vielleicht mit einer Verschiebung des Roll-out-Termins reagiert, noch dazu da er vor dem wirtschaftlich kritischen Weihnachtsgeschäft stattfinden sollte. Nicht so Konzum, der CEO zog den Termin und den Roll-out durch und fokussierte alle Kräfte. Erstaunlich, wie alle Mitarbeiter mit vollem Einsatz extra Schichten fuhren, gemeinsam an einem Strang zogen, d. h. die einzelnen Schulungen, Aufgaben und Tätigkeiten mit einer großen Motivation und Engagement erfolgreich durchzogen.

Noch erstaunlicher: Es gab bislang keine offiziellen Incentives – man hatte sich dagegen entschlossen und wollte nur „kleine Wettbewerbe" auslösen. Selbst da zeigten sich die Mitarbeiter enttäuscht: Sie fühlten sich diskriminiert. Sie wüssten, sie arbeiten an einem für die Zukunft des Unternehmens kritischen und wichtigen Projekt. Sie können hierzu einen wesentlichen Beitrag leisten. Dafür brauchen sie keinerlei zusätzliche Belohnungen. Allein zwei persönliche Ansprachen des „Feldherrn" Darko Knez genügten – sein motivierender Besuch bei den Mitgliedern des Kernteams wie seine emotionale Rede als Dank und Lob an die Mitarbeiter für den erfolgreichen Roll-out.

Konzum hat mit seiner nach „alten" Leistungskriterien geprägten Kultur einen Ort der Sicherheit, einen wirtschaftlich prosperierenden Hafen in einem unsicheren Land geschaffen, dessen Management effektiv und effizient Resultate erzielt. Aktuelle Problemstellungen können so schnell gelöst werden. Wie in einer Armee werden alle erforderlichen Ressourcen auf die neue Aufgabe ausgerichtet.

Die Mitarbeiter sind auch ohne klare Karriereentwicklung und Incentives leistungsstark, motiviert und dem Unternehmen loyal und integer ergeben. Der Firmengründer hat auch mit seinem Geschäftsführer eine Welt der Orientierung nach Hemels Menschenbild der „Führung und Gefolgschaft" geschaffen, welches nicht auf Geld, Boni und Incentives aufbaut, sondern auf der Kraft einer sicheren Gemeinschaft, in der jeder seinen verantwortungsvollen und wertvollen Betrag leisten kann.

2.2.2 Humankapital – Messkriterien der Mitarbeiterproduktivität

▶ Der Mensch – Kostenfaktor oder Intellectual Capital

Leidenschaft, vor allem Freude oder Spaß sind Begriffe, die über lange Zeit nicht mit der Berufswelt in Einklang gebracht wurden. So betont auch Fredmund Malik, dass ein Manager weniger eine charismatische Führerpersönlichkeit sein sollte, weder Begeisterung noch Visionen, auch keine Leadership oder Charisma brauche, sondern schlicht handwerkliche Professionalität, Sachverstand und Erfahrung (Malik 2006, S. 25). Aber mit steigenden Kunden- wie Mitarbeiterbedürfnissen stiegen auch die Erwartungen an die sozialen Fähigkeiten der Manager. Sie konnten nicht mehr auf das bis dato herrschende Pflichtbewusstsein des Personals bauen, sondern mussten nun Mitarbeiter motivieren und ein Arbeitsklima, eine Unternehmenskultur schaffen, in der sich ihre Angestellten wohlfühlen sollten.

Die Mitarbeiterzufriedenheit wurde zu einem Kernthema in der Personal- und Führungsaufgabe. Denn statt einer Kündigung durch den Arbeitgeber gab es seit den 90er Jahren mehr und mehr die innere Kündigung durch die Arbeitnehmer, welche große wirtschaftliche Kosten verursacht. Mitarbeiter, die sich im Unternehmen nicht wohlfühlen, neigen häufiger zu einer sogenannten „Minimalethik". „Gut ist, was mich meinen Job behalten lässt, und die geringste Anstrengung kostet", wie dies die französische Politologin Corinne Maier 2004 in ihrem Buch: „Die Entdeckung der Faulheit – Von der Kunst, bei der Arbeit möglichst wenig zu tun" beschreibt (Maier 2004). Gemäß dem Gallup Employee Engagement Index 2010® hat bereits jeder fünfte Arbeitnehmer innerlich gekündigt. Rund 66 % – also die große Mehrheit der Arbeitnehmer – haben nur eine geringe emotionale Bindung und leisten nur Dienst nach Vorschrift. Marco Nink, Strategic Consultant bei Gallup®, warnt, dass durch „die daraus resultierenden Produktivitätseinbußen ein volkswirtschaftlicher Schaden zwischen 121,8 und 125,7 Milliarden Euro" (Gallup Consulting® 2011) entsteht.

War es nach dem Zweiten Weltkrieg durchaus üblich, auch an den Samstagen zu arbeiten, hat sich heutzutage die Forderung nach einer 40- oder gar 35-Stunden-Woche etabliert. Nine-to-Five (9–5) an fünf Wochentagen und damit die 40-Stunden-Woche gilt als die übliche Arbeitszeit für viele Tarifbereiche, während in den 50er Jahren Arbeiter, Angestellte und Beamte durchgängig sechs Tage in der Woche täglich acht Stunden lang arbeiteten. Zwischen 48 bis 55 Wochenstunden aufgrund üblicher Überstunden waren damals die Norm bei durchschnittlich 15 Urlaubstagen im Jahr.

2.2 Messbare Leistungskriterien

Seit den 50er bis in die 70er Jahren wurden die Arbeitszeiten sukzessive gekürzt. Dadurch wurde es notwendig, mehr Leistung und Produktivität in kürzerer Zeit zu erbringen – was bei „Normalleistern" bereits zu einem gestiegenen Leistungsdruck führte.

„Samstags gehört Vati mir" war der bekannte Slogan der Gewerkschaft 1954 und warb um mehr Familien- und Freizeitzeit, um mehr Lebensqualität. Die Wirtschaftswunderzeiten brachten den erwünschten Aufschwung und damit auch den Wunsch nach Reisen, nach mehr Zeit für die Familie und vor allem nach Erholung.

Denn die Arbeitsbedingungen in jener Zeit, zumindest in der Produktion, waren hart: schwere körperliche Arbeit, Lärm, Schmutz, Hitze.

Und für heutige Zeiten völlig unverständlich argumentierte der damalige Generaldirektor der VW-Werke, Heinrich Nordhoff, in „Sorge" um die Mitarbeiter: „Sicher wäre ein freier Samstag für viele ein schönes Geschenk, aber für viele auch ein Fluch. Die meisten Menschen leben ohnehin auf der Flucht vor sich selbst. Ihnen wäre ein fehlender Arbeitstag kein Segen, sondern die Leere würde noch vergrößert. Und die trostlose Flachheit, mit der die meisten ihre freie Zeit vertrödeln, würde noch stärker zu Tage treten." (Faerber-Husemann 2004)

Die Wirtschaft musste ab den 60er, spätestens 70er Jahren erkennen, dass Mitarbeiter, aber vor allem Kunden wählerischer geworden waren. Die grundlegenden Bedürfnisse waren bereits erfüllt. Produkte mussten differenzierter auf Kundenbedürfnisse ausgerichtet sein.

Marktanalysen über spezifische Kundenbedürfnisse sollten Aufschluss geben. Mitarbeiter sollten motiviert werden, mehr bei weniger Arbeitsstunden oder auch Überstunden zu leisten, um die gesteigerten Kundenbedürfnisse zu erfüllen. Gleichzeitig wurden höhere Investitionen in die Weiterbildung notwendig, um dem steigenden Wettbewerbsdruck begegnen zu können. Während früher die Bedingungen des Arbeitsplatzes über Jahre gleich blieben, ein Arbeiter nach seiner Ausbildung und dem Erfahrungszuwachs in den ersten „Gesellenjahren" kaum eine Schulung mehr benötigte, zwangen die sinkenden Halbwertzeiten des Wissens aufgrund des technologischen Wandels zu „kontinuierlichem Lernen".

Aber ein Mitarbeiter gilt aus Sicht der Unternehmer in der „alten" Leistungskultur als Produktionsfaktor und vor allem als Kostenfaktor. Ein Mitarbeiter muss sich auszahlen, das heißt, die Investition in seine Einstellung, seine Aus- und Weiterbildung, die Lohn- und Sozialkosten wie die personal-infrastrukturellen Kosten müssen nicht allein gedeckt sein, sondern aufgrund seiner Leistung soll die Produktivität gesteigert und die Wettbewerbssituation verbessert werden.

„Humankapital" – das Unwort des Jahres 2004 bewegte die öffentliche Diskussion – degradiere den Menschen nur noch zu einer ökonomisch interessanten Größe und ließe andere denkbare Lebensbezüge außer Acht. Aber dieses Denken war seit

Langem üblich. Das traditionelle Rechnungswesen wurde seit Anfang der 60er Jahre um die Komponente Mensch erweitert. Wissenschaftler wie Christoff Aschoff entwickelten die Humanvermögensrechnung, die Volkswirte Theodore W. Schultz und Gary S. Becker erhielten den Nobelpreis für Wirtschaftswissenschaften mit ihrer Humankapitaltheorie. Ziel war letztendlich das menschliche Handeln, die menschliche Leistung und damit den ökonomischen Wert eines Menschen für ein Unternehmen zu belegen, mit dem Staate als Bezugsrahmen.[8]

Insgesamt ist die Personalproduktivität somit eine Kennziffer, die fest in die wirtschaftliche Beurteilung von Unternehmen integriert ist. Unternehmer sind gezwungen, sich im Management an Kennzahlen zu orientieren und Strategie, Ziele und damit verbundene Maßnahmen permanent neu an die entsprechenden Quartalsergebnisse auszurichten, um Erfolg zu haben und das Unternehmen zur Höchstleistung zu führen. Kennzahlen bieten Sicherheit, einen festen Rahmen. Wenn es nicht rund läuft, dann greift der Manager daher weniger auf Menschen, sondern aus inneren Sicherheitsgründen lieber auf Methoden und Steuerungswerkzeuge oder externe Berater zurück. Falls auch dies nichts nützt, kann er mit diesem Vorgehen zumindest dem Aufsichtsrat belegen, er habe alles Mögliche nach bestem Wissen getan!

Somit entwickelte sich ein System struktureller Personalkennzahlen, die unterschiedliche Bereiche der Personalarbeit sehr spezifisch analysieren sollten, vgl. die Edition der Hans-Böckler-Stiftung zu Personenkennzahlen von 2006 (Havighorst 2006). Im Fokus stand bis in die 70/80er Jahre vor allem die manuelle, körperliche Leistungserbringung der Produktion:

- Anteil Führungskräfte an der Gesamtzahl der Mitarbeiter in Prozent,
- Produktivität je Mitarbeiter,
- Teilzeitquote in Prozent,
- Angestelltenquote in Prozent,
- Frauenquote in Prozent,
- Auszubildendenquote in Prozent,
- Mehrarbeitsquote in Prozent,
- Entwicklung von Arbeitszeitkonten,
- Anteil Mitarbeiter mit Zielvereinbarung in Prozent,
- Anteil von Mitarbeitern mit variabler Vergütung.

---

[8] Michael Leitl (2007): „Zum anderen entwickelten vor allem Wissenschaftler wie Roger H. Hermanson und Rensis Likert ein wertorientiertes Modell, das sich an der Leistung der Mitarbeiter für das Unternehmen orientiert."

2.2 Messbare Leistungskriterien

Seit den 80er Jahren des letzten Jahrhunderts entwickelten sich auch Kennzahlensysteme für eine mehr qualitativ ausgerichtete Beurteilung:

- Kennzahlen zum Arbeits- und Gesundheitsschutz,
- Kennzahlen zur Personal- und Qualifikationsentwicklung, z. B. der ROI der Weiterbildung,
- Kennzahlen zur Mitarbeiterzufriedenheit.

Gerade die qualitative Messung der Mitarbeiterzufriedenheit, der Employee Engagement Index, wurde in den letzten Jahren zu einer festen Kenngröße in vielen modernen Unternehmungen. Wenn man den Ergebnissen der Gallup Studie von 2010 folgt, haben sie dabei aber keine erfolgversprechenden Ergebnisse erzielt.

Ungenügend motivierendes Führungsverhalten wird als Hauptursache für die mangelnde emotionale Bindung analysiert, was wiederum zu erheblichem wirtschaftlichen Schaden des Unternehmens führt, verursacht durch einen Anstieg der Fehlzeiten um 27,8 %, eine erhöhte Mitarbeiterfluktuation und reduziertes Innovationspotential (Gallup Consulting® 2011).

Erst ab Anfang der 90er Jahre wurde versucht, die Produktionskennzahlen von der manuellen, körperlichen Leistungserbringung auch auf die immateriellen Vermögenswerte eines Unternehmens zu übertragen. Das „Intellectual capital", das Wissen und die Fähigkeiten der Mitarbeiter sollten in Zahlen bewertet werden können. Es entstanden Modelle einer – oft nur qualitativen – Wissensbilanz, die die normale Bilanz ergänzen sollte und nun auch bei der Due Diligence im Falle eines Mergers berücksichtigt wurden, weil sie mehr über den „Wert" des Unternehmens aussagten als die bisher entscheidenden Sach- und Finanzwerte. Mitte der 90er Jahre wurde die Personalkomponente „Learning and Development", also Lernen und Wachstum, als wesentlicher strategischer Zielbestandteil in die qualitativen Bereiche einer Balanced Scorecard integriert.

Einen weiteren Berechnungsvorschlag entwickelte und testete Christian Scholz, Unternehmensberater und Inhaber des Lehrstuhls für Betriebswirtschaftslehre an der Universität des Saarlands. In seiner „Saarbrücker Formel" vereinigt er die Variablen Mitarbeiterzahl, Durchschnittsgehalt, Halbwertszeit des Wissens, Betriebszugehörigkeit, Personalentwicklungs-Maßnahmen und Motivation. Das Ergebnis entspricht dem Wert der Belegschaft in Euro (Leitl 2007).

Kontinuierliche Weiterbildung wurde Basis für den Wettbewerbsvorteil. Rentabel wurde diese jahrelange Investition nur, wenn Mitarbeiter über lange Zeit loyal und integer im Unternehmen verblieben. Der ROI, sprich Return on Investment, für die Weiterbildung wurde in die Kennziffern integriert.

Da die Leistung der Mitarbeiter als wirtschaftliche Kennzahl im Mittelpunkt steht, werden alle Personalmaßnahmen, vor allem das Talentmanagement – das Management der High Potentials, der erhofften und eingeplanten Leistungsträger, die Karriereentwicklung und Weiterbildung, nach der Leistungsfähigkeit der Mitarbeiter ausgerichtet. Karrierewege werden daher oftmals nur noch bis zum Alter von Anfang bis Mitte 40 definiert. Danach lohne sich das Investment nicht mehr, so viele Manager und Personalverantwortliche. Ältere Mitarbeiter seien nicht mehr so leistungsfähig und generell bereits aufgrund ihrer Firmenzugehörigkeit zu teuer.

Talentmanagement gilt bei den Top Managern genauso wie bei den Personalverantwortlichen als der kritischste Erfolgsfaktor für die Zukunftsfähigkeit eines Unternehmens. Gemäß der von der Boston Consulting Group initiierten Befragung in rund 120 Ländern von rund 4000 bis 5500 Senior Managern hält sich Talentmanagement auf Platz 1 seit 2008 bis 2011 (The Boston Consulting Group 2009–2011).

Man geht davon aus, dass nur einige wenige Menschen zum Bestleister, also Top Performer, geeignet sind. Diese müssen besonders gefördert und emotional an das Unternehmen gebunden werden.

Talentmanagement konzentriert sich daher immer noch auf motivierende Weiterbildungs- und Entlohnungs-Modelle bis ca. 35 Jahren. Zwischen 30 und 35 werden die neuen Führungskader selektiert, die auch exzellente Führungskräftetrainings erhalten.

Gehört man nicht dazu, erhält man als qualifizierte Fachkraft gerade noch Weiterbildungen im Fachgebiet, um up to date zu bleiben. Aber auch dies meist nur bis zum Alter von höchstens 45. „Die Aussicht, entweder in Frührente zu gehen oder ohne Perspektive bis zur Pensionierung weiterzuarbeiten, frustriert viele ältere Mitarbeiter", sagt Fred Marchlewski, Geschäftsführer Talent & Organization Performance bei Accenture. Wer nicht bis Anfang 40 die magische Grenze zu einer maßgeblichen Führungsposition erreicht hat, befindet sich bereits in einem stetigen „Sinkflug", der auch schnell abrupt in einer Kündigung enden kann. Erfolg sieht anders aus. Manager – mit mehr Geld, mehr Macht, mehr Status.

2.2.3 Allein der Arbeitserfolg zählt

▸ Schneller, höher, weiter – mehr Status, mehr Geld, mehr Macht

Was bedeutet Erfolg in dieser „alten" Leistungskultur?
Den Faktor **Sicherheit** steuert nur das System, bildet die Basis. Aber Sicherheit fordert nicht zu Höchstleistung oder gar Erfolg auf, sondern begnügt sich mit der Erbringung der geforderten Leistung in Quantität, Qualität und Zeit.

2.2 Messbare Leistungskriterien

Mit einer solch ausreichend gut ausgeführten Leistung konnte man als „Norm-Performer" über einen langen Zeitraum seinen Arbeitsplatz sichern, einen gerechten Lohn oder gerechtes Gehalt beziehen. Die Erwartungen des Arbeitgebers laut Stellenbeschreibung werden erfüllt. Als Erfolg galt und gilt, ein eigenfinanziertes Leben zu führen und sich einiges an materiellen Werten leisten zu können, die Spaß machen – vom Auto, Haus bis zu Fernreisen. Eine Vielzahl heutiger Arbeitnehmer gibt sich damit zufrieden.

Vielmals sind Normleister erstaunt oder gar erbost, wenn sie keine zusätzlichen Boni oder Anerkennung erhalten, obwohl sie doch nur den Job machen, für den sie ein gerechtes Gehalt bekommen. Anspruch, Wirklichkeit und Erwartungen von Mitarbeiter und Führungskraft stehen sich hier diametral gegenüber. Daher wurde in den letzten Jahrzehnten in den Führungskräftetrainings immer wieder auf einen kooperativen und demokratischen Führungsstil verwiesen, der die Mitarbeiter zu einer besseren Leistung motivieren, sie in ein Unternehmen integrieren und emotional an das Unternehmen binden sollte.

Dennoch zeigen die Studien der Gallup®-Strategieberatung seit 2001 immer wieder die gleichen ernüchternden Werte auf. Nur 12 bis13 % der Mitarbeiter über 18 Jahren fühlen sich emotional an das Unternehmen gebunden, sind loyal und motiviert. 20 % zeigen keinerlei Bindung oder Motivation und rund 67 bis 68 % nur eine geringe positive Einstellung zu Arbeit und Firma (Gallup Consulting® 2011). Selbst bei diesen krassen Zahlen ist es fraglich, ob unter den 12 bis 13 % loyaler Mitarbeiter Bestleister zu finden sind. Die Kriterien der emotionalen Bindung, der „Wohlfühlaspekt" in einem Unternehmen, die Motivation sagt noch überhaupt nichts über die tatsächliche Leistungsfähigkeit der Mitarbeiter aus, schafft aber auf jeden Fall eine positive Basis für die Steigerung der Leistungsbereitschaft und des Leistungswillens des Einzelnen.

Lassen Sie uns hierzu zwei grundlegende Auffassungen zur Arbeit unterscheiden:

1. Die **vorkapitalistisch-traditionelle Vorstellung**, in der Arbeit als Zweck und Mittel gesehen wird, seine Bedürfnisse zu decken (vgl. auch wiederum die Maslow'sche Bedürfnispyramide) – und zwar mit einem Minimum an Leistung.
2. Die **calvinistisch-protestantische Arbeitsethik**, in der der Beruf den absoluten Selbstzweck darstellt. Im Mittelpunkt dieser Arbeitsethik steht die positive Einstellung eines Werktätigen zu seiner Berufstätigkeit, seine sorgfältige und fleißige Ausübung und generell die hohe Wertschätzung von Arbeit im Leben an sich.

Geprägt wurden wir erst seit Luther durch das protestantische Arbeitsethos. Während im Mittelalter bis zu Reformation Arbeit noch als notwendige Mühsal, ja Strafe angesehen wurde, sah Luther die Arbeit als gottgegebene Pflicht. Dadurch bildet die **Arbeit den Mittelpunkt des Lebens**, um den herum Freizeit überhaupt erst gestaltet werden dürfe (wenn es denn eine gab). Bezeichnete Augustinus „ewige Arbeit" noch als Höllenstrafe (Predigten zum Buch Genesis, 2.11), so war der Geistliche Johann Kaspar Lavater im 18. Jahrhundert davon überzeugt, dass wir selbst im Himmel „ohne eine Beschäftigung nicht gesegnet sein" (Aussichten in die Ewigkeit, 1773).

Der finnische Autor Pekka Himanen fasst die Grundzüge der protestantischen Arbeitsethik folgendermaßen zusammen: „Arbeit muss als gottgewollter Lebenszweck betrachtet werden, sie muss so gut wie möglich verrichtet werden und Arbeit muss als Pflicht gelten, die man erledigt, weil sie erledigt werden muss." (Himanen 2001)

Hieraus entstand die bereits im vorhergehenden Kapitel erläuterte Basis unserer Leistungsgesellschaft als Gerechtigkeits-Gesellschaft: „Wer nicht arbeitet, soll auch nicht essen", „Arbeit adelt", „Irgendeine Arbeit ist besser als keine". Wer arbeitslos war oder nicht willens zu arbeiten, wurde aus der Gemeinschaft ausgeschlossen und geächtet, da er sich weigerte, der gottgewollten Pflicht nachzukommen und seinen Beitrag zur Gemeinschaft zu leisten.

„**Arbeit adelt**" denn nur durch gute Arbeit konnte man sich eine respektable Position in der Gesellschaft erwerben: Aufnahme in bestimmte Berufsgilden oder in der Gemeinde, allein die Möglichkeit, sich adäquat zu verehelichen und damit sein „eigenes Glück, zu machen" – somit Status und Macht innerhalb einer Gemeinschaft zu erzielen. Die einzige Möglichkeit, sich einen persönlichen Rahmen von Entscheidungsfähigkeit und -freiheit zu schaffen.

Der Soziologe Max Weber führte zu Beginn des letzten Jahrhunderts die Entstehung des protestantischen Arbeitsethos auf den wachsenden Kapitalismus des 17./18. Jahrhunderts in den USA zurück.

Hier beginnt der amerikanische Traum, sich der Arbeit gegenüber nicht allein verpflichtet zu fühlen, sondern sein ganzes Denken auf seinen wirtschaftlichen Erfolg zu konzentrieren. Dazu gehörten nüchterne Selbstbeherrschung und Mäßigung. Die Arbeit entwickelte sich von der Notwendigkeit, sein Überleben, seine Existenz zu sichern zum Selbstzweck, zum Beruf, ja zur Berufung – zum alleinigen Lebenszweck.

Besonders Benjamin Franklin versinnbildlicht für Weber das Arbeitsethos des Frühkapitalismus. Viele der Äußerungen Franklins gelten immer noch: „Bedenke, dass

2.2 Messbare Leistungskriterien

- Zeit Geld ist ...
- Kredit Geld ist ...
- Geld von einer zeugungskräftigen und fruchtbaren Natur ist ...
- ein guter Zahler der Herr von jedermanns Beutel ist ...
- Der Schlag deines Hammers, den dein Gläubiger um fünf Uhr morgens oder um acht Uhr abends vernimmt, stellt ihn auf sechs Monate zufrieden; sieht er dich aber am Billardtisch oder hört er deine Stimme im Wirtshause, wenn du bei der Arbeit sein solltest, so lässt er dich am nächsten Morgen um die Zahlung mahnen, und fordert sein Geld, bevor du es zur Verfügung hast ...
- ... halte eine genaue Rechnung über deine Ausgaben und dein Einkommen ...
- Wer fünf Schillinge ‚verliert', verliert nicht nur die Summe, sondern alles was damit bei Verwendung im Gewerbe hätte verdient werden können, – was, wenn ein junger Mann ein höheres Alter erreicht, zu einer ganz bedeutenden Summe aufläuft."

Benjamin Franklin verbindet in seinen Ansichten kapitalistischen Geschäftssinn mit einer neuen moralischen Werteethik: „jener eigentümliche, uns heute so geläufige und in Wahrheit doch so wenig selbstverständliche Gedanke der Berufspflicht: einer Verpflichtung, die der Einzelne empfinden soll und empfindet gegenüber dem Inhalt seiner beruflichen Tätigkeit, gleichviel worin sie besteht."[9]

Arbeit adelt dann nicht nur, sondern schafft **Freiheit** und **Unabhängigkeit** von bisherigen Zwängen der Gesellschaft und der Herrschaftsregime des 17./18. Jahrhunderts: „Aufklärung ist der Ausgang des Menschen aus seiner selbstverschuldeten Unmündigkeit. *Sapere aude*! Habe Mut, dich deines eigenen Verstandes zu bedienen! ist also der Wahlspruch der Aufklärung" (Immanuel Kant: Was ist Aufklärung 1784).

Seinen eigenen Lebensunterhalt mittels Arbeit zu verdienen, sich Unabhängigkeit leisten zu können, ermöglichte diesen Mut. „**Sein eigener Herr**" sein, führt bereits damals von der reinen Fremdbestimmung in Selbstbestimmung, welche früheren Generationen nicht gewährt war. Gleichzeitig jedoch auch in die moralische Verpflichtung, sich ganz diesem Berufe mit Fleiß und Disziplin nach calvinistischen Prinzipien der Mäßigung und Gottesfürchtigkeit zu widmen.

Seit dieser Zeit stehen sich folgende Gesichtspunkte des Lebens diametral entgegen:

---

[9] Max Weber meint den nordamerikanischen Frühkapitalismus in: Weber (1904–1905), vgl. Weber, Max (1920): Die protestantische Ethik und der „Geist" des Kapitalismus. In: Archiv für Sozialwissenschaft und Sozialpolitik, Band 1, S. 42–44, sowie S. 53.

1. Arbeit als eigentlicher Lebenszweck und lobenswerte Pflicht, einen wertvollen Beitrag zu leisten,
2. Wirtschaftlicher Erfolg, Gewinnstreben als Basis für Freiheit, Unabhängigkeit und stetigen, lobenswerten Wachstums des Einzelnen wie der Gemeinschaft,
3. Genussverweigerung: Positive Gefühle des Genusses sind unwichtig oder gar auszuschließen: Glück, Freude, persönlicher Nutzen des Einzelnen oder gar hedonistische Gesichtspunkte sind im protestantischen Arbeitsethos grundsätzlich nicht existent.

Wir finden diese Thesen immer noch im Begriff **Work-Life-Balance**. Zwei Welten stehen sich quasi feindlich und somit unvereinbar gegenüber: einerseits der Beruf, um den sich alles drehen sollte, und andererseits „das Leben". Erst in den Jahren nach dem Zweiten Weltkrieg wurde mehr und mehr der Gedanke an persönliches Glück, Freude und Spaß in der Freizeit integriert. Wer etwas leistet, darf auch Genuss an seinen Ergebnissen haben. **Darf** sich in seiner Freizeit erholen. Er hat sich **seine Erholung verdient**. Aber dieser Teil „Leben" bietet nicht nur Erholung, Freizeit und Spaß, sondern eben auch **Lebensaufgaben**, das heißt Pflichten gegenüber der Familie, dem Partner, der Gemeinde – von der Kindererziehung, familiären Krankenpflege bis hin zu Diensten in der Gemeinde. Auch Pflichten, sich selbst gegenüber. Diese „Pflichten" werden aber in diesem „alten" Leistungsverständnis ausgespart und der alleinigen Prämisse Arbeit, Beruf und damit dem finanziellen Einkommen untergeordnet. Erfolg ist beschränkt auf das im Beruf Erreichte.

In meinen Coaching erhalten meine Klienten Arbeitsblätter, in denen sie sich vertieft Gedanken über ihre Stärken, Talente, Fähigkeiten und Erfolge machen sollen. Als Minimum müssen sie jeweils fünf Punkte zu jeder Fragestellung nennen. Es mag nicht erstaunen, dass 95 % meiner Klientel, allesamt im oberen Mittel- bis Top-Management angesiedelt, ausschließlich Nennungen aus ihrem Berufsleben anführen. Kaum einer, der sich als guter Vater oder Mutter, seine oft langjährige Ehe als Erfolg bezeichnet. Auch persönliche Eigenschaften, Fähigkeiten und Erfahrungen werden fast ausschließlich auf berufliche Erfahrungswerte und Situationen bezogen. Selbst künstlerische Fähigkeiten bleiben unerwähnt, weil man keinen messbaren Erfolg vorzuweisen hat, keine Ausstellung, kein Konzert oder positive Kritik. Positive Leistung muss beurteilt werden durch andere. Höchstens sportliche Leistungen werden genannt, gerne der „berühmte Manager Marathonlauf", in dem man seine körperliche Leistungskraft mit einem großartigen Erfolg verzeichnen kann. Man ist durchgängig fit für diese „harte" Businesswelt.

Berufs- und Privatleben werden strikt getrennt. Zwar nimmt man wahr, dass das Vergnügen wie die Pflichten des Privatlebens zu kurz kommen. Dies nimmt man aber aufgrund des Arbeitsethos „gerne" oder „erzwungenermaßen" in Kauf.

2.2 Messbare Leistungskriterien

Das ist die Pflicht, die Disziplin und Verantwortung. So hetzt auch unsere jetzige Arbeitsministerin Ursula von der Leyen durch Deutschland, obwohl ihr bewusst ist, dass das Leben nicht endlos wartet.
Sie am eigentlichen Leben vorbeigeht. Warum tut sie sich das an?, fragte sich auch Eva Witte, die die damalige Familienministerin zwei Jahre lang für den SWR begleitet hat. Denn von der Leyen betonte, sie möchte gerne mehr Zeit für sich und die Familie, einfach mal Ruhe, aber dann ruft sie die Verantwortung wieder zur Plicht und sie macht weiter: „Die Verzweiflung ist Begleiter der Erschöpfung."
„Perfekt erschöpft" – so auch der zusammenfassende Titel der 3Sat Sendung in einem Artikel der Süddeutschen vom 9. April 2010: von der Leyen bewahrt Standing, eine dauerhaft lächelnde Maske des Erfolgs und des souveränen Verantwortungsgefühls.
Der Erfolg, sprich der Sieg ist für viele meiner Klienten entscheidend: „Wie es drinnen aussieht, geht keinen was an." Dadurch jedoch wird die Distanz zwischen Beruf und Leben, zwischen Sein, Wollen und Müssen, zwischen Schein und Realität immer größer. Bei den Politik-Managern genauso wie bei den Wirtschafts-Bossen. Die erfolgreiche Maske des Siegers schützt und vereinsamt gleichermaßen.
Viele legen sich einen „Schutzpanzer" an, ein strahlendes Siegerlächeln, durchgestyltes Business Outfit, beste Anzüge als ranghöchste Kader-Uniform gekoppelt mit den bereits zitierten „Insignien der Macht", gekürt mit dem Wissen über In-Lokale, Weine, aktuelle Kunstausstellungen und entsprechende Literatur. Manche lassen dies bewusst in ihrem Sekretariat recherchieren, um auf Meetings und beim Business Dinner versiert und souverän auftreten zu können.
Ein Wahlspruch in den 90ern: Ein guter Manager hat immer Zeit, sprich ein erfolgreicher Manager hat ein perfektes Zeitmanagement. Weiß, wie er Prioritäten zu setzen hat, im Beruf wie im Privatleben. Ein Versager schafft dies eben nicht. Daher gibt es bis heute so wenige Outings von Burnout in der Wirtschaftswelt. Manager wollen nicht nur, sondern müssen effektiv sein. Perfektes Zeitmanagement zählt zu den grundlegenden Erfolgsfaktoren eines Managers.

2.2.4 „Zeit-Optimatoren"

Nicht umsonst prägte Anfang der 90er Jahre Stephen Covey (Covey 1990) in diesem Sinne das moderne Zeitmanagement. Seine Ziele der persönlichen Veränderung fokussierten sich auf die Realisierung der individuellen Unabhängigkeit innerhalb einer positiven Wechselbeziehung zum persönlichen beruflichen wie privaten Umfeld. Auch hier geht es um Erfolg – um Sieg: den **privaten Sieg** wie den **„öffentlichen"** Sieg. Der Aufbau von Beziehungen wurde zum erfolgreichen Networking.

Coveys Buch wurde in zahlreichen Unternehmen quasi als Pflichtlektüre unter den Weihnachtsbaum gelegt oder ganze Manager-Riegen, vor allem in den ersten Führungskräftetrainings durch Zeit-Management-Seminare geführt. Hohe Effektivität bedeutet Erfolg. Zeit ist der Gradmesser der persönlichen Effektivität und Leistungsfähigkeit. Denn Zeit ist ein sehr demokratisches Messkriterium. Bis auf die individuelle Lebenszeit steht jedem die gleiche Messeinheit zur Verfügung, und so kann jeder sich im Wettbewerb mit anderen messen, wie effektiv er selbst arbeitet und lebt: Wie viele Aufgaben können mit guter oder sehr guter Qualität in einer bestimmten Zeit gelöst werden? Unterschieden wurde nach der Matrix: „Dringend" und „Wichtig".

Fähige und erfolgreiche Manager zeichnen sich gerade dadurch aus, dass sie Prioritäten setzen und den Überblick für das Wesentliche behalten können. Sein Prinzip: Put first things first. Daher umfasst Coveys Entscheidungsmatrix mit Prio 1 natürlich Krisen, drängende Probleme und Projekte mit Deadline, als Prio 2 – nicht dringend, wenn auch wichtig – werden Aufgaben zusammengefasst wie Prävention, Planung, Aufbau und Pflege von Beziehungen sowie auch Erholung (Covey 1990, S. 151).

Zwar betont Covey, dass bei allem sowohl der Beruf wie das Privatleben und auch das Wachstum der Person berücksichtig werden sollen, in der Realität jedoch wurde nur nach der Prämisse des beruflichen Erfolgs gehandelt. In Führungskräftetrainings wurden effektive Zeitmanagement-Methoden als Pflicht integriert. Nun also sollte jeder wissen, wie man das Optimale aus seiner Zeit herausholen kann. Wir wurden zu „Zeit-Optimatoren", die alles, was möglich war, in die 24 Stunden hineinzwängten, wobei am wenigsten Freiraum der eigenen Person gewährt wurde. Am wenigsten für die Gesundheit und Achtsamkeit für sich selbst:

Prio 1 Berufliche Aufgaben, Pflichten und Verantwortung.
Prio 2 Private Aufgaben, Pflichten und Verantwortung als Partner, Eltern, Familie.
Prio 3 Persönliche Pflichten, Gesundheit, Achtsamkeit, Ruhe, Freude und Vitalität.

Covey betont zwar, dass es äußerst wichtig sei, „seine Säge zu schärfen" – sprich die eigene Persönlichkeit, unsere physischen, psychologischen, mentalen wie auch sozialen Kräfte zu stärken und zu pflegen. Aber meist wurde dies wiederum allein auf die eigene berufliche Leistungs- und Erfolgsfähigkeit bezogen. Sport, Fitness, gute Ernährung dienen dem Zwecke des Leistungserhalts statt einfach dem „Spaß an der Freud", dem Wohltun für sich selbst. „Wie soll ich denn dafür auch noch Zeit finden", höre ich von Klienten, „dann kann ich ja gar nichts mehr mit meiner Familie tun". Viele bewegen sich heutzutage in einem ständigen Zustand des schlechten Gewissens, der Schuld und der Rechtfertigung, sei es gegenüber den Pflichten des

2.2 Messbare Leistungskriterien

Berufs und noch mehr gegenüber den Pflichten der Familie. Die Einzelpersönlichkeit bleibt dann auf der Strecke.

Wie war das Wochenende? Wer traut sich da heutzutage schon zu sagen, man habe am Wochenende „nichts getan". Auch da sollte man beweisen, dass man Leistungsträger ist – also immer pro-aktiv, interessiert und dynamisch. Zeitmanagement wird hier genauso angewandt und die Aufgaben als erfüllt, glücklich abgehakt. Früh seine Gesundheit mit Sport und Fitness stählen, sich danach um die Familie kümmern, um dann in einer Vernissage seinen Kunstverstand zu beweisen und bis spät abends als Kenner guten Essens und Weins den Tag mit guten Freunden ausklingen zu lassen. Wehe dem, der nur „faulenzt". Denn es gilt nicht nur das Leistungsmantra schneller, höher, weiter, sondern auch „Glücklich ist – wer Erfolg hat. Erfolg hat – wer leistet".

Daher wird auch die Kategorie „Leben" ausgefüllt mit Leistung – wieder mit messbarer quantitativer statt qualitativer Leistung. Natürlich wollen Eltern ihre Kinder optimal fördern. Sie erziehen sie zu Siegern, um ihren gesellschaftlichen wie beruflichen Erfolg zu sichern, nicht nur in der Schule, sondern auch in Kunst und Sport. Im Freundeskreis wird beobachtet, welche Erfolge erzielt werden. Ja – Leistung, Erfolg ist positiv, aber gerade bei Kindern wäre es schön, wenn der Aspekt des Spielens im Vordergrund stünde, sich selbst erproben, herausfinden, was Spaß macht oder eben nicht. Ein Antrieb aus dem Inneren und nicht extern getrieben aufgrund der Erwartungshaltungen des Umfelds, seien es die Eltern, Familien oder Freunde. Hier läuft man Gefahr, Anerkennung und Lob als Liebe und Zuwendung zu verstehen, Leistung als alleinige Quelle für Geborgenheit und Emotion.

Eine Spirale, die sich im Erwachsenenalter immer weiter dreht. Die Grenzen verschwimmen zwischen der selbst getroffenen Wahl und der Auswahl der anderen. Man glaubt, selbstbestimmt zu handeln, weil man erfolgreich ist, die obersten Plätze erringt, sei es als Athlet in der sportlichen Arena oder in der Wirtschaft oder Politik. In der Realität jedoch lebt man ein fremdbestimmtes Leben. Leistung, Erfolg abhängig vom Urteil – der Beurteilung durch andere, sei es Lob, Anerkennung oder Kritik, Missachtung bis zur Kündigung.

Denn wer in unserer Gesellschaft gekündigt wird, fühlt sich als Versager. Auch wenn wirtschaftlich völlig nachvollziehbare Gründe diese Kündigung verursachten, fühlt sich der Betroffene schuldig. Wenn er die Erwartungen der anderen nicht mehr erfüllen kann, an seine eigenen Grenzen stößt, dann hat er allein die Chance zu überleben, wenn er stark in sich selbst ist und seiner inneren Stimme vertrauen kann. Diese wurde jedoch von der Schnelligkeit, Hektik und dem Multitasking unserer Zeit übertönt.

Ruhe und Übersicht für den eigenen Standpunkt im Leben und den eigenen Weg gehen da leicht verloren. Denn „alles hat ja Spaß zu machen". Wie Carmen

Lossman in ihrem Film anschaulich macht: Arbeit soll Spaß machen, immer und überall. Arbeitswelten werden wie Wohnräume geschaffen. Die jetzige Arbeitswelt hat verinnerlicht, dass Mitarbeitern mehr geboten werden muss als ein gutes Gehalt, dass Arbeit Flow-Gefühle bringen soll und mehr Freiheit und Flexibilität gewünscht wird. An Meeting Points, die an Cafés erinnern, soll „Leben generiert" werden, um vorzugaukeln, man hätte noch ein Leben. Diese ständige Geschäftigkeit wird zum Mantra – ob privat am Wochenende oder im Job, alles fließt ineinander und natürlich hat jeder eine Menge Spaß.

Ursula von der Leyen gehört wie ich zur Generation der „Baby Boomer", geboren nach dem Zweiten Weltkrieg in den 50er Jahren bis etwa 1965. Wir sind die **Generation der „Selbstverwirklicher".**

Denn wir hatten eine Menge Chancen, aber immer klare Prämissen: Leistungsorientierung, Pflicht und Disziplin sowie die klare und einschneidende Entscheidung für Beruf **oder** Familie (Rump 2010).

Die Konsequenz: Manager, vor allem Top-Manager rekrutierten sich bis heute fast ausschließlich aus den Reihen der männlichen Mitarbeiter, wie die Partnerin einer Personalberatung konstatiert: „Frauen sind nach wie vor vergleichsweise selten im oberen Management vertreten." – und die wenigen haben oftmals genau diese Entscheidung getroffen: für den Beruf und gegen Kinder, manchmal auch gegen einen Partner. Volle Konzentration auf den beruflichen Erfolg, getragen von dem Gefühl der Verantwortung. Mit effektivem Zeitmanagement, denn Familie und Freunde, Leben selbst, braucht Zeit.

In den Agenden einiger Manager, wie früher auch bei mir selbst, findet man daher Codes für die „Heimlichen Zeiten". Zeiten, die nur für den Partner oder für einen selbst vorbehalten sind. Mit dem Code weiß die Sekretärin, dass dieser Termin feststeht. Denn „private" Termine werden zu 95 % verschoben, wenn beruflich Dringendes dies erfordert. „Erfolgreiche" Manager kommen zu spät zur 40ten Geburtstagsparty des besten Freundes, sind bei einem Hochzeitsjubiläum im Ausland, weil die Position dies einfach erfordert. Effektivstes Zeitmanagement, aber oftmals kaputtes Familienleben mit mehreren Scheidungen oder nicht existentem Freundeskreis. „Bei mir ist dies anders", wunderbar, wenn Leben gelebt werden kann, wenn Privatleben nicht allein für zusätzlich enormen Zeitaufwand und Organisation steht, sondern für Bereicherung.

Statt Trennung einer Work-Life-Balance geht es vielmehr darum, seine Leistungsfähigkeit in beiden zu definieren. Selbstkenntnis und Selbstbewusstsein sind dazu nötig, um Leistungen in beiden Dimensionen erzielen zu können. Keine Balance, sondern vielmehr Integration, Verschmelzen.

Denn die im „alten" Leistungsverständnis über Jahrhunderte gelebte Trennung ändert sich nicht allein durch die veränderte Stellung der Frau im Berufsleben.

2.2 Messbare Leistungskriterien

Nicht umsonst spricht daher Angelika Dammann, die ehemalige SAP Personalchefin und heutige Personalberaterin, auf den Petersberger Trainertagen im Frühjahr 2012 vom bis heute „**verkrusteten Rollenverständnis**" der Geschlechter. Dieses ändern zu können und zu wollen, benötigt Mut und Ausdauer wie Konsequenz. Damit kann man kaum Meriten verdienen. Denn dies ist eine gesamtgesellschaftliche Aufgabe, die sich über einen langen Zeitraum vollziehen wird. Sie muss in den Köpfen aller vollzogen werden. Frauen-Quote und Diversity-Programme sind aber für diesen Paradigmen-Wandel zwingend notwendig. Zur Verdeutlichung: Die klare Trennung zwischen Beruf und Leben und damit auch die eindeutige Trennung von Berufs- und Lebensleistung ist wesentlich ist für die Beurteilung der westlichen Leistungsdefinition im bisherigen Verständnis (Tab. 2.1).

Sicher – das ist allgemein bekannt und doch wohl schon lange obsolet in unserer Gesellschaft, werden einige einwenden. Leider weit gefehlt: Interessant war hierzu für mich eine Diskussion am Ende eines Workshops, den ich mit Managern einer internationalen Holding führte. Zwei Manager aus Lateinamerika fragten mich, warum ich eigentlich verheiratet sei. Selbstverständlich erstaunt über die Frage, betonte ich, meinen Partner zu lieben und eine wundervolle Beziehung über mehr als 30 Jahre zu führen. „Aber Sie brauchen doch überhaupt keinen Mann!" – „Sie haben eine herausragende Karriere, Erfahrung, verdienen gutes Geld, sind eine Frau mit Power und Einfluss – wozu brauchen Sie einen Mann?"

Im Laufe der Diskussion erläuterten beide nicht nur ihre Lebensphilosophie, die der oben dargestellten Aufteilung entspricht: Die Frau entlastet den Partner in den alltäglichen Lebenspflichten und der Pflege der Familie. Der Ältere Mitte 40 stellte zwar bedauernd fest, dass seine Frau zurzeit nicht zufrieden sei, sie sei zu Hause, gebe nur hin und wieder Englischunterricht als Nachhilfe, aber „immerhin müsse sich doch jemand um die Kinder oder, wenn sie älter werden, um meine Eltern kümmern" und sie würde dafür doch mit einer stabilen Einkommens- und Lebenssituation mit mehr Freiraum und Freizeit belohnt als er. Erst am Ende des Gesprächs mussten beide feststellen, dass in ihrem Bekanntenkreis die Männer im Ruhestand völlig „an Biss" und „Lebenselan" verlören. „Da ist die Luft raus" – keine Freunde, keine Interessen mehr – während die Frauen neue Ideen haben, Freundschaften pflegen und mitten im Leben stehen. „Mein Vater", meinte der Jüngere Mitte 30, „ist nach der Pensionierung völlig abhängig von meiner Mutter. Er kann sich ja nicht mal eine Suppe machen". Er übrigens auch nicht, das sei „unter seiner Würde".

Falls Sie meinen, dies sei in Deutschland „alter Tobak", weit gefehlt. In einer Diskussion während des Dinner-Events einer Business-Tagung 2010 wurden die gleichen Thesen und Feststellungen getroffen. Am Tisch zwei Frauen und vier Herren, ihr Urteil: Männer ab 60, vor allem nach der Verrentung, fallen auch hierzulande in ein tiefes Loch. Sie haben ihre privaten Netzwerke vernachlässigt, keine Interessen

Tab. 2.1 Trennung von Berufs- und Lebensleistung

Leistung	Beruf	Leben
Leistungsträger	Mann – Manager Beruf/extern	Frau – Familien-Manager/intern
Ergebnisse Familie	Finanzielles Einkommen, Stabilität, wirtschaftliches Wachstum, Sicherheit Erziehung und Freizeitgestaltung nach zeitlichen Möglichkeiten	Finanzielles Wirtschaften Sicherung der Familie: Ernährung, Erziehung, Hygiene, Gesundheit, Pflege, Sorge, Liebe und Freude, Organisation der Freizeit
Ergebnisse Wirtschaft	Finanzielle wie produktive Ergebnisse Sicherung der Wettbewerbsposition Nachhaltige Werte	Leistungsfähigkeit der Familienmitglieder erhalten, stabilisieren Träger Bildung/Erziehung und Gesundheit Aufbau zukünftiger Leistungsträger
Ergebnisse Gesellschaft	Sicherung der gesellschaftlichen Leistungsfähigkeit durch wirtschaftliche Ergebnisse	Entlastung der Gesellschaft durch Leistungen in Bildung/Erziehung, Gesundheit/Pflege
Status/Machtposition	Hoher Status mit Macht & Einfluss, je nach Einkommen und Manager-Position	Geringer Status – Einfluss im privaten Bereich, Bedeutungslosigkeit als „Nur Hausfrau", „Dienstleister im unteren Level", kein persönliches Einkommen, Selbst soziale Leistungsträger, z. B. Pflegeberufe, beziehen ein niedriges Einkommen
Kernleistungen	Allein berufliche Erfolge zählen, sprich der Aufstieg auf der Karriere-Leiter Allein Einkommen/Geld zählt	Erbringt die eigentlichen Lebensleistungen zur Stabilisierung der Familie, Gesellschaft und Partnerschaft, Wertorientierung, Leistungsbereitschaft, Bildungsniveau
Kriterien	Leicht messbar – Quantität	Schlecht messbar – Qualität

außerhalb des Berufs aufgebaut. Selbst tägliches Golfen ist nicht mehr motivierend. Die „alten" beruflichen Netzwerke seien oft abrupt abgebrochen. „Alt-Manager" fühlen sich nutzlos, ungebraucht auch von ihren Frauen und Kindern. Anstatt mit diesen etwas zu unternehmen, fallen sie in Depressionen. „Wozu auch noch? – ich bin eh nicht mehr gefragt!, hab keine Power, keinen Einfluss mehr", während ihre sehr unternehmungslustigen Frauen wieder in den Beruf einsteigen oder sich selbstständig machen. So hatte man sich diese Zeit voller Raum und Möglichkeiten für sich nicht vorgestellt.

2.2 Messbare Leistungskriterien

„Ich kaufe Unternehmen, gut geführte von alten Managern ab. Mit 65 sollen die sich endlich um ihre Enkel kümmern. Die können eh nichts mehr leisten. Dann schlage ich dieses Unternehmen auseinander, um mehr Gewinn zu erzielen. Ich selbst will höchstens bis 55 arbeiten, dann kann ich mich endlich meiner Familie widmen." – so ein 46-jähiger Hedgefonds-Manager bei einer Due Diligence, die ich für einen Klienten betreute. Eben jenem, der sein mit Stolz und Leistung aufgebautes Unternehmen als Lebenswerk nun ausschlachten lassen sollte. Es kam nicht dazu – nur nebenbei bemerkt. Jedoch war der Hedgefonds-Manager sehr erstaunt, als ich ihn fragte, ob er wirklich glauben würde, seine Familie würde so lange auf ihn warten, sich dann auf ihn fokussieren und ihn dann noch „brauchen". „Sie haben doch gelernt, ohne Sie auszukommen. Sie sind es doch gewohnt, dass der Partner, der Vater nie da ist, wenn man ihn braucht." – Die Stille in unserer Diskussion zeigte seinen Schock über meine Aussage.

Unser Leistungsmantra – konzentriere Dich allein auf den beruflichen Erfolg, der führt Dich schneller, höher, weiter – endet somit letztlich gerade bei den High Performern oft in einer Lethargie im „wirklichen Leben". Ein Leben, welches nach der Verrentung oftmals noch 20 bis 30 Jahre dauert, bei einer heutzutage auch für Männer gestiegenen allgemeinen Lebenserwartung von über 80 Jahren. Soll diese Lethargie und Stagnation gerade das Endziel eines Leistungsträgers, eines High Performers, der Spitzenkräfte unserer Gesellschaft sein?

Denn die Herren des Dinners auf der Tagung wiesen darauf hin, dass nur die wirklichen **Sieger**, also die **wirklichen Top-Manager**, eine wesentliche Position in der Gesellschaft erringen können und dadurch dann dem soeben beschriebenen Schicksal der Tristesse entgehen können. „The Winner takes it all!" Diese Top-Manager, allesamt Vorstände, Vorstandsvorsitzende großer Unternehmen oder auch Politiker leben ihr Leben nach 60 einfach noch mal neu, holen das nach, wozu sie im ersten Leben keine Zeit hatten oder haben wollten. Als **Insignien des Erfolgs** oft mit einer überaus schönen, jungen Frau, für die sie sich fit halten, bildschönen Kindern und der Freiheit, sich nun endlich der Familie und der „Schönheit des Lebens" hingeben zu können.

Einige wollen auch mehr „Sinn" ins Leben bringen, widmen sich sozialen Einrichtungen oder spenden, initiieren Unternehmen, um nun ein „Lebenswerk" zu schaffen. Sie „arbeiten" weiter als Sponsoren in Kunst, Kultur und Sport, schreiben ihre Biografie und besetzen einige Aufsichtsratsposten, um noch mitspielen und Einfluss nehmen zu können. Der „zweite" Erfolg darf nun endlich auch Freude machen, Freizeit und Familienleben ermöglichen und sinnvoll sein.

2.2.5 Der charismatische Manager – das Universalgenie

▸ Erfolg in der „alten" Leistungskultur – der Top Manager ist die „Crème de la Crème"

Wie erreichte man Erfolg im „alten" Leistungsverständnis?
Meine Generation der „Baby Boomer", ab den 50er Jahren bis 1965 geboren, wuchs in den westlichen Industrienationen bereits in Sicherheit und relativem Wohlstand mit dem Arbeitsethos auf: erst die Arbeit, dann das Spiel. Nach diesen Regeln westlichen Leistungsverständnisses erzogen, eroberten viele die Universitäten.

Erfolgreich war man, wenn man seine Ausbildung, sein Universitätsexamen oder Diplom als einer der Besten abgeschlossen und dann schnellstmöglich in einem renommierten Unternehmen angestellt wurde, welches sich um die weitere Bildung wie Entwicklung des Mitarbeiters kümmerte. Die klassische Karriere verlief im besten Falle linear nach oben, im gleichen Unternehmen loyal und integer Schritt für Schritt die Karriereleiter hinauf:

1. Routineaufgaben als Sachbearbeiter oder Projektmitarbeiter, um Prozesse zu erlernen und in die „Firma hineinzuwachsen",
2. Anspruchsvollere Aufgaben zum weiteren Know-how-Erwerb sowie sich als „guter" Leister oder Bestleister einen Namen machen, sein erstes Image prägen,
3. Erste Führungsaufgaben, um seine Positionierung zu festigen,
4. Aufbau eines Netzwerks zu den oberen Führungskräften, um Mentoren für die weitere Karriere zu finden,
5. Herausfordernde Führungsaufgaben mit möglichst hoher Budget- und großer Mitarbeiterverantwortung,
6. Erfolgreicher Top Manager mit hervorragenden finanziellen Kennzahlen.

Man blieb im einst erlernten Beruf, zum Beispiel vom kaufmännischen Sachbearbeiter mit Universitätsdiplom zum Projektcontroller, Abteilungscontroller, Bereichscontroller bis zum Finanzvorstand bei Siemens. Eine Laufbahn von rund 20 bis 30 Jahren, bei einem Start Mitte 20 nach dem Studium bis in den Vorstand Mitte 40 bis Mitte 50. Management-Karrieren brauchen langwieriges Erfahrungslernen, daher Beharrlichkeit wie Zielgerichtetheit. Dann muss diese Position noch weitere zehn Jahre gehalten werden.

Die wesentlichen Qualitätsmerkmale der „Baby Boomer Generation" machten es den Managern relativ leicht, Mitarbeiter produktiv einzusetzen (Rump 2010):

2.2 Messbare Leistungskriterien

- Leistungsorientierung, Pflicht und Disziplin,
- Entscheidung für Beruf oder Familie,
- Solidarität und Kollegialität,
- Starkes Sicherheitsbedürfnis – Belastbarkeit, Frustrationstoleranz.

Moderne Technologie, Unternehmensorganisation und Reorganisation wie Zeitmanagement öffneten neue Wege. Die Geburtsstunde für zahlreiche neue Methoden der Personalentwicklung und Mitarbeiterführung, Leadership und Führungskräfteentwicklung brach an. Der kooperative und demokratische Führungsstil wurde propagiert: Nur motivierte Mitarbeiter, die mit ihrem Arbeitsumfeld und ihren Aufgaben zufrieden sind, sich mit ihren Vorstellungen und Ideen einbringen, können die anspruchsvollen Kundenwünsche souverän und kundenfreundlich bedienen. *„Die Grundthese lautet: Mache die Menschen zufrieden, und dann werden sie leisten."* (vgl. Malik 2006, S. 44)

Nicht allein Fredmund Malik kritisiert diese Entwicklung einer typischen Euphorie „des unbegrenzten Machbarkeitsglaubens ebenso wie das Scheitern des Wohlfahrtstaates mit seinen Versuchen, eine immer größere Palette von Zwecken zu erfüllen. Die Folge war und ist jedes Mal fast totaler Verlust der Leistungsfähigkeit wegen Überforderung und Verzettelung, und als Folge dessen eine Finanzierungs- und Legitimationskrise" (Malik 2006, S. 44–45).

Für andere entsteht dagegen große Leistungsbereitschaft nicht aufgrund einer „Wohlfühlatmosphäre", sondern allein aus Mangel, aus der Aggression, Neues zu wagen, Risiken einzugehen, Energie zu haben, die bekannte **„Extra-Meile"** zu gehen. So August-Wilhelm Scheer, Wirtschaftsinformatiker, Autor („Spiele der Manager") und IT-Vorzeigeunternehmer im Januar 2012 im *Focus*: „Wer die Ärmel hochkrempelt, macht sich selten beliebt. Vielleicht ist es ein Nachteil an Deutschland, dass die Aggressivität verloren geht." Statt eine „Wohlfühlkultur" zu schaffen, sei es entscheidender für den Erfolg, die Kraft dieser Aggression positiv einzusetzen. Der Macher als Umsetzer, als Verwirklicher wird gefordert, der eine positive Einstellung zum Thema Macht hat. Macht ist hier Gestaltungskraft, die Motivation, das große Ganze zu verändern, weiterzuentwickeln und zu verbessern.

So konzentriert sich der **leistungsorientierte Manager** gemäß Drucker wie Malik auf die Umsetzung, auf glasklar messbare Ergebnisse, die den Bestand des Unternehmens über lange Zeit sichern. Es zeichnen ihn Beharrlichkeit und Durchsetzungsvermögen aus. Denn sein Job ist nicht dafür da, „ihn oder andere glücklich zu machen" oder geliebt zu werden, sondern um Resultate zu erzielen. Beide jedoch betonen die Dienstleistung der Manager für die Organisation. Der Manager als erster Diener und nicht als Boss mit Macht- oder Statusposition. Der *Focus-Artikel 4/2012* jedoch zeigt klar die öffentliche Meinung über das Management und damit sein Image in unserer Gesellschaft: „Können Sie Boss? Willkommen im Chefsessel: Wer nach Macht strebt, kann von den Mächtigen lernen. Zum Beispiel den gezielten Einsatz ehrlicher Aggressivität." (Grewe et al. 2012, S. 58–66)

Aber Aggression, Ambition und Durchsetzungskraft reichen nicht aus. Die Ansprüche der Unternehmen an die Qualifikationen eines fähigen, ja erfolgreichen Managers wuchsen realiter ständig, wie eine Partnerin einer internationalen Personalberatung feststellt. Ein Manager sollte heutzutage ein **Universalgenie** sein, welches sich auf den unterschiedlichsten Ebenen souverän bewegen und andererseits seine Mitarbeiter charismatisch motivieren kann.

Laut den Erwartungen vieler Unternehmen, gerade Großunternehmen bei der Suche nach ihren neuen Top-Führungskräften werden folgende Leistungskriterien als wesentlich genannt (Interview im November 2011 mit einer Partnerin einer Top-Personalberatung):

- Eine Persönlichkeit mit ausgezeichneten analytischen, konzeptionellen Fähigkeiten, die aufgrund ihrer intellektuellen Voraussetzungen und ihren Erfahrungen in der Lage ist, neue Business Szenarien zu rechnen, einzuschätzen und zielorientiert zu lösen,
- Internationalität,
- Hand-on Approach,
- Exzellente Netzwerkpflege und Ausbau bestehender Beziehungen,
- Hohes Durchhaltevermögen, hohe Frustrationstoleranz,
- Entscheidungsfreude und Entscheidungsbereitschaft in Verbindung mit Durchsetzungsstärke,
- Emotionale Stabilität,
- „Geschmeidiger" Charakter und hohes Maß an Flexibilität, da sie mit dem Aufsichtsrat ebenso wie mit Investoren wie der Basis gleichermaßen kommunizieren können muss,
- „Social Skills" – als Grundlage für eine erfolgreiche Führungskraft. Wer nicht führen kann und keine Empathie zeigt, hat es schwer, langfristig Akzeptanz zu finden,
- Unternehmerisches Denken und Handeln,
- Hard Facts – Umsatz und Gewinn.

Im mittleren Management sind gemäß der Personalexpertin auch „gute Performer" vertreten, aber sie sind nicht zwingend herausragende Leistungsträger. „Während der Top-Manager den Weg des Unternehmens nicht nur aufzeigen, sondern geh-bar machen sollte, unterstützt das mittlere Management ihn dabei in der Umsetzung." Im mittleren Management ist es wichtig, den Druck von oben an das

2.2 Messbare Leistungskriterien

eigene Team abzufedern, ein unpolitisches Handeln für das eigene Team möglich zu machen und klare Zielsetzungen formulieren zu können. „Die Dichte an herausragenden Managern ist im mittleren Management nicht wie im Top-Management zu finden.

Vielen Personen im mittleren Management (die dann auch dort verbleiben) fehlt es an Biss, an Durchsetzungsstärke." Vertreter des mittleren Managements halten den Top-Managern sozusagen den Rücken frei und zeigen ihre Stärken in der Exekution, für die sie ihr Team hoch motiviert halten. Von den Top-Führungskräften wollen Nachwuchskräfte in der Regel lernen, sehen sie als ihre Vorbilder. Das mittlere Management nutzen sie eher als Mittel zum Zweck. Es wird gebraucht, um zu wachsen, sich im Unternehmen zu vernetzen, verbunden mit dem Wunsch, eines Tages an ihnen vorbeizuziehen.

Dem mittleren Management fehlt es anscheinend an folgenden entscheidenden Fähigkeiten:

- Risikobereitschaft,
- Entscheidungsfreude,
- Unternehmertum,
- Flexibilität.

Manager aus der mittleren Ebene eines internationalen Konzerns haben jedoch gute Chancen, es in die Top Riege im nationalen Mittelstand zu schaffen. Zwar sind deutsche Mittelständler heute sehr gut global aufgestellt, besser als noch vor einigen Jahren, aber die Mentalität bleibt national bodenständig. Die Personalexpertin umschreibt dies als „Ausrichtung der Mentalität" auf weichere Faktoren, sprich „Kuschelfaktor Unternehmen" mit „Wohlfühlatmosphäre". Mitarbeiter, besonders in familiengeführten Unternehmen werden „so gut wie nicht entlassen, müssen quasi goldene Löffel klauen, damit über eine Entlassung nachgedacht wird". Sie stellt fest, dass das Vorurteil „Mittelstand beschäftigt Mittelmaß" häufig zutrifft.

Dies würde zwar die Thesen Maliks belegen, dass Mitarbeiterzufriedenheit, Wohlfühlen in der Unternehmenskultur nicht „automatisch" zu einem Best-in-Class-Unternehmen führen. Aber gerade diese Unternehmen sind die tatsächliche Stütze unseres Staates und haben aktuell einen enormen Exportzuwachs erzielt.

Die Mitarbeiter in einem mittelständischen Unternehmen würden sich auch weniger dynamisch zeigen als in Konzernen, in denen „zwar auch politisch und somit nicht immer zeitnah agiert wird, aber die Denke und der Handlungsprozess spiegeln dann wieder die innewohnende Dynamik".

Mitarbeiter in mittelständischen Unternehmen werden zwar durchgängig gut nach den persönlichen wie unternehmerischen Bedürfnissen aus- und weitergebildet, aber sie erhalten weniger Coaching oder oftmals gar kein Mentoring. Dies ist in mittelständischen Unternehmen kaum zu finden, während Konzerne ihre High Potentials auf dem Weg nach oben effizient mit Coaching und Mentoren vorbereiten.

Nummer 1 – die Top 10 der Wirtschaft
Wer also ausschlaggebenden Erfolg in unserer „alten" Leistungsgesellschaft haben will, strebt als Endziel die Top-Management-Position in einem Unternehmen der Dax oder US Top 10 bis 30 an. Wesentlich hierfür sind Risikobereitschaft, Entscheidungs- und Durchsetzungsfreude, Unternehmertum und Flexibilität. Eine gehörige Portion Macht gehört auch dazu. Man sollte also bereit sein, Macht zu akzeptieren und auszuüben. Heinrich von Pierer wie auch Klaus Kleinfeldt haben diese Chancen genutzt, jedoch nicht immer in einem Wertekanon – wie er einer lauteren Corporate Governance entspricht.

Der Top-Manager ist also die „Crème de la Crème" unserer Gesellschaft. Immerhin ist der Staat in seiner Stabilität abhängig von den Ergebnissen der Unternehmen, ihrer Loyalität gegenüber dem Rechtssystem genauso wie in der Sicherung der Stabilität.

Wobei im Gegensatz zu früher heutzutage die Gruppe Management im Volumen stark gewachsen ist. Waren es vormals sehr wenige, spricht Malik heute vom Management in den modernen Betrieben daher als einem **„Massenberuf"**, da der Anteil des Managements bei 20 bis 25 % der beschäftigten Bevölkerung liegt – mit steigender Tendenz. Nur das Top Management ist somit „einsame" Spitze mit wenigen hochdotierten Positionen.

Die von der Personalexpertin beschriebenen Leistungskriterien belegen, welch hohe Erwartungen unsere Wirtschaft, die Unternehmen an ihre Top-Führungskräfte stellen. Sie sind realiter kaum zu erfüllen.

Fredmund Malik hat diese Politik bereits kritisiert: „Niemand – auch nicht der topste Top-Manager – erbringt ständig Spitzenleistungen. Schon der Gedanke daran ist absurd. Permanent die Forderung danach zu erheben halte ich im schlechten Sinne des Wortes für Theorie, vor allem aber halte ich es für unmenschlich." (Malik 2006, S. 36)

Diese Entwicklung ermöglicht es aber auch den wenigen in diesem „Olymp" angekommenen, sich Machtprivilegien anzueignen und sich „allwissend" zu fühlen. Sie überschreiten damit die legalen wie sozialverträglichen Richtlinien, wie die Wirtschaftskrisen der letzten Jahre gezeigt haben. Es ist vor allem eine Vertrauenskrise unserer Gesellschaft gegenüber den angeblichen Leistungsträgern. Top-Manager wie Politiker sind schon lange keine Vorbilder mehr.

Und obwohl dem Mittelmanagement oder dem Management der mittelständischen Unternehmen die anscheinend notwendige Brillanz abgesprochen wird, ist sie vielleicht gerade deswegen die tatsächlich tragende, solide Säule unserer Wirtschaft.

2.3 Das Ende der Leistungsträger – sind unsere Ressourcen erschöpft?

Was treibt eine Persönlichkeit in der „alten" Kultur an, gute – ja großartige Leistungen zu erbringen? Wie kann persönlicher Erfolg gemessen und bewertet werden? Warum führt dieses Erfolgsstreben mehr und mehr zum Burnout und Zusammenbruch?

2.3.1 Kurzfristiger versus langfristiger Erfolg

Erfolgreiche Menschen sehen wir jeden Tag im Fernsehen. Sie prägen die Sichtweise unserer Gesellschaft, vor allem unserer Kinder und Jugendlichen, als Vorbilder oder Idole. Vom Sieger bei DSDS mit „Kurzzeitwirkung" bis zum Top-Fußballprofi. Leistung wird auf das Ergebnis bezogen. Lob und Anerkennung erfolgen durch „andere", welche die persönliche Leistung beurteilen. Die „Jury" besteht aus erfahrenen Gremien, wie zum Beispiel Professoren bei der Promotion, Führungskräften bei Beförderungen, Experten bei Gesangs-, Kunstwettbewerben – oftmals beruhend auf schwer messbaren qualitativen Messgrößen und Beurteilungssystemen. Nur im Sport finden wir oft klassisch messbare Daten und Zahlen. Dort ist die Sekunde entscheidend.

Die Leichtigkeit, mit der die Leistung erbracht wird, überzeugt und begeistert. Der Einsatz und die lange Zeit des Übens, des Trainierens, um diese Leistung erbringen zu können, um **Meisterschaft** zu erlangen, werden oft nicht wahrgenommen oder gar bewusst ausgeblendet. Talent allein reicht nicht. Wille, Disziplin und kontinuierlicher Einsatz sind notwendig.

Im Management zum Beispiel braucht man vor allem **langwieriges Erfahrungswissen**. Die meisten sind daher „in der zweiten Hälfte ihrer Dreißiger oder klar über 40, bis sie einigermaßen wussten, was wesentlich ist" (Malik 2006, S. 80). Management bedeutet Beherrschung von Komplexität, Befähigung im Umgang mit Menschen und Umsetzungsstärke.

Heutzutage gelangen jedoch schon junge Menschen in Führungspositionen, denen dieses Erfahrungswissen und die persönliche Reife einfach fehlen. Das ist nicht ihr Fehler oder ihr Verschulden, denn dieses kann auch nicht durch Schnelligkeit, fachliche Kompetenz, Expertise – ja selbst nicht durch Genie – ausgeglichen werden. Aufgrund der Jugendzentrierung vieler Unternehmen fehlt es jedoch an älteren Führungskräften oder auch an der Bereitschaft der Jüngeren, mit den „Alten" effektiv zusammenzuarbeiten. Den „Alten" wird per se die Leistungsfähigkeit abgesprochen. Der Personalpsychologe Rüdiger Hossiep sieht von Chefgeneration zu Chefgeneration eine wachsende Unfähigkeit, das eigene Führungsverhalten realistisch und kritisch zu beurteilen: „Die wachsende Selbstüberschätzung ist auch eine Schutzreaktion des Chefs. Sie machen dicht, um psychisch zu überleben." (Grewe et al. 2012, S. 58–66)

Meisterschaft jedoch braucht Zeit. Professionalität im Handwerk genauso wie Spitzenleistung in Kunst und Sport braucht Zeit. Balletttänzern ist zwar nur eine kurze Zeit der professionellen Bühnen-Brillanz gewährt aufgrund der extremen körperlichen Beanspruchung. Sie beginnen dafür jedoch schon als Kind mit dem Training, wie auch die meisten Sänger und Virtuosen. Ebenso Top-Sportler, die wissen, dass ihnen nur ein bestimmtes Zeitfenster zur Verfügung steht, um Bestleistung zu erbringen. Bei einigen nur wenige Sekunden. Wenn das Leistungshoch überschritten ist, muss ein Karrierewechsel erfolgen, zum Beispiel in die Choreografie, ins Training oder Coaching bis hin zum Sport Management.

Allein Künstler haben oftmals die Chance, ihr Leben lang in ihrer Berufung bleiben zu können.

Künstler wie Sportler trennen häufig nicht zwischen Work & Life. Für sie ist ihre Arbeit ihr Leben, ihre Leidenschaft. „Ich habe nie gearbeitet, ich spiele", meint Eva Zeisel, geb. 13.11.1906, eine legendäre Porzellan-Designerin in einem Bericht über ihr Leben in der Zeitschrift *Schöner Wohnen* (Dezember 2011). Sie stellt mit 105 Jahren immer noch im Museum of Modern Art in New York aus und entwirft noch monatlich ein neues Design. „In meiner Familie haben immer alle so lange gearbeitet, wie es nur ging."[10]

Auch Karl Lagerfeld kann sich ein Leben, einen Tag ohne „Arbeit" nicht vorstellen. Er ist unentwegt kreativ und integriert alle Eindrücke, alles Denken in seine „tägliche Arbeit". Er verwirft Lebensentwürfe von gestern, wenn sie für seinen weiteren Lebensweg obsolet geworden sind und gestaltet sein Umfeld und sich selbst einfach neu, sobald er erkannt hat, dass dies ihn weiter bringt in seiner Vervollkommnung. Dennoch hat er eine klare Linie – in seinem Leben, seiner Profession, seinem Stil und seinen Wertmaßstäben. Macht Mode, macht Fotografie und verbindet beides in Perfektion zu einem langfristig erfolgreichen Lebenswerk (van der

---

[10] Bericht über Eva Zeisel, in Schöner Wohnen, Dezember 2011.

2.3 Das Ende der Leistungsträger – sind unsere Ressourcen erschöpft?

Markt 2010, S. 221–241). Er ist mit dieser Lebensweise selbst bei hippen Jugendlichen „en vogue", obwohl er über 70 Jahre alt ist.

Erfolg und **Top-Leistung** sind nicht auf den Manager-Beruf mit Hochschulabschluss begrenzt. In allen Ebenen unserer Leistungsgesellschaft finden wir **Menschen, die „mehr wollen"** als die vorgegebene Norm, den Dienst nach Vorschrift mit klaren Regeln, Strukturen und Hierarchien. Vielen geht es dabei weniger oder gar nicht um Status, Geld und Macht, sondern vielmehr um die persönliche Selbstverwirklichung. Sie haben ihre persönlichen Stärken und Interessen erkannt und konzentrieren sich darauf. Sie haben ein selbstbestimmtes Ziel und eine Vision. Sie haben den „Hunger", die Bereitschaft, über lange Zeit mit größter Anstrengung an ihrer Verwirklichung und Vervollkommnung zu arbeiten. Aufgrund dieses inneren Strebens gründeten Bill Gates, Steve Jobs bis hin zu Marc Zuckerberg schon als Studenten ihre Firmen.

Steve Jobs hat gar sein Studium aufgegeben. Sie sind nicht Bestleister gemäß dem „alten", sicheren, step-by-step Leistungsdenken, auch keine seichten „Überflieger", sondern alle haben gelernt, gelernt, gelernt, Scheitern akzeptiert und wieder daraus gelernt, weiterentwickelt, gelernt – und in Phasen glücklicher Gegebenheiten ihre Chancen furchtlos, mutig ergriffen. Dies zeichnet Gründer aller Welten und aller Zeiten aus (Gladwell et al. 2011, S. 68–77, S. 71).

Erfolg, Top-Leistung ist immer auch verbunden mit Misserfolg, Scheitern und Brüchen. „Der Sieg" liegt im „Obsiegen des eigenen inneren Schweinehundes", dem Durchbrechen persönlicher Blockaden, dem Willen, sich diesem Scheitern nicht zu beugen. Allerdings auch nicht im sturen Weitermachen, in einem reinen Durchsetzen, sondern in der Offenheit und Flexibilität, die negativen Punkte zu erkennen, zu akzeptieren, daran zu lernen, daran zu arbeiten und Neues, Innovatives und Besseres zu erzeugen. Das qualitativ Beste zu erzeugen, sei es als Produkt, Dienstleistung oder Erkenntnis, ist das Ziel, welches Bestleister antreibt. Nicht im Mittelmaß stecken bleiben, sondern voranschreiten und wachsen. Altes, wenn nicht mehr nützlich, abzulegen, die Erkenntnisse daraus jedoch in ein neues, erweitertes Gebilde einzubinden. Nicht in Sicherheit von Methoden, Regeln, Strukturen und Tools oder dem eigenen bisherigen Denken stagnieren. Stagnation ist die größte Furcht für Bestleister. Stagnation fürchten sie wie die Pest. Für „das Beste" sind sie dagegen bereit, alles zu geben.

Bestleister, mit welchem Bildungsniveau auch immer, waren schon immer bereit, mehr als 55 Wochenstunden mit vollem Einsatz zu arbeiten. Die grundlegende Motivation für Höchstleistung – der Wille nach Mehr, nach Durchbrechen gesetzter Grenzen und Normen, beflügelt und beugt sich auch keinen Zeitvorgaben. Für sie war es immer schon wichtig, den eigenen Lebensweg zu gehen. Das Feld zu entdecken, was einem Freude macht und worin man zu Höchstleistungen fähig ist.

Solche Persönlichkeiten wollen sich selbst verwirklichen. Sie wollen ihre Idee umsetzen, sei es in Kunst und Kultur, einer Profession, Sport oder Wissenschaft. Sie werden getrieben von einem „inneren Feuer".

Nach einem Prinzip, das in östlichen wie westlichen Philosophien und Kulturen gleichermaßen anerkannt ist: **Man sollte das, was man tut, möglichst gut tun.**

High Performer, leider gibt es keinen passenden deutschen Begriff, sind Menschen,

- die im Laufe ihres Lebens wirksam etwas geleistet haben;
- die bereit sind, die „extra Meile" zu gehen, um Leistung zu erbringen und Erfolg zu haben;
- die nicht nur, aber meist intrinsisch motiviert sind, also aus einem inneren Feuer heraus sehr gute Leistungen zu erfüllen, und
- die an sich selbst sehr hohe Ansprüche stellen und zu Perfektionismus neigen, sie wollen alles so gut wie nur möglich machen;
- die danach streben, der Beste des Fokusbereichs zu sein.

Sich selbst verwirklichen Konzentriert sich auf den Imperativ, sein inneres Potential voll auszuschöpfen, seine Person voll zu entfalten in allen Lebensbereichen. Da der Beruf einen großen Raum in unserem Leben einnimmt, betreiben High Performer ihre Berufswahl mit größter Sorgfalt, sei dies in Kultur, Kunst, Sport, Wirtschaft oder Wissenschaft. Sie wollen nicht einfach einen Job machen, weil man Geld verdienen will oder muss. Auch wenn einem die Realität vielleicht zeitweise dazu zwingen mag. Ihren „Lebensplan" wollen sie dabei niemals aus dem Auge verlieren. Sie wissen instinktiv, dass sie in einem ungeliebten Beruf kaum zur Spitzenleistung fähig sein werden, kaum die Motivation und das nötige Engagement aufbringen werden, die einem die Wertschätzung und die Zufriedenheit einbringen, die sie als Bestätigung ihres Tuns anstreben.

> Dazu gehört auch die Vervollkommnung beruflicher Fähigkeiten. Schon die Berufswahl, erst recht aber die Berufsausübung steht vor dem ethischen Imperativ, sich sehr genau auf die eigenen Stärken und Schwächen zu konzentrieren, um die eigenen Fähigkeiten optimal zur Entfaltung zu bringen und gerade deshalb eine besonders gute berufliche Leistung zu erzielen (vgl. Hemel 2001, S. 297).

High Performer, sei es im Handwerk, in der Dienstleistung, Technologie oder Industrie, wollen sich den Normen oft nicht beugen und streben aus dem sicheren Hafen der Unternehmen. Viele der in den 50er und 60er Jahren mit Unternehmergeist gegründeten Firmen gehören heute zu den gestandenen mittelständischen Unternehmen und überzeugen weltweit mit der Qualität ihrer Produkte oder Services.

2.3 Das Ende der Leistungsträger – sind unsere Ressourcen erschöpft?

In den USA waren vor allem Stanford und Silicon Valley in Kalifornien die Basis für den technologischen Traum und die Gründung der Technologie-Unternehmen, die unsere heutige Arbeits- wie Lebenswelt mit ihren Ideen grundlegend revolutioniert haben. Aber gerade als Unternehmer braucht man mehr als „persönliche Talente" und „inneres Feuer", vielmehr sind Meisterschaft, das heißt langjähriger Wissenserwerb und Erfahrung, Pflichtbewusstsein, Geduld und „Durchstehvermögen" notwendig. Also somit die sprichwörtlich „altmodischen Tugenden" in einer modernen Transformation ins 20./21. Jahrhundert.

An dieser Stelle widerspreche ich Fredmund Malik gerne, der Manager, die „immer neue Herausforderungen" brauchen, als reine „Egozentriker" bezeichnet. Meines Erachtens sind diese nicht „auf einer speziellen Art von Selbstverwirklichungstrip". (*„Was sie brauchen, interessiert sie, nicht was die Organisation braucht."*), sondern integrieren die Notwendigkeit des Wandels in ihre persönlichen Entwicklungslinien und berechtigten Bedürfnisse. Malik bewegt sich mir hier zu einseitig im calvinistischen Denkmuster, der Manager solle ausschließlich pflichtbewusst, seinen Job machen (Malik 2006).

Ich stimme dem insoweit zu, dass die Prämissen, Ziele und Notwendigkeit der von ihm geleiteten Einheit oder Unternehmung, vor allem der Menschen im Vordergrund stehen müssen. Dass keine unüberlegten Risiken eingegangen werden sollten, nur um eine kurzfristige Gewinnmaximierung zu erzielen oder rein persönliche Ziele zu erreichen, wie dies in letzter Zeit leider zu oft geschehen ist.

Denn der Manager steht im Dienste dieser Unternehmung, aber darf er andererseits eben nicht auch an und in dieser Unternehmung wachsen, nicht auch Leidenschaft und Befriedigung, gar Vergnügen in seiner Arbeit empfinden, die ihm hilft bei der Bewältigung schwieriger Aufgaben? Ein intrinsisch motivierter Manager weiß, dass kein Job der Welt immer Freude oder Spaß macht, sondern Fleiß, harten Einsatz fordert. Sollte er sich da vor allem nicht gerade das Feld aussuchen, in dem er am meisten Expertise, Leidenschaft und Engagement aufbringen kann, um eben die notwendige Beharrlichkeit, Geduld, Lernbereitschaft und Umsetzungsstärke aufbringen zu können? Auch Maliks Beurteilung des „Pursuit of Happiness-Approach" deute ich daher differenziert (Malik 2006, S. 46, vgl. unterschiedliche Stellungnahmen zu „Pursuit of Happiness-Approach", S. 46–96). Ich bezeichne dies als **„Pursuit of Excellence"**-Approach, ohne den Spitzenleistung gar nicht möglich ist.

High Performer sind für mich Menschen, die intrinsisch motiviert sind, in ihrem Feld der Leidenschaft, der persönlichen Stärken, Bestleistungen zu erbringen und dies nicht kurzfristig, um als „Karrierist" Erfolg und Geld zu haben, sondern langfristig. Wie Malik geht es auch mir um eine Stetigkeit der Leistung, aber diese Stetigkeit kann nicht Stagnation im System bedeuten. Diese Stetigkeit bedeutet in dieser dem stetigen Wandel unterworfenen Welt eben, sich immer wieder neuen Herausforderungen stellen zu müssen und daran auch persönlich wachsen zu können – sei es als Persönlichkeit, Künstler, Sportler oder Manager.

Mihaly Csikszentmihalyi hat bereits Mitte der 90er Jahre überzeugend dargelegt, dass die eigentliche Quelle der Arbeitszufriedenheit allein in einem selbst liegt, weder in moralischen Anforderungen oder in äußeren Rahmenbedingungen, sondern in der persönlichen Wahl und Überzeugung, sich diesen Aufgaben stellen zu wollen. Das entscheidende Commitment kommt aus dem Inneren, nicht aus dem Äußeren. Bereit zu sein, sich voll in die Arbeit einzubringen, sich den notwendigen Aufgaben im Jetzt zu stellen. **Im „Flow" sein**, beruht nicht allein auf positiven Arbeitsbedingungen wie flexiblen Herausforderungen, großen Freiräumen und kreativen Gestaltungsaufgaben, sondern „Flow" kann selbst in eher langwierigen, eintönigen Aufgaben erzeugt werden, wenn diese Sinn machen und zu dem angestrebten Ziel und Wertbeitrag führen (Csikszentmihalyi 2010, wie auch Sprenger 2007, S. 63–66).

Nur mit einem Bewusstsein, sich diesen neuen Herausforderungen auch stellen zu wollen, kann ein Manager sein Unternehmen sicher in die Zukunft leiten, ansonsten würde er in „alten Methoden, Technologien" steckenbleiben und die notwendigen Veränderungen nicht rechtzeitig einleiten. Gerade diese Problematik zeigt sich bei Generationenwechseln in mittelständischen Unternehmen oder führt bei Großkonzernen dazu, dass gerade innovative High Performer lieber eine eigene Firma gründen, um ihre Ideen besser umsetzen zu können.

Was zeichnet also Bestleister, High oder Top Performer aus?

- **Kenntnis der eigenen Stärken** und des persönlichen Interessenfelds,
- **Intrinsische Motivation, Beharrlichkeit** und **Disziplin,**
- **Lernbereitschaft:** in Theorie und vor allem in Praxis –
  - Erlernen, Anwenden und Umsetzen von State-of-the-art-Methoden,
  - Wissenserwerb und Kompetenzaufbau aufgrund komplexer, intellektueller wie organisatorischer Herausforderungen, in denen sie langfristige Lernerfahrungen erwerben,
  - Training, um Meisterschaft zu erlangen mit kontinuierlichem Abrunden der eigenen Fähigkeiten, Erkennen und Schließen von Lücken,
- **Benchmarking:** Zusammenarbeit mit „Best-in-Class"-Persönlichkeiten in global virtuellen Teams, Bereitschaft, den eigenen Status quo in Frage zu stellen,
- **Ergebnisorientierung:** Freude und Stolz an der eigenen Wirksamkeit und am persönlichen Leistungsvermögen,
- **Sinnhaftigkeit und Verantwortung:** Bewusstsein, Freude und Stolz an der Wirksamkeit seines persönlichen Beitrages, nachhaltige Werte schaffen zu können.

2.3 Das Ende der Leistungsträger – sind unsere Ressourcen erschöpft?

Gerade der letzte Punkt unterscheidet für mich High Performer von „Karrieristen" oder seichten „Erfolgsmenschen" der heutigen Gesellschaft. „Karrieristen" planen ihre Laufbahn ebenfalls genau, aber opportunistisch, wie sie am leichtesten und schnellsten Erfolg erreichen können. Es ist ihnen egal, ob sie dazulernen oder sich weiterentwickeln, lediglich eine höhere Karriereposition oder mehr Geld und Einfluss zählen. Der Schein ist wichtiger als das Sein, die Position wichtiger als der Wertbeitrag und die Verantwortung, das Einkommen wichtiger als die Leistung. Karrieristen erleiden daher auch keinen Burnout. Denn sie brennen nicht, sie sind die Egozentriker im Wirtschaftssystem.

Ein Kollege aus meinem Change Agent Jahrgang zeigte mir dies deutlich, als er erläuterte, wie er strategische Projekte selektierte. Es ging ihm nicht um den sinnvollen Beitrag, den dieses Projektergebnis für die Abteilung oder das Unternehmen leistet, auch nicht darum, welchen persönlich wirksamen Beitrag er selbst leisten kann, sondern allein darum, welchen Beitrag dieses Projekt für seine Karriere bedeuten könnte. „Ich schaue mir den Vorstand an, der das Projekt unterstützt, und welche Power, also Macht er im Gesamtsystem hat. Dann die Menschen im Projekt selbst. Sind sie ausreichend qualifiziert, um das Projekt zu stemmen. Dann entscheide ich mich für das erfolgversprechendste und nehme sporadisch daran teil. Am Ende gehöre ich trotz minimalem Arbeitseinsatz zum Siegerteam." Wow – nach dieser Eröffnung musste ich erst mal tief durchatmen.

Es gibt einige solcher „Karrieristen", die als Erfolgsmenschen auf Top-Manager-Positionen stehen. Es fehlt ihnen am Verständnis ihrer direkten Verantwortung für Resultate. Sie sind kaum an langfristigen Problemlösungen interessiert. Die Praxis kurzfristiger Managementverträge unterstützt diese Politik zusätzlich. Die Unternehmen wie Personalberatungen versuchen zwar, bei ihrer Selektion darauf zu achten, dass „eine Verweildauer von mindestens drei Jahren in einem Unternehmen eingehalten wird, da sich erst dann die eigene Performance messen lässt und es diese Zeit braucht, um etwas verändern zu können" (Interview Partnerin/Personalberatung November 2011).

Malik nennt dies jedoch das „Dreijahres-Wunder". Es ist relativ leicht, drei Jahre erfolgreich zu sein. Zuerst hat man meist noch Schonzeit, kann sich einarbeiten und auf Ergebnissen anderer aufbauen. Gefährlicher nennt Malik „das multiple Dreijahres-Wunder":

Manager mit glanzvollen Karrieren nach außen, die Spitzenpositionen von Wirtschaft und Gesellschaft erlangt haben.

> Wenn man ihre Lebensläufe genauer untersucht, dann zeigt sich, dass sie nur eine Fähigkeit haben, diese aber perfekt: Sie wissen, wann sie gehen müssen – und sie gehen immer genau ein halbes Jahr, bevor der Mist zu riechen beginnt, den sie hinterlassen.

Glanzvolle Karrieren nach außen und in Wirklichkeit bleibt überall ein Scherbenhaufen zurück und oft auch eine Blutspur (Malik 2006, S. 82; vgl. auch Sprenger 2007, S. 20–21).

Solche Personen übernehmen weder für ihre Aufgaben noch für ihr Tun und auch nicht für ihre Mitarbeiter Verantwortung. Vorgesetzte werden immer von ihren Mitarbeitern beobachtet, wie sie „sich kümmern", sprich sich einbringen, reagieren, entscheiden. Mitarbeiter wissen schnell sehr genau, nach welchen Maßstäben die Führungskraft handelt. „Es wird genau gesehen, wie ernst es dem Manager wirklich ist. Das ist Führung!," meint deshalb auch Professor Dr. Bolko von Oetinger, der frühere Deutschland-Chef von McKinsey (Hemel 2007, Geleitwort) Solche Manager haben uns gerade in den letzten Jahren gezeigt, wohin sie Wirtschaft und Gesellschaft treiben können. Das Vertrauen ist missbraucht. Vorbilder sehen anders aus.

High Performer haben für mich klare Ziele, eine Mission, einen Sinn und Zweck vor Augen, warum sie genau dieses Ziel erreichen wollen. Manchmal entwickelt sich dieser Zweck wie die Möglichkeiten zur Zielerreichung langsam, erst über ein paar Weichenstellungen, manchmal aber sehr zielsicher von Anfang an. Solche High Performer haben es leichter, wenn sie schon als Jugendliche wissen, dass sie Arzt oder Hochleistungssportler werden wollen. Sie können sich frühzeitig fokussieren. Aber auch diejenigen, die Umwege gehen, stellen sich den Fragen des Lebens:

- Was will ich aus meinem Leben machen?
- Was will ich in meinem Leben erreichen?
- Was macht für mich Sinn?

Dafür sind sie bereit, Zeit und Mühe zu investieren, um „Meisterschaft" zu erlangen – sie sind auf dem „**Pursuit of Excellence**". Dieses Streben nach Exzellenz ist ein Grundwert der Top Performer und beinhalten Höhen und Tiefen:

Erfolg　　Verwirklichung revolutionärer Ideen, Best-in-Class-Ergebnisse, sinnvoller Beitrag.
Misserfolg　Scheitern der Idee, des Projekts, des persönlichen Ziels genauso wie das Überschreiten der Grenzen menschlicher Leistungsfähigkeit bis zum Burnout.

Gerade im Sport werden die Grenzen menschlicher Leistungsfähigkeit häufig überschritten. Zwar wissen Sportler sehr genau, dass zu einem effizienten Training Super-Kompensation gehört, das heißt ein bewusster Wechsel zwischen

2.3 Das Ende der Leistungsträger – sind unsere Ressourcen erschöpft?

Anspannung/Anstrengung, Achtsamkeit mit seinem Körper und Erholung, aber die Leistungs- wie Konkurrenzbereitschaft sind sehr hoch und erzeugen den absoluten Willen zu siegen.

Ende der 90er Jahre waren wir internationalen Partner der Andersen Consulting Change Management Practice (jetzt Accenture) zu Gast bei der Loughborough-University in Leicestershire, UK, weltweit führend in den Fakultäten Sportwissenschaft, Sport Engineering und Technology. Sie ist weltweit anerkannt in ihrem Coaching und Training von nationalen wie internationalen Spitzensportlern, wie auch führend in der Ausbildung von Trainern und Sport Coaches (vgl. Loughborough-University: www.lboro.ac.uk).

Wir diskutierten mit den Professoren, worin sie die wesentlichen Erfolgsfaktoren für einen Sportler sehen. Ein Professor fasste dies folgendermaßen zusammen: „Zu uns kommen zum Beispiel viele leistungsfähige, sehr gute Tennisspieler. Sie wurden bereits von ihren nationalen Verbänden ausgesucht und gesponsert. Sie haben nicht nur Talent, sehr gute physische Fähigkeiten, Kraft und mentale Stärke, sondern auch Beharrlichkeit und Geduld im Training, Stunde um Stunde, aber nur wenige werden Champions. Aber alle diese Champions haben eins gemeinsam: den **Killer-Instinkt**, den absoluten Willen, zu siegen."

Es ist vielleicht kein Zufall, dass der Beginn der Industrialisierung auch mit der „Erfindung" des Sports vor ca. 200 Jahren in Großbritannien korrespondiert. Sport kann durchaus als Abbild der modernen Leistungsgesellschaft aufgefasst werden. In kaum einem anderen gesellschaftlichen Teilsystem ist die **Sieg-Niederlage-Codierung** so ausgeprägt und damit so wegweisend für die Gesamtgesellschaft wie im Leistungssport. Der Sieg-Niederlage-Code ist die Grundlage sportlichen Handelns. Leistung ist das alleinige Bleibekriterium für die zentralen Akteure im System. Nur der Erfolg zählt. Oftmals sind für diesen Erfolg alle Mittel recht: Doping oder Leistungstief, später dann Burnout oder gar Suizid wie im Falle Robert Enkes.

Ein Merkmal moderner Leistungsgesellschaften ist es, dass natürliche Grenzen der menschlichen Leistungsfähigkeit nicht mehr akzeptiert, sondern auf inhumane Weise überschritten werden. Wie im Arbeitsleben werden auch im Leistungssport die handelnden Personen austauschbar, wenn sie keine Top-Ergebnisse (mehr) erzielen. Mit dem Leistungsrückgang ist der Verlust der öffentlichen Wahrnehmung und Anerkennung verbunden. Dieses System erhöht die Bereitschaft, zum Beispiel durch Doping die Grenzen der eigenen Leistungsfähigkeit zu überschreiten (Trainer Plattform 2011).

Beispiel

Top-Athleten wissen, wie trügerisch Erfolg sein kann. **Ellen van Langen** beschrieb dies beeindruckend kritisch in ihrer Kolumne im De Telegraaf, 11. Januar 2012. Im Januar 1996 hatte sie in ihrer ersten Kolumne über ihren Besuch des gerade in Aufbau befindlichen Olympiastadions in Atlanta berichtet. Van Langen wollte dort im August 1996 ihren zweiten Olympiasieg im 800-Meter-Lauf erzielen, ihren Titel verteidigen und alles sah sehr Erfolg versprechend aus. Sie lag voll im Training mit exzellenten Zeiten. Zwei Tage vor dem geplanten Abflug nach Atlanta verletzte sie sich in einem Routinetraining über 200 Meter. Aus der Traum der Olympischen Spiele – für immer. Sie wollte am liebsten auf eine einsame Insel ohne Fernsehempfang verschwinden, nichts von den Olympischen Spielen hören.

Da wurde sie gebeten, die Kolumne über die Spiele zu schreiben und nach Atlanta zu fliegen. Sie sah sich selbst wieder auf dem Bildschirm, als die Sieger der letzten Spiele in Barcelona gezeigt wurden. Deutlicher konnte der geplatzte Traum nicht verdeutlicht werden: mit der eigenen Vision am Ende sein, in jungen Jahren. Für van Langen war dieses Selbstmitleid schnell vorbei.

So ist es eben beim Sport: „Den Schmerz fühlen, aushalten und von Neuem beginnen. Sportler haben mit Niederlagen meist weniger Mühe. Aber es ist sehr schwirig, an sich selbst zu glauben, wenn alle anderen einen fallen lassen." Ein Top-Sportler weiß selbst sehr gut, dass es immer Hochs und Tiefs gibt. Presse wie Öffentlichkeit gehen jedoch davon aus, dass die Hochs „fast immerwährend" sein sollen, während ein einziges Tief bereits das Ende der Sportler-Karriere bedeutet. „Jeder Top-Sportler balanciert kontinuierlich zwischen Ruhm und Siegerposition oder als namenloser Verlierer auf der Tribüne zu enden". Für einen Top-Sportler ist somit der Glaube an sich selbst und das Vertrauen in sich selbst das Wichtigste, um sich langfristig zu fokussieren und zu verpflichten.

Als Anfängerin wurde sie von der Öffentlichkeit als Naivling belächelt, als sie ihr Ziel nannte, zu den Besten der Welt zählen zu wollen und zu können mit so etwas Trivialem wie Schnelllaufen. Später waren dieselben Presseleute voll des Lobes. „Nicht allein das Ergebnis rechtfertigt die **persönliche Wahl**, bis an die Spitze gehen zu wollen. Antrieb, Geduld, Talent und Realitätssinn dagegen schon." (van Langen 2012)

Es ist sind diese Randbedingungen, die zur Spitze wie in die Verzweiflung führen können. High Performer sehen nur die persönliche Wahl, Bestleistung erbringen zu wollen. Jan Ullrich fasst dies in seiner Erklärung zum CAS-Urteil bzgl. Doping am 9.Februar 2012 auf seiner Webpage zusammen: „Ich wollte für die Tour 2006 noch mal alles rausholen. Nach meinem Toursieg 1997 und fünf zweiten Plätzen war der Druck der Öffentlichkeit, der Sponsoren und auch mein Eigendruck immens groß." (Webpage von Jan Ullrich, http://www.janullrich.de/news, heruntergeladen am 10. Februar 2012)

2.3.2 Das „Streben nach Exzellenz" – unweigerlich der Weg in den Burnout?

▶ Warum führt dieses „Streben nach Exzellenz", dieses Streben nach Erfolg mehr und mehr zum Burnout und Zusammenbruch?

Wir haben die Wahl, Selbstverantwortung für uns zu übernehmen, sei es, den Weg in die Unterforderung wie in die Überforderung einzuschlagen.

Tim Mälzer hat seine Leidenschaft und sein Talent zum Kochen erst relativ spät entdeckt, dann aber umso konsequenter mit großer Begeisterung und vollem Einsatz umgesetzt. Zum Kochen kam er über seine Vision, eigentlich Hoteldirektor werden zu wollen. Seine Mission, der sinnvolle Beitrag, den er leisten möchte: jedem die Angst vor dem Kochen, Braten und Blanchieren zu nehmen und die Freude an guter Ernährung zu wecken, nicht als Ernährungsguru, sondern sein Motto lautet: „Kochen ist keine Kunst" oder „Schmeckt nicht, gibt's nicht", der Titel seiner Koch-Show seit 2003. Er hat zwar bislang kein Hotel eröffnet, aber mehrere Restaurants. Es geht ihm um unkomplizierte Gerichte, lockeren Umgangston. Jeder Gast soll sich wohlfühlen, jeder Fernsehzuschauer motiviert werden, gleich morgen leicht, lecker und mit Spaß zu kochen.

Was nach außen so leicht aussah, war jedoch mit hartem Einsatz erarbeitet. 2006 erlitt er einen Zusammenbruch, die Diagnose: Burnout Syndrom. In Frank Plasbergs TV-Sendung *„Hart aber Fair"* vom 15. November 2011 erläuterte er: *„Ich habe mir keine Erholungsphasen gegönnt, brach vor fünf Jahren weinend in einem Fernsehstudio zusammen. Ich konnte meine Sätze nicht mehr sprechen, dann die Wut über mich selbst – da sind mir die Beine weggesackt."* Der TV-Star war von seiner eigenen Arbeitswut überfordert, litt an Schlaflosigkeit, trank viel Alkohol: *„Ich begann, regelmäßig zu saufen."*

Zuletzt hatte er den Wunsch, Selbstmord zu begehen, einfach nur Ruhe und Ende mit allem. Sein Erfolg war ihm dabei nicht zu Kopf gestiegen, sondern die **Erwartungen der Medien**, der Mitarbeiter führten zuerst zu einer Überforderung und dann zum Zusammenbruch.

Als er seine Koch-Show bekam, sagte man ihm, er müsse noch mehr arbeiten, wenn er nicht bald weg vom Fenster sein wolle. Frank Plasberg zeigte Mälzers damaligen Terminkalender: jeder Arbeitstag mit rund 14 Stunden, ständig unterwegs mit unterschiedlichen Terminen fürs Fernsehen, Buchschreiben, Foto-Termine, Termine für die Planung und Führung des eigenen Restaurants: „Ich war Koch, hatte nicht gelernt, einen Betrieb von 100 Leuten zu führen. Mein Problem war nicht die Arbeitsintensität, sondern dass ich keinen Ausgleich hatte." (vgl. Bild.de, Sebastian Deliga über die Sendung *„Hart aber fair"* von Frank Plasberg)

Heutzutage ist es nicht verwunderlich, dass sich Frank Plasberg dem Thema stellte: „Burnout, Modekrankheit oder echte Seuche?" Gerade die High Performer, die Top Leister unserer Gesellschaft, unsere Vorbilder geben zu, einen Burnout erlitten zu haben. Die harte Schale der Top Leister scheint quasi zu platzen.

Bislang wurde über ein solches Thema, ein Zeichen der Schwäche oder des Versagens nicht gesprochen. Aber mit einigen Sportgrößen, wie Sven Hannawald oder dem positiven Beispiel von Britta Steffen, die sich aus dem aktiven „Dienst" für einige Zeit zurückzogen, wurde die Gefahr für Burnout mehr und mehr publik und die Notwendigkeit eines achtsamen Umgangs mit sich selbst. Miriam Meckel teilte ihre Erfahrungen mit einem Burn-out in ihrem „Buch an mein Leben" mit. Das Beispiel Miriam Meckel, jüngste Professorin für Kommunikationswissenschaften St. Gallen, in der Politik wie Medien gleichermaßen zu Hause, ist eigentlich besonders tragisch, weil sie in ihrem Buch „Glück der Unerreichbarkeit" 2007/8 bereits die Gefahren der Informationsgesellschaft theoretisch erkannt, klar aufgezeigt hat, aber selbst tatsächlich nicht praktisch umsetzen konnte.

Burnout oder Erschöpfungssyndrom trifft eben genau diejenigen, die „brennen", die Hunger haben nach Bestleistung, die den „Pursuit of Excellence" leben und enorme Leistungsfähigkeit besitzen – gepaart mit einem glasklaren Willen. Wie Stefan Effenberg es im *Focus 42/11* zusammenfasst: „Talent ist eine wichtige Voraussetzung, aber nur der unbedingte Wille, wirklich etwas Großes zu erreichen, bringt dich an die Spitze" – Sein Mantra: Ich muss, ich muss, ich muss! – mit klaren Zielen voran, nicht von null auf hundert, sondern immer schrittweise, was in den nächsten ein bis zwei Jahren optimal erreicht werden kann (Effenberg 2011, S. 95).

Top Performer zeichnen sich dadurch aus, dass sie tatsächlich ein sehr großes Arbeitspensum erledigen können, zum Beispiel die Arbeit an mehreren herausfordernden Projekten und noch einen MBA-Abschluss (Master of Business Administration) parallel.

Ich durfte dies oft im meinem beruflichen Arbeitsumfeld erleben, bei Klienten, Mitarbeitern, Kollegen wie mir selbst. Ich spreche aus eigener Erfahrung. Man ist begeistert ob der Möglichkeiten, die sich einem bieten, will erfahren, wie diese zu bewältigen sind, und missachtet menschliche Leistungsgrenzen, da man sich immer auf seine Stärke und immense Einsatzfähigkeit verlassen konnte. Eine Zeit lang funktioniert dies sehr gut und man läuft wie eine gut geölte Hochleistungs-Maschine, quasi immer im Flow – ob mit Aufgaben, die einem Freude machen, oder mit Aufgaben, die Beharrlichkeit, Fleiß und Disziplin erfordern. Das Ergebnis erfüllt mit Stolz, man hat sehr viel dazugelernt und einen Beitrag geleistet. Man hat Erfolg und erhält Anerkennung.

Umso mehr trifft es einen wie ein Schock, wenn man plötzlich feststellt, dass man trotz persönlichem Willen und Einsatz an die eigenen körperlichen, seelischen oder mentalen Leistungsgrenzen stößt, wie Miriam Meckel bekannte: „*Kann es sein, dass nicht alles so geht, wie ich will? – Das kann doch nicht sein.*" Es ist zuerst das Entsetzen, dann die Melancholie der Top Performer über das verlorene „Alles geht" (Meckel 2010).

Sicher – auch Top Leistern ist logisch-analytisch bewusst, dass sie Erholung brauchen, auf ihre Gesundheit achten sollten.

Die meisten sagen sich immer wieder: „Wenn ich dieses Projekt gut abgeschlossen habe, dann leiste ich mir einen längeren Urlaub", aber dann kommt das nächste interessante Projekt, welches intellektuell reizt oder neue Möglichkeiten bietet, und man sagt zu. Da man nicht gelernt hat, Stopp zu sich selbst zu sagen, nichts mehr als Stagnation fürchtet, macht man weiter. Es ist so ähnlich wie beim Wunsch abzunehmen: Man isst eben einfach viel lieber. Während jedoch „Dicke" in unserer Gesellschaft eher geächtet und Dünnsein als Leistung angesehen wird, ist das Mehr an Arbeit und Leistung mit Erfolg prämiert. Unsere Leistungs-Gesellschaft liebt die Droge des Workaholic – Leistung, Anerkennung und Erfolg.

Jedoch einseitig bezogen auf gesellschaftlich relevante Größen in Kunst, Politik, Sport, Wirtschaft und Wissenschaft. Wenig Anerkennung und Beachtung finden dagegen soziale Leistungsträger, die daher auch zu den Berufsgruppen zählten, die als erste Burnout erlitten – Mitarbeiter in den Pflege- und Sozialberufen, Ärzte, Lehrer. Ihnen fehlte nicht nur die öffentliche Anerkennung, sondern die Abgrenzung von den Erwartungen der anderen, denen sie sich verpflichtet und verantwortlich fühlten.

Unser bisheriges Leistungsmantra – schneller, höher, weiter – haben wir unbedachterweise von der Technologie auch auf unsere eigene Leistungsfähigkeit übertragen. Der „Machbarkeitstraum" wurde zu einem umfassenden „Machbarkeitswahn". Manager zu Top Athleten der Wirtschaft, Top Athleten ebenso zu Manager-Größen. Stars müssen immer – alles – zu jeder Zeit können und auch zu jeder Zeit einsatzfähig und verfügbar sein.

Die Zahlen der letzten Jahre sprechen für sich:

- 70 % der Gesundheitskosten für Burnout und Depression,
- Mit 5,3 Mrd. € stiegen die Ausgaben für psychische Störungen seit 2008 am schnellsten aus insgesamt 28,7 Mrd. €,
- Bei 32 % der Männer ist ein Burnout (Seelen-Infarkt) der Grund für den vorzeitigen Ruhestand, bei 44 % der Frauen,
- 64.000 neue Rentner gab es im Jahr 2009 wegen psychischer Erkrankungen,
- Von 1995 bis 2008 stiegen die beruflichen Fehlzeiten wegen psychischer Krankheiten um 80 % (AOK Report 2009).

Im Focus vom 25. Oktober 2010 (Focus 43/2010) warnen daher 19 Klinikmanager und Wissenschaftler vor einem Burnout-Alarm. Nach ihren Forschungsergebnissen wie praktischen Erfahrungen sind die Ursachen hierfür:[11]

- Steigender individueller Stress,
- Überforderung durch gesellschaftlichen Druck,
- Reduzierung der sozialen Beziehungen,
- Die Schnelligkeit des Lebens in der jetzigen Industriegesellschaft.

Die Ansprüche an den heutigen Top Leister sind tatsächlich sehr hoch.

Laut Kienbaum-Studie 2008 (Kienbaum Management Consultants 2008) haben nicht allein Manager mit einem Jahresgehalt über 200.000 Euro folgende Herausforderungen zu bewältigen:

- 60/70 Stunden pro Woche und dies kontinuierlich bei rund 20 Tagen Urlaub,
- Arbeitstage von 12 bis 14 Stunden,
- Häufige Reisen,
- Ständige Verfügbarkeit,
- Informationsüberlastung,
- Effektivstes Zeitmanagement,
- Schnelle Entscheidungsfindung.

Aber diese 70-Stunden-Wochen haben für High Performer, für Workaholics eben auch ihren Reiz. Seit den 90er Jahren hat sich nicht nur der Begriff Workaholic etabliert, sondern ein neuer Typ äußerst leistungswilliger Mitarbeiter, die sogenannten **„Extrem-Jobber"**. Es handelt sich um hoch motivierte, leistungsstarke Top Talente, die trotz hohem Arbeitspensum und kaum Privatleben mit ihrem Leben zufrieden sind, wie die Wissenschaftlerin Sylvia Ann Hewlett und die Ernst & Young Partnerin Carolyn Buck Luce in ihrer Untersuchung in den USA feststellten. Auch in Deutschland gibt es Extrem-Jobber, die mehr als 60 Stunden pro Woche arbeiten, sehr gut verdienen, mehr als zweimal pro Woche geschäftlich verreisen, aber vor allem sehr gerne Herausforderungen und Verantwortung übernehmen und zufrieden sind.

Die Ursachen sind nicht allein der wachsende Wettbewerbsdruck, die Power der neuen Kommunikationsmittel, die kulturellen Veränderungen wie die Globalisierung, die Manager immer mehr dazu bringen, länger zu arbeiten. Auch nicht der Ansporn, schnell Karriere machen zu wollen, sondern vielmehr reizt Folgendes:

---

[11] „Burn-out-Alarm: Professoren und Klinikchefs warnen vor psychologischen Krisen als Massenphänomen, in: Focus 43/2010 vom 25. Oktober 2010.

- Hohes Maß an Verantwortung für Mitarbeiter und Personalentwicklung,
- Maßgebliche Verantwortung für Gewinn oder Verlust des Unternehmens und damit die
- Verantwortung, immer für Kunden erreichbar sein, 24 Stunden am Tag, sieben Tage die Woche.

Sie wollen vor allem Ergebnisse erzielen. Sie sind zwar nicht zufrieden mit ihrer Work-Life-Balance, nehmen dies jedoch für eine bestimmte Zeit in Kauf. Sie akzeptieren eine „Verarmung ihrer privaten Beziehung" aufgrund des angestrebten Ziels der „Bereicherung an Lernen, stetigem Wachsen und Exzellenz". Stagnation fürchten sie am meisten und ihr Streben richtet sich nach Perfektion.

Die in der Studie genannte Schallgrenze liegt bei fünf Jahren harten Einsatzes. Eine Internetnutzerin – aus dem Bereich Mergers & Acquisition einer Investmentbank – arbeitete jeden Tag mindestens 14 bis 15 Stunden, in denen sie permanent per Smartphone für ihre Kunden und Kollegen erreichbar war. Sie empfand zwar die Belastung wie den Druck als sehr hoch, konnte dies aber akzeptieren, weil sei dadurch viel schneller lernen würde. Sie sei bereit, dies für einige Jahre durchzuhalten, um sich mit dieser Leistung und Belastbarkeit eine gute Position und Wissen zu erarbeiten (vgl. manager-magazin.de; Kuhn 2007, S. 2; Hewlett und Luce 2006, S. 49).

Die Realität dagegen ist ernüchternd: Gerade bei den Top Performern dauert dieser Extrem-Einsatz oft zehn oder mehr Jahre. Auch Miriam Meckel (2010, S. 88) betonte, es sei bei ihr lange gut gegangen – fünfzehn Jahre. Dann aber war Schluss. fünfzehn Jahre lang hatte sie stetig versucht, ihre Leistung, ihre Erfolge, Schnelligkeit zu steigern. Wie sie anmerkt, *„immer auf der Suche nach dem nächsten Kick, der genug Adrenalin ausschüttet, damit ich mich gut fühle und weiß, es ist richtig, was ich mache. Oder in Verantwortung für die Lösung eines Problems des anderen, durch das ich mich in die Pflicht genommen sah."*

Dieses Extrem-Jobbing ist Usus bei Unternehmensberatungen, Anwaltskanzleien, Investmentbanken und Best-in-Class-Technologie-Unternehmen. Es beginnt eigentlich schon im Extrem Studying – dem Studium an einer Eliteuniversität gespickt mit Auslandssemestern und hervorragenden Praktika. Von einer der Elite-Universitäten kommend, braucht der angehende Consultant die Zeit von rund zehn bis zwölf Jahren, um in eine angestrebte Partner-Position zu gelangen und diese auch zu halten. In dieser Branche gehören Extrem-Jobbing und die Hingabe an den Beruf zu Normalität der Arbeitskultur. „Client first, Firm second, Me third" – kurz umschrieben: Der Kunde hat immer Vorrang (24 Stunden Verfügbarkeit), an zweiter Stelle dann die Erwartungen der Firma, und die persönlichen Bedürfnisse stehen an letzter Stelle. Oftmals werden als persönliche Bedürfnisse auch nicht die Work-Life-Balance, sondern wiederum die berufliche, professionelle Vervollkommnung – der Pursuit of Excellence – gesehen. Schwäche darf nicht gezeigt werden. Es gibt daher auch kaum jemanden, der über einen Burnout sprechen würde – auch nach den Outings aus Sport und Medien nicht. Denn als weitere Prämisse gilt UP oder OUT, das heißt, entweder hat man durch seine Leistung und seinen wirtschaftlichen Beitrag seine angestrebten Ergebnisse als Consultant für die nächste Karrierestufe erreicht, dann steigt man auf, oder eben nicht, dann steigt man aus. Nach einer kurzen Zeit mit niedrigerer Leistung wird dem Mitarbeiter der Austritt aus dem Unternehmen nahegelegt.

Die Kriterien sind klar kommuniziert. Wir brauchen uns nicht zu bedauern. Jedem Unternehmensberater ist klar, worauf er sich einlässt und warum er gerade diesen Beruf wählt:

- Als Bester in einem Best-in-Class-Unternehmen, von den Besten profitieren,
- Interessante Klienten und Projekte,
- Enormer Wissenszuwachs, kontinuierliches Lernen mit State-of-the-art-Methoden und Tools,
- Der Exzellenz-Kick – statt Stagnation: Adrenalin.

Jedem ist klar, dass er viel und lange arbeiten, viel reisen und kaum zu Hause bei der Familie sein wird. Das ist seine persönliche Wahl und sein persönlicher Anspruch. Und auch wenn viele es nicht glauben wollen, Geld und Status spielen dabei eine untergeordnete Rolle, wenn man sich auch sehr leicht und sehr schnell daran gewöhnt.

Mitarbeiter von großen Unternehmensberatungen, Anwaltskanzleien und IT-Unternehmen mit gutem Namen haben noch einen großen Vorteil, wenn sie sich entscheiden, das Unternehmen zu verlassen, oder auch aufgefordert werden, in Bälde zu gehen. Sie zählen als Mitarbeiter von „Best-in-Class"-Unternehmen zu den Besten und wechseln gewinnbringend in Führungspositionen in Wirtschaftsunternehmen, verbleiben dabei im interessanten Alumni-Netzwerk des Beratungsunternehmens. Mitte 30 steigt die Fluktuation. Hier entscheiden sich einige für Familie, Eheschließung mit festem Wohnort und Familiengründung. Sie wechseln bewusst in Managementpositionen in andere Unternehmen, in denen zumindest der Reiseaufwand etwas geringer ist. Beide Seiten profitieren, der extreme Arbeitseinsatz hat sich gelohnt.

Unternehmensberatungen wie auch viele erstklassige IT-Unternehmen präferieren als Eliteinstitutionen daher das Menschen- und Führungsbild der „auserwählten Gemeinschaft" und so werden sie auch von Wirtschaftsunternehmen oft gesehen. Unterschieden wird nicht „oben und unten", sondern „innen und außen".

Zwar sind Hierarchien vorhanden, aber sie werden nicht rigoros gelebt, vielmehr ein Prinzip der Stewardship. Mentoring ist durchgängig gewährleistet. Ethische Grundsätze werden nach innen und außen gelebt, aber wesentlich ist das wirtschaftliche Resultat für das Unternehmen. Die Gemeinschaft wird geprägt durch klare Wertstrukturen und zeichnet sich durch diese elitäre Leistungskultur aus, das absolute Arbeitsethos für Kunde und Firma. Die Identifikation wie Loyalität mit dem Unternehmen sind daher groß. Man zählt als Bester zu den Besten.

Berufliche wie private Sphären lassen sich nur schwer voneinander trennen. Der „private" Freundeskreis ist oft beschränkt auf die Kollegen der Firma und selbst da nicht besonders „pflegbar", weil man nach Beendigung eines Projekts wieder in unterschiedlichen Projekten, bei diversen Kunden und an verschiedenen Orten arbeitet. Man ist „nie allein", aber ein gutes Privatleben mit „privaten" Freunden und Familie ist sehr schwer zu führen. Es ist vielmehr ein zusätzlicher erheblicher Organisationsaufwand, Zeitfenster hierfür zu finden, die aufgrund der Prämisse – Verfügbarkeit für den Kunden und die Firma immer wieder leicht ad acta gelegt werden. Man ist kein verlässlicher Freund oder Partner mehr, somit verliert man auch ein verlässliches privates Netzwerk. Ulrich Hemel fasst dies passend zusammen: *„Das Umschlagen von Identifikation in Überidentifikation, von Arbeitseifer in Arbeitswut, von freundschaftlicher Offenheit in mangelnde psychische Abgrenzung weist ethische und emotionale Gefahrenpunkte auf."* Die Arbeit wird mit einer Mission verbunden, die Flügel verleiht, aber auch den Verlust der Bodenhaftung nach sich ziehen kann (Hemel 2007, S. 142).

Ich habe es zum Glück in meinem persönlichen Umfeld nicht selbst erleben müssen oder vielleicht auch nur nicht wahrgenommen. Für mich war dies auch nie eine Alternative, Entspannung zu erreichen. Aber da das Arbeitspensum enorm hart ist, wird auch zu Drogen gegriffen, um es zu bewältigen.

Wie Götz Mundle in *Spiegel Online* am 3. Februar 2010 beschreibt: Sie nehmen morgens Kokain, Modafinil und Ritalin, um ihren Geist auf Hochtouren zu bringen, und abends dann Valium, Noctamin oder Alkohol wie Tim Mälzer, um wieder „runterzukommen", überhaupt schlafen zu können. „Diese Menschen haben hohe fachliche Kompetenzen, aber sie haben den Bezug zu sich, ihre Intuition und ihre innere Stimme verloren." (Mundle 2010). Gesundheitliche Schwierigkeiten sind auch ohne Drogenkonsum nur eine logische, selbstverständliche Folge. Niemand, auch der Härteste, kann diese Arbeitsbedingungen auf lange Zeit durchhalten. Am häufigsten sind Herz-Kreislauf-Erkrankungen, gastro-vegetative oder Rückenproblematiken, viele davon bereits Anzeichen von massiver Erschöpfung auf dem Weg zu einem Burnout.

Die tatsächlichen Bekenntnisse in der Wirtschaft jedoch sind minimal. Man nimmt eine krankheitsbedingte Auszeit, die sich plausibel anhört, und macht als

Manager nach etwa sechs bis acht Wochen genau da wieder weiter, wo man aufgehört hat, da sich das Umfeld, die Bedingungen wie Erwartungen nicht geändert haben. Aber vor allem haben sich die Erwartungen an sich selbst nicht geändert. Quintessenz: Es ist nicht die Arbeitsintensität, sondern der Druck des Umfelds und die fehlende Einsicht oder auch Selbstachtung, sich selbst Pausen zu gönnen. Man will den Erwartungen der anderen entsprechen – sei es als Manager, Sportler oder TV-Star. Ansonsten droht man, in die Bedeutungslosigkeit abzusinken. Kein Erfolg, keine Anerkennung. Ein Niemand, oder wie mein Klient meinte, „nur mehr mein Name auf einer blanken Visitenkarte".

Work-Life-Balance wird daher zwar oft propagiert, aber zu wenig realisiert, weil die tatsächlich gelebten Werte der Unternehmung eine andere Aussage spiegeln. Selbst wenn wir intrinsisch getrieben auf unserem eigenen „Pursuit of Excellence"-Trip sind, werden wir durch unsere Gesellschaft und vor allem die Best-in-Class-Unternehmen ideologisch noch eine Stufe höher, schneller, weiter getrieben. Die erzielten Erfolge lassen uns gar keine Zeit mehr zur Reflexion, zur Selbstbestimmung.

Beispiel

In einer TV-Sendung erläuterte der Personalleiter einer großen Bank stolz, dass er ein Programm zur Burnout-Prävention realisiert. Gezeigt wurde ein Workshop für Führungskräfte. Der Personalchef hatte den Leiter von Flughafenlotsen als Referent eingeladen, um über seine Praxis, den Wert und Nutzen von bewussten Auszeiten zur Konzentrationsverbesserung zu sprechen. Fluglotsen mit ihrer immensen Verantwortung für die Flugsicherung dürfen nur etwa 20 Minuten an einem Stück arbeiten, da dann bei jedem die Konzentration abfällt.

Mitarbeiter werden sorgfältig ausgewählt, nicht nur die, die über eine gute Konzentrationsfähigkeit und Koordination verfügen, sondern auch über die Fähigkeit, achtsam mit sich selbst zu sein, wenn sie nicht mehr voll einsatzfähig sind. Es ist diese persönliche Selbstverantwortung, die gefragt ist. Im weiteren Workshop folgte außerdem das übliche Programm bezüglich Erholungspausen, Bewegung, guter Ernährung und Stressmanagement. Die tatsächliche Aussage kam jedoch am Ende des Beitrages.

Der Personalleiter selbst sei immer unterwegs, kaum zu Hause und habe selbstverständlich wenig Privatleben. Er bedauere dies, habe aber schließlich Verantwortung. Somit wird meines Erachtens das Programm im Sande verlaufen, weil in Wirklichkeit das bisherige Leistungsverständnis weiterhin vorgelebt wird. Wer in unserem Hause Verantwortung trägt und Erfolg haben will, ist hundertprozentig und permanent im Einsatz.

2.3 Das Ende der Leistungsträger – sind unsere Ressourcen erschöpft?

Das erlebe ich auch immer wieder im Coaching meiner Klienten: die Widersprüchlichkeit von Wort und Tat, sowohl im persönlichen Umfeld, bei der Achtsamkeit sich selbst gegenüber wie gegenüber ihren Mitarbeitern. Motto ist „Ja, aber. Eigentlich schon, aber in diesem Fall". Es gab und gibt immer dringende Fälle, aber eben nicht immer.

In meinen Vorträgen bedauern Zuhörer, dass sie trotz Krankheit zur Arbeit gehen und dies auch vom Arbeitgeber erwartet wird. Man schluckt dann halt ein oder zwei Tabletten und dann geht es wieder. Hier komme ich wiederum zurück auf „alte" Tugenden, auch der bisherigen „alten" Leistungskultur guten Managements. Der Fürsorgepflicht für die Mitarbeiter.

Beispiel

Bestes und nachhaltiges Beispiel ist mein erster Chef bei Siemens 1986, Horst Jung. Er war dynamisch und fordernd, gab mir kurz nach meiner sechsmonatigen Einarbeitungszeit bereits die Chance, Projektmanagerin eines umfassenden Projekts zu sein und ich legte fokussiert und voll motiviert los. Kurz nach dem Start bekam ich eine heftige Erkältung und quälte mich ins Büro. Nur per Zufall sah mich Horst Jung auf dem Gang, bat mich in sein Büro und fragte mich, wie es denn so ginge. Ich antwortete pflichtgemäß mit dem Status meines Projekts. „Das meine ich nicht, sondern gesundheitlich." Ich meinte: „geht schon." „Das glaube ich nicht. Sie gehen jetzt schön nach Hause und wenn Sie nicht fahren können, hole ich ein Taxi. Sie stecken mir ja sonst noch die anderen an." Meine Einwände bezüglich des Zeitplans meines Projektes ließ er nicht gelten. „Sie vergeuden jetzt Ihre Zeit, weil Sie keinen klaren Gedanken fassen können. Kurieren Sie sich aus, dann geht die Arbeit nächste Woche schnell weiter." Horst Jung hat in vielerlei Hinsicht einen tiefen Eindruck hinterlassen und mich viel über gute Führung gelehrt. Er konnte hervorragend fordern, aber er wusste genau, wann er High Performer auf „Excellence-Drive" zu ihrem eigenen Nutzen bremsen musste, damit sie nicht verbrannt werden. Weder durch sich selbst noch durch andere.

Diese Art umsichtiges Management vermisse ich heutzutage fast vollständig, nicht nur bei Professional Service Firmen, sondern generell immer noch bei den meisten Unternehmen. So zählte das Thema Work-Life-Balance bei der Befragung der Boston Consulting Group® 2008 bei weltweit rund 4700 Top Führungskräften mit **Rang 4** noch zu den acht kritischsten Erfolgsfaktoren. Bei einer weiteren Studien 2010 mit 5500 Top Executives fiel das Thema Work-Life-Balance dagegen wieder drastisch zurück, von Platz 4 auf Platz 16.

Boston Consulting zeigt hier nicht allein den „Wunsch nach mehr Privatleben" auf,[12] sondern auch die kritischeren Haltungen jüngerer Talente gegenüber Unternehmenswerten, Corporate Social Responsibility wie der Möglichkeit, sich als „ganzer Mensch" in ein Unternehmen einbringen, einen Beitrag leisten zu können und nicht allein auf einen professionellen Erfolg oder Leistung reduziert zu werden. Die Generationen Internet, Game und Multimedia, wie Frau Professorin Rump vom Institut für Beschäftigte und Employability betont, haben andere Werte und Vorstellungen für ihr weiteres Leben nach der Ausbildung.

Wesentlich sind:

- Leistungsorientierung – entweder verbunden mit Spaß oder als Sicherheitsstrategie
- Vereinbarkeit von Beruf **und** Familie
- Individualisierung, Teambezug als Zweckgemeinschaft oder auch Schaffung einer Gemeinschaft durch Nutzung der Medien
- Geringere Frustrationstoleranz – Sicherheit nicht um jeden Preis bis hin zur Sehnsucht nach Orientierung (Rump 2010).

In Zukunft müssen die Unternehmen mehr investieren in Aspekte der Work-Life-Balance und damit den Mitarbeitern Lösungsmöglichkeiten für sich in ihren verschiedenen Rollen im Leben bieten. Aber wie sehen diese Motivationsmechanismen aus, wenn junge Mitarbeiter nicht mehr so leicht über die typischen „Karotten" oder „Insignien der Macht" zu befriedigen sind, wenn sie, wie Professorin Rump aufzeigt, ihren Arbeitgeber nach einem anderen Wertekonzept auswählt statt dem bisherigen Leistungsmantra: Schneller – höher – weiter.

Gerade High Performer – wie ich sie sehe – zeichnen sich dadurch aus, dass sie sich schon sehr früh wesentliche Fragen zu ihrer eigenen Person, der Entwicklung ihrer Persönlichkeit und den eigenen Werten stellen. Sie nehmen die eigene Lebensführung als Herausforderung an, Selbsterkenntnis, Selbstvertrauen und Selbstbewusstsein zu entwickeln. Damit haben sie über ihren gesamten Lebensweg einen guten Kompass, der ihnen in Krisenzeiten hilft, richtige Entscheidungen für sich zu treffen. Wie Erich Fromm feststellte: „Die Fragen, nicht die Antworten machen das Wesen des Menschen aus." (Fromm 2000, S. 29)

High Performer stellen sich diese Fragen des Lebens: „Was sollen wir aus unserem Leben machen? Wohin gehen wir? Welchen Sinn geben wir dem Leben?" Persönlichkeit stellt „die ethische Qualität in der Auslegung des eigenen Lebenswe-

---

[12] The Boston Consulting Group, Inc und World Federation of Personnel Management Association (2008, S. 6–7, sowie 2010).

2.3 Das Ende der Leistungsträger – sind unsere Ressourcen erschöpft?

ges" dar (Hemel 2007, S. 298). Es geht dabei weniger um die „Außen-Wirkung", um Ansehen und Status, sondern mehr um die Definition des inneren Erfolgs und des eigenen „Kern-Werts", um das, wofür wir selbst stehen. Es geht weniger um Philosophie, sondern um einen pragmatischen Realismus, ein erfülltes Leben führen zu wollen, selbstbestimmt und nicht fremdbestimmt zu sein. Sein Denken, Fühlen und Handeln einerseits in Einklang zu bringen und andererseits seine persönlichen Werte und Ziele souverän umzusetzen und sich dadurch „gute", das heißt ethischgute Entscheidungen im Leben zu erarbeiten.

Professor William F. Miller, mit über 80 Jahren immer noch Professor an der Stanford Universität in Kalifornien, beschreibt die junge Generation folgendermaßen: Unsere Studenten wollen die Welt verändern, sie wollen nicht nur Geld verdienen, sondern vielmehr etwas Bedeutendes tun. Alles ist für sie möglich mit der richtigen Idee. Die Professoren verstehen sich daher selbst als Unternehmer, die ihre Studenten bei der Realisierung ihres Traums unterstützen. Sehen es als ihre wichtigste Aufgabe, den Unternehmergeist ihrer Studenten zu fördern. Sie haben Uni-Mentoren für Start-ups, ein eigenes technisches Lizenzierungsbüro und vermitteln Business Angels und Venture Capital. Die Universität gibt jährlich auch jetzt in der Krisenzeit 1 Mrd. US-Dollar für Forschung aus. In ihrem Zentrum für Unternehmensgründung werden jährlich Workshops für Entrepreneurship durchgeführt, die einen regen Zuwachs 2011 verzeichneten.[13]

Als wir Siemens Change Agents 1996 die Stanford Universität besuchten, wurden auch wir zu Meetings mit großen amerikanischen IT-Unternehmen wie auch Venture Capitalist-Unternehmen und Investoren eingeladen. Dies war eine sehr positive Erfahrung. Die Realität in Deutschland war und ist dagegen immer noch ernüchternd. Nicht umsonst wurden die meisten der Unternehmen, die unsere Technologie und eben dadurch unsere Welt verändert haben, eben dort in Kalifornien, im Silicon Valley, von Studenten mit Unternehmergeist gegründet. Sie haben die Entscheidung für ein selbstbestimmtes Leben früh getroffen.

Es liegt allein in der eigenen Verantwortung, die wesentlichen Entscheidungen für das eigene Leben und die Entwicklung des eigenen Potentials zu übernehmen und die Herausforderungen, die Konsequenzen daraus bewusst zu tragen. Nicht den „bequemen Weg" der Masse zu gehen, sondern zu fragen:

- Was will ich wirklich in meinem Leben?
- Wie will ich leben?
- Welche Mission, welche Werte, welche Vision habe ich?

---

[13] Amann, Beate (12/2011): „Der kalifornische Traum", ZDF Mediathek, Video 1521448. 02. Dezember 2011.

- Welche Ziele bringen mich auf diesem Lebensweg Stück für Stück weiter?
- Was macht für mich Sinn? (van der Markt 2010, S. 221–241)

Im bisherigen Leistungs- und Erfolgsverständnis wurden die Fragen nach dem Sinn und dem Lebensweg, der Lebensleistung nicht gestellt. Die einzelne Person hatte in einem vorgegebenen System zu funktionieren und stieß allzu oft an dessen Grenzen. Mitarbeitermotivation wurde lange missverstanden. Es wurden zwar Karrieremöglichkeiten geschaffen, Incentives und Bonussysteme. Wieder Methoden, die quantifizierbar und sicher sind. Einigen genügt dies, denn sie wollen rasche, leicht erzielbare Erfolge und Geld, um sich damit ihre kurzfristigen Ziele an Status und Macht erfüllen zu können.

Für mich der „Pursuit of Happiness"-Approach – das Streben nach sehr oberflächlicher Glückseligkeit basierend auf positiven Emotionen.

Aber viele Menschen wollen mehr, sie wollen einen sinnvollen Beitrag leisten. Sie wollen sehen, was sie bewirkt haben. Und dies nicht nur aus der Sichtweise von Philosophen oder Geisteswissenschaftlern, sondern auch von Ökonomen: „How leaders kill meaning at work", ein Artikel der Harvard-Professorin Teresa Amabile mit Steven Kramer belegt, wie Senior Executives routinemäßig die Kreativität, Produktivität und die Loyalität ihrer Mitarbeiter unterminieren, indem sie ihr „inner work live" zerstören. Ihr Statement für Leistung: „The first, and fundamental, requirement is that the work is meaningful to the people doing it." (Amabile und Kramer 2011, 2012)

Auch Martin E. P. Seligmann, Begründer der Positiven Psychologie, erläutert in seinem letzten Buch „Flourish", wie wichtig „Meaning", also Sinnhaftigkeit des eigenen Tuns, für den Menschen ist (Seligman 2011).

Es ist diese grundlegende Suche des Menschen nach Sinn, der ihn selbst die härtesten Zeiten durchstehen, ja überleben lässt, wie dies Viktor Frankl mit seinen Erfahrungen im KZ klar vor Augen führt. Sinn lässt Menschen ihre Leistungsgrenzen überspringen und eine Lebensleistung schaffen (Frankl 1982, 2000).

Dieser Sinn ist jedoch nicht auf berufliche Leistungen begrenzt, er geht vielmehr über die alltäglichen Aufgaben, über den Beruf hinaus zu einem sinnvollen Beitrag für Familie, Gemeinschaft und Gesellschaft, auf die von mir benannten „Lebensleistungen". KZ-Häftlinge hielten den furchtbarsten Bedingungen stand, solange sie ein Ziel hatten. Hörten sie zum Beispiel vom Tod ihrer Angehörigen, gab der gesamte Organismus auf. Sie gaben sich dem eigenen Tode hin. Für Frankl war sein Überlebensziel, als Psychologe diese Erkenntnisse wissenschaftlich der Welt näher zu bringen, um einen Beitrag für das menschliche Wohlergehen zu leisten. „Meaning" – also einen sinnvollen Beitrag zu leisten, ist der tragende Kern für eine langjährige Leistung, der über die kurzfristigeren Ziele wie Anerkennung und Erfolg hinausgeht.

Der größte Erfolg, den ein Mensch – so gesehen – erringen kann, ist ein anspruchsvolles, aber auch realistisches Bild der eigenen Fähigkeiten und Grenzen, verbunden mit der Umsetzung des Bildes in die Realität persönlicher und beruflicher Rollen. Dabei mag es manche Überraschung geben, denn manche Talente werden erst spät entdeckt und entfaltet (Hemel 2007, S. 197).

2.3.3 Das Ende des Wachstumsglaubens – die Grenzen der Leistungsfähigkeit

Haben wir heutzutage die Grenzen unserer Leistungsfähigkeit erreicht? Haben wir uns selbst, nicht allein unsere natürlichen Ressourcen, erschöpft und trotz aller Technologie, Methoden und Strategien das Ende des Wachstums erreicht?

Die Grenzen des Wachstums sind in den letzten 40 Jahren hinreichend diskutiert worden. Der Report „Die Grenzen des Wachstums" von Dennis und Donella Meadows vom 1972 im Auftrag des Club of Rome mit Hilfe von Computersimulationen des Massachusetts Institutes for Technology (MIT) erstellt, wurde 30 Millionen Mal verkauft und in 29 Sprachen übersetzt. Hat sich seitdem realiter jedoch in unserem quantitativen Glauben an die Notwendigkeit des wirtschaftlich stetigen Wachstums etwas geändert? Nein – erst seit der Finanz- und Wirtschaftskrise 2008 und der enormen Staatsverschuldungen gerade in den bisher so starken westlichen Industrienationen, allen voran den USA wie Europa, wurde uns die Inaktivität wieder vor Augen geführt.

In Mittelpunkt der Diskussion steht die Notwendigkeit der **Wirtschaftsrücknahme**, einer Rücknahme des Konsum- und Produktionswachstums, um den momentanen schädlichen Entwicklungen im sozialen, ökologischen, ökonomischen wie politischen Bereich adäquat antworten zu können.

Im Fokus stehen häufig Maßnahmen für den nachhaltigen Umgang mit Umwelt und Ressourcen, aber auch ein nachhaltiger Umgang mit Menschen. Zum ersten Mal wird auch bei Ökonomen das „Glücklichsein", die Lebensqualität als wesentlich erkannt. „Nicht die Quartalsergebnisse der Firmen, nicht die Aktienkurse oder die Wachstumsraten des Bruttoinlandsprodukts sollten der Maßstab für den Erfolg der Wirtschaft sein – sondern das schiere Glücksgefühl der Menschen." Mit dieser radikalen Forderung meldet sich Andrew Simms vom britischen Thinktank Economics Foundation (NEF) in der Wachstumsdebatte zu Wort. Die NEF versucht, die Ergebnisse der Glücksforschung zu politischen Indikatoren zu machen, und hat daraufhin eine Rangliste der Länder in einem „Happy Planet Index" erstellt, um die Lebensqualität der Bevölkerung zu messen, zum Beispiel das gefühlte Wohlbefinden, sowie Umwelt- und Ressourcenverbrauch. Gerade für unsere westlichen Industrienationen „ist der Zusammenhang zwischen dem Bruttoinlandsprodukt und einer höheren Lebenszufriedenheit vor Jahrzehnten zusammengebrochen", so Simms (Böck 2012).

Die Serie der *TAZ*: „Die Grenzen des Wachstums" vom 28. Dezember 2011 bis 5. Januar 2012 zeigt, wie aktuell das Thema zurzeit ist, und bietet einen Überblick über die wichtigsten Wachstumskritiker verschiedener politischer Lager.[14]

In Deutschland führen ehemalige Politiker und Spitzenmanager wie Kurt Biedenkopf, sein früherer Mitarbeiter Meinhard Miegel, der Ökonom Niko Paech wie auch der ehemalige Bundespräsident Horst Köhler die Anfänge einer wachstumskritischen Debatte, die vor der Euro-Krise noch keinen Widerhall in der Politik fand. 2011 dagegen schloss sich sogar der derzeitige Bundesfinanzminister Wolfgang Schäuble an und plädierte für eine Begrenzung des Wirtschaftswachstums.

Für den Sozialwissenschaftler Meinhard Miegel geht die Zeit des quantitativen Wachstums daher unweigerlich zu Ende, ob wir wollen oder nicht. „Die Wirtschaft erreiche schließlich Grenzen, die durch limitierte Rohstoffe und ökologische Ressourcen, aber auch durch die Verschuldung der Staaten gesetzt würde. Und deswegen ist es an der Zeit, sich darauf einzustellen, dass es in Zukunft keine Reallohnverbesserungen mehr geben kann und dass Dividenden und Zinsen künftig ausbleiben werden." (Miegel 2007)

Dies entspricht auch dem am 7. Mai 2012 in Rotterdam präsentierten, aktuellen Bericht des „Club of Rome" für die kommenden 40 Jahre. Dieser Folgereport „2052" zeichnet nicht nur noch dramatischere Schäden für Menschheit und Erde auf als damals, sondern bestätigt die wirtschaftliche Stagnation wie den Wachstumsrückgang:

- Der Produktivitätszuwachs wird geringer ausfallen, da viele Volkswirtschaften ihr Entwicklungspotential ausgeschöpft haben. Soziale Verteilungskämpfe und extreme Wetterbedingungen werden zunehmen und Produktionszuwächse „quasi auffressen".
- Das weltweite Bruttoinlandsprodukt (BIP) wird langsamer steigen als bisher erwartet aufgrund der Abnahme des Bevölkerungs- und Produktivitätszuwachses. Denn der globale Bevölkerungszuwachs wird früher als erwartet stagnieren. Man rechnet mit einem Höchststand von rund 8,1 Milliarden bis 2040. Danach wird die Weltbevölkerung zurückgehen.

---

[14] Wikipedia: http://de.wikipedia.org/wiki/Wachstumsrücknahme, datiert vom 17.01.2012, sowie Liebert (2011).

2.3 Das Ende der Leistungsträger – sind unsere Ressourcen erschöpft?

- Die Wachstumsrate beim weltweiten Konsum wird sinken, weil größere Anteile des BIP für Investitionen ausgegeben werden müssen, um Probleme zu lösen, welche aufgrund von Umweltverschmutzung, Klimawandel, Ressourcenvernichtung und gesellschaftlichen Ungerechtigkeiten entstehen. Der weltweite Konsum von Gütern und Dienstleistungen wird etwa im Jahre 2045 seinen Höchststand erreicht haben.
- Langsameres Wachstum im Pro-Kopf-Einkommen in großen Teilen der Welt, vor allem die Stagnation in den reichen Weltregionen, wird vermehrt zu sozialen Spannungen und Konflikten führen, welche wiederum einen systematischen Produktivitätsanstieg bremsen werden.

Der norwegische Wirtschaftsforscher Jorgen Randers, der bereits vor 40 Jahren an dem Vorgängerbericht „Die Grenzen des Wachstums" beteiligt war, ruft in seinem Schlusswort auf: „Bitte helft, meine Vorhersage falsch werden zu lassen. Zusammen können wir eine viel bessere Welt schaffen" (Münchner Merkur, Nr. 106, Dienstag 8. Mai 2012: Globale Vorhersage für die nächsten 40 Jahre, Die düsteren Prognosen des „Club of Rome", S. 24).

Schwierig wird dieser Abschied von rein materiellem Wachstum, denn statt sich aufgrund quantitativer Daten und Fakten sicher zu fühlen, müssen wir uns auf qualitative Entwicklungen, auf die Möglichkeiten geistigen Wachstums und auf eine „menschlichere" Gesellschaft einlassen, die laut Donella und Dennis Meadows von Wahrhaftigkeit, Zuneigung und Solidarität geprägt sind. Vielleicht waren es diese, fast schon esoterisch anmutenden Begriffe, die die Umsetzung des Reports seit vierzig Jahren verhindert haben.

Horst Köhler brachte es eher auf den Punkt: „Gut leben statt viel haben." Aber was ist ein „gutes Leben" und wie kann „Qualität des Lebens" ökonomisch messbar werden?

- Wozu und wofür wirtschaften wir überhaupt?
- Sind Glück oder Zufriedenheit des Einzelnen eine Kategorie mit Aussagekraft über den Status einer Gesellschaft?
- Wie definieren wir sozialen Wohlstand in einer bislang rein wirtschaftlich definierten Kategorie?

Damit beschäftigte sich eine Kommission, die Nicolas Sarkozy 2008 ins Leben gerufen hat: Die Kommission über die Messung der wirtschaftlichen Leistung und des gesellschaftlichen Fortschritts legte am 1. Jahrestages der Lehman-Brothers-Pleite 2009 in der großen Aula der Sorbonne in Paris ihren Bericht vor. An ihrer Spitze standen Experten im „neuen" Denken: die beiden Ökonomen und Nobelpreisträger Joseph E. Stiglitz (Columbia University) und Amartya Sen (Harvard University) sowie der Franzose Jean-Paul Fitoussi als Koordinator einer rund 30-köpfigen Expertengruppe. Zwar mag, wie Werner A. Perger anmerkt, die Intention des französischen Ex-Präsidenten in der Neudefinition und der „Aufhübschung" einer relativ schwachen ökonomischen Performance Frankreichs liegen (Perger 2009), aber dass dies überhaupt begonnen wurde, zeigt einen Einschnitt im rein quantitativ ökonomischen wie politischen Denken.

Der frühere sächsische Ministerpräsident Kurt Biedenkopf sagt uns ein „Jahrhundert in Bescheidenheit" voraus, so ein *Spiegel-Artikel* von Armin Mahler und Michael Sauga vom 27.07.2009.

„Trotz größerer Anstrengungen wachsen zwar die Bruttoeinkünfte noch. Weil aber gleichzeitig Steuern und Abgaben zulegen, stagnieren seit Jahren die Nettoverdienste der Arbeitnehmer. Und die Belastungen der Umwelt, des Klimas, der natürlichen Ressourcen werden in der Wachstumsbilanz nicht berücksichtigt. In Europa wird es nicht mehr in erster Linie um die Vermehrung des Verteilbaren gehen. Was wachsen muss, ist die **Intelligenz**, mit der wir unser Leben und unser Land organisieren, und seine Fähigkeit zur Begrenzung", so Biedenkopf. „Wirtschaftswachstum sei kein eindeutiger Indikator mehr für eine Wohlstandsteigerung. **Wir müssen unseren Lebensstil ändern.**"

Während aber auch das Ende der Leistungsgesellschaft seit Jahren diskutiert wurde, wie Noelle-Neumann 1978 die „nachlassende Freude an der Berufsarbeit" und die „Entfernung vom Leistungsdenken" konstatierte, hat die heutige Jugend dagegen weiterhin Lust auf Leistung.

Vor allem der Zukunftswissenschaftler und Berater für Politik und Wirtschaft, Professor Dr. Horst Opaschowski, hat uns in seiner Agenda 2020 ein optimistischeres Bild für das Leistungsverständnis in Deutschland vermittelt. Statt einer Leistungsverweigerung, nahm nach seinen Studien die Leistungsorientierung von 1992 von 35 % bis 2003 auf 43 % zu.

Opaschowski zeigt als Erster den „Wertewandel" mit einer neuen Gleichgewichtsethik auf: „Die junge Generation befindet sich derzeit auf dem Wege zu einer neuen Lebensbalance. Leistung und Lebensgenuss sind für sie keine Gegensätze mehr. Lust auf Leistung und Lust durch Leistung werden und bleiben attraktiv, wenn dabei Lebensfreude und der Lebensgenuss nicht zu kurz kommen." (Opaschowski 2006)

Das Versprechen mehr Leistung, meist verstanden als messbar mehr gute und harte Arbeit, bringt mehr Erfolg und mehr Wachstum kann somit nicht mehr gehalten werden. Aber was kann an seine Stelle treten, damit Leistungsträger in einem neuen Verständnis, bereit sind, sich einzubringen?

2.3 Das Ende der Leistungsträger – sind unsere Ressourcen erschöpft?

Leistung also – wofür? im Beruf? – in der Kunst, im Sport, oder im sozialen Engagement? Wenn im 21. Jahrhundert die beiden Gegenwelten Arbeit/Freizeit durch die Spannungspole Leistung und Lebensgenuss/Lebensqualität und Freude ersetzt werden, dann müssten auch Erfolg wie Lebenssinn vielleicht neu definiert werden.

Für die vormals beschriebenen „Karrieristen" wird es dann wohl schwerer, weil nicht mehr so leicht erkennbar, welche Karriere und welche Entscheidungen man für einen einfachen, extrinsisch motivierten Erfolg treffen muss. Erfolg lässt sich nicht mehr so „leicht" und eindeutig erkennen, über die Insignien der Macht und des materiellen Wohlstands. Es lassen sich die Resultate nicht mehr so leicht messen, selbst wenn der Grundsatz der Resultatorientierung weiter bestehen bleibt. Dieser Grundsatz bleibt umso wichtiger, aber wesentlich schwerer anzuwenden, in Bereichen, wo es um nicht wirtschaftliche, nicht materielle und vor allem um nicht finanzielle Resultate geht.

Denn jetzt muss, wie Meinhard Miegel und auch Horst Opaschowski betonen, das immaterielle Wohlstandsniveau wiederentdeckt werden, „wenn Wohlstand auch Wohlbefinden einschließen soll. Das Wohlstandkonzept des 21. Jahrhunderts muss weit über die bloße Mehrung des materiellen Wohlstands hinausgehen, über Werte nachdenken und Maßstäbe setzen. Die neue Qualität des Wohlstands hat viel mit Lebenssinn und sozialem Zusammenhalt zu tun." Persönliche Zufriedenheit, Glücksempfinden können eben nicht mit materiellen Maßstäben gemessen werden. Der britische Ökonom Richard Layard kritisiert die unreflektierte Annahme vieler Wissenschaftler, das Glück einer Gesellschaft mit deren Kaufkraft gleichzusetzen. „Ganz im Gegenteil: Viele fühlen sich eher schlechter und sehnen sich nach neuen Idealen der Zwischenmenschlichkeit und des Gemeinwohls sowie nach mehr Sinn und Lebensfreude: Der materielle Wohlstand hat uns keinen Deut glücklicher gemacht." (Opaschowski 2006)

In der Wirtschaftswelt wie Gesellschaft sind diese Gedanken jedoch kaum angekommen. Zwar gibt es zahlreiche Bücher über Glück, die persönliche Wege zum „Finden von Glück" beschreiben, aber es findet keine wirkliche Diskussion oder gar Integration in der praktischen Welt der Medien, der Unternehmen oder Politik statt. Glück und Wirtschaft passen nicht zusammen, sind Gegenwelten, selbst wenn namhafte Ökonomen anderes aufzeigen. Allenfalls das „Glück", was im Englischen als „Luck" bezeichnet wird, wenn man Glück in Aktien, im „Spiel" oder im Geschäft ein „glückliches Händchen" bewiesen hat. Meist jedoch verweist dies auf Situationen, die gerade in unsere gesellschaftliche Vertrauenskrise in Wirtschaft und Politik geführt haben.

Anders sehen dies die 19 Klinikmanager und Wissenschaftler, die im Oktober 2010 im *Focus (Nr. 43/2010)* vor einem Burnout-Alarm gewarnt haben. Um in der Unternehmenspraxis wirkliche positive Burnout-Prävention einzuführen, helfen bisherige Programme zu Stressmanagement, Entspannung, Bewegung und

Ernährung wenig. Diese würden nur an den Symptomen ansetzen, jedoch die wirklichen Wurzeln außer Acht lassen. Viel wesentlicher sind folgende Punkte:

- Bedeutung der Persönlichkeit des Mitarbeiters: Die ganze Person wahrnehmen, Raum für ihre persönlichen Ziele wie Prioritäten in Berufs- wie Privatleben,
- Innere Werte – passend zu den Werten der Unternehmenskultur,
- Sinnverbundenheit, ein Arbeitsumfeld schaffen, in dem der Mitarbeiter einen Beitrag leisten kann, sich mit sinnvoller Arbeit identifizieren kann.

Die Mediziner und Wissenschaftler weisen darauf hin, dass es in Zukunft wesentlich für den Erfolg, das heißt den Lebenserfolg eines Menschen sein wird, wenn er

- frühzeitig Kompetenzen zur Lebensführung erwirbt,
- lernt, wie er ständige Veränderungen bewältigt, und
- tragfähige und erfüllende zwischenmenschliche Beziehungen aufbauen kann.[15]

Zusammenfassung

Nicht der Paradigmenwechsel von der Industrie- zur Wissensgesellschaft wird eine unserer größten Herausforderungen sein, sondern vor allem das Umdenken von einem auf Sicherheit aufgebauten Leben, basierend auf materiell messbaren Wohlstandsdaten, zu einem nach allen Seiten flexiblen, offenen Leben. Dadurch bricht nicht allein unser Leistungsmantra schneller, höher, weiter auseinander, sondern unser gesamter Leistungsrahmen. Wie soll man sich auf rein qualitativ messbare Rahmenbedingungen einlassen, die sich aufgrund der ständigen wirtschaftlichen Veränderungen auch im stetigen Wechsel befinden? Eine Beschäftigungssicherheit wird es nicht mehr geben, ebenso wenig wie klare berufliche Laufbahnen.

Erfolg wird eine neue Größe, viel mehr individuell messbar. Statt der „Außen-Wirkung" wird der „Innere Erfolg" wesentlicher, mit rein individuell qualitativer Messbarkeit. Die Persönlichkeit eines Menschen steht im Mittelpunkt des Paradigmenwandels. Sie hat mehr Lasten zu tragen als bisher. Als Persönlichkeit sich immer wieder neu in wechselnden Rahmenbedingungen zurechtzufinden, bedarf einer großen Selbstsicherheit und Selbstvertrauen in seine eigenen Fähigkeiten wie Werte (Tab. 2.2).

Gleich bleibt die Lust, etwas zu schaffen, einen Beitrag zu leisten, etwas zu bewirken.

---

[15] „Burn-out-Alarm: Professoren und Klinikchefs warnen vor psychologischen Krisen als Massenphänomen", in: Focus 43/2010 vom 25. Oktober 2010.

Tab. 2.2 Altes versus neues Leistungsverständnis

Altes Leistungsverständnis	Neues Leistungsverständnis
Sicherheit – fester Rahmen	Unsicherheit – Offenheit
Feste Arbeitszeiten, Bedingungen	Flexibilität in Raum und Zeit
Beruf geht vor Privatleben	Beruf und Privatleben integriert
Ein einziger „Lebens-Beruf"	Mehrere Berufe – gleichzeitig wie nacheinander
Arbeit bis 60/65	Arbeit bis 70/75 oder lebenslang
Hierarchische Strukturen	Partnerschaftliche Strukturen
Mitarbeiter – Vorgesetzter	Persönliches Entrepreneurship
Personalentwicklung	Persönliche Employability
Motivation durch Boni, Incentives, klare Karriereschritte	Motivation durch Sinngebung, „inner work life", Werte & Work-Life-Balance
Fremdbestimmung	Selbstbestimmung – Selbstverantwortung
Materiell messbare Daten & Fakten	Quantitative & qualitative Daten
Berufs-Erfolg, Unternehmens-Erfolg	Lebens-Erfolg, gesellschaftlicher Erfolg

Die neue Leistungskultur 3

> Quantität und Qualität, von der reinen Arbeits- zur sinn- und wertorientierten Lebensleistung

Wo stehen wir heute in der Diskussion? Warum sollten wir unseren Leistungsbegriff überdenken? Können wir nicht einfach so weitermachen, wie bisher? Hin und wieder ein paar Auszeiten nehmen. Etwas „Gesundheits- oder Motivationsmanagement" in die Unternehmenskultur integrieren. Flexible Arbeitszeiten gibt es doch eh schon in fast jedem Unternehmen, und die Notwendigkeit, auch Frauen in Führungsetagen aufsteigen zu lassen, ergibt sich bereits aus dem Mangel an qualifiziertem Fach- und Führungspersonal. Ein wenig mehr „Soft Skills" sollen die „Hard Facts" geschmeidiger machen. Das wird schon werden. Diskutieren ja, handeln nein.

Denn am bisherigen Leistungsverständnis hat sich nichts geändert. Allein der Sieger, allein der Arbeitserfolg zählt, aber gerade „unsere Besten" brennen aus oder verweigern sich, weil sie bereits zur jüngeren Generation gehören, die diesem einseitigen Leistungsdenken nicht mehr folgen will und andere Vorstellung mit „Mehr" verbindet. Statt schneller, höher, weiter, mächtiger und reicher des bisherigen „Ich will mehr" wollen sie „mehr als das bisherige Mehr", sie wollen **Leistung und Lebensgenuss** verbinden. Sie wollen Freude, Spaß und Lebensqualität mit Arbeit und Leistung kombinieren, lieber lebenslang brennen als ausbrennen. Sie wollen Lust dabei empfinden, etwas zu bewirken und einen Beitrag zu leisten.

Während sich also in den Köpfen vieler junger Leistungswilliger das Denken von reiner Pflicht und Verantwortung in Arbeit aus Lust und Leidenschaft bereits gewandelt hat, sind viele Rahmenbedingungen gleich geblieben: Management Trainings, Assessment Center, Kriterien bei der Personalauswahl wie der Leistungsbeurteilung für High Potentials und Führungskräfte zum Beispiel. Selbst Fredmund Maliks Buch von 2006: Führen, Leisten, Leben – wirksames Management für eine neue Zeit, bleibt diesem Denken verhaftet. Der Aspekt Leben bleibt unterrepräsentiert. „Leben" wird der Prämisse der Disziplin und Verantwortung untergeordnet. Warum kann nicht auch der positive Umgang mit Disziplin, Geduld und Verantwortung ein positives Lebensgefühl vermitteln? Warum darf ein Manager seine Aufgabe nicht mit Freude, Zufriedenheit erfüllen? Warum sollte er nicht auch „glücklich" sein dürfen und aus Lust und Leidenschaft arbeiten, um Großes zu gestalten und dies mit Lebensqualität im Privatleben verbinden? Warum wird Erfolg immer noch auf den Beruf allein und nicht auf die gesamte Lebensleistung bezogen? Sollten wir statt allein auf kurzfristige Aktienkurse, Bonusauszahlungen und schnelle Karriereziele nicht vielmehr auf signifikante Lebensentscheidungen achten, die eben auch die eigene Gesundheit, die eigene Lebensvorstellung und soziale Integration als Sinn- und Wertbezug mit berücksichtigen?

Warum sind Kernthemen im Personalwesen gleich geblieben, obwohl sich so viel bereits gewandelt hat? Die „Zukunft Personal" 2011 fokussierte sich auf die Themen Personal und Gesundheit. Auch Methoden und Tools für Mitarbeiter-Rekrutierung, Lernen und Weiterbildung wie Wissensmanagement waren wieder sehr gefragt. Anfang Dezember 2011 dann der „Call for Papers" für die nächste „Zukunft Personal" im September 2012. Personalverantwortliche sollen Vortragsvorschläge zu folgenden Themen einreichen:

- Personal & Gesundheitswirtschaft,
- HR Career, Personalentwicklung und Karrierethemen für Personaler.

Besonders erwünscht sind vor allem Einreichungen zum Thema IT, wie zum Beispiel Praxisbeispiele von funktionierenden Cloud-Lösungen oder Lösungen zum Schutz der Mitarbeiterdaten, wie auch eRecruiting, eLearning, Knowledge-Management-Lösungen und die Nutzung von Social Media.

Stagnation, ja Rückzug statt Vorausdenken. Methoden und Tools werden uns in Zukunft weder mehr Leistungsbereitschaft noch Leistungsfähigkeit sichern. Aber sie bieten uns wieder dieses Quäntchen an Sicherheit, technologisch fortschrittlich und quantitativ messbar und damit transparent zu sein.

Die tatsächlichen Herausforderungen für die Zukunftsfähigkeit unserer Gesellschaft und Wirtschaft liegen dagegen in der Bewältigung folgender Themenbereiche:

- Kompetenz zur Bewältigung von kontinuierlichen Veränderungssituationen,
- Demografischer Wandel,
- Nachhaltigkeit,
- Selbstmanagement,

- Wertewandel,
- Work-Life-Balance.

Diese Themen bleiben größtenteils unberücksichtigt. Denn diese Themen, vor allem Erfolg oder Misserfolg in diesen Bereichen, sind eben quantitativ nur schwer messbar, sind nicht transparent und mit Benchmarks vergleichbar, sondern höchst individuell und unternehmensspezifisch. Heutzutage reicht es nicht mehr, philosophisch zu diskutieren. Denn „der Wandel" ist bereits Realität. In wenigen Jahren geht die Baby Boomer-Generation in den Ruhestand. Einen Fachkräftemangel, gerade im Ingenieurwesen gibt es bereits. Jüngere Generationen können die schon vorhandenen Lücken kaum mehr schließen und stellen ganz andere Anforderungen an Arbeit und Leben. Hier ist nun endlich *Tun* gefragt, also tatsächliches Handeln und Umsetzen. Aber wer schreibt sich diese Themen schon bewusst auf seine Agenda? Denn damit lassen sich kaum Lorbeeren für die eigene Karriere erzielen. Erfolge sind hier nur schwer zu erzielen, denn sie gehören zum schwierigen, unsicher messbaren, qualitativen Beurteilungsbereich. Fortschritte lassen sich nur schwer und nach einiger Zeit erkennen. Langfristiges statt kurzfristiges Erfolgsdenken, Nachhaltigkeit sind gefragt.

Uns allen ist bewusst, dass sich das Tempo der Veränderungen in Wirtschaft wie Gesellschaft in den letzten Jahrzehnten unzweifelhaft weiter beschleunigt hat. Mitarbeiter und damit jeder Einzelne wurden immer wesentlicher für den Erfolg, ja für die Zukunftsfähigkeit eines Unternehmens. Kritische Wettbewerbsfaktoren sind nicht mehr die Produktionsmittel oder der Mensch als Produktivitätsfaktor, sondern vor allem das Intellectual Capital, das Engagement und die Gesundheit der Mitarbeiter. Aber Gesundheit wird als Symptom behandelt, Burnout-Prävention mit Programmen für Bewegung, Entspannung und Ernährung, Methoden zur Stressbewältigung. Oftmals wird ein breites Angebot offeriert, welches der Mitarbeiter selbstbestimmt nutzen sollte. Aber wie sollen Mitarbeiter wie auch Manager, die ihr Leben lang fremdbestimmt gearbeitet und gelebt haben, dies für sich umsetzen, wenn die Rahmenbedingungen, das Leistungsdenken und Erfolgskriterien gleich geblieben sind?

Die Ursachen bleiben unbeachtet. Unternehmen haben zwar theoretisch erkannt, dass Menschen keine leicht zu wartenden Maschinen sind, aber praktisch werden sie immer noch wie diese behandelt. Da hilft die Wandlung im betrieblichen Gesundheitssystem vom „gesunden und sicheren Arbeitsplatz" hin zu einem Wellnessprogramm für Leistungsträger wenig. Denn die Unternehmenskultur, die Erwartungen an das Leistungsverhalten der Führungskräfte und Mitarbeiter und dadurch auch die Erwartungen an jeden einzelnen bleiben gleich. Wen wundert es, wenn diese Investitionen zu kurz oder gar nicht greifen? Jedem ist bewusst, dass man auf seine Gesundheit achten sollte, Erholung notwendig ist, gerade wenn man seine Leistungsfähigkeit bis ins hohe Alter erhalten will. Ratgeber hierzu gibt es genug. Die Theorie ist jedem bekannt, aber an der Umsetzung scheitert man, weil „immer wieder etwas Wichtigeres dazwischenkommt" und die Prioritäten anders gesetzt werden (müssen).

Methoden, Tools und bewusst eingesetzte Incentives sollen helfen. Auch dieses „alte" Leistungs- und Entlohnungssystem erreicht nun langsam seine Grenzen. Die jüngere Generation ist nicht mehr gewillt, sich mit einigen „Karotten des Erfolgs" abspeisen zu lassen, während andere Bereiche ihres Lebens brachliegen. Sie lassen sich eben dadurch nicht mehr so leicht an ein Unternehmen emotional binden oder sich durch Status, Vision und Mission Statements blenden. Sie schauen gerne hinter die Fassade auf die Realität der Kernwerte der Menschenführung. Reinhard K. Sprenger hat den viel zitierten Satz von Unternehmensbroschüren klar entlarvt: „Der Mensch ist die wichtigste Ressource in unserem Unternehmen" – mitnichten, auch ich habe in jahrelangen Gesprächen kaum ein bestätigendes Echo von Mitarbeitern hierzu gehört.

Denn Mitarbeiter haben immer schon sehr genau erkannt, wie ernst es die Führungsmannschaft mit ihren Visionen und Werten meint. In der Realität fehlt oftmals die Glaubwürdigkeit (Sprenger 2007, S. 131).

Genauso steht es mit der Bedeutung, dem Stellenwert des Personalwesens in vielen Unternehmen. HR, also Human Resources, ist mitnichten der strategische Partner der Unternehmensführung. Oft ist der Personalvorstand der „Schwächste", meist der Vertriebsvorstand der „Stärkste" im Top Management Team. Den CEO, den Vorstandsvorsitzenden einmal ausgenommen. Der Vertrieb hat schließlich das Ohr am Kunden und ist damit erfolgsentscheidend. Das Personalwesen, modern Human Resources Management, hat mit „dem Personal" schließlich nur die Vorgaben effektiv umzusetzen. Warum finden wir vor allem Frauen auf dem so wichtigen Personalvorstandsposten, und prozentual erschreckend weniger auf anderen Top-Management-Positionen? Wirklich ambitionierte Wirtschaftsfachkräfte steuern deshalb auch nicht den Personalbereich für ihre Karriereplanung an. Auch ein Wechsel zwischen den Fachbereichen findet kaum statt. Einmal Personalbereich, immer Personalbereich. Oder wo finden wir den exzellenten Kaufmann aus dem Finanzbereich oder Sales Manager aus dem Front-Line-Vertrieb, der in die Personalabteilung wechselt? Viele Personalverantwortliche sind daher ständig bemüht, das tatsächliche „Business" zu verstehen und die Erwartungen der Führungskräfte, ihrer Kunden an der Geschäftsfront zu erfüllen.

Die Forderung besteht schon seit den 90er Jahren, dass sich Personalarbeit, also Mitarbeiter-Management, Messgrößen wie Unternehmensstrategie gegenseitig bedingen sollten. Spätestens mit der Balanced Scorecard, welche den Personalbereich

Lernen und Entwicklung sowohl mit quantitativen wie qualitativen Messgrößen in die Gesamtstrategie eines Unternehmens zu integrieren versucht hat. Aber die Herausforderungen für die Personalarbeit sind heute größer denn je. Wie motivieren Unternehmen der Wissensgesellschaft heute und morgen selbstbewusste Mitarbeiter zu Leistung, Innovation, Kreativität und Produktivität, wenn die alten Methoden obsolet geworden sind?

Das Programm der „Personal" 2012, welche Ende April in Stuttgart wie Anfang Mai in Hamburg stattfand, zeigt hier zumindest eine Öffnung zu diesen relevanten Themenbereichen: Christine Demmer, Freie Journalistin, Süddeutsche Zeitung, zum Beispiel leitet die Diskussion: Warum Personaler heute viel mehr als früher vom Kerngeschäft des Unternehmens verstehen müssen. Im Programm finden sich des Weiteren auch Vorträge und Foren zu den Themen: Burnout, Stress und Work-Life-Balance, Demografie-orientiertes Personalmanagement wie auch Change Management. Stefanie Kirschner, Redakteurin „Arbeit und Arbeitsrecht" fasst dies als Moderatorin in ihrer Vorankündigung der Podiumsdiskussion „Arbeitszeitmodelle rechtssicher gestalten" kurz und sachlich zusammen: „Zeit ist die Währung moderner Arbeitnehmer. Work-Life-Balance heißt das Zauberwort." Denn die Arbeitgeber müssen nun handeln, allein schon aufgrund der neuen Gesetze, die beachtet werden wollen. Völlig ungeachtet dessen, ob es sich dabei um Elternzeit, (Familien-)Pflegezeit, (Alters-)Teilzeit oder Auszeit handelt.

3.1 Leistung neu denken

Mitarbeiter sind bereit zu leisten, aber sie wollen mehr als Incentives und Schulungen. Sie wollen sich im Ergebnis ihrer Arbeit wiederfinden, einen sinnvollen Beitrag leisten, Innovationen und Qualität liefern. Sie wissen, dass damit ihre eigene, persönliche Beschäftigungsfähigkeit, die **Employability** sinkt oder steigt. Sie sind heutzutage mehr als früher überzeugt auf dem Weg, Entrepreneure ihrer eigenen Karriere zu sein. Sie wollen sich einbringen und ihre Ideen, ihre beruflichen Vorstellungen verwirklichen. Sie wollen nicht dauernd durch Regeln ausgebremst werden. Dies sind alles berechtigte Forderungen, die in den USA schon in den 70 bis 80er Jahren propagiert wurden und die in Deutschland Gerhard Schulmeyer 1994 massiv eingefordert hatte, als er die Leitung bei Siemens Nixdorf übernahm.

„Hier wird mehr beobachtet als gehandelt, mehr kritisiert als einfach ausprobiert. Und alles geht sehr langsam. Dabei rennt die Zeit davon. Es ist Revolution in der industriellen Welt, aber die Deutschen tun so, als ginge sie das nichts an." (G. Schulmeyer im Interview mit Nina Grunenberg, die Zeit: Nr. 43, 1997). Es hat sich meines Erachtens seitdem nicht so viel geändert. **Entrepreneurship** wird gerne propagiert. Wer es wirklich umsetzen will, wird in Unternehmen immer noch zu häufig ausgebremst und gründet daher lieber ein eigenes Unternehmen. Mit viel größeren Hürden allerdings als in den USA.

Dies sind keine idealistischen Bekenntnisse aus dem Personalbereich oder hochfliegender Management-Philosophie, sondern ebenfalls Ergebnisse einer Studie mit 669 Managern und deren Mitarbeitern. Mitarbeiter wollen ihre Persönlichkeit, ihren individuellen Beitrag leisten und sich im Resultat wiederfinden können. Findet sich hier wohl gar eine Parallele zu den Thesen von Marx und Engels bezüglich der damaligen Industriegesellschaft? Nein, schließen Sie bitte keine zu schnellen Schlüsse, ich bin keine „verkappte" Kommunistin, sondern beziehe mich schlicht auf die Ergebnisse der Studien der Harvard Business School.

Teresa Amabile, Professorin an der Harvard Business School, und Steven Kramer analysierten hierzu 12.000 elektronische Tagebücher von Fachkräften von insgesamt sieben nordamerikanischen Unternehmen. Alle arbeiteten an wesentlichen innovativen Projekten. Sie bezeichneten sich als motivierte Experten und Spezialisten, die diese Position bewusst gewählt hatten. Diese 669 Manager wurden während der Studie gebeten, eine Rangliste der besten Motivatoren für ihre Mitarbeiter zu erstellen. Das Ergebnis: Incentives, Anerkennung, klare Ziele, persönliche Unterstützung und an letzter Stelle rangierte Arbeitsfortschritt, Arbeitsergebnis. Nur acht Prozent glaubten, dass Mitarbeiter aufgrund innerer Motivation ein gutes Arbeitsergebnis erzielen wollen.

Die Zusammenfassungen der Tagebücher waren ernüchternd. Die Realität zeigt die Fragwürdigkeit vieler großzügig dargestellter Visionen und Ziele. Es wurde die Diskrepanz einiger Corporate Mission Statements entlarvt. Statt „entrepreneurial cross-functional business teams" ging es bei einem Fallbeispiel eigentlich nur um kurzfristige „cost savings". Mitarbeiter, die als Experten zu einem Best-in-Class-Unternehmen zählen wollten, fanden sich im mittelmäßigen Wettbewerbsbereich wieder und zum finanziellen „Erbsenzähler" degradiert. Die Besten kündigten sehr schnell, um die Chance für eine Experten-Position in einem anderen, wirklichen Best-in-Class-Unternehmen nicht zu verpassen. Daher fassten beide Autoren ihre Studie auch zusammen mit dem Titel: „How leaders **kill meaning** at work." (Amabile und Kramer 2011, 2012)

Beispiel

Meine Erfahrung mit dem Unternehmen **Konzum** in Kroatien hat die Ergebnisse dieser Studie bestätigt. Die Mitarbeiter, gerade die am besten ausgebildeten im Headquarter, wissen genau, dass sie wie in einer Armee geführt werden. Somit ein Führungsstil, den wir in Managementleitfäden gar nicht mehr propagieren. Der CEO erhebt keine großartigen Vision Statements, hat eine knappe, general-

3.1 Leistung neu denken

stabsartige Führung ohne viel Gerede oder Lob. Er weiß aber sehr genau, wie wichtig tatsächlich seine Mitarbeiter sind, und vermittelt dies in ausgesuchten Situationen. Sicherheit für seine Mitarbeiter zu schaffen, ist sein oberstes Ziel – ohne „Management-Gelabere". Seine Mitarbeiter sind aufgrund ihrer Ergebnisse sehr stolz auf sich selbst. Sie beziehen ihre Ergebnisse auf ihre Leistung. Sie übernehmen Verantwortung für ihr Unternehmen, tragen zu dessen Sicherheit bei.

Folgende Zusammenfassung gaben mir die Mitarbeiter in etlichen Interviews zur Konzum Unternehmenskultur (in ihren eigenen Worten):

- Wie eine Armee agierend (Army like),
- Gewöhnt an Veränderung, daher schnelle Anpassung möglich und hohe Flexibilität (Accustomed to change, adaptable and high flexibility),
- Starke Unternehmensloyalität (Company loyalty),
- Bereit zu improvisieren (Ready to improvise),
- Ergebnisorientiert (Result driven – Determined to see results),
- Sieger-Mentalität (Winning mentality),
- Unakzeptabler Wortschatz: Nein, kann nicht, weiß nicht, unmöglich, überlastet (Unacceptable vocabulary: no, can't, don't know, impossible, overload).

„Nur das Beste ist gut genug für Konzum", (Only the best is good enough for Konzum).

Basis sind hierfür klar definierte Werte, nach denen die Mitarbeiter miteinander täglich zusammenarbeiten.

- Aktives Zuhören (Listening),
- Offene, ehrliche Konversation (Open conversation),
- Verständnis (Understanding),
- Ernsthaftigkeit (Sincerity),
- Team work,
- Bereitschaft, gemeinsam die beste Lösung zu finden (Readiness to find the best solutions (together)),
- Wille, seine Erfahrung und sein Wissen zu teilen (Willingness to share knowledge and experience).

Hierzu brauchte es kein Mission Statement und auch keinen schriftlichen Wertekanon, der in anderen Unternehmen jedem zwar ausgehändigt, dann aber nicht gelebt wird.

Die Konzum Mitarbeiter wollen einen wesentlichen Wertbeitrag für ihr Unternehmen leisten. Ohne vorherige Auslobung von Incentives, also ganz ohne

„Karotte", sind sie bereit, nicht nur unbezahlte Überstunden zu leisten, sondern sich voll einzubringen, bis die notwendigen Resultate erbracht waren. Sie waren stolz auf ihren Beitrag, ihr Engagement bei der ERP-Implementierung. Es „genügte" der klar ausgesprochene Dank des CEOs Darko Knez wie der Führungsspitze, welche wichtigen Schritte in einer erfolgskritischen Phase der Unternehmensentwicklung für die Zukunft durch die Mitarbeiter geleistet wurden. Die Mitarbeiter kennen ihre Kultur genau, akzeptieren den „Armeestil", sind jedoch stolz auf ihre ganz persönliche wie unternehmensweiten Wertbeiträge für die Wirtschaft Kroatiens. Eine erfolgreiche Übereinstimmung von persönlicher wie wirtschaftlicher Sinn- und Wertentwicklung.

Wie berücksichtigt die Wirtschaft, die Unternehmen diese Grundbedürfnisse des Einzelnen wie der Gesellschaft an Sinn- und Wertbeitrag?

Gerade die wirtschaftliche Krise hat seit 2008 eindeutig einige positive Entwicklungen in mitarbeiterorientierter Unternehmensführung und Personalmanagement stagnieren lassen.

In einer weltweiten, von der Boston Consulting Group (BCG) und der WFPMA, der World Federation of Personnel Management Association, durchgeführten Online-Befragung wurden sowohl HR-Verantwortliche als auch andere Führungskräfte nach den wichtigsten künftigen Herausforderungen gefragt. 2008 umfasste die Befragung 83 Länder und über 4700 Führungskräfte,[1] 2010 bereits 109 Länder und über 5500 Führungskräfte.[2]

2008 kristallisierten sich **drei strategische Kategorien** heraus:

1. **Bindungsstrategie & Bindungsmanagement:**
   Auf Platz 1 und 2 finden wir die Themen Verbesserung der Leadership-Qualitäten und Talent Management, auf Platz 4 Work-Life-Balance.
2. **Vorbereitung auf Veränderung:**
   Diese Kategorie umfasst Demografie-Management, Change Management und Transformation der Unternehmenskultur sowie Globalisierungsmanagement.
3. **Verbesserung der Organisation:**
   Dies umfasst die Entwicklung zur „Learning Organization" und HR als strategischer Partner.

---

[1] The Boston Consulting Group, Inc. und World Federation of Personnel Management Association (2008).
[2] The Boston Consulting Group, Inc. und World Federation of Personnel Management Association (2010).

3.1 Leistung neu denken

Bei der Befragung 2010 zeigte sich dagegen ein drastisch geändertes Bild.

Die Aufsteiger des Jahres 2010:	2008	2010
1. Steigerung der Mitarbeitermotivation, des Engagements von	Platz 7 auf	Platz 3
2. Messung der Mitarbeiterleistung und Produktivität von	Platz 9 auf	Platz 4
3. Verbesserung des Leistungsmanagements und des Belohnungssystems von	Platz 8 auf	Platz 5
4. Management der Arbeitskosten, des Humankapitals	neu	

Die Verlierer des Jahres 2010:		
1. Management von Work-Life-Balance von	Platz 4 auf	Platz 16
2. Veränderungsmanagement und kulturelle Transformation von	Platz 5 auf	Platz 12
3. Demografie-Management von	Platz 12 auf	Platz 19

Wirtschaftliche Ängste haben Unternehmen und ihre Personalverantwortlichen zunächst wieder in den sicheren Hafen der quantitativ messbaren Kenngrößen des Humankapitals zurückrudern lassen. Gerade in Krisenzeiten neigen Unternehmen dazu, auch im Personalbereich wieder zu dem alten industriellen Leistungsdenken zurückzusteuern, und vergessen dabei, dass gerade der als wesentlich definierte Punkt der Mitarbeitermotivation und des Engagements mit diesen alten Mitteln nicht mehr erreicht werden kann.

Die Boston Consulting Group warnt die befragten Unternehmer davor, die Bedeutung der Themen Demografie-Management, Work-Life-Balance wie Change Management, Transformations-Management für die zukünftige Wettbewerbspositionierung weiterhin zu unterschätzen. Nur weil akute wirtschaftliche Szenarien einen anderen Fokus legen würden, bleiben diese Themenbereiche für die Zukunft doch höchst relevant.

Die Brisanz zeigt sich aktuell in der Jahresstatistik der Krankmeldungen und Fehlzeiten des DAK Gesundheitsreports vom 14 Februar 2012. Mit 13,2 Fehltagen pro Versichertem ist der höchste Krankenstand seit 15 Jahren erreicht. Laut Gesundheitsreport seien dies bereits die ersten Anzeichen des demografischen Wandels. Die Belegschaften sind heute durchschnittlich älter als vor zehn Jahren. Ältere Mitarbeiter seien zwar seltener krank als jüngere, dafür aber deutlich länger.

Besorgniserregend ist für die Experten vor allem die Zunahme von psychischen Erkrankungen. Allein 13,4 % der Fehltage resultieren aus psychischen Krankheitsbildern. Seit 1994 stiegen allein die Fehlzeiten aufgrund psychischer Erkrankungen um 88 %. Gleichzeitig waren nach Zahlen des Statistischen Bundesamts Erwerbstätige **2010 pro Stunde 33,1 % produktiver als noch 1991** (Bartholomus und Thielicke 2011, S. 76–84, S. 82).

Die Zunahme psychischer Erkrankungen wurde mit dem Anstieg an Arbeitsbelastung, Stress und Zeitdruck begründet. Jeder zehnte Versicherte gab an, zu wenig Anerkennung für seine Leistung zu erhalten, was wiederum als Stress empfunden wird.

Was zwingt uns denn wirklich zu einem Wandel in Lebensstil, Arbeitsphilosophie und Management?

Was hat sich denn tatsächlich geändert in unserer Berufs- und Lebenswelt? – und wenn sich etwas geändert hat, ist dies so relevant, dass wir auch ein neues Leistungsverständnis entwickeln und gestalten sollten?

3.1.1 Grundlagen der neuen Leistungsgesellschaft

▸ Der kritische Erfolgsfaktor Zeit – Time to Market, Arbeitszeit, Lebenszeit

Time to Market Wir wissen, wie entscheidend die Produkteinführungs- oder Vorlaufzeit für den wirtschaftlichen Erfolg eines Produkts, eines Unternehmens ist. Wir wissen, wie wichtig es ist, als Erster den Markt für sich zu besetzen, zu gestalten und von hohen Preisen zu profitieren. Wir kennen den großen Wettbewerbsvorteil, der sich daraus ergibt, und sind auch bereit, die notwendigen Vorlaufkosten zu zahlen. Dies müssen wir auch heute tun und eine „neue" Leistungsgesellschaft gestalten. Diejenigen, die dies bereits heute verstanden haben, setzen schon wesentliche, gerade auch wirtschaftliche Akzente.

Es nützt somit nichts, wir können die „Vogel-Strauß-Strategie" nicht mehr anwenden, den Kopf in den Sand stecken. Ansonsten müssen wir den hohen Preis dafür bezahlen. Die Grundannahmen, die gesellschaftlichen, wirtschaftlichen wie technologischen Rahmenbedingungen haben sich geändert, so dass sich die aktuelle Realisierung der „neuen Zeit" anpassen muss. Bereits 1997 betonte Gerhard Schulmeyer: „Schöne neue Welt? Wir müssen sie schon deshalb umarmen, weil uns nichts anderes übrig bleibt", und Hermann Franz, der damalige Aufsichtsratsvorsitzende des Siemens-Konzerns, sinnierte weiter: „Wir können unsere Situation mit der der schlesischen Weber vergleichen. Von denen wurde der Sprung von der Handarbeit zur Maschinenarbeit verlangt. Heute stehen wir an der Schnittstelle von der Massenwirtschaft zur Ideenproduktion." (G. Schulmeyer/Herrmann Franz im Interview mit Nina Grunenberg, die Zeit: Nr. 43 vom 17 Oktober 1997)

3.1 Leistung neu denken

Seit die Wirtschaft keine nationalen Grenzen mehr kennt, dreht sich das Rad schneller. Wir müssen zunächst in unseren Köpfen, dann aber tatsächlich auch im Handeln bereit sein, **endlich** den Weg von der Welt der westlichen Industrie- und Produktionsnation zur globalen Wissensgesellschaft **wirklich** zu gehen.

1. Der Wandel von der Industrie- zur Informations-, Dienstleistungs- und Wissensgesellschaft ist Fakt: 90 % der Produktionszuwächse werden in Zukunft aus Wissen resultieren, somit sind Wissen und Kompetenz wesentliche Rohstoffe für die Innovationskraft einer Gesellschaft.
2. Über 50 % der Werktätigen sind bereits Wissensarbeiter, ein Begriff, den Peter F. Drucker in den 60er Jahren prägte.
3. Arbeitsplatzsicherheit gibt es nicht mehr. Fachkräftemangel herrscht gleichzeitig bei hoher Arbeitslosigkeit. In Zukunft wird es einen Arbeitnehmer- und einen Arbeitgebermarkt geben, der sich mehr und mehr spaltet.
4. Funktionelle Stellenbeschreibungen, die über einen längeren Zeitraum konsistent bleiben, wird es ebenfalls nicht mehr geben. Jobs werden von Rollen abgelöst, die Offenheit und Flexibilität benötigen.
5. Auch eine lineare Karrierelaufbahn in einem Funktionsbereich wird es nicht mehr geben. Die Organisationen selbst werden volatiler.
6. Die Globalisierung erfordert eine steigende Fähigkeit im Umgang mit Intransparenz, Ungewissheit und Unsicherheit. Das Leben ist weniger planbar. Wendigkeit, Schnelligkeit und Flexibilität werden sowohl vom Arbeitnehmer wie von Unternehmen gefordert.
7. Bisherige feste Strukturen sind offen, der selbstbewusste Umgang mit „Multi" – Multi-kulturell, Multi-Optional, Multi-Tasking, Multi-Jobbing muss erst erlernt werden.
8. Technologie schafft einerseits unglaubliche Entwicklungspotentiale, einen „unabhängigen Lifestyle" und eine mobile Arbeitswelt. Diese führt jedoch nicht zu einer Entlastung, sondern vor allem bei High Performern oft in eine Zunahme von Burnout, wodurch unsere Wirtschaft wesentliche Leistungsträger und Motivatoren verliert. Der Wunsch nach „Entschleunigung" nimmt zu.
9. Die demografische Entwicklung zwingt zu einem Paradigmenwandel in puncto Leistungsfähigkeit im Alter.
10. Die Wertevielfalt bei jüngeren Arbeitnehmern zwingt zu einem Überdenken der bisherigen Definition eines „guten" Arbeitsplatzes oder Arbeitsumgebung. Jüngere Generationen sind nicht mehr bereit, auf Lebensqualität, Familie, Privatleben und Gesundheit zugunsten von Beruf und Karriere zu verzichten. Viele fordern nachhaltige Werte ein, die über den wirtschaftlichen Rahmen eines Unternehmens hinausgehen (Professor Dr. Rump, Bamberg 2010).

11. Neue Gesetze zu Elternzeit, (Familien-)Pflegezeit schaffen neue wirtschaftliche Rahmenbedingungen, die beachtet werden müssen, da Mitarbeiter diese neuen Rechte einfordern können.

Unser „altes" Leistungsdenken war perfekt geschaffen für eine harte, klar strukturierte Industriegesellschaft, in der die lokale Produktion im Mittelpunkt stand. Der Berufseinstieg erfolgte nach der Berufsausbildung noch als Teenager mit 15/16 Jahren, bei Studenten Mitte 20. Das Thema Lernen war damit abgeschlossen. Danach wurden nur noch „Anpassungsschulungen" durchgeführt. Berufs- und Lebensleistungen wurden klar zwischen den Geschlechtern aufgeteilt, so dass Familienplanung wie Fürsorge und Pflege ermöglicht wurden, ohne dass ein Eingreifen des Staates notwendig wurde. Die Sicherung von Bildung und Gesundheitswesen war Aufgabe des Staates.

In der klassischen Industriegesellschaft waren die körperlich hart arbeitenden Mitarbeiter mit 50, spätestens mit 60/65 Jahren meist wirklich physisch am Ende. Bei einer Lebenserwartung von 70 bis 75 Jahren hatte man am Ende seines Lebens noch rund 10 bis 15 Jahre „Freizeit", verdient durch rund 50 harte Arbeitsjahre. Man konnte sie nur nicht mehr richtig nutzen. Mit 60 hatte man ausgedient, keine Kraft, kein Denk- und Leistungsvermögen mehr. Mit 60 war man alt – die Oma, der Opa für die Enkel.

Leistung basierte auf dem calvinistischen Arbeitsethos als Berufspflicht und einziger Lebenszweck. Man erfüllte seine Pflicht, von Freude und Leidenschaft wurde nicht gesprochen. Wenn sich der Beruf mit den Interessen und Stärken einer Persönlichkeit deckte, konnte eine hohe Professionalität in dem gewählten Beruf erreicht werden, eine Meisterschaft, die Berufung wie Leidenschaft und Begeisterung einschloss. Von Burnout wurde nicht gesprochen, selbst wenn man 55 Wochenstunden arbeitete. Dieser Begriff tauchte erst in den letzten zehn Jahren auf, zunächst als „Ausbrennen" bei vorrangig sozialen Berufen, deren Arbeitnehmer sich in der Hingabe an ihre Patienten oder Schüler persönlich nicht genügend abgrenzen konnten.

Manager konnten sich über einen längeren Zeitraum Führungswissen, Kompetenz wie Erfahrung aneignen. Erst ab Mitte 30 wurde man im „alten" Leistungsverständnis mit verantwortungsvolleren Führungsaufgaben betraut und konnte sich in den hierarchischen Strukturen Schritt für Schritt für Schritt entwickeln, als Führungskraft Erfahrung sammeln. Oftmals stellte man fest, dass man für eine Position „gerade zu jung" oder bereits „zu alt" war. Dennoch konnte eine Führungsverantwortung normalerweise über die nächsten 20 Jahre auf- und ausgebaut werden. An die Spitze kam man kaum früher als Mitte 40/Anfang 50. Reife und Erfahrung waren dort gesucht – eine souveräne Führungskraft mit grauen Schläfen, die Orientierung und Sicherheit vermittelte. Diese Positionierung konnte man normalerweise

3.1 Leistung neu denken

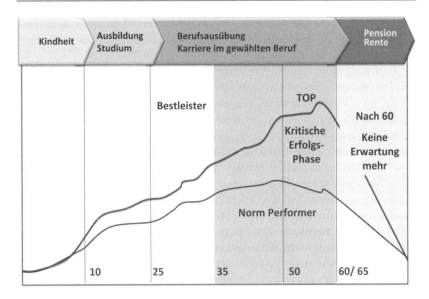

Abb. 3.1 Persönliche Leistungsentwicklung in der alten Kultur (Bildrechte: Roswitha van der Markt, Urheberrecht beim Autor)

bis zum Eintritt in den Ruhestand halten, wechselte dann in den Aufsichtsrat (siehe Abb. 3.1). Seniorität war erwünscht. „Jungspunde" sollten sich erst ihre Sporen verdienen. Heutzutage gibt es dagegen zwanzigjährige CEOs, Vorstandsvorsitzende, die ein Weltunternehmen gegründet haben und weiter ausbauen, vgl. Mark Zuckerberg von Facebook.

Im 21. Jahrhundert haben sich die gesellschaftlichen Rahmenbedingungen massiv geändert. Wie Fredmund Malik im Interview mit Beate Strobel in *Focus 04/12* am 23 Januar 2012 selbst betont, leben wir im Übergang von der Alten zu einer Neuen Welt. Die jetzigen Krisen gehören zu den Geburtswehen – „eine Welt der explodierenden Komplexität, von Mega-Change und Mega-Speed. Die Große Transformation 21" (Strobel 2012, S. 67). Jugendliche sind viel länger in der Ausbildung. Lehren werden häufig erst Anfang 20 abgeschlossen. Studien erst mit Anfang bis Mitte 30 beendet. Die „Spielphase" wird verlängert. Wenn auch allerdings häufig mit gestiegenem Leistungsdruck bezüglich Auslandssemester und qualitativ hochwertigen Praktika. Auch das Studium selbst kann nicht mehr als „Spielphase", als „Elaborieren" verstanden werden, sondern ist extrem durchorganisiert, sehr hart in den Leistungsanforderungen. Ein „Ausprobieren" ist nicht mehr gestattet. Die exakte Erfolgsplanung beginnt schon sehr früh und richtet sich an der gewachsenen Globalisierung und Komplexität der Wirtschaft aus. Diese teils längere Studienzeit wird daher gesellschaftlich wie auch in Unternehmen akzeptiert.

Gleichzeitig bleibt aber das Paradigma gegenüber den älteren Mitarbeiter bestehen: die Annahme, dass man ab Mitte 40, erst recht ab 50 nicht mehr leistungsfähig „genug" ist, sowohl die Denkfähigkeit wie körperliche Leistungskraft massiv nachlassen. Dies gilt besonders in einer immer schneller werdenden Gesellschaft und Wirtschaft. Ab Mitte 40, erst recht ab 50 bleibt die Jobauswahl sehr begrenzt, wenn man nicht zu einer ausgewählten Expertengruppe oder zur Management-Riege gehört. Nach einer Kündigung bleiben viele arbeitslos. Aber selbst Führungskräfte des oberen Managementbereichs bekommen Panik bei einer Kündigung und verlieren den Boden der eigenen Selbstsicherheit. Die meisten finden nicht mehr den Weg zurück in ein Unternehmen, sondern machen sich ganz bewusst selbstständig.

Die tatsächlich **berufliche Top-Leistungsphase** ist dadurch erheblich verkürzt. Für eine Top Leistung in der Wirtschaft und im Management eines Unternehmens stehen knapp zehn Jahre zur Verfügung, in denen man **„alles geben"** muss. Da sind die Erwartungen der Umwelt, der Vorgesetzten wie auch Kollegen, wann und wie Bestleistung eingebracht wird. Aber auch die eigenen Erwartungen an sich selbst, als Bestleister perfekt zu sein. Daher ist es kaum erstaunlich, dass sich in der Wirtschaft die Burnout-Anfälligkeit meist Anfang bis Mitte 40 häuft, aber nun auch immer Jüngere trifft.

In Deutschland stehen vor allem die 30- bis 39-jährigen unter gewaltigem Druck, somit 46 %, wie die internationale GfK-Benchmark Studie „Employee Engagement" anführt (Dilk und Littger 2011, S. 56–62, S. 61). Wie sollte es auch anders sein, wenn man einerseits nur eine solch kurze Zeit zum „Aufstieg" zur Verfügung hat und andererseits ab 40 bereits gegen die Meinung nachlassender Leistungsfähigkeit oder gegen die Gefahr ankämpft, seine Position, seinen Job an „Jüngere" zu verlieren (siehe Abb. 3.2).

Zeit bleibt der wesentliche Erfolgsfaktor, bei der Produktentwicklung wie im Beruf und im Privatleben. Allerdings ist die **Arbeitszeit** nicht mehr festgelegt wie früher. Kein Top Performer arbeitet 40 Wochenstunden und auch die tägliche Arbeitszeit von 9 Uhr morgens bis 17 Uhr hat sich aufgelöst. Flexible Arbeitszeiten und auch Arbeitszeitkonten, das heißt viele unterschiedliche Arbeitszeitmodelle sind bereits Usus geworden. „Überstunden", wenn diese überhaupt festgehalten werden, werden gesammelt und können flexibel abgebaut werden. In fortschrittlichen Unternehmen werden Arbeitszeitkonten geführt, die dann auch längere Auszeiten ermöglichen oder auch den Wechsel zwischen Voll- und Teilzeit. Auch das Homeoffice ist in vielen Unternehmen üblich. Flexibles Arbeiten von zu Hause aus oder von jedem Ort

3.1 Leistung neu denken

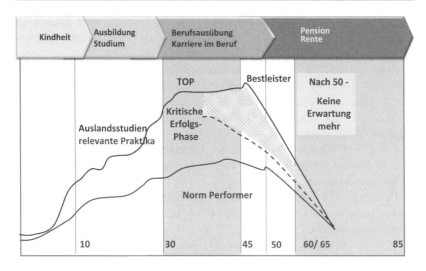

Abb. 3.2 Persönliche Leistungsentwicklung heute (Roswitha van der Markt, Urheberrecht beim Autor)

der Welt, virtuelle lokale wie globale Teamarbeit sind bereits Alltag. Damit haben sich die alten Begriffe der Arbeitszeit aufgelöst. Arbeit ist immer und überall. Was zuerst als Segen betrachtet wurde, entwickelt sich heutzutage eher zu einem Fluch, weil sich die immer noch vorhandenen Grenzen von Arbeits- und „Freizeit"-zeit ebenfalls aufgelöst haben. Die moderne Technologie ermöglicht uns alles – „Select all", „Konzentrier dich einfach nur auf alles" – wie Apple dies in einem Slogan ausdrückt, nur kein Privatleben mehr. Keine Konzentration auf sich, auf andere, weil wir allzeit verfügbar sind.

Bei Microsoft zum Beispiel gibt es überhaupt keine Arbeitszeiterfassung mehr, wie auch bei den meisten High-Tech Solution Providern, Apple, Google und weitere. Der Mitarbeiter kann überall arbeiten, wann er will. Er wird allein an seinen Ergebnissen, seinen Resultaten gemessen.

Best Buy hat dies als Vorreiter ab 2003 eingeführt und darüber zahlreiche Studien und Erfahrungen publiziert (Ressler und Thompson 2008, Vorwort und S. 3–4). Gleichzeitig jedoch verbleiben andere Unternehmen, selbst Professional Service Provider, noch im Rahmensystem der Zeiterfassung und Mitarbeiterkonten.

Wir leben somit heutzutage in einer großen Vielfältigkeit unterschiedlicher Rahmenbedingungen: So können in einem großen deutschen Automobilunternehmen die Mitarbeiter der IT-Abteilung wie auch anderer, nicht produktionsbedingter Ressorts schon seit über 15 Jahren die Möglichkeit der Telearbeit oder modern des Homeoffice in Anspruch nehmen, während die Produktionsmitarbeiter nach festgelegten Schichten lokal in den Werken eingesetzt werden.

Beide können jedoch auf Arbeitskonten zurückgreifen oder sich auch mehr Urlaubstage „einkaufen", die dann mit einem Finanzplan übers Jahr zusammen mit der Werksleitung wie natürlich dem Vorgesetzten abgestimmt werden. Die Bandbreite der Nutzung ist somit innerhalb eines Landes, einer Branche und selbst eines einzelnen Unternehmens bereits sehr vielfältig.

Fokussieren wir uns zunächst auf den Einzelnen: Effektive Menschen wissen, dass die Zeit der Faktor ist, der ihre Leistungsfähigkeit einschränkt. Zeit wird zur **kritischsten Ressource** für den Beruf.

Denn in dem Prozess, den wir als Leistung bezeichnen, ist Zeit die **knappste Ressource**: Verschwende keine Zeit, Zeit ist Geld – diese Prämissen prägen das „alte" Leistungsverständnis.

In einem effektiven Zeitmanagement verstehen erfolgreiche Bestleister es perfekt, die vollen 24 Stunden optimal zu nutzen. Manager, Kollegen wie Mitarbeiter wurden darauf getrimmt, nur ja keine Zeit zu vergeuden. Auch Gespräche getaktet per fünf Minuten. „Come to the point" – das Mitarbeitergespräch quasi als „Elevator Pitch". Das Wesentliche, knapp und exakt bitte in der kürzesten Zeit. Wenn sie dann dem Mitarbeiter kundtun, „Sie haben nur fünf Minuten", dann haben sie in Wirklichkeit keine einzige Sekunde mehr. Sie sind bereits in Gedanken im nächsten Meeting oder auf dem Weg zum Flughafen und der Mitarbeiter bemüht, seine „Message" möglichst gut zu vermitteln. Eine wahre Zeitverschwendung – in der Konsequenz auch der Beleg einer geringen Anerkennung des Mitarbeiters. Denn als Manager hört man nicht richtig zu, ist unkonzentriert und gestresst und der Mitarbeiter ist genervt und gestresst. Ein gutes Ergebnis oder Vertrauen kann so nicht erzielt werden. Im schlimmsten Fall Misstrauen und Missverständnisse, die zu falschen Entscheidungen führen. Es fehlt an Qualität, nicht nur an Qualität der Daten und Fakten, sondern vor allem an Gespür für **Zeitqualität**.

Mitarbeiter wie auch Kollegen sollen sich kurzfassen, um dem anderen nicht die Zeit zu stehlen, wird hierzu häufig entgegnet. Ja, das ist richtig, wir sollen sehr bewusst und respektvoll mit der eigenen wie auch mit der Zeit der anderen umgehen. Es ist gut und richtig, Wesentliches herauszustellen und strukturiert zu argumentieren. Sich auf ein Gespräch gut vorzubereiten und sich auch kurz fassen zu wollen.

Vertrauen, das Schaffen einer gemeinsamen Verständnisbasis, zum Beispiel über eine gute Problemlösung, wie allein die Klärung unterschiedlicher Erwartungshaltungen lassen sich mit einem auf Kurzzeit-Gespräche fokussierten Führungsstil nicht erzielen. Letztendlich entsprechen die Ergebnisse nicht den Erwartungen, was nicht allein zur tatsächlichen Zeitverschwendung, sondern zu schlechter Qualität und Ressourcenvernichtung führt. Grund ist oft eine schlecht funktionierende Delegation aufgrund fehlender Bereitschaft, Zeit vorab zur Klärung zu investieren. Es wird vorausgesetzt, dass der Mitarbeiter die Erwartungen der Führungskraft kennt oder vorausahnt, seine Ansprüche an Perfektion mit denen seines „Chefs" deckungsgleich sind.

Qualitätsanforderungen an ein materielles Produkt lassen sich noch leichter klarstellen. Sie sind in Qualitätskriterien festgelegt. Umso schwieriger, das heißt unklarer, ist es dagegen, die Anforderungen bei „Wissensprodukten" wie Analysen, Planungen, Präsentationen eindeutig zu definieren. Hier bestimmt die „Landkarte", das Denken des Einzelnen den Weg. Beide Landkarten, Denken wie Lösungswege, können stark voneinander abweichen. Gehen wir gemäß Navigationssystem den kürzesten Weg nach Zeit oder nach Kilometeranzahl, den schnellsten oder den schönsten Weg? Noch nicht einmal das Endziel ist dann abgesteckt. Paris ist groß – wo genau treffen wir uns dort?

Die Folge: häufige Nachgespräche in fünf Minuten, Kontrolle während des Prozesses, Korrekturen. Die Frustration des Mitarbeiters steigt. Motivation, Engagement dagegen sinken und der Sinnbezug zur Arbeit fehlt letztlich ganz. Drucker hat dies klar formuliert: „Der Wissensarbeiter, der glaubt, die Pläne, die Ausrichtung und die Leistung eines seiner Mitarbeiter in 15 Minuten diskutieren zu können (und viele Manager glauben das), betrügt sich selbst. Will man die Leistung des Mitarbeiters beeinflussen, so muss man zumindest eine Stunde, vermutlich aber deutlich mehr Zeit für das Gespräch verwenden. Und besteht die Aufgabe darin, eine Beziehung herzustellen, so wird der Zeitaufwand extrem hoch." (Drucker 1999, 2010)

Nicht allein der persönliche Zeitaufwand, das **Zeitinvestment** für das jeweilige Projekt oder den/die Mitarbeiter sind entscheidend für den beruflichen Erfolg, sondern auch die **Definition des richtigen Zeitpunkts** – oder der richtigen Zeitspanne bei der strategischen Karriereplanung, vergleichbar mit den Produktlebenszyklen.

Top Leistung erbringt man heutzutage zwingend in seinen 30ern, genau in der Phase, in der parallel die Familiengründung in der gesamten Lebensplanung in den Mittelpunkt rückt. Gemäß Statistischem Bundesamt waren Männer im Jahr 2009 im Durchschnitt mit 33 Jahren, Frauen mit 30 Jahren bereit zur Ehe. Rund zehn Jahre später als in früheren Jahren. Und wenn es mit dem Kinderwunsch geklappt hat, dann beginnt parallel der Stress mit Kinderbetreuung und Familienorganisation.

Nun konkurrieren **zwei wesentliche Lebensbereiche** mit wichtigen, aber oft **kontraproduktivem Konzentrationsbedarf** miteinander. Extrem schwierig, wenn beide Partner High Performer sind und spezifische berufliche Ziele erreichen wollen. Beide Lebensbereiche stellen Aufgaben, die bewältigt werden wollen und unzweifelhaft müssen. Auch im Privatleben möchten beide gerne eine positive „Leistung" erbringen, sprich privaten Erfolg haben und somit ein erfülltes Leben.

Sie wollen eine gute Ehe führen, das heißt, ein guter Partner sein, der Zeit aufbringt für seinen Liebsten, genauso wie eine gute Mutter, Vater oder Freund sein. Aber im Beruf stellen sich gerade in dieser Zeit die Weichen für eine Top-Positionierung. Wesentliche Projekte, Auslandspositionen – da muss schnell entschieden, sprich zugesagt werden. Nicht nur Unternehmensberater führen dann eine Wochenend-Ehe, die viel Organisationstalent und Zeit für Kommunikation benötigt. Bettina Levecke fasst dies in ihrem Artikel in der *Welt Online* vom 15 Dezember 2010 treffend zusammen: „Fernbeziehungen funktionieren nur mit viel Reden." Das Statistische Bundesamt spricht 2010 von etwa 11,5 Millionen Pendlern. Der Anteil der Pendler liegt bei circa 32 % an der Gesamtzahl der Erwerbstägigen, 63 % hiervon sind Männer und knapp 37 % Frauen.

Ich selbst habe jahrelang eine Wochenend-Ehe geführt. Mit einem sehr verständnisvollen Partner, selbst Unternehmer und immer motivierend und unterstützend an meiner Seite. Manchmal haben wir uns auf Flugplätzen getroffen, manchmal ein Treffen arrangiert, wo gerade mein Hauptprojekt meiner Konzentration bedurfte. Ich habe meine „Hidden Times", meine „Appointments" mit meinem Mann unter Kürzeln in der Agenda gesichert, aber auch diese waren zu wenig. Auch am Wochenende wurden geschäftliche Mails beantwortet oder auf Anrufe reagiert. Als ich einmal nicht verfügbar war, weil mein Mann Geburtstag hatte, wurde dies anderntags sofort geahndet. Ansonsten Koffer-Packen Sonntagabend und Abflug noch am gleichen Abend oder Montagfrüh – Donnerstag oder Freitagabend zurück. Selbst die Abende im Münchner Office oder im Home Office wurden selten vor 21 Uhr beendet.

Auch wenn wir jeden Tag telefoniert haben, die Zeit zu guten Gesprächen fehlte während der Woche und auch oft am Wochenende. Die Zeit am Wochenende ist knapp und geht viel zu schnell vorbei. Urlaube waren nur bis zu zwei Wochen möglich, und auch dann meist mit Email- oder Telefonkontakt. Die Gefahr ist groß, dass beide Leben auseinanderdriften. Umso schwerer wiegt die Zerreißprobe mit Kindern. Wir haben es geschafft, aber auch wir sind an unsere Grenzen gestoßen. Spätestens als mein Mann resigniert aufgab: „Ja – ich weiß, für andere hast Du immer Zeit."

Bestleister stoßen im wesentlichen Zeitraum für ihren beruflichen Erfolg oft an ihre persönlichen Grenzen im Privatleben, die für Lebensqualität wie den Abstand vom Beruf so wichtig wären.

Sie fahren ihre Sozialkontakte zurück. Kontakte zu Freunden brechen ab. Der Fokus im Privatleben liegt bei der „Organisation des wenigen Familienlebens" oder sie entscheiden sich, auch hier „auszusteigen", um den beruflichen Pflichten und Notwendigkeiten nachzukommen. In der Burnout-Diskussion wird dies bereits als Zeichen der Erkrankung bezeichnet. Aber ob mit oder ohne Pflege privater Kontakte – die Burnout-Gefährdung steigt. Kaum jemand kann alles bewältigen, guter Partner, guter Vater, guter Sohn, guter Freund sein und dazu 70 Wochenstunden erfolgreich im Job sein.

Aber wer möchte dies nicht? Der Lebenssinn liegt bei vielen nicht allein im Beruf. Wie Ralf Rangnick im Interview im ZDF „Sportstudio" am 18. Februar 2012 zu seinem Rücktritt vom September 2011 als Cheftrainer bei Schalke 04 darlegte: „Es kamen mehrere Sachen zusammen. Ich habe nicht genug auf mich aufgepasst und viel zu viel für andere getan. **Im Job das ist normal**, aber es gab einen Krankheitsfall in der Familie und im Freundeskreis."

Es standen **Lebens-Aufgaben** an, zum Beispiel die Sorge um den Vater. Prioritäten, die keinerlei Aufschub duldeten und die eine wesentlichere Bedeutung in einer gesamten Lebensaufgabe innehaben als „der Job". Gerade diese Aufgabe – die Pflege der Eltern – wird mehr und mehr in unseren Fokus geraten und schließt sich dabei nahtlos an die Zeiten der Kinderbetreuung an. Aufgrund der neuen Gesetzgebung wird dies nun auch als weiteres Paket ins Personalmanagement aufgenommen: Elder Care, die Pflege der Eltern, für die Mitarbeiter ab 50plus eine weitere Herausforderung. Dies war übrigens in früheren Jahrzehnten genauso, aber da konnten diese Lasten oft „zu Hause" durch die Ehefrau oder andere Verwandte gelöst, zumindest aufgefangen werden. Wie ein Münchner Ökonomie-Professor bestätigte, der eine Schulkollegin aus dem Gymnasium geheiratet hat: „Ich bin froh, dass meine Frau sich um Haus, Kinder und nun auch um meine alten Eltern kümmert. Anders ginge es auch nicht."

Es wird meist vergessen, dass sich der Mittelstand in den letzten ein bis zwei Jahrhunderten immer auch Hauspersonal leisten konnte. Fast immer war eine Haushälterin angestellt, die Kindermädchen, Köchin und Putzfrau vereinigte, oftmals ergänzt durch einen Hausmeister/Gärtner. Wer kann sich dies heutzutage leisten? – zumindest nicht der Mittelstand.

Die Gehälter wie auch die juristische Organisation sind zu kostspielig geworden. Dadurch jedoch müssen die Leistungsträger jede kleinste wie große Aufgabe erfüllen oder ein hohes Einkommen haben, um sich private Delegation „leisten" zu können.

Zwischen 30 bis 60 leben wir in einer herausfordernden Wirtschaftswelt:

Die Herausforderungen für die 30 bis 40-Jährigen

- Beruflicher Aufstieg zu einer Top Positionierung, verbunden mit Auslandsprojekten oder -positionen, ständiger Verfügbarkeit und totalem Einsatz, Abliefern exzellenter Ergebnisse,
- Gesundheitlich vitale Ausstrahlung und Charisma, schlank und überzeugend,

- Bemühen um eine erfüllte Partnerschaft trotz Wochenend-Ehen und extremem Zeitmanagement,
- Bemühen um eine erfüllte Beziehung zu Kindern mit „Erziehungsauftrag" wie auch zu Freunden,
- Notwendigkeit zu persönlichem Rückzug, zur Reflexion, zur Entspannung, zum Auftanken.

Die Herausforderungen für die 50plus Generation:

- Sicherung der erreichten Top Positionierung gegenüber allen wirtschaftlichen wie persönlichen Wettbewerbskräften,
- Erkenntnis der gesundheitlichen Anfälligkeit, den Schein der jugendlichen Vitalität wahren,
- Bemühen um eine erfüllte Partnerschaft, nachdem die erwachsenen Kinder das Haus verlassen haben, oder nach einer Scheidung, das Bemühen eine neue, erfüllende Partnerschaft zu finden,
- Bemühen um eine erfüllte Beziehung zu Kindern wie auch Freunden,
- Bemühen und Sorge um die älter werdenden Eltern mit „Pflegeauftrag",
- Notwendigkeit zu persönlichem Rückzug, zur Reflexion, zur Entspannung, zum Auftanken – vor allem zu Reflexion über die zukünftige Lebensorganisation und Zielsetzung.

In einer solchen Zeitqualität müssten sich Top Leister dann entscheiden oder erschöpfen sich daran, weil eben beides Sinn macht: Beruf wie Privatleben.

Viele entscheiden sich aber für den Bereich Beruf. Warum? Weil man nur dort klar und deutlich Anerkennung, Wertschätzung und Existenzsicherung erfährt. Wenn Sie widersprechen wollen, bitte: Liefern Sie mir dann aber bitte Beispiele einer guten Bezahlung und immateriellen Wertschätzung pflegender Mütter und Töchter, die der Wertschätzung eines Managers entspricht. Diskussionen über die Bedeutung „innerer Werte" helfen hier nicht weiter. Die Realität sieht immer noch anders aus, nicht allein aufgrund einer minderen Bezahlung sogenannter „weiblicher" Berufe, sondern auch aufgrund der fehlenden Wertschätzung von Frau wie Mann gegenüber einer „Familienmanagerin", – auch wenn immer wieder nett anzusehende Filme darüber gedreht werden. Die Rollenbilder sind immer noch verkrustet, wie Angelika Dammann bei den „Petersberger Trainertagen" 2012 betonte.

Privat hofft jeder auf Verständnis, wenn er/sie Beruf vor Privatleben stellt, zumindest für eine gewisse Zeit. Dies entspricht ganz den Anforderungen an ein effektives Management: Prioritätensetzung, auf die doch gerade in Managementführern immer wieder hingewiesen wird.

Professor Malik beschreibt wirksames Management für eine neue Zeit, definiert ausführlich die Leistungskriterien und wirksamen Methoden für Führungskräfte. Ein wesentlicher Beitrag für die beiden Bereiche Führen und Leisten. Hilfestellungen für *Leben* gibt er dagegen kaum, höchstens indem er über persönliche und individuelle Arbeitsmethodik spricht (Malik 2006, S. 318–322). Gerade für die Rahmenbedingungen der „neuen" Zeit greift mir dies zu kurz.

Er empfiehlt richtigerweise, sich bewusst und überlegt zu entscheiden, **wie viel Zeit** man seinem Beruf und **wie viel Anteil seiner Familie** widmen soll. Die Planung hierfür sollte mit den wichtigsten Eckwerten über die nächsten zwei bis drei Jahre im Voraus festgelegt werden. Vieles, vor allem dringende Lebens-Aufgaben wie Krankheitsfälle in der Familie lassen sich aber nicht strategisch planen. Sie erfordern sofort volle Aufmerksamkeit. Zwei Management-Kernsätze aus den USA hebt Malik besonders hervor:

- **Don't work harder, work smarter.**
- **Do less in order to achieve more.**

Wie dies umgesetzt werden sollte, erklärt er nicht, obwohl sein Werk hervorragende Empfehlungen und Erfahrungen für alle Aufgabengebiete des Managements liefert.

Meine Klienten verstehen zwar diese Theorien, vor allem den Anspruch sehr wohl. Eine weitere Erwartung an Manager, die den ungeheuren Leistungsdruck noch zusätzlich erhöht. Selbst erfolgreiche Manager fühlen sich mit diesen beiden Lehrsätzen nicht nur allein gelassen, sondern noch zusätzlich zum Versager abgestempelt, wenn ihr Privat- und Familienleben gerade noch so im seichten Gewässer dahindümpelt oder gerade in die Brüche gegangen ist: „Andere schaffen dies ja anscheinend auch, nur ich nicht."

Denn darüber wird im Kollegenkreis nicht gesprochen. Die bisherige Leistungskultur unterstützt, dass das Privatleben dem Beruf, der Position und ihrer Verantwortung untergeordnet wird. Der Umgang mit der Zeit, die Aufteilung zwischen beruflichen und privaten Herausforderungen ist ein ständiger Spießrutenlauf, ohne dass Lösung in Sicht wäre.

Die Forderung an den Bestleister lautet heutzutage, nicht nur Top im Beruf, sondern auch Top im Privatleben zu sein. Wie soll dies bei einer „normalen" Manager-Arbeitswoche von 60 bis 70 Wochenstunden umsetzbar sein? Was bedeutet denn in diesem Zusammenhang smarter? Sind diejenigen unfähig, zu dumm, die richtigen

Prioritäten in einer Best-in-Class-Kultur zu setzen, die allein berufliche Leistungs-Maximierung fordert?

Eine Scheidung wird in diesem Umfeld leichter akzeptiert. Aufgrund eines „privaten Scheiterns" fällt man nicht in der Achtung des Vorgesetzten oder der Kollegen. Ein aufmunterndes Schulterklopfen zwar, oft mit dem Hinweis auf ähnliche einschneidende Erfahrungen. Auch mit der Aufarbeitung sollte man keine Zeit verlieren, nicht die Gründe analysieren oder seinen persönlichen Standort neu definieren. Diese Lernphasen brauchen Zeit und sind deshalb im beruflichen Umfeld kontraproduktiv, also lieber hineinspringen in eine neue Partnerschaft, in ein neues Projekt – auf geht's zur nächsten Runde des Erfolgs.

Ausgepowert zu sein mit Anfang 40 dagegen wiegt schwer – das Aus bereits vor der berühmten Midlife-Crisis, in der man auch früher seine Grenzen erkennen und akzeptieren musste. Sich bewusst machen musste, dass nicht mehr alles möglich ist. Dass einige Träume vielleicht unerreichbar oder nur noch extrem schwierig umzusetzen sind. Aber mit 40 bereits „ad acta" gelegt zu werden, das ist schwer. Denn wer sich zum Burnout bekennt, findet häufig nicht mehr den Anschluss an die Leistungsgesellschaft. Nicht weil er/sie dies nicht mehr leisten könnte oder wollte, nein, weil man ihnen nichts mehr zutraut.

Unterstützt übrigens von den Meinungen der Medien, wenn ganz bewusst folgende Schlussfolgerungen zitiert werden:„ Zwei Jahre brauchte (er), um sich aus der Burnout Falle herauszuarbeiten. Zurzeit ist er nur teilweise arbeitsfähig, und er weiß, dass nur ein anderer Lebensrhythmus ihn vor einem erneuten Aus retten kann." (Bartholomus und Thielicke 2011, S. 76–84, S. 82)

Wäre es nicht vielmehr angebrachter für eine neue Managementmethode und Managementkultur, den bisherigen Leistungsbegriff zu überdenken? Nicht gegen, sondern mit dem Strom des **Lebensrhythmus** zu arbeiten, um damit gerade die Leistungsfähigkeit der Besten, ihre Kreativität, Innovation und Produktivität bis ins hohe Alter zu erhalten.

Die Fieberkurve der Arbeitsunfähigkeit zu stoppen anstatt sie noch weiter anzutreiben, gerade wenn wir zur Steigerung unseres Bruttoinlandsprodukts noch länger arbeiten sollen. Rente mit 67, wie soll dies in einem solchen Umfeld möglich sein – einerseits keine interessanten Jobs und Positionen mehr für Führungskräfte und Mitarbeiter mit 50plus und andererseits ein Anstieg der Frühverrentung schon bei 40 bis 50-Jährigen. Da schrumpft das Gesamtvolumen an Leistungsfähigen und Leistungswilligen enorm. Wir müssen gar nicht mehr auf die Auswirkungen des demografischen Wandels warten.

Immerhin stieg laut Deutscher Rentenversicherung der Anteil an Frühverrentung aufgrund Burnout, Angsterkrankungen und Depression von rund 15 % 1993 auf 37,7 % 2009. Viele sehen gar keine andere Möglichkeit mehr. Denn ihnen werden Chancen verbaut. Unsere Leistungswelt fordert den strahlenden, charismatischen Sieger-Typ und zu dem passt nun mal kein Scheitern. Obwohl gerade Bestleistungen durch das Bewältigen, das Lernen aus Scheitern entstehen.

Burnout-Patienten fühlen sich nicht nur als Versager, sie werden zu Versagern gemacht. Selbst wenn sie sich aus der Krise wieder herausgearbeitet haben, bleiben sie Versager in den Augen der anderen. „Sie sind nicht mehr belastbar." Und **Belastbarkeit** und damit **Verlässlichkeit** im bisherigen Leistungsverständnis sind wesentliche Leistungskriterien für erfolgreiche Top Performer. Verlässlichkeit meint in diesem Zusammenhang, dass man sich auf die Top Leistung, den Dauereinsatz, das volle Engagement, die ständige Verfügbarkeit verlassen können muss.

Und dies sei bei einem ehemaligen Burnout-Patienten nicht mehr gegeben. Dieser müsse ja nun Grenzen setzen. Vom Bestleister zum Minder- oder gar Null-Leister in kurzer Zeit. Ein eingebranntes, somit immerwährendes (Brand)Mal.

Auch sogenannte **Wiedereingliederungsprogramme** sind in diesem Falle kontraproduktiv. Keine Chance, wieder das gleiche positive Image zu erreichen. Das Ende jeglicher Anerkennung. Denn Anerkennung erreichen wir in unserer Gesellschaft nur über kontinuierlich steigende Leistung. Stattdessen Abqualifizierung, Rücksicht, vielleicht sogar Mitleid. Die Horrorvorstellung für jeden High Performer. Denn sein Streben nach Exzellenz bleibt als Kernwert erhalten, und das ist gut so. Es gehört zu seiner Persönlichkeit.

Daher gibt es so wenig „Outings" von Burnout im Management-Bereich und somit so wenig Beispiele, dass man auch nach einem Burnout ein erfolgreicher Manager sein kann. Auch Ralf Rangnick wurde gefragt, ob er nicht befürchtet, einen Stempel aufgedrückt zu bekommen, nicht mehr belastbar zu sein. Ob er bei seiner brutalen Entscheidung des Rücktritts nicht daran gedacht habe. Für ihn sei klar gewesen, dass er „nicht ein bisschen Trainer" in der Bundesliga sein könne. Aber ab Sommer 2012 sei er wieder zu 100 % einsatzfähig und – einschränkend – es sei für ihn nicht entscheidend, wie weit oben oder unten in der Tabelle es sein kann.

Stefan Lauer, der Lufthansa-Vorstand, gestand auf dem dritten „Zukunftsforum Personal" in München Anfang Oktober 2011 vor rund 350 teilnehmenden Personalmanagern zum ersten Mal, dass er vor Jahren einen Burnout erlitt. Und er erntete für so viel Mut kräftigen Applaus (Jumpertz 2012). Ein wichtiger Schritt zur Entwicklung eines neuen Leistungsdenkens. Denn Scheitern gehört zum „Gesamtpaket Erfolg", zum „Gesamtpaket Leistung". Burnout dagegen nicht. Es könnte vermieden werden.

Aber es gibt einen Fortschritt im Leistungsdenken: Begrenztes, berufliches Scheitern wird bereits akzeptiert, erfährt positive Beachtung, wie meine Interviewpartnerin aus der Personalberatung darlegt: „Es ist immer gut, wenn jemand schon einmal den Abgrund gesehen hat, da diese Person das Gefühl des Scheiterns kennt, was zu einer Steigerung der Handlungssouveränität führt. Dieser Personalkreis verfügt in der Regel über ein hohes Durchhaltevermögen und hat hohe Frustrationstoleranz bewiesen."

Nun müssen wir nur noch einen weiteren Schritt gehen und das **positive Bewältigen von Krisen und Scheitern** (vom Burnout, Fehlentscheidungen, Rücktritten bis zu Kündigungen) als Erfolg werten. Erfolg liegt dann gerade in der Erkenntnis der eigenen Grenzen und im achtsamen Umgang mit sich selbst und anderen. Aber dazu brauchen wir Zeit. Diesen Erfolg erzielen wir nicht schnell und einfach.

Tim Mälzer wie Ralf Rangnick haben klargestellt: Sie haben daraus gelernt; wissen, dass Ausgleich wichtig ist und wie er erreicht werden kann. Ganz individuell – **Zeit für sich selbst**. Dies sollte nun nicht mehr in den Medien untergehen und auch nicht mehr allein heruntergebrochen werden auf die Handlungshinweise zu mehr Bewegung und Entspannung wie besserer Ernährung. Diese Programme greifen zu kurz. Vielmehr geht es um ein vertieftes Bewusstsein seiner selbst – wie individuell am besten, am sinnvollsten gelebt und gearbeitet werden kann. Dann führt die Erfahrung hinaus aus dem Burnout hin zu mehr Selbstbestimmung und Bewusstsein der eigenen Grenzen wie Stärken; und vielleicht zu einer erfüllenden lebenslangen Leistungsfähigkeit: „Niemand arbeitet mit 27 gleich wie mit 47. Arbeitstempo und Arbeitsrhythmus ändern sich mit dem Alter; die körperlichen, geistigen und psychischen Bedingungen sind anders" (Malik 2006, S. 319). Das ist auch gut so. Sonst hätte man ja in 20 Jahren nichts dazugelernt.

Während man in jungen Jahren noch etliche zusätzliche Schritte einlegen, sich eben in Sachverhalte einarbeiten muss, kann man in älteren Jahren aufgrund der Erfahrung komplexe Systeme schneller durchschauen, Analyseergebnisse schneller bewerten, Kombinationen leichter erkennen.

Und dies ist gerade in unserer Wissensgesellschaft wichtig. Nicht verwunderlich, dass etliche Nobelpreisträger ihre bahnbrechenden Erkenntnisse erst kurz vor oder gar nach ihrem 60. Geburtstag erzielt haben. Stellen wir also fest, dass Ältere aufgrund ihrer Erfahrung und geänderten Prioritätensetzung sehr bewusst mit ihren Kräften und Stärken umgehen können und zu hoher Leistungsfähigkeit fähig sind, vor allem zur Bewältigung größerer Komplexität. Beenden wir endlich das einschränkende Altersparadigma, dass Ältere nicht mehr ausreichend leisten könnten. Wir werden auf sie bereits in naher Zukunft angewiesen sein.

Unsere Arbeitszeit umfasst bereits mehr als 60 % unserer Lebenszeit bei einer bisherigen Lebensarbeitszeit bis 60/65 Jahren. Bei einer Erhöhung des Renteneintrittsalters ist es somit umso notwendiger, bei der Auswahl seiner beruflichen Tätigkeit, dem Einsatz seiner mentalen, psychischen wie psychischen Fähigkeiten sorgfältig und umsichtig zu entscheiden, wo wir unseren Fokus der persönlichen

3.1 Leistung neu denken

Leistungsfähigkeit legen wollen und wie wir Arbeitszeit mit Freude in unsere Lebenszeit integrieren können.

Denn **Zeit** ist für uns nicht nur die **knappste**, sondern **kostbarste Ressource**. Gerade im Aufbau und für die Pflege wichtiger sozialer Kontakte und Netzwerke. Damit meine ich nicht das meist angesagte berufliche Networking, sondern die für unser „Glücksempfinden", für unsere Gesundheit wie für unsere Lebensqualität (gerade im Alter) so wichtige Partnerschaft, Familie und Freunde. Diese intensiven sozialen Beziehungen schaffen den eigentlichen Lebensrahmen und Lebenssinn.

Bei einer Befragung von Bewohnern eines Altenheims, was für sie ganz besondere einschneidende Erfahrungen im Leben waren und welche Tipps sie der jungen Generation für ihr Leben geben wollten, erhalten wir ein klares Bild über Lebensprioritäten.

Das durchgängige Ergebnis: wir sollten unsere Lebenszeit nicht allein mit dem Beruf „vergeuden". Keiner sprach mit über 80 mehr über seine beruflichen Erfolge. Einschneidend und wichtiger waren Erlebnisse mit Personen im engsten privaten Umfeld und Erfahrungen bei Reisen, wie Erlebnisse in der Natur. Warum also nicht hierauf sein Augenmerk legen? Weil wir alle arbeiten, um leben zu können? Weil wir lieber unsere Gesundheit für die berufliche Leistung und Karriere, den kurzfristigen Bonus opfern oder unsere Pflicht und Verantwortung erfüllen müssen?

Weit gefehlt? Zur Bewältigung der ökonomischen Herausforderungen stellt zum Beispiel Juliet B. Schor, Soziologie Professorin am Boston College, bewusst einen neuen Ansatz zur Diskussion: **Plenitude**.

Sie spricht vom wahren Reichtum – **True Wealth**. Reichtum basierend auf Diversifikation unterschiedlicher persönlicher Einnahmequellen (nicht aufgrund einer einzigen Arbeitsstelle), Reichtum an Zeit, ja auch Freizeit als Reichtum, Reichtum an persönlich wertvollen sozialen Beziehungen, was nur funktionieren kann, wenn wir für diese Menschen Zeit „investieren" (Schor 2010).

> **Fazit: Zeit ist und bleibt kritischster Erfolgsfaktor**
> Nicht allein bei Produktentwicklungen für die Wettbewerbsvorteile eines Unternehmens vom „Time to Market" bis zur sorgfältigen Beachtung der Zyklen über die gesamte Produktlebenszeit, welche die wirtschaftlichen Ergebnisse steuern. Auch im individuellen Arbeitsleben dreht sich alles um den richtigen Zeitpunkt, das richtige Projekt, die richtige Chance für seine Karriere. Auch hier müssen die „Positions"-Lebenszeiten berücksichtigt werden, um die wesentlichen Karriereschritte zum richtigen Zeitpunkt umsetzen zu können.
>
> Anforderungen des Privatlebens erweisen sich bei Top Performern hier oft als kontraproduktiv und enorm einschränkend. Das berühmte Hamsterrad dreht

sich gleich doppelt und dreifach schnell, wenn man in beiden Bereichen „gute Leistung" erbringen will. 30 bis 39-Jährige leiden deshalb am meisten unter Stress, die Burnout-Rate steigt gerade für die Anfang 40-Jährigen. Unsere Gesellschaft wie Wirtschaft verliert dadurch ihre besten Leistungsträger.

Insbesondere jüngere Generationen sind nicht mehr bereit, Erfolg auf Kosten anderer wesentlicher Lebensbereiche wie Gesundheit, Familie, Freunde und Partnerschaft zu haben. Die Insignien des bisherigen Erfolgs motivieren sie nicht mehr ausreichend. Sie wollen mehr als das bisherige Mehr.

Sie wollen Leistung und Lebensgenuss: Ihnen ist bewusst, dass gerade im Privatleben Zeit von der knappsten zur eindeutig **kostbarsten Ressource** wird. Und sie sind stark und selbstbewusst genug, Entscheidungen zu treffen, die ihnen zwar weniger Geld, Macht und Status, dafür aber wieder mehr Freiraum und Zeit zur Verfügung stellen.

Marina Weisband, 24, hat gerade ihr Mandat als politische Geschäftsführerin und Mitglied des Deutschen Bundestags der Piratenpartei aufgegeben, weil sie erkannt hat, dass doch ihr Diplom zurzeit wesentlicher für ihre persönliche Lebenslaufbahn ist als die Ausübung ihres Mandats. Sie macht bewusst ein Jahr politische „Mandats"-Pause. Der äußere Status und ihr politischer Einfluss waren für sie nicht so wichtig. In ihrem Blog begründet sie ihre Entscheidung: „Ich habe festgestellt, dass mit dem plötzlichen und unvorhergesehenen Erfolg der Piratenpartei einerseits und meiner persönlichen medialen Präsenz andererseits das Diplom nicht mit meinem Parteiamt zeitlich und physisch vereinbar ist." Sie will sich mit der Diplomarbeit, die sie nur bis 2013 fertigen darf, ihre persönliche Unabhängigkeit sichern. „Wenn man ohne gutes Fundament in die Politik geht, ist man dort nur gefährdet. Man macht sich abhängig davon, Politiker sein zu müssen, weil man nichts anderes machen kann, nie etwas anderes gemacht hat." Mit einem akademischen Abschluss als Psychologin ist sie nicht mehr darauf angewiesen, sich „irgendwann mit aller Kraft an (ihren) Posten zu krallen". Sie hängt nicht an Macht, nicht an Status und nicht an medialer Aufmerksamkeit, vielmehr will sie auch in Zukunft Politik machen, um Themen umzusetzen, die sie für wichtig erachtet. Für sie ist Politik kein Selbstzweck, sie will lieber „am eigenen Leben weiterbauen". Recht hat sie – und auch meine Bewunderung, nicht an Äußerlichkeiten zu hängen, sondern unabhängig und selbstbestimmt bleiben zu wollen.

Denn das Leben wartet nicht, verpasste Chancen können oft nicht mehr oder nur noch schwer nachgeholt werden. Manche Chancen haben nur ein kleines Zeitfenster und dann sind sie für immer verschlossen. Wie ein Klient erläuterte: „Wir haben immer gewartet mit den Kindern. Irgendwas sprach immer gerade dagegen. Wir haben erst zu spät gemerkt, dass es nun zu spät ist. Nun ist es nicht mehr zu ändern."

Selbst wenn sich unsere gesamte Lebenszeit gegenüber früheren Generationen erheblich verlängert hat und wir auf mehr als 80 Lebensjahre im Durchschnitt vertrauen können: Die ganz persönlich zur Verfügung stehende Lebenszeit ist niemandem bekannt. So bleibt für jeden die einzig einschneidende Fragestellung: Wie setze ich die richtigen Prioritäten für mein Leben?

Ich hege mit dieser Jugend die Hoffnung, dass es in Zukunft weniger um das quantitative Leistungsmantra – schneller, höher, weiter, mächtiger oder reicher geht, sondern um das **neue, qualitative Leistungsmantra: bewusster, intelligenter und nachhaltiger.**

3.1.2 Von der Industrie- zur Wissens- und Unternehmergesellschaft

Diese Reise hat schon lange begonnen. Zwar ist die „alte" Industriegesellschaft noch nicht passé, aber wir leben bereits voll und ganz in dieser auf Informations- und Kommunikationstechnologie basierenden **Ideen- und Wissensgesellschaft**. Wir wollen es nur in vielen Bereichen nicht wahrhaben, weil unsere Wirtschaft noch unterschiedliche Ausprägungen aufweist.

Einerseits können wir froh sein, dass verschiedene Produktionsbetriebe noch in Deutschland zu finden sind, wenige allerdings – oft rare Ausnahmen wie Trigema in der Textilindustrie, während die meisten der Textilunternehmen und Handelsketten vollständig in Asien fertigen lassen. Produktionsstätten wie von Nokia wurden mit großem politischen Bedauern ins osteuropäische Ausland verlagert und diese Entwicklung geht weiter.

Aber gerade der Kern des Wettbewerbsvorteils, der USP in Service und Qualität, vor allem die Innovation, diese Stärken bleiben oftmals (noch) bei uns. Das Produkt-„Finishing" liegt oft noch in „Deutscher Qualität", sehr wohl fast ausschließlich basierend auf Methoden und Tools der Wissensgesellschaft. Nicht der Industriearbeiter, sondern der Wissensarbeiter sichert unsere Gesellschaft und Wirtschaft. Anderseits aber läuft die Zeit. Wir bewegen uns schon rasant in Richtung einer **Unternehmergesellschaft** (siehe Abb. 3.3).

Als ich Mitte der 80er Jahre bei Siemens im IT-Bereich anfing, sprach man allenfalls von einer Informations-Gesellschaft und damit von der schnelleren Halbwertzeit des Wissens. Obwohl bereits seit 1960, vor allem aber seit den 70er Jahren dieses

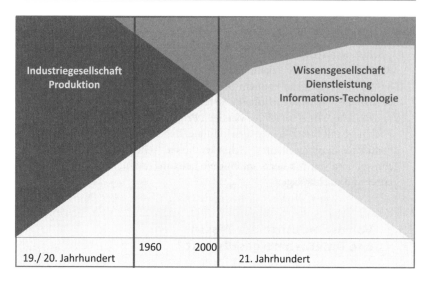

Abb. 3.3 Von der Industrie- zur Wissensgesellschaft (Bildrechte: Urheberrecht beim Autor)

Konzept der Wissensgesellschaft breite Rezeption in Wissenschaft, Politik und Medien erfahren hat.

Dabei wurden die Kategorien der Wissens- und Informationsgesellschaft oft deckungsgleich verwendet. Sie sind Bezeichnungen für eine neue Phase in der Entwicklung fortgeschrittener industrieller Gesellschaften. In dieser Phase wuchs die Bedeutung von Wissen und wissensbasierten Tätigkeiten, zum Beispiel von Informations- und Kommunikations-Technologien und informationsverarbeitenden Berufen. Gestärkt wurde diese Vision einer Wissensgesellschaft durch den anhaltenden wirtschaftlichen Boom der Nachkriegsjahre.

Es war, wie ich im zweiten Kapitel dargelegt habe, der große Glaube an die Planbarkeit wirtschaftlicher Entwicklungen, der zu einer großen Zuversicht führte. Ein Großteil sozialwissenschaftlicher Prognosen war von einem Ausweiten des erreichten Wohlstands überzeugt. Unter diesem Vorzeichen der Wachstumsorientierung waren es vor allem US-amerikanische Sozialwissenschaftler und Ökonomen wie Peter F. Drucker, Robert E. Lane oder Daniel Bell, die die steigende Bedeutung von Technik und wissenschaftlichen Erkenntnissen als Ressourcen gesellschaftlicher Veränderungen vorhersagten (Reinecke 2010). Peter F. Druckers „Knowledge Worker", der „Wissens-Arbeiter", war geboren. Damit auch ein Wandel der bisherigen Grundannahmen, wie „mit Menschen als Arbeiter, als produktive, bisher meist körperlich schwer arbeitende Kraft, nun jedoch geistig arbeitende Ressource" umgegangen werden musste. Die Dienstleistungsgesellschaft gewann mehr und mehr an Gewicht gegenüber der güterproduzierenden Industrie.

Nun kam theoretischem Wissen sowohl als ökonomischer Faktor wie als Grundlage politischer Entscheidungen eine immer zentralere Bedeutung zu. Die „knowledge society", die Wissensgesellschaft war geboren und ist heute bereits „ein gestandener Erwachsener".

Heutzutage gibt es kein Produkt mehr, das nicht auch Informationstechnologie für seine Herstellung nutzt. Selbst bei einer Bäckerei, die ihre Brötchen als USP noch per Hand herstellen möchte, beruht zumindest die Abrechnung auf Informationstechnologie. Alle Bereiche unseres Lebens sind damit infiltriert. Jeder Jugendliche hat bereits ein oder mehrere Mobile Phones, jeder seinen PC, Laptop oder iPad, ebenso jede Schule und jeder Haushalt.

Social Media eroberten in den letzten Jahren weiterhin jeden Bereich unseres privaten wie beruflichen Umfelds. Social Media sind Bestandteil in der Unternehmenskommunikation, im Marketing ebenso wie beim eRecruiting, eLearning oder Knowledge Management.

Ungeahnte Möglichkeiten haben sich dadurch für uns eröffnet, große Freiheiten – und natürlich beinhalten diese auch immer Risiken. Aber was wäre eine Welt ohne Herausforderungen? Weit gefehlt, dass ich diese verteufeln würde. Nein – ich bin geradezu begeistert, welche Möglichkeiten mir diese Welt bietet, selbst wenn ich nicht alles nutzen kann oder ganz bewusst auch nicht nutzen will.

Unsere Wissensgesellschaft lebt von uns, von jedem Einzelnen, von der Macht der Kreativität, des Leistungswillens wie der Selbstbestimmung und Selbstverantwortung. Allerdings gehe ich nicht so weit zu behaupten, dass in Deutschland Fließbandarbeiter völlig passé sind, sicher aber gehört den Wissensarbeitern die Zukunft. Denn darauf bezieht sich die postindustrielle Unterscheidung in wissensbasierte (knowledge based) und industriebasierte (industrial based) Unternehmen.

In der Automobilbranche zum Beispiel leben beide Welten parallel und kooperativ zusammen. Immer noch werden Automobile zumindest im Finish in deutschen Werken zusammengebaut, die gesamte Partnerlogistik, die internen Prozesse, selbst das Design, die Forschung wie Entwicklung bis hin zum Marketing sind jedoch völlig abhängig von einer modernen Informations- und Kommunikationstechnologie. Gerade Audi geht hier bahnbrechende Wege und gewinnt Jahr für Jahr Platin und Gold Awards für die perfekte Marktkommunikation.

Wie bereits Schulmeyer urteilte: „Es geht um die *brains* der Leute. Wenn ich gute *brains* habe, ist auch der Laden gut. Aber ich muss dafür sorgen, dass sie ihre **Gehirne** auch **wirklich selbständig** nutzen. Die meisten geben ihres morgens beim

Pförtner ab, holen es sich um 17 Uhr wieder und werden erst kreativ, wenn sie zu Hause sind." (Grunenberg 1997)

Aber was bedeutet dies für unsere Arbeit, unser Leben? Denn diese Brains können nun global überall sitzen. Sie brauchen nicht einmal Mitarbeiter der eigenen Firma sein. Sie können sich zeitnah, für eine Projektaufgabe virtuell als Team zusammenfügen. Nicht Stabilität und Sicherheit wie bisher, sondern Agilität und Dynamik sind die Strukturprinzipien der jetzigen Arbeitswelt. Wissenseliten sind gefragt, nicht Hierarchien. Networking und vertrauensbasiertes „**Partnering®**" sind die wesentlichen Erfolgskriterien für ein neue Kultur der Unternehmer-Gesellschaft.

Die jetzige wie zukünftige Arbeitswelt lebt „jenseits der Sicherheit". Gewerkschaften greifen in Zukunft mehr und mehr ins Leere, wenn Unternehmen ohne jegliche Zeiterfassung und mit größtmöglichen Freiheiten arbeiten lassen. Allein die Arbeitsergebnisse zählen und dafür können Gewerkschaften schlecht „streiten". Denn der einzelne Mitarbeiter vereinbart selbstbestimmt wie ein Entrepreneur seine Ziele, Ergebnisbeiträge wie Gehalt und Boni mit dem Arbeitgeber. Dies völlig frei von Tarifbereichen, teils auch nur für die Dauer eines Projektes. Interessanterweise hat dies Peter F. Drucker bereits 1995 vorhergesagt: „Bis zum Jahr 2010 werden die Industriearbeiter in den Industrieländern nur noch ein Zehntel oder bestenfalls ein Achtel der Erwerbsbevölkerung stellen. Entsprechend schnell verläuft auch der Niedergang der Gewerkschaften." (Drucker 1995, S. 351)

Die Erfolgreichen wie Microsoft, Apple, Google haben keinerlei Zeiterfassung, und es ist selbstverständlich, dass Mitarbeiter im Homeoffice arbeiten, privat telefonieren, im Netz chatten und Social Media benutzen können. Nicht allein, weil die Nutzungskosten gering sind, sondern weil sie ihren Mitarbeitern einen großen Vertrauensbonus entgegenbringen.

Allein die Resultate zählen – und ob der Mitarbeiter im unternehmensinternen Fitnessstudio ein, zwei Stunden lang trainiert oder sich mit Freunden zur Entspannung unterhält, ist somit völlig seinem eigenen Ermessen überlassen. Man spricht heute bereits von „**Weisure**", einer Lebensweise, in der Work und Leisure, das heißt Arbeit und Freizeit, einfach ineinanderfließen. Den Begriff prägte der New Yorker Soziologe Dalton Conley in seinem Buch „Elsewhere, U.S.A" (2009), worin er beschreibt, wie Smartphones, soziale Netzwerke das Leben von Fach- und Führungskräften nachhaltig verändert haben.

Es gibt keine „heilige Privatsphäre" mehr: man ist ständig verfügbar, hat aber andererseits auch keine Kontrolle und keinen Ärger mehr, wenn man auf dem Büro-Computer YouTube-Clips anschaut oder private E-Mails austauscht (Domke 2012).

Social-Media-Kompetenz gehört außerdem heute zu den wesentlichen Kompetenzen. Durch Web 2.0 spricht man bereits von einer „**Facebookisierung**" der Firmen, in denen es Mitarbeiter zum Beispiel gewohnt sind, dass die Geschäftsleitung sie einmal pro Woche per Blog informiert, wie dies die Marketingleiterin Christine Rogge bei T-Systems Multimedia Solutions anführt.

Mit dieser neuen Offenheit und Transparenz müssen moderne Unternehmen nicht nur umgehen lernen, sondern sie für sich nützen. In Zukunft werden Manager nicht nur aktuelle Finanzdaten am Rechner überprüfen können, sondern auch aktuellste Daten zur Stimmungslage der Belegschaft aus internen wie öffentlichen Blogs. Webbasierte Tools zur elektronischen Zusammenarbeit wie zu Webkonferenzen sind in globalen Unternehmen schon seit langer Zeit in Gebrauch. Dies gehört zur normalen Kompetenz, Arbeitsmethodik und Technologie eines Managers, die er selbstverständlich auch seinen Mitarbeitern zur Verfügung stellt. Es sind keine „Herrschafts-Tools", keine Status-Symbole mehr, sondern sie erhöhen die Effektivität und Effizienz im Unternehmen.

Gerade die junge Generation will als Wissensarbeiter nicht mehr im stillen Kämmerlein vor sich hin analysieren. Da sie Wikis, Wikipedia und weltweiten Austausch gewöhnt sind, wollen sie berufliche Probleme auch mit Hilfe ihres persönlichen Netzwerkes lösen – und das wird nun einmal online organisiert. Eine Studie der IT-Sicherheitsfirma Clearswift ergab, dass rund 21 % junger Arbeitnehmer gar einen Job ablehnen würden, wenn das Unternehmen Social Networking wie Facebook oder private Email-Nutzung unterbinden würden (vgl. Gillies 2012, S. 25–28). In solchen Unternehmen finden sie keine „Abmahnungen" mehr aufgrund Social-Media-Nutzung, aber eben auch keine klassischen Überstunden-Pauschalen oder Arbeitszeitkonten.

Seit 20 bis 30 Jahren ist jedem intelligenten Manager wie Mitarbeiter klar, dass Projekte wie Produkte heutzutage so komplex sind, dass sie weder durch ein einzelnes Unternehmen noch durch eine einzelne Abteilung oder gar ein Team gelöst oder hergestellt werden könnten. Umfangreiche Logistikprozesse mit vertrauenswürdigen Partnern sind zum Beispiel in der Supply Chain entstanden. Qualitätsniveaus wurden abgeglichen, Ressourcen effektiv geteilt. So zum Beispiel weist die weltweite Lieferantenliste von Boeing allein für die Komponenten der Boeing 787 Dreamliner 379 Links auf. Bei reinen Wissensprodukten sind diese Möglichkeiten noch weitaus vielfältiger.

Die junge Generation hat zum Glück keine „Berührungsängste", ihr Wissen zu teilen und dadurch ein viel größeres, besseres Ganzes zu erzeugen. Teilen heißt für sie Bereicherung, nicht Aufteilung und Begrenzung. Die letzten Wahlsiege der Piraten haben dies überzeugend gezeigt. Die junge Generation glaubt mehr an den

„großen Kuchen". Es sei Erfolg genug für alle vorhanden, man müsse sich nicht abschotten und Erfolg nur für sich allein anstreben.

Bereits 2010 konnte Horst W. Opaschowski in seinen Studien einen **signifikanten Wertewandel** feststellen. In seinen Umfragen setzt die Mehrheit der Jugendlichen und Erwachsenen auf soziales Engagement, Solidarität und lehnt Egoismus ab. Die Zeiten der „Ichlinge" sind vorbei.

Der Zukunftsforscher analysierte als Ursachen wie Wirkungen dieses Trends vor allem die Reaktion auf die ökonomische Krise 2008, in der oft skrupellose und egoistische Banker „das System an die Wand gefahren haben" (vgl. Opaschowski 2010).

Aber bedeutet dies schon, wir haben diese neue schöne, die menschlich heilere Welt erreicht?

Die neue Arbeitswelt als Wissensarbeiter und Entrepreneure in eigener Sache bietet viele Möglichkeiten und große Freiheiten, wie immer werden solche Vorteile aber mit Herausforderungen und Risiken bei der Umsetzung erkauft, wie beispielsweise die Selbst-Ausbeutung der Bestleister, die kontinuierlich nach Exzellenz suchen, wie die in unserer Gesellschaft bereits realisierte Arbeitsverfügbarkeit von 24/7. Einerseits sind starke Persönlichkeiten mit Bewusstsein der eigenen Grenzen gefragt, andererseits das Bewusstsein bei Unternehmen, dass Wissen, Innovation und Kreativität nur in einer möglichst stressfreien Arbeitsatmosphäre erzielt werden können: Denn dann arbeiten die *Brains* der Mitarbeiter am besten: Kreativität und Produktivität entstehen bestmöglich im Flow, einer motivierenden, ja positiv herausfordernden Arbeitssituation.

Wohingegen medizinische Studien belegen, dass negativer Stress Gehirnfunktionen, vor allem komplexes Denken, Lernfähigkeit und Erinnerung, sowie Kreativität massiv behindert. Wollen wir also wirklich selbst die Quelle unseres Wohlergehens, unserer Wirtschaft – unsere geistige Schaffenskraft in der Wissensgesellschaft versiegen lassen?

Im Kern geht es um eine individuelle feste Wertverankerung und permanente Sinnreflexion. Die eigenen Grenzen und Möglichkeiten, den eigenen USP – den persönlichen Marktwert sehr genau kennen, um sich im Markt abgrenzen, durchsetzen wie auch immer wieder neu gestalten zu können. Kurz zusammengefasst: „Es ist alles – an Erfolg möglich, weil nicht mehr alles möglich ist!"

3.1.3 Der grenzenlose Arbeitsplatz

Die ökonomische Forschung der USA ist bereits einige Schritte weiter in der Beurteilung der zukünftigen Entwicklung unserer Arbeitswelt. Josh Bersin, ein führender Analyst in Talent Management wie Leadership spricht von einem „**grenzenlosen Arbeitsplatz**" und damit vom Ende einer bisher klar festgelegten Arbeitsplatzbeschreibung und Definition (Bersin 2012). Tom W. Malone, Professor an der MIT Sloan School of Management und mein damaliger Mentor, vom **Zeitalter der globalen Hyperspezifizierung** (Malone 2011).

Im Mittelpunkt steht die wirtschaftliche Forderung nach einer möglichst agilen, dynamischen Unternehmensorganisation, die sich schnell, quasi im kontinuierlichen Fluss an die jeweils aktuellen wirtschaftlichen Herausforderungen anpassen kann. Was aber bedeutet dies für uns, den Manager wie den einzelnen Mitarbeiter?

Welchen Herausforderungen gilt es, sich als **Wissensarbeiter** in dieser Zukunft zu stellen:

Der grenzenlose Arbeitsplatz

1. **Jobs** werden immer **projekt- und situationsbezogener** statt funktionsbezogen. Jobs werden mehr zu Rollen innerhalb eines Projekts. Diese Rollen sind spezialisierter als früher. Mit dem jeweiligen Projekt endet auch diese Rolle, das heißt dieser Job und diese Funktion.
Daher gibt es kaum mehr klassische Jobs, keine festgelegten „Job Descriptions", sprich festgelegte Stellenbeschreibungen, in denen Aufgaben, Verantwortlichkeiten und funktionale Kompetenzen und Fähigkeiten festgelegt sind. Ebenso wenig beeindruckende Titel, Hierarchielevel und fest dargelegte Karrierelaufbahnen mit Aus- und Weiterbildungen, die vor allem durch die Personalabteilung gesteuert werden.
2. Bereits der Begriff „Arbeitsplatz" ist oftmals obsolet, weil es sich nur noch um einen virtuellen, zeitlich begrenzten Arbeitsplatz handeln kann, der aus einem einzigen Laptop mit Smartphone überall auf der Welt bestehen kann. Konzeptionell sprechen die Ökonomen der Zukunft von einem „**bounderless workplace**", in dem sowohl interne wie externe als auch lokale und globale Grenzen verschwinden.
3. Die **neue Währung der Arbeitswelt** lautet *Gehirn*, also das eigene Wissen, die persönliche Kenntnis, Fähigkeit in einem Fachbereich, oftmals sehr spezialisiert. In bestimmten Rollen, die Komplexität und Management erfordern, ist noch Erfahrungswissen gefragt, das souveräne Agieren in einem globalen, grenzenlosen Projektumfeld.

4. Die relativ stabile hierarchische Unternehmensorganisation wird endgültig abgelöst, nicht nur von einer flachen Hierarchie einer Informationsgesellschaft, sondern von der Notwendigkeit einer sehr **agilen, sehr dynamischen Prozess- und Projektarchitektur** einer Wissensgesellschaft, in der sich Verantwortlichkeiten und Rollen stetig ändern.
5. Die gesamte Organisation bleibt im Fluss, passt sich den wirtschaftlichen Gegebenheiten schnell und möglichst reibungslos an. Die Teams werden sowohl fachübergreifend (cross-funtional) gebildet wie auch aus internen wie externen Mitarbeitern (Inbound – Outbound).
6. Dies fordert gerade die HR Software massiv heraus, denn es wird kaum mehr eindeutig determinierte Funktionen in einer festen Hierarchie mit klarem Kompetenz- und Fähigkeitsprofil geben, denen ein klares Gehalts- und Bonussystem zugeordnet werden kann.

Der Mitarbeiter als Entrepreneur, Unternehmer in eigener Sache

1. Mitarbeiter werden zu Unternehmern in eigener Sache, sowohl bei der persönlichen Karriere-Entwicklung wie bei Aus- und Weiterbildungen. Lebenslanges Lernen, immer fachlich top sein, wird in dieser Arbeitswelt überlebenswichtig. Lernen, die Planung notwendigen Wissenszuwachses wird deshalb bewusst durch den Mitarbeiter selbst gesteuert. Denn er allein ist der selbstverantwortliche Fachexperte.
2. Mitarbeiter sind „empowered": Sie sind innerhalb eines Unternehmens ermächtigt und befähigt, wie ein Unternehmer zu handeln. Die jeweilige Rolle auszufüllen, Aufgaben durchgängig zu erledigen und Ergebnisse dann auch auf persönliche Leistungen zu beziehen. Oder sie sind bereits selbstständig, als freier Mitarbeiter oder Unternehmer mit eigenem Personal. Sie bilden ein Netzwerk vertrauensvoller Partner, mit denen Firmen in einem losen Beziehungsgeflecht zusammenarbeiten. Diese Freelancer und Partnerunternehmen werden „wie eigene Mitarbeiter" in die Projektteams integriert und unterliegen spezifischen Regeln der Vertraulichkeit.
3. Führung, also Management bzw. Manager oder Führungskraft zu sein, bedeutet nur noch eine Rolle zu übernehmen wie jede andere auch, allein ausgezeichnet durch die persönlichen spezifischen Fähigkeiten und Kenntnisse: Manager, Kreativdirektor, Projektleiter. Dieses persönliche Wissen ist allein die Basis für Autorität und Respekt im Team.
4. Karriere-Entwicklung findet somit nicht mehr allein hierarchisch, vertikal nach oben statt, sondern häufiger auch horizontal oder führt häufig „tiefer" in die Fachexpertise.

3.1 Leistung neu denken

5. Hyperspezifizierung – bedingt eine äußerst detailgenau Kenntnis in einer Nische, oft eines sehr kleinen Bereiches innerhalb einer umfangreichen, komplexen Software-Architektur.

In dieser Form wird die Wissensgesellschaft zu einer **hyperspezialisierten Unternehmergesellschaft**.

Tom Malone vergleicht diese Entwicklung mit den Anfängen der Industrialisierung im 18. Jahrhundert, den Anfängen der Teilung einer Arbeitsaufgabe, einer Produktherstellung in kleine und kleinste Arbeitsschritte, wie in den Schriften Adam Smiths „Wealth of Nations" 1776 und Frederick W. Taylors. Waren es damals noch überschaubare, oftmals nicht mehr als zwanzig Handgriffe, so können heutzutage Produkte, vor allem Wissensprodukte wie zum Beispiel ein Software-Produkt in eine Vielzahl kleiner höchst spezialisierter Einzelschritte unterteilt werden. Die Software wird quasi „atomisiert" und von einem weltweiten Netz von Experten parallel virtuell erarbeitet.

Selbst bisherige „Arbeitsbeschreibungen" wie „den Software-Entwickler" gibt es schon lange nicht mehr. Es werden Spezialisten in sehr genau definierten Bereichen gesucht, angefangen vom Design über die Kodierung bis zum Testing oder der System-Integration innerhalb einer Software-Marke, zu einem spezifischen Software-Produkt. Es gibt keinen Spezialisten mehr, der in all diesen Bereichen qualitativ gleich gut genug wäre, diese erfolgreich durchzuführen. Jeder muss in seinem Teilbereich, seiner spezifischen Expertise stetig State-of-the-Art sein, sonst ist er nicht mehr gefragt.

Malone beschreibt dies am Beispiel des Start-up-Unternehmens **TopCoder** aus Connecticut. TopCoder bietet eine Plattform für Wettbewerbe in Computer Programmierung. TopCoder bezeichnet sich selbst als „a place to create", eine interaktive Plattform für eine Gemeinschaft – eine Community, die miteinander lernen, arbeiten und Spaß haben will.

Am 9 April 2012 hatte TopCoder 401.848 Entwickler in seiner Datenbank aus über 200 Ländern. Das Geschäftsmodell von TopCoder administriert auf seiner Webpage nur den Angebotsprozess über die jeweiligen Wettbewerbe und Auktionen, stellt aber gleichzeitig virtuelle Meeting-Räume, virtuelle Studios zum Austauschen von Problemlösungen wie Datenbanken zur Verfügung.

Die inhaltlichen Datenbanken weisen eine Vielzahl von Ausschreibungen und Aufträgen, Methoden wie Komponenten- und Software-Katalogen auf. Diese werden von den registrierten Experten sowohl gespeist wie benutzt. Ein internationales, unternehmensübergreifendes Knowledge-Management-System, obwohl die Entwickler als Wettbewerber jeweils gegeneinander um einen Auftrag kämpfen.

TopCoder zerteilt das IT-Projekt des Kunden in kleine, quasi Bit-&-Byte große Schritte und eröffnet auf der Webpage für freiberufliche Software-Entwickler aller Bereiche eine weltweite Auktion, wer für diesen Kunden und diese bestimmte Spezifikation die beste Lösungsidee zum günstigsten Preis anbietet. Die in einer Datenbank registrierten IT-Experten versuchen, sich einerseits in Auktionen wie Wettstreiten qualitativ in ihrem Wissen und in ihrer Leistung und Schnelligkeit zu überbieten, andererseits sich preislich zu unterbieten, um den Zuschlag für einen Kundenauftrag zu erhalten. Die Wettkämpfe unterscheiden sich gemäß unterschiedlicher Phasen des Programmierungsprozesses: Analytics, Algorithmen allein, Creative Design, Software Engineering, Marathon Matches zu bestimmten spezifischen Problemen, System-Architektur, Assembly, Testing bis hin zu sogenannten „Bug Races", ein Wettstreit, in dem Projektteams, Kunden wie Mitglieder so viele „Fehler" als möglich in einem Software-Produkt finden und darüber hinaus Lösungen vorschlagen.

Die Besten, die Sieger der Wettbewerbe werden bekanntgegeben, alles ist transparent – offen für alle Nutzer. Auf Basis des „Sieger-Produktes", der siegreichen Lösung wird weitergearbeitet. Dies können dann wieder andere Experten in einem weiteren Wettbewerb sein.

TopCoder hat in seinem Geschäftsplan folgende Ziele offen auf die Webpage (www.topcoder.com) gestellt:

1. Ein Zentrum für höchst qualifizierte Computer-Programmierer und Experten, eine höchst effektive Marketing-Plattform, auf der sie ihre Kenntnisse und Fähigkeiten, ihr Wissen und ihre Expertise einem globalen Publikum, meist internationalen Unternehmen darstellen können.
Eine Marketing-Plattform ebenso für die Unternehmen, die ihre Glaubwürdigkeit wie ihren Marktwert auch den Entwicklern darlegen können in einem partnerschaftlichen Prozess.
2. Ein Recruitment-Center für die Unternehmen, um schnell und professionell höchst talentierte IT-Experten für ihren jeweiligen Kundenauftrag zu finden.
3. Knowledge-Datenbank wie Knowledge-Management-System für alle Nutzer, Experten wie Firmen.
4. Verkauf von Software-Lizenzen, die durch diese Wettstreite entwickelt wurden.
5. Outsourcing–Dienstleistung für Unternehmen, vor allem im Bereich Costume Design und Development und ein TopCoder-Partner-Programm.

Immer wieder können die am Produkt mitarbeitenden Entwickler auch mit dem Kunden wie mit ihren mitentwickelnden Kollegen kooperieren. Endziel ist selbstverständlich das beste Produkt zu einem günstigen Preis. Grundlage hierfür ist eine weltweite Zusammenarbeit der Besten ihres Fachs. Laut Malone zahlt sich dieses **Prinzip der Hyperspezialisierung** aus (Malone 2011):

- Gute bis sehr gute Qualität durch Spezialisten und Experten,
- Kostenvorteile: Teilweise wurde aufgrund dieser virtuellen Experten-Teams zu 25 % der Gesamtkosten bei vergleichbaren Projekten in „traditioneller Software-Entwicklung" gearbeitet,
- Für den Kunden vor allem weniger Personalfixkosten,
- Große Schnelligkeit der Bearbeitung.

TopCoder ist davon überzeugt, dass Kunden nicht auf Stundenbasis, sondern allein aufgrund der **Endergebnisse**, der tatsächlichen wertschöpfenden Leistung beurteilen sollten. Software Engineers wie Designer sollten frei sein, wann und für wen sie arbeiten wollen. Sie sollen aufgrund der Ergebnisse bewertet und bezahlt werden. „Empowering individuals to make their own decisions generates the most value for all parties. When customers and members are brought together in a community and a market based approach is used to getting work done, there is no limit to what they can accomplish."

Die in der Datenbank registrierten Spezialisten „fürchten" diese Anforderungen nicht, obwohl sie keinerlei „Sicherheitssystem" haben. Sie gehören nicht zu einem Unternehmen, noch nicht einmal zu einem outgesourcten Unternehmen, sondern sind Freelancer.

TopCoder geht noch einen Schritt weiter und definiert die Mitglieder, die sich das Unternehmen wünscht. Die Mitglieder kommen aus vielen unterschiedlichen Bereichen, von der Computer Technology, Wissenschaft, Physik bis zur Grafik. Sie können sowohl Studenten als auch bereits langjährige Professionals sein, aus allen Ländern mit unterschiedlichsten Sprachen, Interessen und Kulturen. Was sie alle vereint, sind folgende Charaktereigenschaften:

1. Natürliche Neugier,
2. Einzigartige Kombination einer intensiven Wettbewerbsfähigkeit mit kritischem Denkvermögen,
3. Starkes Bedürfnis, anderen zu helfen und ihnen Wissen zu vermitteln,
4. Freude daran, sich immer wieder zu verbessern,
5. Leistungsorientierung, Anerkennung und Wertschätzung der eigenen Leistung.

Alles Kriterien, die meines Erachtens Kernkriterien für Bestleister sind, wie ich sie in Kap. 2 beschrieben habe. Hinzu kommt das Bedürfnis, zu einer Gemeinschaft der Besten zu gehören und sich mit diesen austauschen zu können:

When you participate in the TopCoder community you gain access to a world of interesting things to do in the form of sophisticated and challenging tournaments, an increasing number of client projects and social interaction with some of the best minds in their respective fields (www.topcoder.com/aboutus).

Viele werden diesen „modernen" Weg der Unternehmergesellschaft eher anzweifeln. Aber für High Performer, für Top Performer in Kunst, Kultur, Sport und Wissenschaft sind diese elitären Auswahlkriterien seit Jahrzehnten Usus. Amerikanische Top Orchester wie auch Musical- oder Film-Produzenten tun nichts anderes in ihren „Castings" – nur die Besten bekommen den Zuschlag und zählen für die Dauer des Engagements zum Ensemble.

Die Solisten sogar nur für einige wenige Auftritte. Wir haben dieses Vorgehen nur noch nicht auf unsere „normale" durchschnittliche Arbeitswelt übertragen.

Beispiel

1998 wurde ich Partner bei Andersen Consulting, seit 2000 firmierend als **Accenture,** und ich war von Anfang an begeistert, wie gemeinsam gearbeitet wurde. Solange ich bei Siemens Nixdorf, später Siemens Business Services als Führungskraft tätig war, hatten wir seit längerer Zeit versucht, für das Beratungsgeschäft notwendige Technologien wie Skills-Datenbanken (Kompetenzen/Fähigkeiten/Erfahrung) und Knowledge Management (Wissens-Management) einzuführen, aber kaum jemand war bereit, seine Erfahrungen und Kenntnisse pro-aktiv miteinander zu teilen, vor allem auch die so wertvollen „Lessons learned", also die Erfahrungen, was nicht so gut gelaufen ist. Dies könnte zu persönlich schlechten Beurteilungen und negativem Image führen. Gleichzeitig fühlte man sich allein aufgrund des persönlichen Wissens sicher auf seinem Arbeitsplatz. Die Einführung eines solch transparenten und offenen Systems grenzte damals an Unmöglichkeit.

Umso überzeugender war das Leben bei **Accenture.** Bereits 1998 wurde nach den vorher dargelegten Prinzipien einer wissensbasierten wie unternehmerbasierten Welt gearbeitet, mit dem Bewusstsein, zu den Besten zu gehören, und mit dem dauerhaften Streben, die Besten zu bleiben. Es gibt einen klaren Code of Ethics: Jeder Mitarbeiter sollte am Ende des Tages das eigene Unternehmen wie das Unternehmen des Kunden in einem besseren Zustand hinterlassen, als er es morgens angetroffen hat. Es wird hier die Bereitschaft zugrunde gelegt, sich selbst immer wieder verbessern zu wollen, wie auch die Bereitschaft, anderen bei deren Wachsen und Gedeihen zu helfen und Wissen zu teilen. Wissen, also Branchen-, Methoden- und Technologiekenntnisse, ist hier die Währung. Berater haben ihre Existenzberechtigung gerade aufgrund dieses horizontalen wie vertikalen Wissensvorsprungs.

Sie können online auf Benchmarks und interne weltweite Datenbanken aus allen Branchen und Expertisen in kürzester Zeit zugreifen, haben jedoch gleichzeitig die Verpflichtung, diese Datenbanken mit ihrem Wissen zu speisen. Projekte und Erfahrungen werden in diesen Datenbanken genau festgehalten und transparent analysiert. Alle Mitarbeiter, persönlich wie ihr individuelles Wissen, stehen der gesamten Gemeinschaft zur Verfügung. Wenn jemand Unterstützung braucht, kann er in kürzester Zeit auf Experten in aller Welt zugreifen. Äußerst schnell sind internationale Telekonferenzen durchgeführt, in der gemeinsam an Lösungen für den Kunden gearbeitet wird.

Partnerschaft bedeutet hierbei tatsächlich tatkräftige Hilfe und die Bereitschaft, sein Wissen mit den anderen in der Gemeinschaft zu teilen und das Beste daraus gemeinsam zu gestalten. In unserer komplexen Beratungswelt ist jedem klar, dass es verhängnisvoll für alle ist, wenn Wissen nicht pro-aktiv allen zur Verfügung steht.

„Herrschafts-Wissen", Informationsrückhalte können hier verheerend für das Projekt, den Bereich und jeden Einzelnen sein. Offenheit, Transparenz und die Bereitschaft, Wissen zu teilen, sind daher grundlegende Voraussetzungen für effektives Arbeiten.

Dies gilt auf allen Ebenen. Partner, Geschäftsführer sind ebenso wie andere Führungskräfte verpflichtet, als Mentor wie als Trainer tätig zu sein. Jeder – vom Analyst bis zum Senior Partner – hat sich in diese Skills-Datenbanken, also Wissens-, Fähigkeits-Datenbanken einzutragen. Es gibt die klassischen vertikalen Aufstiegsmöglichkeiten, vom Analysten, Consultant, Manager bis zum Partner, aber auch horizontale Experten bis zum Associate Partner. Kenntnisse wie Fertigkeiten wurden sowohl vertikal wie horizontal analysiert. Branchenkenntnisse, genauso wie Technologien, vor allem aber Methoden bis hin zu sozialen Führungs- und Management-Fähigkeiten.

Wesentlich war bereits damals bei Accenture, dass jeder – sprich vom Analyst bis zum Partner – selbstverantwortlich ist für seine persönliche Weiterbildung, seine eigene Entwicklung. Innerhalb eines Rahmens gibt es zahlreiche interne wie externe Trainings, die ineinandergriffen oder aufeinander aufbauten. Auch Master-Studien sind möglich, wie Lern-Sabbaticals. Die Planung wird sehr bewusst vom einzelnen Mitarbeiter mit seinem Mentor und den Möglichkeiten der zugehörigen Practice abgesprochen.

Jeder ist des Weiteren auch für die Beurteilung der eigenen Leistung nach einem abgeschlossenen Projekt verantwortlich. Es werden die Beurteilung des Vorgesetzten mit der des Beurteilten verglichen, Unterschiede von beiden ausdiskutiert, bevor sie in ein zentrales IT-System integriert werden. Beide müssen sich auf ein Ergebnis einigen. Somit sind die Beurteilungen immer zeitnah, **ko-**

operativ und **transparent**. Auch bei diesen Beurteilungen werden unterschiedliche Bereiche berücksichtigt, je nach Level auch Führungs-, Akquise- und Vertriebsfähigkeiten.

Auf die im IT-System geschützt gespeicherten Daten zu Skills und Leistungslevel des jeweiligen Mitarbeiters können in Zusammenarbeit mit der Personalarbeit diejenigen Projektmanager zugreifen, um Teams für ihre Projekte bestmöglich zusammenzustellen.

Die Beurteilung der jeweiligen Vorgesetzten während eines Projekts ist jedoch nicht allein ausschlaggebend, sondern auch der „externe wie interne Bedarf" dieses Mitarbeiters, seine Expertise und Effizienz.

Aufgrund dieses Leistungskriteriums fühlt sich jeder Berater wie ein Freelancer selbstverantwortlich, nach dem Ende eines Projektes nicht einfach auf Weisungen des Chefs zu warten, sondern sich selbst um neue Projektaufträge zu kümmern. Sich also intern bei einem Partner oder Manager mit einem passenden Projektauftrag zu bewerben. Man ist Unternehmer in eigener Sache. Man bewirbt sich oder wird angefragt. Je höher die Nachfrage, also der interne „Marktwert", umso höher die Effizienz, umso größer die Möglichkeit des Karriereschritts und natürlich des ergebnisorientierten Bonus. Die Bewertungskriterien sind jedem klar, offen und transparent.

Die Planung der einzelnen Trainings, das Controlling der persönlichen Effizienz wie anderer Leistungskriterien liegt in der Selbstverantwortung des Einzelnen. Es gibt **große Transparenz**. Jeder kann sich mit seinen Kollegen vergleichen. Jeder weiß, woran er selbst am meisten arbeiten muss. Die Rollen innerhalb des zugewiesenen Levels, z. B. Analyst, Consultant, Senior Consultant, Manager, Senior Manager, Associate Partner und Partner können pro Projekt unterschiedlich sein. Selbstverantwortlich entscheidet man sich so weit als möglich, die jeweils notwendigen Kenntnisse in der jeweiligen neuen Rolle in einem nächsten Projekt aufzubauen und bespricht dies pro-aktiv mit seinem Mentor oder zuständigen Manager oder Partner.

Es gibt selbstverständlich auch den Bereich Personal, Human Resources. Für mich damals wieder eine Bereicherung. Denn im HR-Bereich waren und sind wirkliche Business-Partner tätig, die das Geschäft verstehen. Meist selbst Berater, Senior Consultant bis Senior Manager wie Partner, die eine Zeit lang aus der Front-Line ins Backoffice wechselten. Wiederum eine bewusste Planung, zum Beispiel im Rahmen der Familienplanung, einige Zeit weniger als Consultant reisen zu müssen und daher im Headquarter etwas planbarere Arbeitszeiten vorzufinden. Ein großer Vorteil für beide Seiten:

Als Partner musste ich nicht lange erklären, warum ich gerade schon morgen Nachmittag diesen Experten an einem speziellen Standort beim Kunden haben musste, auch nicht, warum man nur und ausschließlich diese Expertise benötigte. Umgekehrt bleibt der HR-Business-Partner nah am alltäglichen Geschäft, weiß, welche Skills benötigt werden, und kümmert sich sowohl um die Mitarbeiter wie selbstverantwortlich auch um seine eigene, persönliche Weiterbildung, bevor er wieder in die Front-Line als Berater einsteigt.

Da in einem Beratungsunternehmen nicht als Funktion zwischen Vertrieb und Dienstleistung, also Akquise, Projekt Management und Beratung unterschieden wird, sollten beide Fähigkeiten pro Level auf- und ausgebaut werden. Man kann sich aber auch entscheiden, horizontal als Experte und Spezialist zu arbeiten. So war mein Kollege Tom Davenport als Associated Partner lange Jahre unser weltweit höchst anerkannter Experte für Knowledge Management und parallel auch Dozent an amerikanischen Universitäten.

Ich arbeitete in einer Matrix-Organisation, in der sich Verantwortlichkeiten überlappen – zum Beispiel Practices, die Communities, also Gemeinschaften im Rahmen einer Branche oder einer spezifischen Beratungsdienstleistung bilden; zum Beispiel bei mir die Practice: Branche Electronic & High Tech, Communications mit Human Performance, Change Management.

Entscheidend war und ist jedoch, dass die Partner nicht allein einer Practice, sondern insgesamt in Ländergruppen zusammenarbeiten und somit tatsächlich wie Partner für ein gemeinsames Ergebnis an einem Strang ziehen.

Sicher kann es dabei auch mal unterschiedliche Vorstellungen geben, aber hierfür gibt es nicht nur Empfehlungen, wie Partner zweier Practices innerhalb eines Projekts miteinander arbeiten sollen, sondern entscheidend ist letztendlich das positive Ergebnis für die Firma und auf dem Weg dahin, die innere Verpflichtung zur Stewardship, zum gemeinsamen Besseren. Die Prämisse gilt durchgehend: „Client first, Firm second, Me third" – in allererster Linie zugunsten des Kunden, dann zugunsten der Firma, zuletzt man selbst.

Somit eine effektive Kombination aus Stewardship, Verantwortung und Loyalität zur Firma und den Kunden mit persönlichem Unternehmertum und persönlichem Wachstum.

Ich habe davon nur profitiert, kann bis heute auf ein exzellentes Partner-Netzwerk zurückgreifen wie auf eine großartige Praxiserfahrung.

Das Ziel, eine möglichst flexible, agile und dynamisch am Markt ausgerichtete Organisation aufzubauen, kann mit diesen kooperativen und transparenten Methoden am besten erreicht werden. Die Mitarbeiter sind Unternehmer in eigener Sache und gleichzeitig stolz und loyal dem Unternehmen gegenüber. Beide Seiten profitieren. Eine große Herausforderung besteht in der Integration von Mitarbeitern, die bislang gewohnte Arbeits- und Karrierestrukturen mit wenig Transparenz und

Eigenverantwortlichkeit gewohnt waren. Auch Accenture prüfte diese Fähigkeiten bei Eintritt der sogenannten Experienced Hires wie mich, Fach- und Führungskräften aus anderen Branchen, fernab einer Beratermentalität. Jedem Bewerber werden diese Rahmenbedingungen ganz klar offengelegt, ebenso die häufigen und anstrengenden Reisetätigkeiten und die langen Arbeitszeiten. Niemand kann sagen, er habe dies nicht gewusst.

Die Entwicklung zu einer solchen Unternehmergesellschaft innerhalb unserer Arbeitswelt wird weiter voranschreiten. Nicht allein in Beratungs- und IT-Unternehmen, sondern auch in anderen Branchen. Pfizer, Pharma, hat einen „internen Arbeitsmarktplatz" kreiert, Pfizer Works genannt, in dem Mitarbeiter sich auf interne Projektarbeit, interne Arbeitsplätze genauso bewerben, wie ihre Kenntnisse in Trainings vertiefen und im Angebot offerieren und damit ihren persönlichen Einflussbereich wie ihr Image als Experte verbessern können.

IBM arbeitet angeblich nach Informationen des *Handelsblattes* wie der Zeitschrift *ManagerSeminare* ebenso wie TopCoder an einer Internetplattform, auf der sich freie Mitarbeiter aus der ganzen Welt präsentieren und nach festgelegten Qualitätskriterien zertifizieren können. Zwar widerlegt IBM den Bericht des Handelsblattes vom 1 Februar 2012 als reine Spekulation (managerSeminare Mai 2012, S. 75), aber die Realität der „neuen" Arbeitswelt spricht eindeutig dafür.

Bestleister müssen diese neue, sehr fordernde Arbeitswelt nicht fürchten. Denn sie werden darin nicht nur bestehen können, sondern viele ihrer Motivationen abdecken können, weil sie zu den Besten gehören wollen. Dahin streben sie. Deshalb leisten sie so viel. Aber auf Dauer werden sie damit sehr genau umzugehen lernen müssen. Bei „internen Arbeitsmärkten" wie bei Accenture und Pfizer mit der Gefahr des Burnouts, der Gefahr der „Selbst-Ausbeutung", der immer nach Exzellenz strebenden High Performer, sei es in Leistung für den Kunden wie im eigenen Wissenserwerb bis hin zum Adrenalin-Kick, die nächste Herausforderung erfolgreich bewältigen zu können.

Bei **Freelancern** (Selbstständigen, Freiberuflern) besteht die Gefahr eindeutig in der globalen Fähigkeit der Ausbeutung höchst qualifizierter Spezialisten, die sich im Preiskampf ständig unterbieten müssen. Mit sinkendem Honorar müssen wiederum mehr Aufträge bearbeitet werden, um den Lebensunterhalt bestreiten zu können. Gerade bei Berücksichtigung der unterschiedlichen Lohn-, Gehalts- und Honorarstrukturen zwischen westlichen und asiatischen Ländern.

Die „größten" Risiken trägt dagegen vor allem der durchschnittliche Mitarbeiter, der stabil genau das ausführt, womit der Vorgesetzte ihn beauftragt, und der einen durchschnittlichen Tag von 9 Uhr morgens bis 17 Uhr abends abarbeiten will. Dieser wird in der Wissens- wie Unternehmer-Gesellschaft weiter unter Druck geraten. Bei allem Streben nach Höchstleistung darf nicht vergessen werden, dass in Unternehmen immer noch eine Vielzahl von Routineaufgaben mit Qualität erledigt werden müssen. Diese würden jedoch sogenannte „Bestleister" demotivieren und einen „Bore-out" verursachen. Aber der Qualitätsdruck wird auch bei Routineaufgaben zunehmen. Die Entlohnung wird sinken. Denn diese können, wurden und werden zunehmend ebenfalls outgesourct.

Seth Godin, amerikanischer Marketing- und Leadership-Experte (Rang 17 in der Liste der 50 Management Gurus), bezeichnet im Interview mit Vivian Giang (Business Insider im Januar 2012; Godin 2012) diese Entwicklung definitiv als das „Ende der klassischen Industriegesellschaft und damit auch als das Ende des durchschnittlichen Mitarbeiters". Die auch in den USA immer noch vorkommende Vorstellung, bei einem durchschnittlich gut ausgeführten Job hätte man einen sicheren Arbeitsplatz, quasi auf Lebenszeit verdient, gehöre seiner Meinung nach schon lange der Vergangenheit an. Wer so denken würde, wird sich einer harten Realität stellen müssen. Für jeden Mitarbeiter mit nur durchschnittlich guter Leistung gibt es mehrere Arbeiter mit besserer Leistung, die diesen Job auch noch gerne und noch dazu oft günstiger übernehmen. Denn selbst wenn in einem Land Fachkräftemangel herrschen würde, so kann jedes Unternehmen heutzutage sehr leicht auf gute Fachkräfte weltweit zugreifen, die noch dazu häufig günstiger zu bekommen sind. Gewerkschaften können hier nicht mehr „weiterhelfen". Denn in einer Wissensgesellschaft muss dieser Mitarbeiter noch nicht einmal einen Arbeitsplatz in Deutschland haben, sondern kann als freier Mitarbeiter in seinem Heimatland, zum Beispiel Indien, weiterarbeiten.

Wer also heutzutage – laut Seth Godin – sein Schicksal, seine berufliche Entwicklung nicht selbst wie ein Unternehmer in die Hand nimmt, hat bereits verloren.

Als exzellenter Marketing-Spezialist empfiehlt er jedem, seinen ganz persönlichen **USP**, seine **Unique Selling Proposition**, seinen persönlichen Marktwert und seine Marke herauszuarbeiten. Die eigene **Employability** ist Trumpf. Eine Persönlichkeit mit eigener Marke, einem klaren Set an aktuell notwendigen und state-of-the-art Fähigkeiten, Kenntnissen und Wissen findet immer wieder eine gut bezahlte Rolle in der Wirtschaft.

> It's no longer about waiting for some big corporation to choose you. We've arrived at an age where you choose yourself (Godin 2012).

Die Herausforderung für den Einzelnen, Manager wie Mitarbeiter bis hin zu den Unternehmen besteht vor allem darin, dass in der jetzigen Wirtschaft noch alle Formen parallel existieren. In Produktionsfirmen wie Trigema wird ein stabiles Führungssystem nach „altem" Muster der Industriegesellschaft angewendet, welches nachweislich zum Erfolg führt und Arbeitsplätze sichert, während parallel bereits „freie" moderne Organisationsstrukturen bei High-Tech-Unternehmen eingeführt sind, die ohne jegliche Zeiterfassung mit großer Ergebnisorientierung und individuellen Freiräumen arbeiten. Automobilunternehmen weisen innerhalb des Unternehmens beide Strukturen auf, von der lokalen Produktionsstätte im Werk mit festem Schichtbetrieb und einer klaren „Führungsansage" des Meisters bis zum Homeoffice für IT-Spezialisten. In der Hotellerie wie Gastronomie gibt es ebenso Bereiche, wo nach festgelegten Qualitätskriterien und Zeiten vor Ort gearbeitet werden muss, während andere Dienstleistungen flexibler gestaltet werden können. Jeder Einzelne ist daher aufgefordert, für sich zu entscheiden, wie er selbst gerne arbeiten möchte.

Ein „One size fits all" gibt es nicht mehr, auch wenn die „neue, moderne" globale 24/7-Unternehmens-Gesellschaft als zeitgemäße Wirtschaftslösung als Zukunft der Wissensgesellschaft angesehen wird.

Es gibt in Zukunft nicht nur Schwarz und Weiß oder etliche Grautöne, nein – unsere Arbeitswelt wird zunehmend bunter und vielfältiger (siehe Tab. 3.1).

3.1 Leistung neu denken

Tab. 3.1 Von der Industrie- zur Wissens- und Unternehmergesellschaft

Produktionstiefe Produktionsarbeitsplatz Vertikale Hierarchien	„Fester Arbeitsplatz" als Mitarbeiter, ggf. Homeoffice Flache Hierarchien	„Bounderless Workplace" Interne & externe bereichsübergreifende Teams Inbound- & Outbound-Organisation
Sicherheit	Relative Sicherheit Ungewissheit Marktpositionierung & Technologieentwicklungen Steigende Instabilität	Unsicherheit Unvorhersehbarkeit von Entwicklungen Instabilität
Fremdbestimmung	Mitbestimmung Demokratischer Führungsstil	Selbstbestimmung, Selbstverantwortung Gleichberechtigte Partnerschaften, Kooperationen
Feste Arbeitsplatz-Beschreibung Zeiterfassung Tarifhoheiten Gewerkschaften	Flexible, offene „Job descriptions" Projekt- wie prozessorientiert Flexible Arbeitszeiten Individuelle Resultat- & zielorientierte Entlohnung	Projektbezogene Rollen, sowohl Mitarbeiter wie Freelancer und Partner-Unternehmen Keine Zeiterfassung Aufgabenbezogene Aufträge, resultatorientierte Entlohnung
Kompetenz & Erfahrung Statuswissen Notwendiges Anpassungstraining	Kompetenz & Erfahrung Statuswissen Veränderungsbereitschaft Lebenslanges Lernen	Kompetenz & Wissen als Rohstoff für Innovation Veränderungskompetenz Lebenslanges Lernen
Lokalität sowie Internationalität	Beginnende Diversität Internationalität – Globalität	Durchgängige Diversität Internationalität – Globalität
Reglementierte, klar strukturierte Personalentwicklung durch die Personalabteilung Karriere meist vertikal	Strategische Personalentwicklung durch die Personalabteilung HR als Partner Karriereentwicklung – vertikal wie horizontal	Hyperspezialisierung, Expertise Persönliche Entrepreneurship Employability Karriereentwicklung – meist horizontal
Klare Regeln Klare Hierarchie	Öffnung – beginnende Transparenz	Offenheit – Transparenz Partnering – Vertrauen
Corporate Image	Employer Branding Talent Management	Partner Branding, Talent und Wissens-Management – Knowledge Sharing als Wachstumsfaktor

3.1.4 Von der Zeit-Intelligenz zur Lebens-Intelligenz

▸ Von der Arbeitsleistung zur Lebensleistung

In unserer Wissensgesellschaft wird Intelligenz sehr hoch bewertet, meist begrenzt auf den mathematisch-naturwissenschaftlich belegbaren Intelligenz-Quotienten. Erst in den letzten Jahrzehnten wurden auch andere „Intelligenzen" anerkannt.

Besondere Aufmerksamkeit erzielte 1996 Daniel Goleman mit seinem Buch über „Emotionale Intelligenz" (Goleman 1996). Dieser Begriff wurde jedoch bereits 1990 von John D. Mayer (Universität New Hampshire) und Peter Salovey (Yale Universität) eingeführt und beschreibt die Fähigkeit, eigene und fremde Gefühle korrekt wahrzunehmen, zu verstehen und zu beeinflussen. Wie so oft, hinkt die Umsetzung der Konzeption, der Erkenntnis jahrzehntelang – siebzig Jahre hinterher.

Das Konzept beruhte auf den Kerngedanken multipler Intelligenzen, vor allem der „Sozialen Intelligenz", wie sie Edward Lee Thorndike und David Wechsler differenziert haben. Für Thorndike war schon 1920 klar, dass selbst der fachlich beste Mechaniker als Vorarbeiter scheitern wird, wenn es ihm an sozialer Intelligenz mangeln würde.[3] Emotionale, somit soziale Intelligenz ist erst seit den 90er Jahren ein anerkanntes Leistungskriterium für Erfolg im Leben und Beruf, zusammengefasst als die sogenannten „Soft Skills".

In meinen Interviews bei Personalberatungen wie in den Personalabteilungen führender Unternehmen und bei einzelnen Führungskräften werden diese „weichen Fähigkeiten" zwar immer wieder betont. In der harten Beurteilung, die letztendlich zu Erfolg und Aufstieg führt, fließen sie in der Realität jedoch immer noch zu wenig ein. Immer noch ein Nice-to-Have, aber kein hartes Sieger-Kriterium, auch wenn es doch auch positive Ausnahmen gibt.

Dennoch wage ich es, hier sogar noch einen Schritt weiter zu gehen. Wir benötigen weitere Paradigmen-Wechsel, wenn wir in Zukunft Erfolg haben und Leistungsträger erhalten wollen:

- Durchbrechen der bisherigen Normen des Leistungs- und Erfolgsdenkens, weg vom reinen beruflichen Karriere-Denken als Erfolg hin zu einem Konzept der Lebensleistung,
- Durchbrechen bisheriger Normen des Zeitmanagements und der Arbeitszeiten zur Sicherung persönlicher Erfolgskriterien in Berufs- wie Privatleben.

---

[3] Wikipedia: Emotionale Intelligenz, abgerufen 11. April 2012, zuletzt aktualisiert 28. März 2012.

3.1 Leistung neu denken

In Zukunft wird der intelligente Umgang mit der eigenen Zeit für Berufs- wie Lebens-Erfolg entscheidend sein. Auch hier geht es vielmehr um die Qualität, die Zeit-Qualität und die Lebens-Qualität, und nicht um das effektive Zeit- oder Lebens-Management. In den 90er Jahren gab es diesen Terminus bereits: Seien Sie der effektive Manager Ihres Lebens. Dies allerdings ist mir zu wenig.

Diese Entwicklung führte uns zu der in Kap. 2 beschriebenen Intention: Schneller, höher, weiter, – aber die meisten bleiben dabei „auf der Strecke"; ebenso die tatsächlichen persönlichen wie gesellschaftlichen Werte, das, was unser Leben mit Qualität und nicht allein mit Materie anreichert.

Wie in einem Produkt-Lebenszyklus können wir uns selbst als „Produkt" betrachten und uns sehr bewusst immer wieder neu entwickeln, die eigene Marke, das eigene Image neu gestalten. Es geht dabei um ein reifes, exzellent ausgereiftes Qualitätsprodukt. Ein Leben, welches wir selbst als erfüllt sehen, wie einen köstlichen reifen Wein, den wir gerne mit anderen teilen und gemeinsam genießen wollen. **Genuss wie Leben jedoch brauchen Zeit.**

Wiederum können uns Künstler als Lebenskünstler wie als Vorbild vorausgehen. Sie bleiben sich einerseits treu, entwickeln sich jedoch immer wieder weiter, bleiben nicht stehen, verwerfen „Altes", was obsolet geworden ist, und entdecken neue Techniken, Methoden, neue Rollen, die sie pro-aktiv gestalten können. Am Ende – mit über 80 Jahren – können sie auf ein **Lebenswerk** zurückblicken.

Wollen wir dies nicht alle, im Kleinen, manche auch im Großen? Etwas Sinnvolles bewirken und beitragen und zu einem Lebenswerk abrunden.

In die „normale" Arbeitswelt hat dieses Denken noch lange keinen Einzug gehalten, obwohl sich die Welt um uns massiv geändert hat. Wir denken immer noch in althergebrachten, festgelegten Arbeits-Strukturen von 15 bis 65: Ausbildung, Studium, Berufseintritt, hierarchisch vertikaler Aufstieg bis zu einer oberen Führungsposition, dem „Siegertreppchen" und dann das „Erfolgs-Ende".

Selbst Politiker machen es uns vor, mit über 90 Jahren haben Helmut Schmidts Worte immer noch Gewicht. Lassen Sie uns weder unsere Gehirne an der Unternehmenspforte abgeben noch bei „Renten-Eintritt". Lassen Sie uns aber auch nicht so viel arbeiten, dass wir am eigentlichen Leben „vorbeirennen", um im Alter gegebenenfalls ein Vermögen angehäuft zu haben, welches wir nicht mehr genießen können, weil wir unsere Gesundheit aufgrund dieses Hamsterrads nicht nur aufs Spiel, sondern allzu oft bereits vergeudet haben.

Lassen Sie uns auch nicht so viel arbeiten, dass wir in Gesprächen nichts anderes mehr als über den Job zu erzählen haben. Wie langweilig wäre da unser Leben geworden? Wie öde würden uns unsere Gesprächspartner empfinden?

Dr. Pero Micic, Gründer und Vorstand der FutureManagementGroup AG, nennt dies mit Recht: **die Kurzfrist-Falle.** Wir treffen kurzsichtige Entscheidungen und

Strategien, um zum Beispiel einen Aktienkurs in die Höhe zu treiben, obwohl die Shareholder, die Aktionäre selbige Aktie nach wenigen Tagen oder gar Minuten wieder gewinnträchtig verkaufen, ohne an **Nachhaltigkeit** zu denken. Manager denken an kurzfristige Boni und Verträge zuerst, ohne die Auswirkungen für das Unternehmen selbst, dessen Produktivität, Personal oder Image nachhaltig zu bedenken. Wir gieren nach diesen Bonus, gleichgültig ob es sich um einen materiellen oder immateriellen Erfolg handelt, ohne Rücksicht auf Kunden, Firmen, Partner, Kollegen oder Mitarbeiter – um letztendlich im Altersheim von Fremden so gut als möglich versorgt zu werden und vor Altersgenossen mit irrelevanten, in Vergessenheit geratenen Geschäftserfolgen prahlen zu können.

In der Vorankündigung seines Vortrags auf der „Personal 2012", fasst Micic deshalb treffend zusammen: „Menschen sind erfolgreicher, wenn sie bei wichtigen Entscheidungen ihr Glück und ihren Erfolg über das gesamte Leben im Blick haben. Organisationen sind signifikant erfolgreicher, wenn sie mit einem langfristigen Denk- und Handlungshorizont geführt werden." (vgl. MesseSpiegel Personal 2012). Langfristigkeit statt kurzfristigem Denken und Handeln.

Es geht noch nicht einmal darum, „weniger zu arbeiten", sondern darum, dass Arbeit einerseits wieder Spaß und auch Sinn macht, andererseits aber auch genügend Raum lässt für einen selbst und die persönlichen Lebens-Aufgaben und Lebens-Interessen. Weniger arbeiten führt dann sogar zu gesteigerter Produktivität. Sprenger legte dies schon 2007 in seinem Buch: „Das Prinzip Selbstverantwortung" (Sprenger 2007, S. 11), dar: Verantwortung für sich, die eigene Motivation und Leistung übernehmen.

Um aber diese Lust an Leistung und Lebens-Erfolg – die Lust am eigenen Wirken, die Lust, etwas Sinnvolles bewirken zu können – erhalten zu können, ist es entscheidend, sich schon frühzeitig um sich selbst, seine Intentionen, seine Gesundheit, sich um sich selbst zu kümmern.

Nicht unerwartet ist Timothy Ferriss Buch: **Die 4-Stunden Woche**, seit 2007 zum Kultbuch aus den USA geworden (Ferriss 2008). Geboren 1977, wurde Timothy Ferriss zum erfolgreichen Unternehmer, Weltenbummler und eben Bestseller-Autor. Nach Studien an erstklassigen amerikanischen Universitäten gründete er 2001 sein eigenes Unternehmen. Aber ein Burnout zwang ihn 2004 zu einer Auszeit, fünfzehn Monate, in denen er durch die Welt reiste und andere Einsichten gewann. Vor allem den Genuss am Leben, am Reisen und an interessanten Dingen, fernab von Geschäftsideen und klassischer Arbeit. Er erkannte vor allem, dass er seine Firma nebenbei in vier Wochenstunden führen konnte, ermöglicht durch globale IT-Techniken und das Outsourcing von Dienstleistungen, wie im letzten Kapitel beschrieben, zum Beispiel Research an indische Service Provider.

3.1 Leistung neu denken

Ohne seinen Partner auf der anderen Seite zu kennen, arbeiteten beide eng zusammen. Auch hier jedoch verweist Ferriss darauf, wie wichtig die anfängliche genaue Absprache der Erwartungen, Qualitätskriterien und Zielsetzungen ist. Dies ist nicht in einem viertelstündigen Gespräch zu lösen. Ferriss gewann durch das Outsourcing zeitaufwendiger Research-Aufgaben vor allen Dingen Zeit für sich selbst, das heißt **Lebenszeit**. Er nutzte die gewonnene Zeit, Dinge zu tun, die er schon lange einmal erleben wollte, zum Beispiel um in Berlin Deutsch zu lernen oder in Argentinien Tango zu trainieren. Als Unternehmer kannte er dieses Prinzip des Outsourcings und wendet es konsequent auch für sein Privatleben an.

Selbst wenn Sie berechtigterweise erwidern, dass dies wohl nicht für jeden möglich sein wird, so kann ich nur betonen: Haben Sie sich dies überhaupt schon einmal überlegt? – Sind Sie jemals ausgebrochen aus dem klassischen Leistungsdenken: Schneller, höher, weiter? War es für Sie nicht vielmehr einfacher, die vermeintliche bisherige Arbeits- und Erfolgs-Realität zu akzeptieren?

Eine junge, sehr erfolgreiche Klientin brachte dies auf den Punkt: totale, „erfolgreiche" Fremdbestimmung. Klingt nicht wirklich positiv – oder?

> **Beispiel**
>
> Mit knapp dreißig Jahren hatte sie eine Bilderbuch-Karriere absolviert. Doktortitel an einer hervorragenden Universität, internationale Praktika, Forschungsarbeit an einem weltweit anerkannten Institut, als gefragte Fachfrau in einem globalen Pharma-Unternehmen war sie auf dem Sprung in die obere Top-Management-Etage. Alles schien perfekt.
>
> Es stellte sich jedoch heraus, dass dies für sie alles ganz nett sei – aber sie im Leben mit ganz anderen Dingen glücklich ist. Sie liebt die Natur, liebt Sport und Kinder und hatte zum Glück auch einen Ehepartner gefunden, der dies genauso empfand. Beide erfolgreiche Top Performer. Beide jedoch wollten Kinder und für diese auch gemeinsam Zeit haben. Beide empfangen Glück und Freude im Sport, aber für all diese beglückenden Ziele in ihrem Leben blieb einfach zu wenig Zeit.
>
> Beide fühlten sich fremdbestimmt, schon von den Eltern, dann über die klassischen Wege durch Universitäten und Führungskräfte im Unternehmen. Es stand immer nur der „Weg nach oben, noch höher, schneller, intensiver, besser" zur Verfügung. Besser wurde immer nur in diesem klassischen Sinne der besseren Leistung, der besseren Positionen, des höheren Gehalts und des größeren Einflusses definiert. Wertschätzung und Anerkennung fanden sie nur aufgrund dieser Erfolgskriterien. Nie fanden sie sich in dem „kleinen privaten Glück", der Zeit in der Natur, der Zeit für sich, den Partner und Freunde. Bei allen Diskussionen, in denen sie solches zaghaft hatten anklingen lassen,

wurden sie auch im privaten Umfeld immer wieder „auf den rechten Weg" der Karriere-Entwicklung verwiesen.

Bis sie den Mut fand, auszubrechen: Sie hatte sich entschlossen, nicht mehr mitzumachen. Sie verließ die Firma. Gerade diese Kündigung war ironischerweise der durchschlagende persönliche Erfolg. „Ich muss versuchen, mehr auf mich zu hören, und nicht Sachen machen, nur um den Vorstellungen und Erwartungen anderer zu entsprechen. Ich denke, dass ich meinen Weg gehen muss und mich nicht in ein Korsett aus Erwartungen anderer Menschen zwängen kann." Viel zu oft hatte sie nicht Nein sagen, andere nicht enttäuschen oder vor den Kopf stoßen wollen und sich überreden lassen.

Sie und ihr Mann sind dennoch nicht zu „Aussteigern" geworden, sondern kombinieren nur ihr gemeinsames Leben anders. Definieren es vor allen Dingen neu mit ihren grundlegenden Werten, ihre Kinder gemeinsam wirklich aufwachsen zu sehen und mit ihnen viel unternehmen zu können in der Natur, bei Spiel und in der Familie. Sie sind Top Performer geblieben.

Gute Leistung zu erbringen, ist ihnen wichtig, aber sie haben eine „bescheidenere" Positionierung gewählt, um mehr Freiraum und Freizeit für die ihnen ebenfalls wichtigen Dinge im Leben zu gewinnen. Sie wollen auch Top Performer in ihrem eigenen Leben sein.

Dies ist der „neue" Wertewandel der jungen Generation, auf den sich auch große globale Unternehmen einstellen müssen: Verzicht auf klassischen, extrovertierten Erfolg und Gewinn an introvertiertem, individuellem wie auch sozial geprägtem Erfolg. Es geht um

- mehr *Sein* als *Schein*,
- sinnvolle Arbeit in Selbstbestimmung,
- individuelle Balance zwischen Beruf und Privatleben,
- Freiräume für Persönlichkeit, um persönliche Wünsche, Intentionen wie auch Lebensaufgaben verwirklichen und erfüllen zu können.

Es geht nicht um Leistungsverweigerung. Ziel ist es nicht, weniger zu arbeiten und trotzdem ein luxuriöses Leben zu führen, sondern dem eigenen Leben praktisch mehr Wert, eine größere Wertschöpfung zuzubilligen als dem reinen beruflichen Erfolg. Es geht auch darum, mehr Persönlichkeit einfließen zu lassen.

3.2 Erfolg neu denken

▶ Mehr Wandel und Flexibilität, mehr Werte, Sinn und Nachhaltigkeit

Im Rahmen eines agilen, dynamisch organisierten Unternehmens haben sich die Anforderungen an die Mitarbeiter gewandelt. Zu den bisherigen Erfolgskriterien wie Leistungsbereitschaft, Leistungswillen – also den Willen, sich ständig zu verbessern, zu den Besten gehören zu wollen – gewinnen die persönliche Veränderungskompetenz, die individuelle geistige Flexibilität wie eine nachhaltige Wertorientierung immer mehr an Bedeutung.

Was also sind die Charakteristiken einer agilen Organisation und Unternehmenskultur? Wo finden wir solche Strukturen wieder? Wodurch zeichnen sich diese Unternehmen aus?

Google ist unbenommen Marktführer und lebt den kalifornischen Traum. Google will wie die Studenten der Stanford Universität die Welt verbessern und sucht deshalb sehr spezifisch nach Mitarbeitern, die diesen Traum teilen, die „inspired" sind und mit der Wirtschaftskraft von Google „empowered" werden wollen. Die Managerin des Google **Global Talent Management** fasst dies in einem Film von Beate Amann über den kalifornischen Traum folgendermaßen zusammen:[4]

Google sucht Mitarbeiter, die gerne in **unstrukturierten Umfeldern** arbeiten, die mit **Mehrdeutigkeiten** und **kontinuierlicher Instabilität** sehr gut umgehen können. Google sucht Leute, die diese Herausforderungen geradezu lieben. Die etwas gestalten wollen, quasi ihren Unternehmer-Traum innerhalb des Firmenrahmens Google verwirklichen wollen. Wer nach klaren Regeln und Hierarchien und nach festen Arbeitszeiten arbeiten will, wer Sicherheit sucht, ist hier fehl am Platz.

1. „**To be inspired & empowered**" ist hier kein leeres Buzz-Wort, vielmehr haben die Mitarbeiter bei Google das Gefühl, dass sie ernst genommen werden, dass sie Bedeutung und Geltung haben ohne Hierarchie und fernab von jedem Statusdenken. Sie können sich ganz individuell und frei entfalten. Es gibt keine gewachsenen Verkrustungen. Die Aufgaben und Rollen ergeben sich rein aus den persönlichen Kompetenzen. Google konzentriert sich darauf, allein den funktionierenden Rahmen für ein ständig agiles Unternehmen zu schaffen.
Das Unternehmen als „**Framework**", nichts Fertiges, nichts Abgeschlossenes, sondern ein offenes Gerüst, das immer weiter von den eigenen Mitarbeitern

---

[4] Amann, Beate: „Der kalifornische Traum", ZDF Mediathek, Video 1521448. 2. Dezember 2011.

ausgebaut und verändert wird, wenn sich die Umwelt und die Anforderungen ändern.
2. Google Mitarbeiter können ihre **Individualität voll ausleben**, sei es in ihrer kulturellen Diversität oder ihren ganz persönlichen Vorlieben in Kleidung, Arbeitsstil und Arbeitszeit. Jede Perspektive kann demokratisch, offen und transparent eingebracht werden. Nichts ist vorgeschrieben. Es wird in kleinen Teams ohne Hierarchien zusammengearbeitet. Deadlines bestimmen die Teams selbst. Aber es ist gerade die Leidenschaft, ein Produkt schnell und gut als Erster auf den Markt zu bringen, die antreibt. Gerade aufgrund dieser individuellen Begeisterung an der Aufgabe, am Projekt selbst, arbeiten viele Mitarbeiter sehr lange und sehr viel.
3. Google entspricht nicht nur dem Unternehmergeist der jungen Generation, sondern kommt auch dem Bedürfnis nach einem modernen grünen Unternehmen als **Wertschöpfung** und **Wert an sich** entgegen. Google investiert in „grüne Unternehmen", finanziert die „grüne Revolution", um ein Teil der Lösung zu sein. Gewinn zu machen, bedeutet für Google kein K.O.-Kriterium, sondern die Firma verbindet finanzielles Wohlergehen mit Erneuerbaren Energien.

Folgende **Kern-Kriterien** lassen sich erkennen, die einen grundlegenden **Wertewandel** verifizieren:

1. **Entrepreneurship** – Unternehmer in eigener Sache sein
   - Begeisterung, Spaß und Stolz auf die eigene Leistung
   - Flexibilität statt Statusdenken
   - Sicherheit im Umgang mit Ambivalenz, Instabilität und Unsicherheit
2. **Diversität**
   - Individualität und Vielfalt leben
   - gegenseitiger Respekt und Wertschätzung
3. **Offenheit, Toleranz, Transparenz, Verstehen, Vertrauen**
4. **Nachhaltigkeit**, die Bereitschaft und der Wille, die „Welt" zu verbessern, nachhaltig Werte zu schaffen. Sinnorientierung
5. **Veränderungskompetenz**

Dies korrespondiert hervorragend mit den aktuellen Herausforderungen der Unternehmen:

- Kompetenz zur Bewältigung von kontinuierlichen Veränderungssituationen
- Demografischer Wandel

3.2 Erfolg neu denken

Abb. 3.4 Werte-Entwicklung von der Industrie- zur Wissens-/Unternehmensgesellschaft (Bildrechte: Urheberrecht beim Autor)

- Nachhaltigkeit, nicht allein in Bezug auf ein „grünes Bewusstsein", sondern ein auf Langfristigkeit in puncto Vertrauen und Zuverlässigkeit basierendes Zusammenarbeiten. Ein Arbeiten mit „gutem Gewissen"
- Selbstmanagement und Work-Life-Balance

Wir befinden uns zurzeit direkt an der Schwelle zum Paradigmen-Wandel, wie die Abb. 3.4 zur Werte-Entwicklung von der Industrie- zur Wissens-/Unternehmergesellschaft aufzeigt.

Gerade in einer „fluiden", sich also immer ändernden, agilen Unternehmensumwelt wird eine klare Wertorientierung immer wichtiger. Sie bildet die Basis des Unternehmens-„Frameworks", des Rahmens und hält dessen Einzelteile zusammen. Werte bieten somit fast die einzige Sicherheit in dem nach allen Seiten offenen Rahmen. Aber diese Sicherheit können sie nur dann bieten, wenn sie tatsächlich, wirksam gelebt werden. Nice-to-Have-Broschüren mit Werten als Worthülsen helfen hier wenig. Sie werden und wurden schnell entlarvt. Werte müssen gelebt werden, um wirksam sein zu können. Nur wenn auch Führungskräfte nach diesen Werten beurteilt werden, wenn sichtbar wird, dass die Einhaltung der Werte auf allen Ebenen kontrolliert wird, erzielen sie eine nachhaltige Wertorientierung.

Unternehmen mit einem **permanenten Monitoring der Unternehmenswerte** haben daher einen durchschlagenden Erfolg, sowohl bei der Mitarbeitergewinnung, Motivation wie Produktivität bis hin zu einer langfristigen positiven Marktpositionierung. Malik verweist mit Recht darauf, dass man Werte braucht, um wirksam zu sein. „Am brauchbarsten und klarsten können (Werte) in Form von Grundsätzen oder Prinzipien zum Ausdruck gebracht werden. Grundsätze sind das Fundament der Professionalität von Management. Sie regeln, wie die Managementaufgaben erfüllt und die Managementwerkzeuge eingesetzt werden. Sie sind Kern managerieller Wirksamkeit. Organisationen brauchen das, was man im Englischen ‚the spirit of an organisation' nennt." (Malik 2006, S. 77)

> **Beispiel**
>
> Als „lokaler" Mittelständler in Deutschland wie globales Unternehmen zählt **Microsoft** mit seinem Personal- und Führungssystem in den letzten elf Jahren (seit 2000) durchgängig zu „Deutschlands besten Arbeitgebern" (erstellt vom Great Place to Work Institute® www.greatplacetowork.de/best). Auch bei Microsoft entsprechen die Unternehmenswerte und vor allem die Mitarbeiter diesem modernen, aufgeschlossenen und leistungsorientierten Bild. Gemäß der **Übersicht der Unternehmenswerte**, haben sich die Mitarbeiter von Microsoft weltweit folgenden Grundsätzen verschrieben:
>
> - Integrität und Ehrlichkeit (Integrity and Honesty)
> - Leidenschaft für Kunden, Partner und Technik (Passion)
> - Anderen gegenüber offen und respektvoll mit dem Engagement, ihnen weiterzuhelfen (Open & Respectful)
> - Bereitschaft, sich auch großen Herausforderungen zu stellen und bis zum Abschluss dabeizubleiben (Big Challenges)
> - Selbstkritisch, hinterfragend und entschlossen, das persönlich Beste zu leisten und sich selbst zu verbessern (Self-Critical)
> - Gegenüber Kunden, Teilhabern, Partnern und Mitarbeitern verantwortlich für den Einsatz, die Resultate und die Qualität (Accountable)
>
> **Katrin Neuendorf** Senior Human Resources Manager, erläutert dazu gerne, dass es bei Microsoft um Inhalte, Rollen und deren Verantwortung und weniger um Hierarchie und Status geht. Ohne Zeiterfassung arbeitet jeder individuell ergebnisorientiert in flachen Hierarchien und Teams zusammen. In Großraumbüros, denn die „open door policy" ist durchgängige Unternehmenskultur.
> Jeder spricht unproblematisch mit jedem gleich welchem Rang. Bei Neueinstellungen müssen Manager aus anderen Unternehmungen akzeptieren, dass sie

weder einen großartigen Titel noch Statusbezeichnung erhalten. Es gibt zuerst häufig Einwände: „Wie soll ich mich dann denn nennen, wenn ich auf einem Event gefragt werde? Das ist doch eher ein Abstieg in meiner Positionierung. Verliere ich da nicht an Image?" Aber damit müssen Führungskräfte bei Microsoft umgehen können. Denn oft sind Manager globaler Projekte „wichtiger" als Kollegen mit eher klassischen Führungsbezeichnungen.

Die Unternehmenswerte werden in der Beurteilung der Führungskräfte wie im gemeinsamen, persönlichen Umgang der Mitarbeiter in der Teamzusammenarbeit evaluiert, somit jährlich immer wieder eingefordert. Die Messkriterien hierzu sind in die Beurteilungssysteme für jeden Mitarbeiter und jede Führungskraft integriert. Es erfolgt ein permanentes Monitoring mittels Scorecards. So wird für eine Mitarbeiter- wie auch eine Führungskraftbeurteilung immer die Rückmeldung anderer einbezogen, zum Beispiel der Kunden, der Kollegen, der Mitarbeiter, der Vorgesetzten. Dabei gibt es viele Möglichkeiten des Feedbacks, anonym wie direkt, Umfragen wie persönliche Interviews. Diese Umfrageergebnisse sind relevant für die Beurteilung wie Weiterentwicklung. Jede Führungskraft erhält alle Ergebnisse und diese werden aktiv im persönlichen Entwicklungsprozess genutzt. Jeder Manager wie jeder Mitarbeiter arbeitet mit diesen Hinweisen im eigenen Team weiter, um sich zu verbessern. Grundlegendes Prinzip: Nobody is perfect. Jeder kann Fehler machen, lernen, sich verbessern.

Diese Umfragen haben im Unternehmen Microsoft eine sehr hohe Aufmerksamkeit. Die Mitarbeiter wissen, dass sie tatsächlich Einfluss haben, ihre Stimme wichtig ist. Sie können Nähe gestalten.

Somit sind diese Werte keine schöne Darstellung in einer Unternehmens-Broschüre, wie dies oft bei anderen Unternehmen der Fall ist. Sie sind keine leeren Worte, sondern werden tatsächlich gelebt.

Eine kontinuierliche Bereitschaft, sich selbst wie das Unternehmen Microsoft immer zu verbessern, offen und respektvoll miteinander zu arbeiten. Die Sinnhaftigkeit ihrer Arbeit ist für die Mitarbeiter wie Führungskräfte wichtiger als der Status; außerdem die Überzeugung und die Leidenschaft für die Aufgabe und die Produkte der Firma. Selbst als externer Berater kann man diesen Unterschied in den Team-Diskussionen und in der Zusammenarbeit wahrnehmen.

Wer keine Soft Skills, keine Leadership, sprich Führungsqualifikationen im Sinne der definierten Unternehmenswerte aufweist, wem der Status und die Position wichtig sind, kann auch aufgrund klarer Hard Facts bei Microsoft als Führungskraft nicht reüssieren.

Diversity ist eine weitere wesentliche Voraussetzung für eine agile, dynamische Unternehmensorganisation. Da gerade in den westlichen Industrienationen junge

Fach- und Führungskräfte immer rarer werden, ist für die Zukunftsfähigkeit eines global agierenden Unternehmens die interne Fähigkeit zur Vielfalt ein kritischer Erfolgsfaktor. Fast jedes marktführende Unternehmen hat heutzutage einen Bereich, der sich um **Inclusion** und **Diversity** kümmert, ob Sandoz oder Accenture, in einem globalen Netzwerk.

Auch Accenture **lebt** seine **Werte**, ähnliche wie Microsoft: **Verantwortung** zur Schaffung eines besseren und nachhaltigeren Unternehmens (Stewardship), **Best People** – beste Mitarbeiter zu gewinnen, zu fördern und zu halten, ihnen immer wieder neue Herausforderungen zu bieten, **Client Value** Wertschöpfung für den Kunden, das heißt einen durchgängigen Mehrwert für den Klienten erzielen, **Respekt gegenüber den Einzelnen** sowie **Integrität**, Ehrlichkeit und Vertrauenswürdigkeit.

Gerade mit dem Prinzip der Offenheit und Transparenz, dem internen Entrepreneurship, wie im vorherigen Abschnitt beschriebenen Human Resources Management, zählt Accenture in Deutschland seit 2010 zu den 100 besten deutschen Arbeitgebern. Insbesondere im Bereich Diversity hat Accenture einen hohen Marktwert im Employer Branding, der Arbeitgeberattraktivität, erzielt.

Weltweit arbeiten Berater aus den unterschiedlichsten Kulturen, Religionen und Sprachen zusammen. Wie bei Google geht es darum, ein Umfeld zu schaffen, in dem jeder Mitarbeiter, gleich welchen Alters, Geschlechts, Kultur, Religion oder Sprache, die gleichen Möglichkeiten hat, sich in das Unternehmen einzubringen und seine persönliche Entwicklung zu fördern. Dies bedeutet, dass es in der Realität Beurteilungssysteme und Messkriterien gibt, die nachhaltig die Einhaltung dieser Werte nachprüfen, und zwar auf allen Ebenen der Unternehmung und in den unterschiedlichen Bereichen, von der persönlichen Verantwortlichkeit zur Nachfolgeplanung, der Repräsentation des Unternehmens, der Integration bei den einzelnen Positionen, dem Recruitment bis hin zur Diversität im Vorstand selbst.

Das „DiversityInc MBA Magazine" wählte Accenture 2012 nunmehr im sechsten Jahr auf Rang 12 des Rankings für „Diversity Leadership". Jährlich werden hierzu die 50 besten Unternehmen weltweit in Bezug auf „Divers Managers" durch das Magazin beurteilt. Nelli Borrero, Accenture Managing Director Inclusion & Diversity, ist davon überzeugt, dass das Unternehmen, die Mitarbeiter wie die Kunden große Vorteile aus dieser Vielfalt unterschiedlicher Erfahrungen erzielen. Inclusion ist ein grundsätzliches Wertprinzip, nach dem Accenture jeden Tag und durchgängig arbeitet.

Unternehmen wie Google, Microsoft und Accenture beweisen, wie Diversity Management einen wesentlichen Wertbeitrag zum weltweiten Unternehmenserfolg erzielt, in dem Kultur, Geschlecht und Alter keine Diskriminierung mehr erfahren, sondern Vielfalt gelebt, respektiert und Individualität wertgeschätzt wird.

3.2 Erfolg neu denken

Gerade diese Vielfalt unterstützt Innovation, Kreativität sowie Produktivität und liefert ein **intelligentes Wachstum**. Diverse Teams erzielen bessere wirtschaftliche Ergebnisse. „Out-of-the-box"-Denken, Toleranz wie Transparenz und Offenheit werden gefördert.

Auch hier ist **permanentes Monitoring** wesentlich. Bei Accenture wie Microsoft wird Diversity sehr bewusst gehandhabt, kommuniziert, und auch in Führungs-Scorecards wird die prozentuale Verteilung an Frauen, Generationen, Kulturen/Ländern auf allen Ebenen regelmäßig gemessen.

Microsoft beschränkt sich beim Thema Diversity nicht allein auf die Integration von Frauen oder internationalen Mitarbeitern mit unterschiedlichen Kulturen, Religionen und Sprachen. Vielmehr wird eine wesentliche große Herausforderung für die Zukunft im **Generationen-Management** gesehen.

In Projektteams aus Business und HR werden aktuelle Fragen bearbeitet: Was heißt dies für die Zukunft des Unternehmens? Wie nehmen wir Generationen-Management bisher wahr? Was kommt auf uns zu? Wie setzen wir es um? Denn bislang ist der demografische Wandel für Microsoft noch kein aktuelles Problem. Jedoch ist der Altersdurchschnitt von 29 Jahren in den Jahren 2001/2002 auf über 40 Jahre in 2011/2012 gestiegen, um mehr als zehn Jahre in einer Dekade. Mit jedem Jahr rechnet Microsoft mit einem Anstieg des Durchschnittalters der Mitarbeiter um ein Jahr. Diese nun älter werdenden Mitarbeiter stellen selbst Fragen an das Management, wie sie zukünftig in der Firma reüssieren können, wenn sich für sie gegebenenfalls altersbedingt Rahmenbedingungen ändern, zum Beispiel die Sorge um alte Eltern oder das Bedürfnis, längere Reisen unternehmen zu können. Microsoft arbeitet pro-aktiv an dieser Herausforderung: Wie machen wir in zehn Jahren weiter, um für alle Altersgruppen ein attraktiver Arbeitgeber bleiben zu können?

Die **Charakteristiken für eine agile Organisation und Unternehmenskultur** lassen sich zusammenfassen:

- Die Mitarbeiter werden respektiert und genießen Wertschätzung. Diversity und Unterschiede, also multikulturelle, multireligiöse, Geschlechter- und Alters-Vielfalt werden akzeptiert und unterstützt. Die Förderung hochqualifizierter Mitarbeiter schließt die bislang eher vernachlässigten Gruppen wie Ältere und Frauen ein und respektiert die unterschiedlichen Lebensumstände und -bedürfnisse, von der Kindererziehung bis zur Elder Care.
- Die Mitarbeiter arbeiten zusammen, nicht gegeneinander. „Ichlinge" sind nicht mehr gefragt.
- Mitarbeiter kommunizieren authentisch, offen und transparent miteinander. Dies wird von jedem eingefordert und unterliegt einem permanenten Monitoring.

- Lernen und kontinuierliche Verbesserung stehen weiterhin im Fokus jedes Mitarbeiters. Lernen wird als wertvolle Investition angesehen. Lernen trägt zum persönlichen wie Unternehmens-Marktwert bei.
- Der Kunde steht selbstverständlich im Mittelpunkt aller Anstrengungen, auch im Fokus der persönlichen Verantwortung. Einsatz, Vertrauen und Zuverlässigkeit sind gefordert.
- Veränderungen sind völlig normal. Sie gehören zum persönlichen wie Firmen-Leben. Veränderungen werden eher positiv als negativ gesehen. Mitarbeiter antizipieren Veränderung, arbeiten mit der Veränderung, sind somit pro-aktiv statt re-aktiv.
- Leadership, also Führung gibt es auf allen Ebenen der Organisation, nicht allein an der Spitze.
- Die Mitarbeiter sind stolz darauf ein Teil des Teams, des Unternehmens zu sein. Loyalität aus Überzeugung: Ich passe in diese Unternehmung. Das Unternehmen passt zu mir. Das Mitarbeiter-Engagement ist sehr hoch. Die Mitarbeiter-Fluktuation ist daher eher niedrig.

Mit Recht werden Sie erwidern, dass es ähnliche Werte-Beschreibungen bereits seit Jahrzehnten gibt. Sie beschreiben den „Best Work Place". Vor zwanzig Jahren, 1991, wurde das Great Place to Work® Institute als internationales Forschungs- und Beratungsunternehmen mit Stammsitz in den USA und eigenständigen Partnerbüros in über 40 Ländern gegründet. Die deutsche Dependance gibt es seit 2002. Das Institut unterstützt weltweit Unternehmen aller Branchen und Größen bei der systematischen Überprüfung und Weiterentwicklung einer mitarbeiterorientierten Arbeitsplatzkultur und der Steigerung ihrer Arbeitgeberattraktivität.

Eine besondere Rolle spielen dabei die Schaffung **vertrauensvoller Beziehungen** zwischen Management und Mitarbeitern, der **Stolz der Beschäftigten auf die eigene Tätigkeit** und die Leistung des Unternehmens insgesamt sowie **ein starker Teamgeist**. Mit einer positiven Arbeitsplatzkultur sollen das Engagement der Beschäftigten und damit der Unternehmenserfolg einerseits nachhaltig gefördert werden, andererseits haben attraktive Arbeitgeber auf dem Personalmarkt größere Chancen und können Mitarbeiter mit Schlüsselqualifikationen besser an sich binden. Aus Sicht der Beschäftigten ist ein „Great Place to Work" ein Arbeitsplatz, „an dem man denen vertraut, für die man arbeitet, stolz ist auf das, was man tut und Freude hat an der Zusammenarbeit mit den anderen" (vgl. www.greatplacetowork. de).

Was aber hat sich heute verbessert? – das Einfordern, das **permanente Monitoring** mittels klarer Messkriterien durch den Mitarbeiter selbst wie durch den Markt,

3.2 Erfolg neu denken

den Kunden. Beide schauen sehr genau hin, ob diese Werte gelebt werden. Werte lohnen sich daher durch stabile Kunden-Loyalität, engagierte Mitarbeiter und steigende Wettbewerbsfähigkeit. Kunden achten darauf, wie Unternehmen nachhaltig mit Mitarbeitern, Ressourcen und dem Umfeld, dem sozialen wie ökologischen, wirtschaften.

Microsoft stellt fest, dass **Nachhaltigkeit**, gesellschaftlich verantwortungsbewusstes Handeln auch für Bewerber ein immer wichtigeres Selektionskriterium wird. Externe Top Kandidaten wollen wissen, was die Kultur der Firma ist, wie sie mit Gesellschaft und Umwelt umgeht. Dies ist die Basis für den vorher angeführten Wertansatz: „Sie wollen die Welt positiv verändern." Oftmals wird dies in Deutschland mehr als „amerikanischer Lifestyle" aufgefasst. Aber hier geht es nicht um Schein, sondern Nachhaltigkeit wird in diesen Technologie- wie Unternehmensberatungsfirmen tatsächlich umgesetzt.

Google mit seinem Investment in „Green Economy", Microsoft nicht allein durch Bill Gates persönliches Sponsorship, sondern zum Beispiel auch in Deutschland durch die Freistellung von Mitarbeitern für ehrenamtliche Arbeit. Soziale Projekte erhalten finanzielle Förderung und im Sommer 2011 wurden Mitarbeiter ausgezeichnet, die sich besonders in gesellschaftlichen Projekten engagiert haben. Boston Consulting, Accenture, nur einige aus der Unternehmensberater-Suite tun dies ebenfalls seit Längerem.

Für den Manager selbst wird der Sinn und Wertbeitrag des eigenen Tuns wichtiger als der Status an Macht und Geld, denn damit kann er sich die Wertschätzung im Team, im Unternehmen und bei den Kunden nicht mehr „verdienen".

Die Verantwortung des Managers reicht über die Dauer des persönlichen Vertrages hinaus. Er setzt die Maßstäbe für den Vertrauensgehalt seiner Person wie der Firma. Die wesentliche Frage lautet: Was kann ich als Manager wirklich sinnvoll bewegen und bewirken? – tatsächlich Werte schaffen, die langfristig Nutzen bringen. Sinnvoll erfolgreich sein als Manager erfordert Charakter, Selbstreflexion und Mut: „Wer Wahrheit als Führungsprinzip und Sinn als Motivation einsetzt, wird großen Erfolg haben." (Malik 2006)

Beide, Mitarbeiter wie Firma, sollten in ihrem Wertesystem kongruieren, d. h. zusammenpassen wie in einer guten Ehe. Dazu gehört vor allem **Transparenz**. Jeder sollte von Anfang an wissen, auf welche Rahmenbedingungen er sich einlässt, vor allem wissen, ob er dies so leben und praktizieren möchte. Gerade bei der Bewerberauswahl werden Selbstverantwortung und Selbstmanagement gefordert. Passt dieser Bewerber wirklich zu unserem Unternehmen? Ist er bereit, unsere Werte zu leben und sich in diesem Sinne zu engagieren? – aber eben auch: Passe ich in dieses Unternehmen?

Will ich diese Werte leben und bin ich bereit, mich in diese „Community" voll einzubringen, in dieser Form zu arbeiten? Kenne ich meine eigenen Werte? Kenne ich mich gut genug, um zu wissen, ob dieses Unternehmen zu mir passt?

Individualität, Werte und Vertrauen standen auch im Mittelpunkt der „Petersberger Trainertage" Ende März 2012 mit dem Motto: „Vielfalt. Verstehen. Vertrauen. Personalentwicklung macht Kultur."

Eingeleitet mit einer Orchesteraufführung, die die wesentliche Rolle und Führungskompetenz eines Dirigenten aufzeigte. In einem Orchester der Dirigent, in einem Unternehmen die Führungskraft – beide haben es „mit Individualisten zu tun, die in ihrer Vielfalt zu würdigen sind, aber zu einem harmonischen Einklang finden müssen". Die **Führungskraft** sollte wie **ein Dirigent** eine klare Vision haben, was sie erreichen will. „Er muss wahrnehmen, was im Orchester (Unternehmen) vor sich geht, muss eine Atmosphäre des Vertrauens aufbauen und entschlossen deutliche Impulse geben." (Jumpertz 2012, S. 64–71). Gleichzeitig jedoch muss er ein sehr großes Verständnis für die Bedeutung der **Balance von Individualität und Gemeinschaft** entwickeln.

Es ist diese Balance und der Respekt wie Wertschätzung des Individuums, wenn Peter F. Drucker darauf verweist, sich Zeit zu nehmen für den „Wissensarbeiter", bei der Diskussion der Zielsetzungen, der unterschiedlichen Herangehensweisen bei Problemlösungen, den unterschiedlichen Sichtweisen bezüglich Perfektion und Ergebnis. Es ist diese Herausforderung im Umgang mit den Mitarbeitern, der sich Unternehmen stellen müssen, damit Motivation und Sinn wie Wertbezug an der eigenen Arbeit und Leistung erhalten bleiben. Dies macht die Werte Diversität, Respekt und Wertschätzung des Individuums zur wesentlichen Erfolgsbasis, auf der Vertrauen, Loyalität und Zuverlässigkeit gründen.

Im Orchester spielen exzellente Spezialisten gemeinsam an einem Stück, welches durch die Vision, die „Deutung" des Werkes eines Komponisten durch den Dirigenten, wiederum einen persönlichen Touch, wirtschaftlich gesprochen eine persönliche oder orchesterspezifische Marke erhält. Den USP, die Unique Selling Proposition. Alle Beteiligten fordern beste Leistung von ihren „Mitspielern", sei es jeder Musiker, der Dirigent oder das Konzerthaus. Denn wenn nicht jeder das Bestmögliche gibt, sinken der Marktwert, das Image, die Qualität des Orchesters wie jedes Einzelnen.

Eine solche Einstellung versuchen agile Unternehmen, in ihrem „Framework" zu implementieren. Der Wert des Einzelnen, seine Neugier, sein Können, seine Leistungs- und Verbesserungsbereitschaft mit einer offenen Struktur zu verbinden, in der jeder einerseits loyal zum Unternehmen sein, andererseits jedoch auch seine Individualität gestalten kann. Knowledge Sharing, also die Bereitschaft, sein Wissen zu teilen wie gegenseitige Transparenz, sind dazu grundlegende Bausteine.

3.2 Erfolg neu denken

Beide fordern Selbstkenntnis, Management und Veränderungsbereitschaft, d. h. Anpassungsfähigkeit an neue Herausforderungen und Rahmenbedingungen bis hin zum Orchester-Wechsel nach einer erfolgreichen Saison. Denn Fluktuation wird als natürlich angesehen. Weder Unternehmen noch Mitarbeiter gehen von einer Lebensarbeitszeit aus. Auch hier wird Vielfalt gelebt, je nach den unterschiedlichen Lebens- und Arbeitswelten wird ein gesundes Maß an Fluktuation, vor allem in einer schnelllebigen Branche wie IT ein Wechsel als positiv empfunden: als Basis für Innovation, anderes Denken, neue Ideen, andere Sichtweisen.

Als ich rund acht Jahre bei Siemens war, waren meine amerikanischen Freunde sehr erstaunt. Sie rieten mir eindringlich, ich müsse mich nun bald um eine Position in einem anderen Unternehmen bemühen, sonst würde meine Karriere wohl stagnieren. Ein Unternehmenswechsel wurde klar positiv bewertet, als persönliches Wachstum, welches wiederum bei Unternehmen geschätzt wurde.

Veränderung gehört nicht nur zum Leben ganz selbstverständlich dazu, sondern sie ist notwendig, um zu wachsen. Das muss jedoch nicht bedeuten, dass Veränderung immer nach dem bisherigen Mantra. „Schneller, höher, weiter" geschehen muss, viel herausfordernder ist eine Veränderung in Richtung einer Wertorientierung – **bewusster, intelligenter und nachhaltiger.**

3.2.1 Veränderungskompetenz als wesentlicher Erfolgsfaktor

▸ Der sichere Umgang mit Unsicherheit und Ambivalenz, Flexibilität und Mobilität

Carmen Losmann kritisiert gerade diese Veränderungs-, Leistungs- und Optimierungsbereitschaft. Sie führt uns in ihrem 90-minütigen Dokumentarfilm „Work hard – play hard" (Losmann 2011) durch die Arbeitsstätten der heutigen Wissensarbeiter, der „Office Worker". Oftmals ohne Kommentar werden wir durch Büros geführt, erleben Szenen in Meeting-Räumen und sogar in Assessment-Centern und in Mitschnitten bei Outdoor-Trainings. Aufmerksam auf den Film wurde ich aus der Kurzbeschreibung im Magazin *ManagerSeminare* (Mai 2012, S. 12–13). Danach sät Losmann Zweifel, ob diese schöne neue Arbeitswelt wirklich dazu führt, dass der Mensch endlich wirklich Mensch sein darf, in der die Architektur eine Atmosphäre schaffen soll, die einem Wohnraum gleicht, so dass sich Arbeit nicht mehr so wie Arbeit anfühlen solle. Die Trainer im Film verweisen genauso wie ich auf die Bedeutung von Flow und darauf, dass Mitarbeiter sich mehr Freiheit und Flexibilität wünschen. Zum Mantra wurde „Arbeit macht Spaß" erhoben, das amerikanische Grußwort: Have fun.

Viele der Aufnahmen, die sie in den Büros eingefangen hat, strafen die Beschwörungen von Freude und Spaß Lügen, wirken kalt und aseptisch. Die Menschen in diesen Büros strahlen vor allem Anspannung aus, ein verbissenes Bemühen, den Ansprüchen zu genügen. Wie ein monotoner Soundtrack legt sich die unterkühlte Business-Sprache von Marktdruck, Challenges und Change-Zwängen über den Film. Weil die Firmen dem unterliegen, müssen auch die Mitarbeiter sich ständig verändern, optimieren, mehr denn je aus sich herausholen (Jumpertz 2012, S. 12 f.).

Die Pressemeldungen sind daher eindeutig. Die Frankfurter Rundschau sieht diese Entwicklung als Angriff auf das Individuum, sie vermittelt Kälte und Angst. Die Süddeutsche Zeitung findet die neue schöne Arbeitswelt zum Fürchten. Die Leipziger Volkszeitung sieht Einsamkeit und Entfremdung im motivierten Team. Programmkino.de sieht darin eine eiskalte Bestandaufnahme der Veränderungen in der Arbeitswelt. Healthy Workplace Film Award, dok-leipzig.de bringt es auf den Punkt: Lassen Sie uns nachdenken und diskutieren über die wichtigsten Fragen unserer Zeit – die **Individualität und Persönlichkeit der Arbeitskraft von heute**.

Warum vermittelt diese gefilmte Arbeitswelt Kälte, Angst und anscheinend „fehlende" Individualität? Ich war ernüchtert wie erleichtert zugleich.

Warum? – Nun, ich bin Business gewohnt, ich kenne die Arbeitsstätten, mir ist die Sprache bekannt und ich bin Change-Management-Expertin wie Executive Coach. Alle meine Funktionen schließen die Fähigkeiten ein, Klarheit zu schaffen, die Realität zu sehen und darauf aufbauend, Strategien zur Lösung zu finden und umzusetzen, somit eine nachhaltig positive Veränderung des Status quo zu erzielen. Mein Resümee des Filmes ist nicht so erschreckend. Denn Individualität definiert sich meines Erachtens aus dem inneren Kern einer Persönlichkeit, wie intelligent sie mit Entwicklungen des äußeren Umfelds umgeht und diese bewusst gestaltet. Wie kompetent sie mit Veränderungen umzugehen und diese für sich zu nutzen weiß. Pro-aktiv statt re-aktiv. Selbstbestimmt statt fremdbestimmt.

Schauen wir uns die **drei wesentlichen Kritikpunkte** dieses Films an der Welt der heutigen Office Worker genauer an, den Workplace 2.0, das Motto „Arbeit macht Spaß" und schließlich den ständigen Veränderungszwang.

Der Workplace 2.0

Das gezeigte „non-territoriale Arbeitsplatzkonzept" – ein fluides Arbeitsumfeld, in dem keiner mehr seinen festen Arbeitsplatz hat – entspricht der vorher von mir beschriebenen Realität vieler Wissensarbeiter. Es ist der „materielle Teil" des grenzenlosen Arbeitsplatzes.

3.2 Erfolg neu denken

Der Workplace 2.0 ist bereits ein seit Längerem bewährtes Konzept. Nicht allein, weil damit Fixkosten gespart werden können, allein aufgrund der Tatsache, dass zum Beispiel Berufsgruppen wie Berater, Vertrieb wie Service selten an „ihrem Arbeitsplatz" anzutreffen sind. Der „feste Arbeitsplatz" somit nur 10 bis 20 % besetzt sein würde.

Sowohl als Angestellter einer Beratungsfirma wie als Freelancer ist man zu 70 bis 80 % seiner Arbeitszeit beim Kunden. Dort stellt man **„sein Büro"** ab, **seinen Laptop mit Smartphone**. Mehr benötigt man nicht. Bei vielen Unternehmen ist es dazu oft möglich, die Zeit, in der man nicht beim Kunden ist, im **Homeoffice** zu arbeiten. Nur zu bestimmten Meetings kommt man lokal „ins Office" wie zu bestimmten Teamarbeiten. Firmen ohne Zeiterfassung und „freier Arbeitsplatzwahl" leben diese Toleranz.

Best Buy, ein US-amerikanisches Elektronik-Unternehmen, hat 2003 Mitarbeitern freigestellt, wo und wann sie arbeiten wollen. Damit wurde die Verfügbarkeit eines „festen Arbeitsplatzes" obsolet. Auch ein mentaler Bezug zu einem „persönlichen" Büro ist gar nicht mehr nötig und auch nicht gefordert. Das „non-territoriale Arbeitsplatzkonzept" ist eine stringente Folge der technologischen Entwicklung, überall und immer effektiv arbeiten zu können.

Den „persönlich gestalteten Arbeitsplatz" kann man sich dagegen zu Hause einrichten und damit – wenn auch arbeitend – im Kreis seiner Familie verbringen. Einen mentalen Bezug und eine persönliche Note entwickelt man vielmehr mit seinem PC und seinem Smartphone.

Die Individualität, der Ausdruck der eigenen Persönlichkeit, liegt hier gerade in der bewussten Entscheidung zur Unabhängigkeit von einem festen Arbeitsplatz. Ein Berater, ein Account Manager wie Service-Mitarbeiter weiß sehr genau, worauf er sich einlässt – auf ein Leben mit sehr vielen Reisen, Aufenthalten in Hotelzimmern, bei den unterschiedlichsten Kunden und Arbeitsumwelten. Darin liegt jedoch gerade der Reiz. Der Reiz der Abwechslung, der Vielfalt und der persönlichen Flexibilität.

Wer jeden Tag in einem gesicherten Umfeld arbeiten will, mit einem festen Kollegenteam, wer einen persönlich gestalteten Arbeitsplatz mit Bildern und Pflanzen möchte, wird diese Welt nicht als Freiheit, sondern als Kälte empfinden, die einem Angst machen kann.

Wer jedoch eine gewisse Freiheit und Unabhängigkeit als Persönlichkeit braucht, macht diese nicht an einem „festen territorialen Arbeitsplatz" fest. Nicht allein Berater, sondern auch viele Mitarbeiter in der Tourismusbranche, Gastronomie und im Transportwesen arbeiten bereits seit langer Zeit genauso. Ein Lkw-Fahrer zum

Beispiel ist ständig unterwegs, allein sein Fahrzeug ist seine persönliche Arbeitsstätte wie eben der Laptop für den „Office Worker". Wesentlich ist die Kenntnis, was man in seinem Leben will und braucht, zumindest in einer bestimmten Lebensphase braucht, um die eigene Individualität und Persönlichkeit ausleben zu können. Denn die Bedürfnisse nach Abwechslung und Flexibilität können sich schnell ändern, wenn man eine Familie gründet. Individuell bestehen dagegen grundlegende Lebensprinzipien: Wie viel Sicherheit, wie viel Struktur brauche ich? Oder wie viel Freiraum? Wie viel Abwechslung und Veränderung? Will ich in einem kleinen, stetigen Team arbeiten oder lieber autark allein? – oder möchte ich viele Menschen und Leben/Betrieb um mich herum? Gerade deshalb ist der Wertbezug so wesentlich: Passe ich in dieses Unternehmen? Will ich so arbeiten? – und auch: Wie lange will ich so arbeiten?

Beispiel

Da ich bei Siemens in einem „geschlossenen" Arbeitsplatzsystem mit eigenem Büro und Ausstattung gearbeitet habe, kann ich die Vor- und Nachteile zu einem grenzenlosen Arbeitsplatz sehr gut vergleichen. Bei Accenture habe ich bereits seit Ende der 90er Jahre so flexibel gearbeitet. Ich konnte mich wie in einem Hotel bei dem jeweiligen Accenture Office einwählen und erhielt meinen Arbeitsplatz, sei es in Köln, Hamburg, Paris oder New York. Mit genau der Ausstattung, die ich zu einem effektiven Arbeiten benötigte. Dazu meist noch eine Cafeteria, Getränke wie Restaurant bis hin zu Services, vom lokalen Sekretariat bis zum Reinigen und Bügeln meiner Blusen.

Ich brauchte mich um nichts zu kümmern. Konnte mich allein auf meine Arbeit konzentrieren und dies ist schließlich der Sinn und Zweck: Fokus auf qualitativ hochwertige Arbeit.

Kommen wir kurz zurück zum Film, der eine angespannte, unpersönliche und kalte Office-Atmosphäre nahelegt. Unpersönlich lasse ich gelten, da jeder Arbeitsplatz zwar hochwertig, aber nach Typus gleichwertig gestaltet ist. Wie in einem Hotelzimmer, wo Sie zwischen Einzel-, Doppelzimmer bis zur Suite wählen können.

In einem solchen Office-Konzept gibt es wie zum Beispiel bei Accenture sieben Arbeitsplatztypen, von ganz offenen Plätzen, die viele auch nur wenige Stunden nutzen, bis zu geschlossenen großen Teamräumen. Die Regeln sind einfach. In einem offenen Office Space verhält man sich ruhig, weil alle sich dort auf ihre Arbeit konzentrieren. Deshalb sollte man Konzentration nicht mit Anspannung verwechseln. Genau wie in einer Bibliothek, sollte nicht telefoniert und miteinander viel oder laut gesprochen werden. Aber empfinden Sie deswegen eine Bibliothek als kalt und beängstigend?

Inoffizielle Kommunikation findet dagegen tatsächlich in den Cafés und Meeting-Bereichen statt. Dies wurde nur nicht gefilmt. Ein reger Austausch über Aktuelles bis hin zu Projekten oder Tipps und Problemlösungen, da viele Berater in unterschiedlichen Projekten zusammengearbeitet haben. Mir eröffneten sich dadurch sogar mehr Kommunikationsmöglichkeiten mit Menschen und auch Bereichen, die ich im Vergleich bei einer „herkömmlichen" Arbeitsplatzphilosophie nicht gehabt habe. Networking war im Rahmen fester Büroarbeitsplätze schwieriger. Ohne Absprache eines Termins war ja nicht klar, ob der andere gerade Zeit zu sprechen hat. In meinen Workshops und Coachings wird genau dies angesprochen, der Zeitverlust, vor allem der Konzentrationsverlust durch nicht eingeplante Störungen. Wenn ich mich aber in einer solchen „inoffiziellen" Kommunikationszone befand, konnte ich sicher sein, dass die dort anwesenden Kollegen gerade eine Pause einlegten und auch kommunikationsbereit, also offen für ein Gespräch waren.

Ein weiterer Aspekt wurde ebenfalls ausgelassen. Ein „non-territorialer Arbeitsplatz" entspricht dem Konzept offener Rollen und flacher Hierarchien ohne Statusdenken. Denn es gibt keine Statusbüros mehr. Kein Office mehr mit mehreren Sekretärinnen, großen Besprechungstischen und exklusivster Ausstattung, um die Position, die Macht und den Status auch materiell belegen zu können. Auch keine Umzugsaktionen. Als Partner hatte ich nur das Anrecht, ein „Enclosed Office" zu erhalten, also einen abgeschlossenen Arbeitsraum, da ich vertrauliche Gespräche mit Mitarbeitern wie Kunden zu führen hatte und häufig telefonieren musste. Meine Sekretärin (Executive Assistant) dagegen hatte in meinem lokalen Heimatstandort München einen festen Arbeitsplatz und buchte mich von dort aus lokal in die jeweiligen Offices ein. Allerdings war sie nicht „meine Vorzimmerdame", sondern Managerin meines non-territorialen Berufslebens.

Mitarbeiter mit meist lokalen Arbeitszeiten, zum Beispiel Sekretariat, Personalwesen, Juristen, wie auch interne Supportfunktionen bis hin zur internen IT-Abteilung haben auch in einem solchen Arbeitsplatzkonzept einen festen Arbeitsplatz.

Realität ist allerdings das Ineinanderfließen von Arbeit und Privatleben. Dies bringt unweigerlich Vor- wie Nachteile, mit denen der Einzelne gemäß seiner Individualität und eben Persönlichkeit umzugehen lernt. Da hilft sicher kein, wenn auch vielleicht ernst gemeinter positiver Versuch, eine Umgebung zu schaffen, in der sich Arbeit nicht mehr wie Arbeit anfühlt. Eine Atmosphäre gestaltet werden soll, die einem Wohnraum gleicht und Leben generieren soll. Genau dies führt vielfach dazu, keine Grenzen mehr zwischen Beruf und Privat setzen und kein „wirkliches

Leben" ohne Arbeit führen zu können. Gerade Freelancer mit Homeoffice kennen die Gefahr, „nur schnell mal E.Mails zu checken", und dann doch den Sonntag zu „verarbeiten". Aber weshalb sollten wir keine positive Atmosphäre schaffen, die dem modernen Lebensstil vieler entspricht, offen und lichtdurchflutet mit viel Glas und dezenten Farben – warum sollte dies schlecht sein? Warum sollten wir dies als kalt empfinden, wenn wir ein ähnliches Ambiente in Bars, Cafés, Hotels und Restaurants schätzen? Warum sollten wir uns nicht auch in einer „fremden" Umgebung wohlfühlen können?

Große Unternehmen wie zum Beispiel Infineon haben eine Campus-Atmosphäre geschaffen mit Parkanlagen, Natur mit Teichen, Wegen und mit Bänken zum Verweilen. Ja – dies ist dann ein wenig wie eine eigene Welt, eine Welt des Unternehmens, in das sich jeder flexibel einbringen wie entspannen und zurückziehen kann.

Vermisst habe ich im Film von Carmen Losmann die oft integrierten Kindergärten, Fitness Center bis hin zu Schlafbereichen, in denen sich Mitarbeiter für einen „Nap", ein Nickerchen, zurückziehen können, wie auch Bereiche mit tatsächlichen Spielmöglichkeiten für die Mitarbeiter, damit sie sich von der Arbeit ablenken und entspannen können. Bei Konzum wurden die Spielautomaten in der „harten Phase" der ERP-Einführung, gerade kurz vor dem Roll-out reichlich in den Pause genutzt, um gemeinsam Spannung und Stress abzubauen, siehe Abb. 3.5.

Das Postulat „Arbeit soll viel Spaß machen"

Eine Redewendung, die aus dem Amerikanischen übernommen, bei uns zu ernst interpretiert wird. „Have fun", „Take care" – sind nur motivierende Redewendungen. Andererseits: Viel Spaß bei der Arbeit zu haben, warum nicht? Wie aber definieren wir diesen Spaß? – handelt es sich bei „Arbeitsspaß" tatsächlich um den gleichen Spaß wie im Privatleben?

Das deutsche Wort Spaß kommt vom italienischen spasso, was so viel wie Zerstreuung, Zeitvertreib und Vergnügen heißt. Wenn „etwas Spaß macht", dann spricht man von einer Tätigkeit, die gerne gemacht wird, die Freude bereitet (http://de.wikipedia.org/wiki/Spass am 11.05.2012). Als Gegenbegriff gilt der Ernst.

Unzweifelhaft ist es sehr schön, wenn Arbeit Freude macht – ob sie dagegen Spaß, Zerstreuung und Zeitvertreib sein sollte, bezweifle ich dagegen sehr. Tätigkeiten, die Spaß machen, brauchen keine Ergebnisse, erst recht keine wirksamen Ergebnisse zu erzielen. Arbeit und Management dagegen schon. **Ergebnisorientierung** ist ein wesentlicher **Grundsatz im Wertesystem eines Unternehmens**, einer wirksamen Führungskraft wie eines wirksamen Menschen. In der Arbeit und vor allem im Management geht es eben um die vorher beschriebene nachhaltige Ernsthaftigkeit des eigenen Tuns. Der Erfolg liegt im Ergebnis. Die Freude dagegen im

3.2 Erfolg neu denken 149

Abb. 3.5 Team Play – gerade in Stressphasen (Bildrechte: Urheberrecht beim Autor)

Tun, in der Umsetzung, im Dazulernen, selbst wenn unweigerlich auch unangenehme Tätigkeiten erledigt werden müssen. So sind sie doch notwendige Bestandteile für das Ergebnis. Jeder High Performer weiß das, niemand fordert daher, dass Arbeit immer Spaß macht. Aber Spiel und Spaß können gerade zum Stressabbau beitragen. Eine Auszeit während der Arbeit zu nehmen, sie zu einem Spaziergang, zum kurzen Training im Fitness Center zu nutzen oder ein Mittagsschläfchen können helfen.

Wir können sicher keine Forderung stellen, dass Arbeit Spaß machen soll. Wir haben kein Anrecht darauf, dass die Arbeit immer Freude macht. Wir können aber den Anspruch stellen, dass sie Sinn machen und einen Wertbeitrag erzielen solle. Beim Mittelständler Konzum wie bei den globalen Top 100 Unternehmen zeigt sich dies in der klaren Ergebnisorientierung und dem Bekenntnis zur Ernsthaftigkeit. Arbeit muss hier nicht Spaß machen, kann aber intrinsisch über die persönlichen Ergebnisse als sehr erfüllend empfunden werden. Da kann auch Entspannung in Social Media, Sport, Spiel, Spaß, viel Humor und Lachen dabei sein. Die Entwicklung zur „**Weisure**" werden wir nicht mehr rückgängig machen. Wir können nur lernen, damit als Persönlichkeit bewusster und intelligenter umzugehen. Diese Welt bewusster gestalten.

Zum Beispiel persönlich herausfinden, wie wir am besten arbeiten und in welchem Bereich wir gerne arbeiten, wo Arbeit Freude machen könnte. Denn gerade in diesem Bereich werden wir am wirksamsten sein, am leichtesten gute Ergebnisse erzielen und vor allem eher, ja gerne bereit sein, Leistung, Beharrlichkeit und Durchhaltevermögen auch in schwierigen Phasen zu erbringen. Denn wie Malik bemerkt (Malik 2006, S. 90 ff.):

- Jeder Job beinhaltet auch Elemente, die keine Freude machen. Selbst die interessantesten Aufgaben sind mit Facetten verbunden, die langweilig, lästig oder unangenehm sind, ohne die jedoch kein Ergebnis erzielt werden kann.
- Selbst „Flow" wird nicht allein aufgrund positiver Arbeitsbedingungen, großer Freiräume und kreativer Gestaltungsaufgaben, sondern auch in eher langwierigen, eintönigen Aufgaben erzeugt, wenn diese Sinn ergeben und zum Ergebnis führen (Csikszentmihalyi 2010; vgl. auch Sprenger 2007, S. 63–66).
- Selbst Jobs, die so gut wie niemandem Freude machen, müssen somit erfüllt werden.

Malik verweist auf die in unserer heutigen Gesellschaft so ungeliebten Werte wie **Pflichterfüllung** und **Pflichtbewusstsein** und meint, an deren Stelle seien seit den Intellektuellen der 68er Generation allzu oft Selbstverwirklichung, Lustprinzip und Wehleidigkeit getreten. Hinsichtlich unserer aktuellen Werteentwicklung sehe ich darin eher den positiven Wandel von einem äußerlichen zu einem inneren, persönlichen Wert. Anstelle des Begriffs Pflicht tritt die **Verantwortung**: Verantwortlichkeit (vgl. Microsoft Wert der „Accountability") gegenüber Kunden, Teilhabern, Partnern, Kollegen und Mitarbeitern für den Einsatz, die Resultate und die Qualität. Pflicht bedeutet für mich einen eher „von außen" aufoktroyierten Wert, also extrinsischen Wert: Ich habe meine Pflicht erfüllt. Hinter dieser Pflicht muss ich persönlich nicht stehen, ich habe nur zugesagt, sie zu erfüllen.

Verantwortung tragen zu wollen, ist für mich dagegen ein sehr starker persönlicher Wert, eine starke intrinsische Motivation: Wenn ich zu meiner Verantwortung stehe, werde ich alles mir zur Verfügung Stehende tun, um meiner Verantwortung gerecht zu werden. Da gehe ich sehr bewusst „die extra Meile" und überwinde Blockaden und Schwierigkeiten.

High Performer, wie ich sie definiere und wie ich sie auch als Coach erleben darf, sind intrinsisch motiviert. Sie haben Freude an persönlichem Wachstum, an Veränderung und Verantwortung, Freude am Erreichen der Ergebnisse, der Ziele. Sie haben Freude am wirksamen Erfolg.

3.2 Erfolg neu denken

Kontinuierliche Selbstoptimierung und Veränderungskompetenz

Ist eine kontinuierliche Veränderungsbereitschaft in unserer Gesellschaft wirklich notwendig? Für mich ja. Festhalten an einen Status quo, den es so schon seit Langem nicht mehr gibt, eine Stagnation in alten Denkweisen wird uns nicht weiterführen. Jeder Einzelne bis hin zu Unternehmen stehen immer wieder vor der Herausforderung, Unsicherheit und Ungewissheit zu meistern, damit Weiterentwicklung – ja Weiterleben – überhaupt möglich ist. Dies ist keine neue Erkenntnis, sondern ist seit Jahrtausenden bekannt und wird auch so gelebt.

Dennoch haben mich gerade die im Film von Carmen Losmann angeführten Beispiele zur persönlichen Selbstoptimierung und konstanten Veränderungsbereitschaft wirklich entsetzt. Gerade für mich als Change-Management-Expertin wurde hier ein abstoßendes Bild generiert, in dem eine Managerin innerhalb der Umsetzung eines Lean-Management-Programms vehement konstatierte:

„Wir müssen die kulturelle Veränderung in die DNA jedes einzelnen Mitarbeiters verpflanzen", einen Leidensdruck erzeugen, um die Mitarbeiter in den Change-Modus zu bringen.

Was aber passiert, wenn diese aktuelle Veränderung in kurzer Zeit veraltet ist? Wie sollte dieses Programm wieder aus der DNA entfernt und durch ein neues ersetzt werden? Eine gruselige Welt wird hier suggeriert, in der Mitarbeiter hirnlos, quasi nach vorgegebenen Chips arbeiten, wie es in einigen Actionfilmen bereits sehr erfolgreich vermarktet wurde.

Professor Edgar H. Schein prägte dagegen den Begriff der „Cultural DNA". Er beschrieb diese als grundlegende Denk- und Arbeitsprinzipien bestimmter Gruppen, wie zum Beispiel von Ingenieuren oder Wissenschaftlern gegenüber dem Vertrieb, Marketing oder auch der Gruppe der Finanzexperten. Sie unterscheiden sich in ihren Grundprinzipien, wie sie gerne arbeiten, worauf sie in ihrer Arbeit achten, was sie an ihrer Arbeit lieben und was für sie Sinn macht. Menschen entscheiden sich für genau diese Berufsgruppen, weil auch ihre persönlichen Grundprinzipien diesem Arbeitsfeld entsprechen. Eine fruchtbare Übereinstimmung, genau deshalb können sie Hervorragendes leisten, genau deshalb kann ihnen Arbeit Freude bereiten.

Schein betont, wie wichtig es ist, sowohl für das Management wie für Veränderungsprozesse diese Unterschiedlichkeiten zu kennen und vor allen Dingen diese zu respektieren. Denn sie sind die Grundpfeiler der Leistungsfähigkeit wie des Engagements der jeweiligen Unternehmensbereiche.

Wesentlich ist es, Verständnis und eine konstruktive Kommunikationsbasis über Bereichsgrenzen herzustellen, um einen Wertbeitrag für das gesamte Unternehmen zu erzielen. Wenn im klassischen Change Management, und Professor Edgar H. Schein ist sicher „der" Wegbereiter des Forschungsfeldes Organisationskultur, über

Cultural DNA gesprochen wird, dann gerade mit Respekt und Wertschätzung des Einzelnen wie „generischer Subkulturen oder Peergroups". Schein (1985, S. 25)[5] definiert Organisationskultur als „ein Muster gemeinsamer Grundprämissen, das die Gruppe bei der Bewältigung ihrer Probleme externer Anpassung und interner Integration erlernt hat, das sich bewährt hat und somit als bindend gilt; und das daher an neue Mitglieder als rational und emotional korrekter Ansatz für den Umgang mit Problemen weitergegeben wird".

Passend zur Dramaturgie von „Work hard – play hard" – gemäß der Annahme, eine „Brot & Spiele"-Kultur herrsche in den meisten First-Class-Unternehmen, werden dagegen Assessment-Center-Situationen wie Outdoor-Trainings vorgeführt, in denen Mitarbeiter wie Versuchskaninchen agieren. So erlebe ich unsere heutige Business-Welt allerdings nicht, auch wenn ich erhebliche Kritikpunkte an unserem heutigen Leistungsdenken habe. Ich bleibe gerne realistisch: Wir leben als Wissensarbeiter in einer Wissens- und Unternehmergesellschaft. Wir prägen diese Welt durch unser eigenes Käuferverhalten selbst. Wir sind diejenigen, die immer wieder neue Trends kaufen wollen.

Nur Schwarz oder Weiß zu sehen, greift hier zu kurz. Die Gründe für Veränderungen, für den kontinuierlichen Veränderungsbedarf sind vielfältig: Warum sollten sich Mitarbeiter ständig verändern, optimieren und mehr denn je aus sich herausholen müssen? Sind sie nur deshalb dazu gezwungen, weil Unternehmen auf Profit und Wachstum zielen?

Leider ein sehr altes Paradigma: Veränderung wird erzwungen und ist negativ zu werten. Richtig zwar, dass wir uns zuerst oft gegen Veränderung wehren, weil wir Sicherheit und Status quo bewahren wollen, aber selbst unser Körper verändert sich ständig, erneuert seine Zellen. Eine Stagnation würde dazu führen unterzugehen. Weder beruflich noch privat können wir den Kopf in den Sand stecken und darauf vertrauen, dass eine gute Position immer eine gute Position bleiben wird, weder für ein Unternehmen auf dem Markt noch für den einzelnen Mitarbeiter noch als Privatperson. Kenneth Blanchard und Spencer Johnson haben dies bereits 1998 mit ihrem Buch: Who moved my cheese? anschaulich dargelegt (Blanchard und Johnson 1998; siehe auch Johnson 2000). Wenn der jetzige „Käse" zu Ende geht, müssen wir uns auf die Suche nach Neuem machen, um zu überleben.

Leben allein ist bereits Veränderung, von Jahreszeiten bis Lebensphasen – alles ändert sich. Wer hier stagniert, riskiert Verlust, verliert vor allem aber die Chance

---

[5] Schein, Edgar H. (1985) Organizational Culture and Leadership. A Dynamic View, San Francisco etc. (Jossey-Bass); p. 9; Jossey-Bass in Ogbonna, Emmanuel (abridged from E. Ogbonna, Managing organisational culture: fantasy or reality, Human Resource Management Journal, 3, 2 (1993), pp. 42–54 in: Billsberry, Jon (ed.) The Effective Manager, Open University, Milton Keynes 1997.

zu reifen, persönliche Tiefe zu gewinnen und somit zu wachsen. Wollen wir wirklich stehenbleiben? – zum Beispiel mit 50 genauso unerfahren sein wie mit 20, den gleichen Routinejob jeden Tag von 8 bis 17 Uhr „durchziehen" oder den gleichen Ehealltag über Jahrzehnte? Ist dies Lebens-Qualität? Würden wir dies wirklich als Lebenserfolg oder Lebenswerk ansehen?

Mitte der 80er Jahre waren die Programmierer der BS 2000 Anwendung für Großcomputer im Hause Siemens die Besten auf dem IT-Markt, ein hervorragendes Image, beste Vergütung. Mit dem Personal Computer, Networking und anderen Anwendungen wurden sie obsolet. Wer sich nicht schon frühzeitig in der IT-Welt nach anderen Aufgaben umgesehen und sich rechtzeitig weitergebildet hat, fand keine adäquate Anstellung mehr. Die IT-Welt wandelte sich vom behäbigen Riesen-Computer zu den flachen, schicken iPads und Netbooks. IBM war damals der größte Großcomputer-Hersteller, glaubte nicht an den Sieg des PCs, verlor seine Marktposition und benötigte einige Jahre, etliche Umstrukturierungen und Änderungen in seinem Dienstleistungsportfolio, um wieder an die Spitze zu gelangen. Stagnation gefährdet bis hin zur Insolvenz. Dann aber wird erst recht gejammert, ob dies notwendig war.

Wie sieht dies bei Ihnen aus? – schauen Sie noch Fernsehen mit dem alten Kasten aus den 90er Jahren oder haben auch Sie einen Flachbildschirm, ein iPhone, ein iPad und vieles mehr?

Wir als Kunden bestimmen den Markt – und damit auch den Wandel. Im eigenen Konsum bewegen wir uns oft schon souverän im Informations- und Wissensalltag, während wir in der Arbeitswelt immer noch in den „alten", industriellen Denkweisen fester, geregelter Arbeitswelten in Raum, Zeit und Struktur verhaftet bleiben.

Es geht vielmehr darum, sich ein solides Wissen über den Umgang und die Gestaltung von Veränderungsprozessen anzueignen, um diese bewusster für sich selbst gestalten zu können. Mut zu entwickeln, Unsicherheit „ertragen" zu können und in der Ungewissheit handlungsfähig zu bleiben.

Es gäbe viele Beispiele negativer Auswirkungen fehlenden Veränderungsmutes. Ulrich Hemel nennt sie die „Grenzen der Wirkmächtigkeit der Person, die Grenzen der eigenen Handlungsfantasie. Wer den Mut und das Risiko der Veränderung nicht aufbringen und auf sich nehmen kann, wird mit den Nebenwirkungen der eigenen Bewegungslosigkeit leben müssen: Das Leben verliert an Farbe und Herausforderung." (Hemel 2007, S. 192). Der positive Umgang mit kontinuierlichen Veränderungen hat sich daher zu allen Zeiten als ein tatsächliches Plus in der persönlichen Kompetenz erwiesen. Die Anpassungsfähigen überlebten, die Vorreiter gestalteten den Wandel. Veränderungen mit einer positiven mentalen Einstellung anzugehen, vorauszudenken und dabei in der handelnden, eben steuernden und gestaltenden Position zu bleiben, sind daher wesentliche Erfolgskriterien.

Nitin Nohria, Dean an der Harvard Business School, Professor für Leadership und Organizational Behaviour, Rang 13 unter den heutigen 50 Management-Gurus, hat uns Change Agents in MBA-Lehrgang folgende Formel mit auf dem Weg gegeben:

▸   Change (**D** × **V** × **P**) > Resistance

Change (**D**issatisfaction with Status quo × **V**ision of the Future × **P**rocess)
> Cost of Change

Die Unzufriedenheit mit dem Status quo, zusammen mit der Vision für eine positivere Zukunft, lässt uns die erforderlichen Schritte tun, den persönlichen Widerstand zu überwinden. Wir müssen für die Veränderung allerdings auch etwas aufgeben, Risiken, vielleicht auch Kosten eingehen, um schließlich Erfolg zu haben. Dieser Prozess fordert unsere Zeit und unser Engagement, privat wie im Beruf.

Diese Formel steht meines Erachtens im krassen Widerspruch zur These des Films, es müsse ein Leidensdruck erzeugt werden, um die Mitarbeiter in den Change-Modus zu bringen. Kein Management will Mitarbeiter leiden sehen. Selbst wenn wir ethische Beweggründe außer Acht lassen, würde „Leiden" zu großen Kosten und Widerstand führen, eine positive Veränderung verhindern. Daran ist niemand interessiert. Widerstand herrscht vielmehr dann, wenn nicht rechtzeitig „verändert", nicht richtig gemanagt wurde, Mitarbeiterabbau oder gar Insolvenzen drohen.

Manager wissen sehr genau, dass sie Mitarbeiter „mit auf die Reise in die Zukunft" nehmen müssen: Bewusstmachen, Sensibilisieren, Verständnis erzeugen, um dann zunächst ein zurückhaltendes Mitmachen bis hin zu einem großen Engagement zu erzielen. Das ist das Ziel eines erfolgreichen Change-Management-Prozesses. Und gerade hier sind High Performer oft die Vorreiter. Sie erkennen Notwendigkeiten schnell, sehen neue Herausforderungen als Chance, hinzuzulernen und zu wachsen. Sie mögen außerdem keine Stagnation.

Im Rubrum des ZDF/Arte-Films wird die Suche nach diesen Bestleistern, den idealen, richtigen Mitarbeitern moniert, die diesem modernen Leistungsbild entsprechen. Die vorhandenen Mitarbeiter werden motiviert, trainiert und bei fehlender Leistung aussortiert. „Wer sich nicht dem ‚Mega-Wachstumsziel' globalisierter Unternehmen verschreibt, wird durch eine Human Ressource Management Firma (Rohstoff Mensch Optimierungsfirma) erbarmungslos zum Mitarbeiter zweiter

3.2 Erfolg neu denken

Wahl gestempelt." Schön ausgedrückt. Philosophisch, ethisch wie sicher sozial verträglicher, wäre ich besser beraten, dies zu bestätigen.

Nur – was ist daran *modern*, – oder schlecht? Zu allen Zeiten versuchen Unternehmen, die besten Mitarbeiter zu gewinnen, zu halten und zu fördern. Sie suchen Mitarbeiter, die zu ihrem Unternehmen passen und von denen sie annehmen, dass sie loyal und engagiert sind. Zu allen Zeiten müssen sich Unternehmen von Mitarbeitern trennen, die ein gewisses Leistungsniveau nicht halten können. Sie müssen all dies schon aus dem Grund, zumindest so viel Profit zu generieren, um Mitarbeiter bezahlen und fördern und sich auf dem Markt positionieren zu können. Eine Firma ist immer noch kein Sozialunternehmen, auch wenn es eine soziale und gesellschaftliche Verantwortung trägt.

Wer bitte entscheidet sich gerne für die „zweite Wahl"? Wer entscheidet sich für einen „nicht richtigen Mitarbeiter", einen, der nicht in die Kultur passt, der nicht dem Leistungsniveau entspricht? Je kleiner ein Unternehmen ist, umso erfolgskritischer ist die Wahl der richtigen Mitarbeiter. Gerade ein Micro-Unternehmen, eben nicht global agierend, kann sich einen „nicht richtigen" Mitarbeiter überhaupt nicht leisten. Da sind die Leistungsfähigkeit und der Leistungswille nicht allein erfolgsentscheidend, sondern überlebensentscheidend. Gerade kleine Unternehmer finden meist keine „Bestleister", die von sich aus wissen, wo „die Arbeit liegt", wo sie anpacken müssen und nicht nur „die Zeit absitzen" oder auf Anweisung des Chefs arbeiten. Der Selbstständige mit wenigen Mitarbeitern ist meist der alleinige High Performer.

Im Privatleben machen wir dies doch auch? Oder entscheiden Sie sich für „den nicht richtigen" Ehepartner? – den Partner zweiter Wahl? Suchen Sie nicht auch nach dem/der Besten? Jemandem, der zu ihnen passt, dem sie vertrauen, mit dem Sie ein gemeinsames Leben aufbauen und gestalten wollen, der Ihren Werten entspricht? Ein ähnlicher Selektionsprozess, mit dem einzigen Unterschied, dass wir diese Selektion als positiv empfinden, obwohl er sich nach einem Lebensabschnitt auch oft als „ungenügend" erweisen kann. Belegt durch die Daten des Statistischen Bundesamtes bezüglich der Anzahl der Ehescheidungen. Auch hier wird ein unzufriedener Status quo beendet, Veränderung und Wandel gestaltet. Interessanterweise konnten wir im Privatbereich in den letzten Jahrzehnten einen geistigen Paradigmen-Wandel vollziehen, den unsere Gesellschaft mitträgt: Statt einer über Jahrhunderte lang geprägten Form einer lebenslangen Ehe „bis dass der Tod uns scheidet", haben wir den „Lebensabschnittspartner" akzeptiert. Jemanden, der für die Dauer einer persönlichen Entwicklungsphase zu uns passt. Ein Wandel wird in der Ehe gerade dann eingeleitet, wenn zum Beispiel Stagnation droht oder sich Lebensvorstellungen geändert haben. Veränderungskompetenz könnte uns auch in diesem privaten Bereich sehr nützlich sein, von der pro-aktiven Gestaltung des gemeinsamen Ehelebens bis zur Bewältigung einer Scheidungssituation für alle Beteiligte.

Im Berufsleben jedoch wird immer noch der sichere „Lebens-Arbeitsplatz" mit genau festgelegten Tarifzeiten an einem festen Platz gefordert, der für viele Unternehmen wie Berufe schon lange nicht mehr passend, schon lange veraltet ist.

Solch ein Change-Management-Prozess, privat wie beruflich, ist ein komplexer und lang andauernder Prozess mit vielen Facetten und vielen Mosaiksteinen. Im Mittelpunkt steht der Mensch! – der Mitarbeiter in seiner Vielschichtigkeit, seiner individuellen Vielfalt, aber sicher auch im Leistungsrahmen des Unternehmens. Es stimmt – im Bereich Change Management wird von der „Burning Platform" und dem „Sense of Urgency" gesprochen. Leider wiederum aus dem Amerikanischen übernommene Begriffe. Aber worum geht es dabei tatsächlich? – um die Bewusstmachung eines Problems für das gesamte Unternehmen, um zu einem gemeinsamen Handeln aufzurufen und Engagement auf allen Ebenen zu erreichen.

> **Typische Beispiele für notwendige Veränderungen**
> **Technologie**
> **Konzum** zum Beispiel arbeitete seit Jahrzehnten mit einer hausinternen Software, die perfekt auf die internen Prozesse abgestimmt war. Nun fehlte dieser Software die internationale Plattform, das Netzwerken zu Partnern war nicht mehr möglich, moderne Softwareanforderungen konnten nicht oder nur mit erheblichen Kosten umgesetzt werden.
>
> Der Wechsel zu einer anerkannten ERP-Software-Lösung war somit eindeutig notwendig, um die Sicherheit des Unternehmens, von der Marktpositionierung bis hin zur Arbeitsplatzsicherheit, zu gewährleisten. Sollte diese „Burning Platform", dieses „brennende, wesentliche Problem" also lieber nicht angepackt werden?
>
> Lieber abgewartet werden, bis das System zusammenbricht und weder die Logistik noch jede andere Abteilung vernünftig zusammenarbeiten kann und somit Arbeitsplätze massiv gefährdet sind. Sicher, wenn Sie Mitarbeiter an der Kasse eines Konzum-Ladens gefragt hätten, dann hätten sie diese Veränderung zunächst nicht gewollt: Das alte System macht es doch gut, daran sind wir gewöhnt. So arbeiten wir immer – und nun neue Prozesse, neues System. Warum? Weil der CEO Darko Knez eine klare Vision der Zukunft hat, die nachhaltigen Wert für das Unternehmen und damit für die Mitarbeiter liefert. Diese Veränderung ist notwendig, gerade auch menschlich für die Mitarbeiter notwendig.

Aber diese Notwendigkeit verständlich zu machen, herunterzubrechen bis zum einzelnen Mitarbeiter an der Wursttheke, das ist Aufgabe des Change Managements, nicht das Erzeugen eines Leidensdrucks.

Kundenorientierung – oftmals ein weiteres Beispiel für notwendige Veränderungen

Kundenerwartungen haben sich erheblich gewandelt, vor allem im internationalen Wettbewerb. Der Kunde stellt Forderungen, möchte schnell, unbürokratisch, freundlich, sachkundig und zuverlässig bedient werden. Nicht allein von 8 bis 17 Uhr, sondern heute ebenfalls rund um die Uhr 24/7. Da kann es für ein Unternehmen verheerend sein, wenn sich ein Mitarbeiter eben nicht verantwortlich, nicht „accountable" fühlt, sondern um Punkt 17 Uhr nach Hause geht, weil „seine Arbeitszeit" eben beendet ist, obwohl ein Kunde gerade auf diese „Eilsendung" wartet und damit sein eigener Geschäftserfolg gefährdet ist: Er kann sich doch beschweren. Ich habe nur meine Pflicht getan. Morgen ist auch noch ein Tag.

Sprenger hat gegen diesen „Dienst nach Vorschrift" bereits ausreichend argumentiert und Selbstverantwortung eingefordert (Sprenger 2007). Denn Kunden äußern sich heute nicht mehr in einem hausinternen „Beschwerde-Management", sondern in Social Media auf der Unternehmensseite und in Verbraucher-Blogs. Schlechte Nachrichten sind schnell und eindringlich verbreitet, gute dagegen dringen nur schwer zu den Kunden vor. Eine alte, aber noch gültige Marketing-Weisheit. Nur heute geht dies noch schneller und vehementer vonstatten. Ein missverstandener Kunde wandert zum Wettbewerb ab (meist für immer), der eben einen 24/7-Service anbietet, wo er vielleicht auch noch persönlich statt über einen nervigen Hotline-Dienst bedient wird.

Ein solcher Veränderungsprozess ist noch umfassender und schwieriger als die Einführung eines ERP-Systems, denn er rüttelt an bisherigen Strukturen und Kulturen der Unternehmen, am Denken des Einzelnen, wie er mit Kunden agiert, wie er seinen Auftrag sieht. Muss dieser Wandel sein? – urteilen Sie selbst, wie sich Ihr persönliches Kundenverhalten durch unsere effiziente Technologie gewandelt hat. Wie und wann Sie einkaufen, welche Rolle Social Media oder Internet-Plattformen dabei spielen, wie Sie auf persönliche Ansprache reagieren. Was Sie persönlich als Kunde von einem Dienstleister erwarten – Wie flexibel sollte dieser auf Ihre Bedürfnisse reagieren?

Interne Organisation
Best Buy, ein US-amerikanisches Fortune 100 Elektronik-Unternehmen, hat bereits seit **2001** ein durchschlagendes Konzept realisiert. ROWE® steht für

"**Result-only work environment**", ein totaler Paradigmen-Wechsel im Vergleich zu der bisherigen Arbeitswelt des Industriezeitalters – Mitarbeiter können tun, was sie wollen, wo sie es wollen, solange die Arbeit erledigt wird, sprich Ergebnisse erzielt werden. Damit sind bisherige Modelle flexibler Zeiterfassung, Konzepte für bessere interne Organisation von Meetings und anderen internen Richtlinien wie auch Vorschläge zu Work-Life-Balance innerhalb eines Unternehmens obsolet geworden.

Best Buy wollte mit diesem Programm ein exzellentes Employer Branding, Employer of Choice, erzielen und gute Mitarbeiter gewinnen. Was zunächst eine Initiative im Rahmen des Talent-Managements war, wurde unternehmensweit eingeführt und änderte die Arbeitsweise der Mitarbeiter grundlegend. Brad Andersen, CEO von Best Buy, bezeichnete ROWE als eine Chance für jeden, sich in seiner Arbeitsweise zu verbessern. Es ermutigt Mitarbeiter, einen tatsächlichen Beitrag zu leisten, anstatt allein „seine Zeit abzusitzen" (Ressler und Thompson 2008, Vorwort und S. 3–4).

Kein Mitarbeiter hat im Büro zu sein, jeder kann seine Zeit selbst gestalten. Er gibt in einem System an, wann er für andere erreichbar ist, wann nicht. So kann man einkaufen gehen, während des Tages mit den Kindern spielen und sich am Abend in die Arbeit stürzen. Eine sehr große Zeitflexibilität. Die Qualität der Arbeit und auch die Einhaltung der im Team abgestimmten Deadlines sind jedoch aufgrund der Ergebnisorientierung des Unternehmens immer gegeben. Denn wenn die Ergebnisse nicht stimmen, gibt es natürlich Sanktionen. Die Führungskräfte hatten zu Beginn befürchtet, dass die Leitung ihrer Teams erschwert werden würde, weil nur an einem Tag der Woche eine Anwesenheit für persönliche Team-Meetings erwünscht war. Aber alles lief gut.

Nach einer kurzen Eingewöhnungsphase arbeitete jeder nach seinem eigenen „Zeitbedürfnis". Frühaufsteher wie „Langschläfer" konnten ihren persönlichen Zeitrhythmus optimal ausnutzen. Eltern die Arbeitszeit mit den wesentlichen Bedürfnissen ihrer Kinder besser koordinieren und selbst das Büro blieb nicht verwaist. Denn einige Mitarbeiter stellten für sich fest, dass sie lieber unter Kollegen, im Austausch mit anderen arbeiten und auch bewusst zwischen einem Arbeitsplatz und zu Hause wechseln wollten, während andere Kollegen kaum im Office anwesend waren.

Individuelle Vielfalt wird gelebt, nicht nur toleriert. Durch diese Flexibilität wird sehr viel Lebensqualität ermöglicht. Viele stellten zu Beginn fest, dass einige Arbeiten schneller zu erledigen waren, sie arbeiteten effizienter, weil sie nicht mehr per se „anwesend sein mussten". Zeit für den Weg zur Arbeit konnte so ebenfalls eingespart und anderweitig genutzt werden, beruflich wie privat.

3.2 Erfolg neu denken

Dieser organisatorische Wandel war – gerade vor zehn Jahren – nicht notwendig. War er deshalb weniger sinnvoll? Er wurde auf jeden Fall vom Mitarbeiter getragen und individuell gestaltet. Best Buy ist der Träger der Entwicklung des modernen Unternehmens ohne Zeiterfassung mit Fokus auf Ergebnisorientierung.

Persönliche Veränderung

Ein klassisches und auch krasses Beispiel aus meinem eigenen Leben: Vor zehn Jahren meinte mein Arzt, dass ich in einem halben Jahr einen Herzinfarkt erleiden könne, wenn ich meinen stressigen Lebensstil nicht schnell ändern würde. Eine klare Aussage mit detaillierten Daten hinterlegt. Ich war nicht nur unzufrieden mit meiner aktuellen gesundheitlichen Situation, sondern die Zukunftsaussicht war erschreckend.

Auch ich glaubte nicht daran, dass ich mein gewohntes Leben ändern oder wohl gar aufgeben könnte. Zu sehr war ich an meine Position als Partner und Managing Director eines großen Beratungsunternehmens gewöhnt, sowohl an die angenehmen wie stressigen Randbedingungen.

Dennoch habe ich es getan und es fiel mir am Anfang wie auch teils während des Prozesses nicht leicht. Meine persönliche Veränderungskompetenz hat mir sehr geholfen, nicht nur mit der Veränderung zu beginnen, sondern vor allem ergebnisorientiert, somit beharrlich durchzuhalten. Die Phasen waren mir aus meiner beruflichen Change-Management-Erfahrung sehr bewusst und ich konnte sie für mich persönlich daher gut nutzen. Das Ergebnis nach zehn Jahren: nicht allein ein gesundes Herz- und Kreislaufsystem, ein Leben ohne jegliche Medikamente, sondern ein Zurückgewinnen an Vitalität und Lebensfreude. Insgesamt habe ich laut medizinischer Messwerte 35 Jahre zurückgewonnen. War mein Organismus mit 42 der einer 65-Jährigen, so ist er heute mit 53 der einer 43-Jährigen.

Ist auch die Unzufriedenheit mit dem jetzigen Zustand der Auslöser, vor allem im Hinblick auf eine möglichst positive Zukunft, reicht dies jedoch oft nicht aus, den Prozess selbst durchzustehen. Hierbei kann eine weitere Richtschnur aus dem Change-Management-Lehrgang der Harvard Universität helfen:

> Take the choice of action in the midst of ambiguity –
> Change is a constant battle of balance

Handle – inmitten der Ungewissheit, denn Veränderung bedeutet ein kontinuierliches Bemühen um Balance

Was sich auf dem Weg, dem Prozess der Veränderung selbst alles ergibt, ist unbekannt, unsicher und ungewiss. Dies macht Angst, selbst wenn wir versuchen, einen realistischen Prozess zu planen. Bei aller Strategie und Planung, selbst mit bewussten Meilensteinen und Risikomanagement: Es kommt immer zu neuen Erkenntnissen. Wir wissen auf einem neuen Weg nichts sicher. Es ist ein Abenteuer – privat genauso wie im Berufsleben. Mit Veränderungskompetenz lernen wir, mit dieser Ambiguität positiv umzugehen. Diese Unklarheit des Weges zu akzeptieren und zu tolerieren. Unsicherheit, Ungewissheit in Kauf zu nehmen, Angst umzuwandeln in Handeln und Voranschreiten. Wir erfahren, wie wir Fehler und Rückschläge bewältigen.

Mit jedem Veränderungsprozess werden wir sicherer, wissen wir, worauf wir achten müssen, wo Risiken bestehen und wie wir damit umgehen können. Unerwartete Ereignisse machen uns immer weniger Angst, denn durch die Kenntnis eigener Stärken gewinnen wir immer mehr Handlungs-Souveränität.

Selbstkenntnis, Ausprobieren, Handeln und Übung machen den Meister – auch bei der Veränderungskompetenz.

Selbstkenntnis, Selbstverantwortung und die Stärkung des inneren Kerns der eigenen Persönlichkeit: Darin sehe ich die eigentliche Herausforderung unserer „modernen" Zeit.

3.2.2 Selbstführungskompetenz – „sein eigener Herr sein"

▶ Luxus der Selbstbestimmung, Freiheit, man selbst zu sein.

Selbstmanagement – die Kompetenz, sich selbst durch ein erfolgreiches Leben zu führen, vielleicht ein Lebenswerk zu schaffen, sich seine Lebenswünsche zu erfüllen, Lebensaufgaben meistern zu können. Genuss und Leistung zu verbinden.

Was bedeutet dies im „Zeitalter des agilen, volatilen Unternehmens", in der Wissens- und Unternehmensgesellschaft für den Einzelnen, aber vor allem für den High Performer? Wie kann Erfolg erzielt werden? Welche überkommenen Vorstellungen vom Weg zum Erfolg können wir dagegen über Bord werfen?

Über Bord werfen müssen wir sicher folgende bisherigen Erwartungen an unsere Arbeitswelt:

- Stabiles Berufsbild für ein ganzes Arbeitsleben,
- Lebenslange Karriere innerhalb eines Unternehmens,
- Rente mit 65,

3.2 Erfolg neu denken

- Stabile Organisationsstrukturen über einen längeren Zeitraum,
- Klassische Hierarchie – „Ober sticht Unter", Arbeit nach klaren Anweisungen und Vorgaben,
- Sicher geführt werden durch klare Regeln der Organisation wie vom Management,
- Erfolg ist – schneller, höher, weiter – ein bislang einfach zu verstehendes Leistungs- und Erfolgsprinzip.

Wenn fast alle bisherigen Stabilitätsfaktoren für unser berufliches Leben wegfallen, liegt die einzige **Stabilität in uns selbst**, in unserer Persönlichkeit. Denn wie meistern wir diese andauernden ökonomischen und gesellschaftlich-sozialen Veränderungsprozesse? Indem wir vor allem **uns selbst als Persönlichkeit definieren, entwickeln und abgrenzen**.

Dies ist eine schwierige Aufgabe. Denn wenn sich alles permanent und schnell wandelt und wir darauf reagieren müssen, muss auch das Selbstvertrauen wie das Vertrauen in die Umwelt neu gedacht und gelebt werden. Es gibt hierzu keine Lehrgänge, in der Schule gehören Selbstkenntnis, Selbsterkenntnis, Selbstbewusstsein wie Selbstvertrauen nicht zum Curriculum. Dort wird viel zu viel Augenmerk auf den reinen Wissens-Erwerb gelegt, auf mit Noten messbare Quantität.

Warum? – wenn doch Wissen sehr, sehr schnell nicht mehr aktuell ist und ad acta gelegt wird. Wie jeder individuell am besten lernt, wäre dagegen ein wesentlicher Baustein, **den Lernprozess erlernen** und mit individuellen Stärken effektiver wie auch motivierender gestalten. Denn lebenslanges Lernen ist ein grundlegendes Erfolgskriterium.

Des Weiteren – wie wir **Selbstbestimmung lernen** und damit Abgrenzung von den Erwartungen der anderen, der Umwelt? – zu lernen, individuell **Glück und Zufriedenheit zu definieren** und empfinden zu können? – wie wir uns individuell reflektieren, entspannen und revitalisieren können? – wie wir uns selbst führen können? Denn immer noch brauchen Leistung und Erfolg eine Menge Leidenschaft, Motivation geleitet durch Disziplin, Ausdauer und Geduld. In Asien ist dies bekannt: Allein Übung macht den Meister.

Auf der Ebene des Einzelnen lohnt daher die Betrachtung, künftig – neben dem überwiegend quantitativ messbaren Erfolg bei der Arbeit, der Ergebnisorientierung – auch immer mehr von einer qualitativ zu verstehenden, **nachhaltigen Lebensleistung** zu sprechen. Teil dieser Entwicklung ist die Entwicklung hin zu einem anderen Verständnis von **Autonomie**, von **Selbstbestimmung im Leben und im Job**, die eine permanente Selbsterforschung im Dienste der Aufgabe und ein neues Verständnis von Vertrauen erfordern. Gemeint ist damit das Vertrauen zu sich selbst und zu den Menschen, mit denen man lebt und arbeitet.

Statt um „erfolgreiches Selbstmanagement" geht es vielmehr um das Design als Lebenskünstler. Lebensstrategie und Planung nicht im Sinne von Management, sondern im Sinne von Leadership. Wie Peter F. Drucker dies so treffend zum Ausdruck brachte:

> Management is doing things right, Leadership is doing the right things.

Klarheit darüber verschaffen, welche Ziele wir im Leben anstreben, wie und mit wem wir leben und unser Leben gestalten wollen. Sich abgrenzen, indem wir uns Klarheit darüber verschaffen, was wir nicht wollen und warum nicht. Gestaltungsfreiraum herstellen, indem wir unsere Stärken definieren und stärken.

Erst dann sind wir „unser eigener Herr" – an die Stelle der äußeren Machtposition, des Status innerhalb einer Gesellschaft, einer Unternehmung tritt dann die Selbstmacht, die „Selbstmächtigkeit", wie Wilhelm Schmid dies bezeichnet. Das eigene Können, sich in Balance zu halten, unabhängig zu sein von anderen, auch vom Urteil der anderen, die „die Befriedigung von Bedürfnissen versprechen und somit Macht über das Selbst ausüben" (Schmid 2007, S. 106).

Den Weg zum eigenen Selbst gehen mit dem Ziel, dass die eigene Geschichte letztendlich Sinn macht und das Selbst wie auch andere überzeugen kann.

Autonomie, Selbstbestimmung sind eigentlich Basis unserer Demokratie. In Wirtschaft wie Politik werden wir leider oftmals eines Besseren belehrt. „Selbstbestimmung ist keine Norm, sondern eine Option", (Schmid 2007, S. 123). Selbstbestimmte Menschen fallen vielmehr aus der Norm. Ich behaupte sogar, Selbstbestimmung ist heutzutage ein purer Luxus. Luxus, sich die Freiheit zu nehmen, man selbst zu sein. Ferdinand Piech bringt dies auf den Punkt: „Luxus schafft Identität und fungiert als Brücke zur Gesellschaft." Luxus ist – wie der Soziologe Max Weber schon vor über 100 Jahren vermerkte – „eines der Mittel sozialer Selbstbehauptung feudaler Herrenschichten". Designer Anzüge in Anthrazit und Blau belegen den distinguierten Status als „Manager-Macher" mit iPhone, iPad und smartem Auto. Die Insignien der Macht und des Einflusses als Global Pendler mit Senator-Card. Man gehört dazu. Diese Insignien der Macht geben Sicherheit – verleihen Status. All dies zeigt nach außen: wir gehören zu den „Siegern", den „Erfolgreichen". Diese luxuriösen Dinge wirken wie ein Panzer der Sicherheit – im Leben „etwas Bedeutendes" zu sein. Diese vermeintliche Sicherheit lässt uns nach außen hin selbstsicher und selbstbewusst auftreten. Wie es aber drinnen aussieht, geht dabei keinen etwas an! – häufig noch schlimmer, wie es „drinnen" aussieht, weiß derjenige oft selber nicht. Man passt sich weiter dem Druck des Umfeldes an, integriert ins gemeinsame Hamsterrad, denn selbst ein „erfolgreicher Burnout" fungiert als neues Statussymbol.

Luxus ist aber das Gegenteil von einem Muss, von einem Einordnen in die Masse! Wollte man sich dadurch nicht gerade abheben von der Masse, Aufbegehren gegen unsere Austauschbarkeit? – Wollte man damit nicht gerade **seine Individualität, seine Identität und Authentizität zeigen**: Ecce-Homo, Ecce-Ego – frei nach Pindars „Werde, der Du bist". Sieh her – das bin ich, dafür stehe ich. **Identität als Luxus**. Zu wissen, was man will. Zu wissen, wer man ist. Selbstbestimmung – die Freiheit, sein Leben so zu gestalten, so zu leben, wie man es sich vorstellt.

Dienen Manager als Vorbilder, wie erfolgreich gelebt wird? Sie zeigen ein hohes Maß an Selbstbewusstsein, besitzen Charisma, Disziplin, Durchsetzungs- und Umsetzungskraft. Leben sie aber wirklich selbstbestimmt? – bei Arbeitszeiten mit über 60 Wochenstunden, 12 bis 14 Stunden am Tag, häufigen Reisen, Geschäftsessen, ständiger Verfügbarkeit, Informationsüberlastung, dazu kontinuierlicher Druck zur schnellen Entscheidungsfindung.

Laut Kienbaum-Studie 2008 Usus für einen „normalen Manager" (Kienbaum Management Consultants 2008). Kann man da noch von Selbstbestimmung sprechen? – wenn die Zahlen bezüglich Burnout und psychisch bedingten Krankheiten so rapide steigen.

3.2.3 Grenzen setzen – sich selbst und anderen

▸ Von der Fremd- zur Selbstbestimmung

Marktbedingungen und die Ziele der Unternehmung bestimmen die Ziele des Managers. Im Rubrum des Films „Work hard – play hard" werden Manager deshalb als moderne Galeerensklaven bezeichnet, die sich bereitwillig vor einen Konzern spannen lassen, der ihnen verspricht, Teil von etwas ganz Großem zu sein. Dieser Unternehmenskultur sollen sie sich unterwerfen und die globalen Ziele rund um die Uhr mittragen. Warum so defätistisch?

Müssen wir wirklich immer von Macht, Unterwerfung ausgehen? Müssen wir immer noch unsere wirtschaftspolitischen Umstände „schlechtreden"? Sind wir „modernen Manager" wie Fachkräfte wirklich so machtlos, mutlos wie die Arbeiterklasse in den Jahren der Industriellen Revolution? Müssen wir, meist hoch talentierte, bestens ausgebildete Fach- und Führungskräfte, tatsächlich resignieren und uns ständig anpassen? – und dies bei einer realen Fachkräftelücke?

Wiederum sehe ich nicht allein Schwarz oder Weiß, nicht allein Grautöne, sondern viel mehr Farben. Junge Fachkräfte mit exzellenten Abschlüssen fiebern genauso wie vor 20 Jahren auf eine Chance. Diese bietet sich ihnen eben gerade in globalen Unternehmen mit großen Entwicklungspotenzialen. Sie wählen ihren Arbeitgeber sehr bewusst und vice versa. Beide wollen die beste Wahl treffen. Mit jeder weiteren Entwicklung, mit jeder Zielerreichung können sie sich der Anerkennung und Wertschätzung sicher sein. Dies steigert das Selbstbewusstsein, das Selbstvertrauen in eigene Fähigkeiten, den persönlichen Handlungsfreiraum und die Erfahrung. Eine kontinuierliche Spirale nach oben, solange diese Ziele wie die Unternehmenskultur stimmig mit der eigenen Persönlichkeit sind und kongruent den eigenen Werten, dem eigenen Lebensweg und Sinn entsprechen.

Was aber, wenn dies nicht (mehr) der Fall ist? Wenn wir nach den Erwartungen „anderer" leben, um ein Quäntchen Erfolg, Anerkennung und Wertschätzung zu ergattern? – oder auch nur niemanden vor den Kopf stoßen oder verletzen wollen? Wenn wir die Vorgaben der anderen noch nicht einmal mehr hinterfragen, sondern einfach übernehmen, ohne nachzudenken? Wenn wir uns voll ins Schemata eingepasst haben? Ein „anthrazitgrauer Anzug", nur das Einstecktuch ist „individuell"? – Kann man da noch von Selbstbewusstsein sprechen?

Viele meiner Klienten sprechen es in der Mitte ihres Lebens aus. Sie sind erfolgreich und selbstbewusst – aber haben sich selbst oftmals aus dem Auge verloren: Wofür sie eigentlich stehen? Wofür sie eigentlich einmal angetreten sind (in der Ausbildung, im Studium, im Job), wofür sie wirklich leben wollten und wollen?

Zeit für sich zu haben, wird als wahrer Luxus gesehen! **Zeit-Souveränität als wahrer Reichtum**:

- Dinge langsamer tun
- Mich auf etwas in Ruhe einlassen können
- Ohne Hektik über etwas nachdenken
- Muße haben, zum Trödeln und Schauen
- Langeweile haben ist mein größter Luxus
- Langeweile haben als aufregende Form der Selbst-Entdeckung
- Mich fallen und treiben lassen können
- Die leere Zeit als leere Zeit genießen, das entspannt und beglückt
- Über meine Zeit selbst verfügen können
- Dem Theater des Lebens entspannt zuschauen
- Mit meiner Partnerin unangestrengt zusammen sein zu können

Das sind typische Feststellungen meiner Klienten. Endlich Dinge tun, die man immer schon tun wollte. Oftmals erst wieder herausfinden, wer wir eigentlich sind. Der Wunsch, den eigenen Lebensraum mit eigenen Ideen und Vorhaben zu füllen, wächst gerade ab der Mitte des Lebens. **Der innere Erfolg wird wichtiger als die äußere Anerkennung.**

3.2 Erfolg neu denken

Wir fragen uns: Wie viel sind wir bereit, für unsere Arbeit zu geben; sogar noch einen Schritt weiter: Wie viel sind wir bereit, für angeblich notwendige Wachstumsziele zu leisten, allein weil „die anderen" es von uns fordern? Wie viel jedoch sind wir bereit zu leisten, um unseren eigenen Ansprüchen und Zielen zu genügen? Erst ab der Mitte des Lebens hinterfragen wir oftmals unseren „Pursuit of Excellence", die Reise nach immer besserer Leistung als High Performer.

Wofür leben wir wirklich? Was macht für uns Sinn? – die Inschrift „Chief Executive Officer" auf dem Grabstein? Um es allen (Kollegen, Bekannten, Familie) zu beweisen, wie viel wir zu leisten vermochten? Stephen Covey hat hierzu bereits vor fast 20 Jahren die Frage gestellt: Wie soll man sich nach Ihrem Tod an Sie erinnern? – und ich füge noch etwas hinzu, wie viel Freude und Spaß, wie viel Freundschaft und Liebe wollen Sie letztendlich genossen haben? Für wie viele oder für welche Menschen in Ihrem Leben wollen Sie wirklich Bedeutsamkeit erlangt haben, wirksam geworden sein?

Aber machen wir uns klar: Eine Schuldzuweisung ist hier zu einfach. Fremdbestimmung ist nicht die Schuld der anderen, nicht in den guten oder „bösen" Absichten der Unternehmen begründet. Es geht schon seit Langem nicht mehr um die „Ausbeutung der Arbeiterklasse". Diese Kämpfe gehören in der Wissensgesellschaft, in der Welt der Wissensarbeiter schon lange der Vergangenheit an. Wir gehören meist nicht zu klassischen Tarifbereichen. Wir sind für uns selbst verantwortlich.

Fremdbestimmung liegt heute dagegen im fehlenden Bewusstsein der eigenen Grenzen begründet, in der „begrenzten Kapazität einer Selbstverfügung des Selbst". Selbst ein „souveränes Selbst" kann nicht jederzeit und überall über sich selbst vollkommen frei entscheiden, sondern es hat vielmehr gelernt, wo und wie Selbstbestimmung möglich ist und wo nicht. Wo es Grenzen setzt – sich selbst wie anderen gegenüber. Der Philosoph Wilhelm Schmid fasst dies zusammen: „Geld (und Macht) mag beruhigend sein, lebensnotwendig aber ist, sich selbst zu Eigen zu sein." (Schmid 2007, S. 131, 126 f.)

Selbstbestimmung auf der Basis von Selbstvertrauen und Selbstverantwortung wird dann zur Freiheit, man selbst sein zu können und sein Inneres kompetent auszuleben. Aber selbst mit der Freiheit ist es noch nicht getan. Wie Friedrich Nietzsche bereits in *Menschliches, Allzumenschliches* klagte (Der Wanderer und sein Schatten, S. 266): „Ach, es ist viel Langeweile zu überwinden, viel Schweiß nötig, bis man seine Farben, seinen Pinsel und seine Leinwand gefunden hat! Und dann ist man noch lange nicht Meister seiner Lebenskunst, aber wenigstens Meister in der eigenen Werkstatt."

Nach der Freiheit, nach der Kür in diesem Fall, folgt die Pflicht, die Formgebung. Selbstführung, Selbstmanagement erfordert eine „Selbstgesetzgebung", ein eigenes internes Regelwerk, das persönliche Framework. Dieser Rahmen der persönlichen

Passgenauigkeit für einen Lebensabschnitt

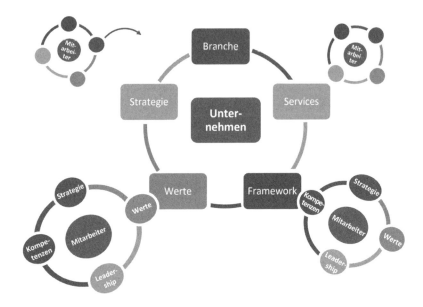

Abb. 3.6 Docking Mitarbeiter – Unternehmen (Bildrechte: Urheberrecht beim Autor)

Werte und Lebensprinzipien bietet die notwendige Sicherheit und Stabilität in einem volatilen Umfeld.

Man dockt sich quasi an die Frameworks unterschiedlicher Unternehmen an, die zum eigenen Werte- und Zielekonzept passen. Nicht etwa in einer lebenslangen Verpflichtung, sondern gemäß der Passgenauigkeit zum jeweiligen persönlichen Lebensabschnitt (siehe Abb. 3.6).

Gerade die jüngere Generation, eben die „modernen Manager", entscheidet sich sehr bewusst für ein Unternehmen oder ein Arbeitskonzept. Für sie besteht das Konzept eines „lebenslangen Arbeitsplatzes" schon seit Langem nicht mehr. Sie sind sich ihrer eigenen **Employability** sehr bewusst. Ihres eigenen Könnens und Stellenwertes sehr bewusst.

Erfolgreich ist somit derjenige, der in der Lage ist, sich **selbst** (autós) ein **Gesetz** (nómos) zu geben (vgl. Schmid 2007, S. 123 f.) und damit Vertrauen zu seiner persönlichen Wirksamkeit aufbauen kann. Verstehen Sie mich jedoch nicht falsch, das ist keine Entwicklung zum „Ichling", zum Egoisten und Karrieristen.

Vielmehr ein vielschichtiger und andauernder Prozess zu einer **authentischen Persönlichkeit** mit Gelassenheit und Souveränität. Dieser Prozess benötigt Zeit, auch Mut, Disziplin und Ausdauer, bis wir sagen können: „Ich kenne mich." Denn Selbsterkenntnis benötigt die Bereitschaft, immer wieder sein Umfeld nach den eigenen Maßstäben, den eigenen „Gesetzen" und Zielvorstellungen wie der eigenen Vision auszuloten. Einerseits, seine Grenzen zu überschreiten und zur Reife zu gelangen, um wie Erich Fromm es ausdrückte, „der zu werden, der wir potentiell sind" (Fromm 2000), andererseits auch gerade persönliche Grenzen und Schwächen zu akzeptieren. Zum Beispiel nicht immer nach Perfektionismus zu streben oder seine persönlichen Werte über ökonomische Ziele zu stellen oder auch seine physischen Grenzen zu kennen, um sich rechtzeitig Pausen zur Erholung zu gönnen.

Auch heute gehört Mut dazu, gegen den Herdentrieb, gegen Anpassung und Einordnung mit „Eigensinn" (Hesse 1952, 1986) zu antworten. Aber es handelt sich nicht um Egoismus, sondern um den Mut „zum eigenen Sinn". Mut, so zu sein, wie wir sind – authentisch, mit allen Zweifeln, Unsicherheiten, Ecken und Kanten, aber eben auch mit allen Stärken und Selbstvertrauen. Hermann Hesse hat deshalb Menschen mit „Eigen-Sinn" als „Helden" bezeichnet. Menschen, die bei sich angekommen sind und sich selbst treu sind. Die der eigenen Lebenskraft vertrauen. Dieser Eigensinn beruht auf Selbstkenntnis und Selbsterkenntnis, ein gefestigtes *Ich* immer im Bezug zum größeren Ganzen, dem *Wir*. Denn gerade mit Selbstkenntnis können wir uns anderen gegenüber öffnen. Mit anderen konstruktiv zusammenarbeiten und etwas Werthaltiges gestalten (van der Markt 2010, S. 221–224).

Auf dieser Selbstkenntnis können wir im Rahmen des durch uns gesetzten persönlichen „Gesetzes" Grenzen setzen, für uns selbst aufgrund unserer Werte und unserer Fähigkeiten, Stärken und Schwächen, unserer Vision und Zielsetzungen. Grenzen setzen – gerade auch für die anderen, wie weit sie uns beanspruchen können, wie weit wir mit ihnen zusammenarbeiten und vertrauen wollen.

3.2.4 Vertrauen und Selbstverantwortung

▶ Eigenverantwortlichkeit steuert Employability und Entrepreneurship

Lassen Sie uns von der philosophischen Basis zurückkehren in die unternehmerische Praxis. Sind die vorher beschriebenen Werte der modernen Leistungsgesellschaft vielmehr eine Täuschung, gaukeln sie uns nur Offenheit, Toleranz, Individualität und Vielfalt vor für immer größere Wachstumsziele?

Im Vergleich zur bisherigen Arbeitswelt mit starren Regeln, Arbeitszeiten und Hierarchien, bieten diese dynamischen und agilen Organisationen einen **ungeheu-**

er großen individuellen Gestaltungsfreiraum. Allein die Möglichkeit, seinen Arbeitsort wie auch die Arbeitszeit frei wählen zu können, gab es für Angestellte in diesem Ausmaß zu keiner Zeit. Dadurch wird die Möglichkeit geschaffen, seine „Lebenszeit" ebenfalls individuell ausleben und nach individuellen Prioritäten in die „Arbeitszeit" integrieren zu können, sofern wir von der klassischen Trennung von „Work-Life"-Balance weiter sprechen wollen. Diese offene Arbeitszeitgestaltung ist sehr gut geeignet für Lebensphasen mit Kindererziehung oder Elder Care. Kombiniert wird dies mit einem angenehm unkomplizierten, lockeren Umgangston bis hin zum individuellen Kleidungsstil. Bei Microsoft kann man den Unterschied zwischen einem Software Engineer und einem Account Manager mit viel Kundenkontakt oftmals schon an der Kleidung erkennen, nicht jedoch, ob es sich um einen Junior oder Senior handelt. Bei einer Open-Door-Policy, in der es um Inhalte und weniger um Macht und Status geht, bieten flache Hierarchien die Möglichkeit, offener, unverkrampft miteinander umzugehen.

Macht wird zur Autorität aus Können und Erfahrung und diese ist weder an Alter noch Geschlecht gebunden.

Mit dieser Offenheit, Toleranz und Transparenz muss man jedoch umgehen lernen oder sie bereits als Charaktermerkmale mitbringen. Diese Fähigkeiten sind vor allem in beruflichen Umfeldern der Hightech Industrie grundlegendes Erfolgskriterium. Denn ein „Deliverable", ein Ergebnis, ob Produkt oder Dienstleistung, ist heutzutage so komplex, dass es nur in enger, vertrauensvoller Zusammenarbeit in einem Team hergestellt werden kann. Dieses Team kann sich entweder persönlich lokal treffen oder auch permanent virtuell global zusammenarbeiten. Wesentlich ist das Vertrauen in die Kompetenz des anderen, die Bereitschaft, mit Engagement an einem Produkt gemeinsam zu arbeiten. Ein „Egoist", ein „Ichling" fällt hier schnell auf, wenn er nicht sein Bestes geben, nicht teilen und mitarbeiten will.

Mitarbeiter mit dieser selbstbewussten Offenheit können auf andere zugehen, haben die Fähigkeit zum Small Talk wie zum vertieften Gespräch, da sie grundlegend Flexibilität gewohnt sind. Man lernt frühzeitig, sich tolerant zu bewegen und zu teilen, andere zu respektieren und wertzuschätzen, da weder lokal noch bereichsintern so massive Barrieren „gebaut" worden sind wie in früheren Organisationsstrukturen. Bestimmend sind der Prozess und das Ergebnis, welches man in einer flexiblen Struktur leichter wie qualitativ besser produzieren kann.

Der kritische Erfolgsfaktor liegt dagegen beim **Mindset,** also im Denken der Führung wie der Mitarbeiter. Die bisherige Kultur prägt auch hier die Ausübung, das Inanspruchnehmen dieser Freiheit.

Viele Unternehmen arbeiten heute noch mit Zeiterfassung. Sie können sich ein solch offenes System nicht vorstellen und befürchten einen Einbruch der Produktivität. Selbst wenn nur einige Stunden pro Woche Freiraum gewährt werden sollte.

3.2 Erfolg neu denken

In einem Workshop mit internationalen Senior Executives eines globalen Versicherungsunternehmens zum Thema Work-Life-Balance waren gerade die Zeiterfassung und die „Büro-Anwesenheit" Diskussionsthemen. Besonders die deutschen Manager befürchteten die Abnahme der Produktivität: Wie soll das denn gehen? Das kann gar nicht funktionieren, dass in weniger Zeit mehr geleistet wird. Andere dagegen hatten bereits ihrem Bereich einige Freiheiten ermöglicht. Eine große Bandbreite. Aber alle taten sich schwer mit dem offenen Konzept, wie es Best Buy, Google und Microsoft vorleben: nicht die Anwesenheit mittels Zeiterfassung, allein das Ergebnis zählt.

Grundvorraussetzung für einen solchen Wandel beziehungsweise für diese Ergebnisorientierung ist das gegenseitige Vertrauen. **Vertrauen, Wertschätzung** und **Zuverlässigkeit** in die Leistung des Mitarbeiters. Dieses Vertrauen tritt anstelle der bisherigen Kontrolle. Die Zuverlässigkeit beruht auf der persönlichen Kenntnis der Arbeitsqualität wie des Leistungswillens des Mitarbeiters. In einem solchen Vertrauensverhältnis gibt der Manager sowohl Freiraum wie einen Rahmen der Unterstützung vor, wie der Mitarbeiter die Bereitschaft, „sein Bestes" zu geben und verlässlich „in Time & Quality" zu liefern. Üblicherweise werden in vielen Unternehmen daher Ergebnisse (Produkte wie Services) als „Deliverable" bezeichnet. Die Qualitätskriterien für diese Deliverables werden so exakt wie möglich definiert, um den Mitarbeitern wie auch den Kunden ein möglichst realitätsbezogenes Leistungsbild zu vermitteln. Basis des jeweiligen „Vertrauens-Kontraktes", wie gemeinsam gearbeitet und welche Qualität erwartet wird. Zeit als Leistungskriterium spielt hier insofern nur eine Rolle bei der Festlegung der Deadline, bis wann ein solches Ergebnis abgeliefert werden soll.

Wenn aber die gesamte Organisation weiterhin im „alten" Denken verhaftet bleibt, dann wird Leistung weiterhin durch die Anwesenheit in langen Arbeitszeiten bis spät in die Nacht bemessen. Selbst wenn keine Zeiterfassung erfolgt, werden Mitarbeiter weiter sicherheitshalber ins Büro kommen, damit ihre Leistung veritabel „gesehen" werden kann. Denn sowohl für die Führungskraft wie den Mitarbeiter war Zeit als Leistungsmessung über Jahrzehnte die einfachste Methode. An ihre Stelle tritt **gegenseitiges Vertrauen**: die Vertrauens-Arbeit.

Die Haltung der Führungskräfte ist entscheidend. Sie müssen, wie Brigitte Hirl-Höfer, Direktorin Human Resources bei Microsoft Deutschland, darlegt, den Mitarbeitern signalisieren, dass es nicht wichtig ist, wie viel Zeit sie im Büro verbringen, sondern dass allein das Ergebnis ihrer Arbeit zählt (Perlow und Porter 2010).

Beide – Führungskraft wie Mitarbeiter – müssen darauf vertrauen, dass der andere „zu seinem Wort" steht. Zuverlässigkeit und Leistungsbereitschaft einerseits, persönliche Freiheit andererseits. Mit so viel Freiraum muss man umgehen lernen.

Im „alten" Leistungsverständnis befürchtete man ein starkes Absinken der Produktivität, wenn keine Kontrolle erfolgte. Es galt: Vertrauen ist gut, Kontrolle ist besser. Man ging davon aus, dass Mitarbeiter keinen Wertbeitrag leisten wollen. Aber gerade mit einer solchen Einstellung macht man Mitarbeiter zu den besagten „Galeerensklaven", die mit „Zuckerbrot oder Peitsche", Bonus oder Malus zur Arbeit angetrieben werden müssen. Das ist klassische Fremdbestimmung.

Anstelle von Kontrolle tritt im neuen Leistungsdenken die intrinsische Arbeits- und Leistungsmotivation des Einzelnen, der die „extra Meile" freiwillig gehen möchte, wie auch die Fähigkeit zu Dialog und gemeinsamer inhaltlicher Abstimmung. Erwartungen müssen en détail besprochen werden. Qualität wie Deadlines werden nach klaren Kriterien definiert. In diesem hoch komplexen System bringt jeder seine individuelle Wahrnehmung und persönliche Arbeits- wie Sichtweise ein. Es ist eine Kunst, Individualität, Vielfalt und gemeinsames Ziel in Balance zu halten.

Best-in-Class-Unternehmen haben deswegen ausgereifte Methoden- und Tool-Sets erstellt, die auf jahrzehntelanger Erfahrung in den jeweiligen Bereichen gründen und mit jeder neuen Projekt- und Prozesserfahrung aktualisiert werden. Bei Accenture als Beispiel für Top Unternehmensberatungen werden diese Datenbanken gerade auch von Kunden sehr geschätzt, weil sie begehrte Benchmark-Daten mit anderen Unternehmen der Branche bieten. Diese Methoden- und Tool-Sets dienen als hervorragende Basis für die Zusammenarbeit globaler Teams. Jeder weiß, was er zu einem spezifischen Meilenstein in einem Projekt zu „delivern" hat. Dies erleichtert sowohl den Qualitätsdialog zwischen Führungskraft und Mitarbeiter wie zwischen den Teammitgliedern. Auch in Krisensituationen, zum Beispiel wenn ein wesentlicher Experte plötzlich durch Krankheit ausfällt, kann ein hochwertiger Kollege integriert werden, der sich rasch qualitativ in das Thema einarbeiten kann. Bei Unklarheiten kann er sich sowohl aus den Datenbanken wie von Kollegen weltweit Support holen. Er kann in einer solch offenen, agil-dynamischen Organisation mit einem schnellen Feedback rechnen. Das ist der **enorme Vorteil von Vertrauen**: schnelle, qualitativ hochwertige Hilfe auf allen Ebenen und in allen Bereichen.

Bei erfolgreichen Unternehmen wie Accenture, Apple, BCG, Google und Microsoft, um nur einige zu nennen, konnte aufgrund dieser großen Freiräume ein Anstieg an Produktivität und Kreativität erzielt werden. Wissensarbeiter arbeiten „freiwillig hart". High Performer leisten gerade deshalb freiwillig (zu) viel, weil sie durch Inhalte, Potentiale wie persönliche Freiräume motiviert werden. Sie können in solchen Unternehmen tatsächlich ihre Individualität viel besser ausleben als in klassischen Organisationen. Sie fühlen sich „inspired" und „empowered". Sie wollen dieses Produkt, dieses Projekt erfolgreich abschließen. Sie sind begeistert, mit ihrem Wertbeitrag ein Teil eines großen Ganzen zu sein, welches ihnen einen großartigen Rahmen für die persönliche Entwicklung und Wachstum bietet. Sie fühlen diese Loyalität, nicht weil sie einen „sicheren Arbeitsplatz" haben, sondern sie exzellente Erfahrungen machen können. Sie können mit Mehrdeutigkeiten wie auch Offenheit und Transparenz umgehen. Denn Transparenz und Offenheit schließen Kritik und Kritikfähigkeit ein. Sie erfahren „am eigenen Leib", was es an persönlichem Reichtum bedeuten kann, mit Kollegen aus den unterschiedlichsten Ländern zusammenzuarbeiten. Sie können in einem existenzsicheren Rahmen Unternehmer sein. „Entrepreneurs with Net" nenne ich sie.

Warum jedoch brennen sie dennoch aus?

Eine der größten Herausforderungen der Unternehmen im Umgang mit Wissensarbeitern liegt gerade in der Umkehr des „alten" Leistungsverständnisses. Best-Leistung in der Wirtschaft kann – genauso wie im Sport oder in der Kunst – nur durch einen bewussten und intelligenten Umgang mit der eigenen Energie, im Wechsel von Leistung und Entspannung, von Intensität und Pausen erzielt werden.

Top Athleten und Business High Performer sind sich sehr ähnlich, wenn sie auch in verschiedenen Disziplinen antreten. Top Athleten haben jedoch fast alle einen guten Coach an ihrer Seite, der für ihre mentale wie physische Gesundheit wie auch für ihren Erfolg Sorge trägt.

Business High Performern fehlt diese Kraftquelle zumeist. Wenn sie einen Coach haben, dann konsultieren sie ihn eher zu spezifischen Businessthemen. Erst in letzter Zeit werden immer mehr physische, psychische Themenstellungen aufgeworfen, wird Berufliches wie auch Privates integriert. Denn während ein Top Sportler weiß und auch dazu angehalten wird, auf seinen Körper, seinem „Betriebsmittel zum Erfolg" Acht zu geben, glauben Business High Performer, sie können sich auf ihren Geist, ihre mentale Kraft fast grenzenlos und auf ihren Körper zumindest für lange Zeit verlassen. Top Athleten kennen das **Prinzip der Superkompensation**, das wohldosierte Konzept von Anspannung und Entspannung. Der kritische Erfolgsfaktor liegt hier gerade in der Entspannung, die eine Leistungssteigerung erst möglich macht. Zu viel Training – gerade vor entscheidenden Wettkämpfen – ist kontraproduktiv, mentale Kraft dagegen umso erfolgskritischer. Pausen, mentales Training sind also wesentliche Erfolgsfaktoren.

High Performer tun sich gerade darin schwer: Pausen zu machen, sich **Selbstachtung** entgegenzubringen. Sich selbst Grenzen zu setzen, weil man davon überzeugt ist, „grenzenlos" leisten zu können. High Performer haben Probleme, sich selbst und ihre eigene Neugier „im Zaum zu halten". Als „Extrem Jobber aus Leidenschaft" stehen sie ihrem Erfolg, vor allem im Ausleben von mehr Entspannung und persönlicher Freiheit oft selbst im Wege. Sie blockieren sich mit Ängsten, nicht so gut wie die anderen zu sein, obwohl sie zu den Besten gehören. Angst vor allem, ihren eigenen Leistungsansprüchen nicht zu genügen. Mit jedem weiteren Erfolg wächst dieser Druck, der eigene wie vermeintlich der Druck der anderen. Gerade Top Athleten sprechen vom Druck der gestiegenen Erwartungshaltung der Umwelt nach einem Sieg, gerade nach dem Erfolg, weil die Spirale der Erwartungen stetig nach oben steigt. Man will niemanden enttäuschen, am wenigsten sich selbst. Top Sportler kennen jedoch wie Ellen van Langen die Angst, aufgrund einer „fehlenden Sekunde" von Platz 1 in die Bedeutungslosigkeit zu fallen.

Thomas J. DeLong, Professor für Management an der Harvard Business School, beschreibt dies eingehend in seinem Buch: Flying Without a Net (Harvard Business Press, Boston 2011; DeLong 2011). Seine Zielgruppe: gerade „High Achiever".

DeLong spricht von persönlichen Denk-Blockaden, kulturell oder familiär geprägten Paradigmen, die uns in unserem persönlichen Wachstum behindern. Geschrieben für High Performer, die ihre Angst vor dem immer schneller werdenden Umfeld nicht eingestehen wollen. Ihre Angst, nicht immer Top, sondern auch mal Zweiter oder gar Flop sein zu dürfen. Sich Leben „genehmigen" und auch mal Nein sagen zu dürfen.

Der erste Schritt ist, sich diesen Ängsten zu stellen, sie anzunehmen und zu akzeptieren. Sein Thema: Angst vor Veränderung, vor Versagen, vor Blamage – er macht daraus die Quelle des eigenen Erfolgs. Denn die wesentlichen Leistungskriterien der High Performer, diejenigen, die eben mit vielen Leistungszielen der Unternehmen übereinstimmen, tragen zumeist zu ihrem persönlichen „Burnout" bei:

1. **Ergebnisorientierung wird zur „Ergebnis-Besessenheit"**
   Sie verlieren sich völlig in ihren Aufgaben, geraten dadurch häufiger in Isolation. Da sie ein sehr hohes Anspruchsniveau an Leistung und Perfektion haben, delegieren sie weniger, schaffen weniger Transparenz für ihre Teams. Hierzu fehlt ihnen oft die Zeit. Weil sie sich wenig oder gar keine Auszeiten gönnen, fließen kaum neue kreative Ideen ein.
2. **„Macher sein" – Aktionismus statt wirksames Handeln**
   Aufgrund ihrer bisherigen Erfolge und ihres Leistungsanspruchs sind sie davon überzeugt, dass allein sie selbst dieses Problem am besten lösen können. Oftmals Aktionismus pur, ein reflektorischer Überblick fehlt und dies behindert eine optimale Lösung.
3. **Leidenschaft und Motivation**
   Sie sind intrinsisch motiviert und gewöhnt an Erfolg. Gewöhnt auch an eine ungeheure Arbeitsmenge, zum Beispiel mehrere Projekte parallel durchzuführen. Prioritätensetzung ist ihnen zwar sehr bewusst, dennoch glauben sie, „mehr Prioritäten" bewältigen zu können als andere, und sagen viel zu häufig Ja zu interessanten Aufgaben und Projekten.

4. „Optimierungs-Sucht"
High Performer sind stolz auf ihre Arbeit, wollen positives Feedback und natürlich die Anerkennung ihrer Leistung. Dies spornt sie weiter an. Aber aufgrund ihres eigenen Leistungsanspruches sehen sie selbst bei größtem Lob noch „Verbesserungsmöglichkeiten". Statt 80 oder 100 % verlieren sie sich in ihrem „Pursuit of Excellence". Sie wollen 120 % erreichen. Selbst wenn dies unnötig ist, zu viel Energie und Produktivität verbraucht, niemand anderes es fordert, sind sie selbst erst dann mit sich und der eigenen Leistung „zufrieden". Sie entwickeln sogar Schuldgefühle, weil sie sich verantwortlich fühlen, noch mehr leisten, noch besser sein zu können und zu müssen.
5. **Wettbewerbsorientierung**
Ehrgeizig zu sein, karriere- und leistungsorientiert gehört natürlich für High Performer dazu, ob in der Wirtschaft, Kunst wie im Sport, sonst würden sie nicht zu den Besten gehören. Durch den kontinuierlichen Vergleich mit anderen, die ständige Kalibrierung an Leistungsmaßstäben der anderen, verlieren sie ihre Selbstachtung, ihr eigenes Wertbewusstsein, werden verunsichert und ängstlich. Der eigene Kompass ist verloren gegangen.

Menschen mit diesem Mindset, mit diesem persönlichen Leistungsbedarf, blockieren sich selbst. Sie beuten sich selbst aus, auch wenn das Unternehmen das gar nicht in dieser Weise von ihnen fordert. Sie verlieren dadurch auf Dauer ihre Kreativität und Produktivität, ihre Leistungsfähigkeit.

Wie Tim Mälzer zusammenfasste: Es war nicht die Arbeitsintensität, sondern der (vermeintliche) Druck des Umfelds und die fehlende Einsicht oder auch **Selbstachtung, sich selbst Pausen zu gönnen.**

> **Beispiel**
> Wie schwer ein solches Umdenken fällt, zeigen die Studien von Leslie A. Perlow, Professorin für Leadership und Organisationsverhalten an der Harvard Business School, und ihrer Mitarbeiterin Jessica L. Porter. Zunächst wurde über einen Zeitraum von vier Jahren in mehreren Büros der **Boston Consulting Group (BCG)** mit geplanten, unterbrechungsfreien Auszeiten für Berater experimentiert, gerade auch bei Projekten mit wesentlichen Klienten. Mal mussten die Berater einen ganzen Tag, mal einen freien Abend für sich selbst in Anspruch nehmen, das heißt ohne jegliche berufliche Unterbrechung, keine E-Mail, kein Telefonat, keine Arbeit an irgendeinem Projekt. Nur Auszeit für sich selbst. Das **Konzept: PTO – Predictable time off.**
> Das kann doch nicht so schwierig sein, denkt man. Immerhin erinnern wir uns an die positive Reaktion vieler Mitarbeiter auf die Arbeitsstundenreduzie-

rung von 40 auf 37,5 Wochenstunden. Bei Beratungsunternehmen dagegen sind doppelt so viele Wochenstunden üblich. Jeder Berater müsste mit einem solchen Konzept doch glücklich sein.

Aber die „Cultural Consulting DNA" ist anders: Für die Teams war dieser Ansatz zunächst undenkbar. Einfach für einige Zeit unerreichbar zu sein, sein Smartphone abzuschalten. Für sie gehörte die ständige Verfügbarkeit für Kunden und Kollegen ganz selbstverständlich zum Arbeitsstil. Vor allem der Kunde, aber auch der Kollege können den besten Service, die beste Dienstleitung erwarten: Client first, Firm second, me third. Viele Berater akzeptieren dies als normale Anforderungen ihrer Branche. Vor allem in „Time & Quality to deliver", schnell und mit bester Qualität Ergebnisse zu liefern, ist das Herzblut eines Beraters. Auch in anderen Branchen ist dies normal für den Kunden, bei Beratern jedoch auch für die Kollegen.

Helfen und Wissen teilen ist eine Grundprämisse für jeden mit der gleichen Qualität und Schnelligkeit. Somit müssen gleich zwei wesentliche Stakeholder in immer noch der gleichen Arbeits- und Lebenszeit bedient werden. Bei BCG fürchteten die Teammitglieder daher anfänglich um ihre Reputation und die Qualität ihrer Arbeit wie auch um die Kundenzufriedenheit. Zunächst mussten erhebliche Ängste und Widerstände abgebaut werden.

Nur intensive und offene Kommunikation durch das Top Management, durch die Partner half. Vor allem, dass diese selbst am Projekt teilnahmen, unterstützte die Glaubwürdigkeit und Ernsthaftigkeit des Projekts. Denn dieses **Modell klar planbarer Auszeiten**, insgesamt vor allem weniger pro Woche/pro Monat zu arbeiten, traf den typischen Unternehmensberater am wunden Punkt: seiner persönlichen Auslastung, „seiner Chargeability":

- Wie viele Tage hast Du Dich selbst verkauft?
- Wie oft fordern Dich andere mit Deiner Expertise für ihre Projekte an?

Diese Auslastung ist wesentlich für den professionellen Erfolg, den persönlichen Stolz wie die Attraktivität bei Kunden, Kollegen und Vorgesetzten. Es wird weitergearbeitet, selbst wenn es dem gesunden Menschenverstand entspricht, nach Stressphasen auch gezielt Ruhepausen einzulegen.

Waren für das Beraterteam geplante Auszeiten zunächst schlicht undenkbar, wurden sie nach einiger Zeit eines besseren belehrt. Sie genossen diese Pausen. Ihre Produktivität wie ihre Arbeits-Zufriedenheit stiegen aufgrund der optimierten Work-Life-Balance:

3.2 Erfolg neu denken

- 51 % (versus 27 %) freuten sich morgens auf die Arbeit
- 72 % (versus 49 %) waren zufrieden mit ihrem Job
- 54 % (versus 38 %) waren zufrieden mit ihrer Work-Life-Balance

Vor allem die Zusammenarbeit im Team verbesserte sich, da sich die Mitarbeiter intensiv über ihre Arbeitsorganisation austauschen mussten. Sie erfuhren mehr von anderen Bereichen, von den jeweiligen Prioritäten. Das Gesamtverständnis für das Projekt wuchs. Sie erfuhren aber auch persönlich mehr voneinander. Die Kollegen, vor allem die Partner wurden „menschlicher". Die Teammitglieder erfuhren, dass auch sie sich bewusst Auszeiten für ihre Familie und sich selbst gönnten.

- 91 % (versus 76 %) waren erfreut über eine bessere Teamzusammenarbeit
- 65 % (versus 42 %) waren zufrieden mit der Effektivität des Teams
- 74 % (versus 51 %) waren zufrieden mit den Einsatz, dem Engagement der Teammitglieder

Ein unerwartetes, aber höchst erfreuliches Resultat für BCG: Die Berater, die am PTO-Experiment teilgenommen hatten, konnten sich vorstellen, viel länger bei BCG tätig zu sein als vorher, da sie auch ihre persönlichen Wünsche besser integrieren konnten (95 % versus 84 %).

Eine weitere erfreuliche Folge: messbar höhere Arbeits-Qualität bei zufriedenen Kunden. Der Titel des Harvard Business Review Artikels fasst es markant zusammen: **Weniger arbeiten – mehr leisten** (Perlow und Porter 2010).

BCGs CEO, Hans-Paul Bückner, bezeichnete dieses Projekt als den Start einer zukünftigen Unternehmenskultur: Das Experiment hat nicht nur bewiesen, wie Work-Life-Balance verbessert werden kann, wie Karrieren langfristiger gestaltet werden können, sondern auch noch die Serviceleistung für die Kunden wie die Team-Effektivität optimiert werden kann. Das ist die Zukunft von BCG.

Heute ist dies Realität: Leslie Perlow mailte mir am 21 Mai 2012 den aktuellen Status. Zurzeit wird in über 1000 Beraterteams weltweit und in 30 Ländern nach diesem PTO-Prinzip gearbeitet. Eine wirklich großartige Initiative bei BCG.

Leslie Perlow zeigt mit ihrem Ansatz, dass mit „kleinen, machbaren" Schritten viel geleistet werden kann, um das bisherige Leistungsverständnis „schneller, höher, weiter", gipfelnd in der 24/7-Dauerverfügbarkeit, aufzubrechen und mit einem neuen Leistungsverständnis mehr persönliche Autonomie wie auch mehr Wettbewerbsvorteile und Unternehmenserfolg umzusetzen.

Ziel war das Aufbrechen der Negativspirale: Statt sich den vermeintlichen Anforderungen der Informationsüberflutung und der konstanten Verfügbarkeit zu beugen, geht es um die **bewusste Festlegung persönlicher wie unternehmensinterner Grenzen** (vgl. Perlow und Porter 2012). Allein am Beispiel kleinerer Änderungen im alltäglichen Zusammenarbeiten zeigte sich, welch ein grundlegender Wandel in der Unternehmenskultur erzielt werden konnte hinsichtlich Werten wie dem Respekt vor dem Individuum und persönlichem Gestaltungs-Freiraum.

Ein Ansatz, der das Potential eines weiteren Durchbruchs beinhaltet: Bislang wurden Erfolge aus unternehmensinternen Optimierungsprogrammen (ob Continuous Improvement, Lean, Six Sigma, Organizational Learning), wie effektiver und effizienter gearbeitet werden kann, allein wiederum in die Teamarbeit, in die Produktion, in das Unternehmen selbst investiert, mit eben der negativen Spirale als Konsequenz, „noch mehr Arbeit" bewältigen zu können oder zu müssen, mit noch weniger Rücksicht auf persönliche Belange. Die Folge: das Ausbrennen gerade unserer Leistungsträger.

Ziel des neuen Leistungsverständnisses ist es, tatsächlich **bewusster, intelligenter** und **nachhaltiger** zu arbeiten:

1. **Persönlich bewusster handeln:** Selbstachtung als High Performer entwickeln. Sich seiner mentalen, physischen wie psychischen Stärken und **Grenzen bewusst sein**. Sich bewusst Auszeiten und Pausen gönnen, um sowohl Privatleben zu gestalten wie auch wieder kreativer und produktiver zu sein. Sich seiner **Bedürfnisse bewusst werden** – zur Regeneration, Revitalisierung, als Energiequelle, zur Lebensfreude ohne Ergebnisorientierung.
2. **Als Manager bewusster handeln:** Die gewonnene Aus-Zeit wird bewusst in die **persönliche Lebenszeit des Mitarbeiters** investiert. Das Resultat: Leistungsträger erhalten ihre Kreativität und Produktivität. Die Arbeit wird letztlich effektiver.
3. **Sozial intelligent und nachhaltig handeln:** Die vom „Club of Rome" für die nächsten 40 Jahre vorausgesagten Wachstumseinbußen können zwar nicht aufgefangen werden, aber im Sinne eines sozialeren wie ökologischen Miteinanders anders gestaltet werden. Wir haben mehr Freiraum für unser soziales Zusammenleben, die Sorge um Freunde und Familie wie auch Umwelt und Gesundheit. Mehr Qualität als Quantität. Zwar schlechter messbar als die bisherigen Wachstumsziele, aber vielmehr die Basis für einen Landes-Glücks-Index.
4. **Wirtschaftlich intelligenter** handeln: Ausbrennen, Leistungseinbrüche wie sinkende Kreativität gerade von Leistungsträgern werden präventiv vermieden. Die **Leistung wird nachhaltiger** im doppelten Sinne – für die Gesundheit, Lebens-

qualität und Motivation des Mitarbeiters wie für den langfristigen Marktwert, die Güte und Qualität des Unternehmens.
5. Die Unternehmenswerte Individualität und Vielfalt, Respekt, Vertrauen und Wertschätzung werden auf persönlicher Ebene sichtbar und lebbar, wenn das Top Management selbst Vorbild ist in der Umsetzung. Persönliches, sprich Prioritäten des Privatlebens, bewusst ebenfalls integriert, Lebensgenuss, Familienleben mit Leistung verbindet.
Wirtschaftlich langfristiger handeln: Mitarbeiter können länger im produktiven Arbeitsprozess verbleiben, weil sie sich individuelle Auszeiten gönnen können. Sie können gemäß ihrer aktuellen Zielsetzungen und Rahmenbedingungen wie ihres persönlichen Lebensrhythmus leben und arbeiten.
6. Arbeit wandelt sich von Angestelltenstatus in festgelegtem Rahmen von Zeit und Raum zu höchst persönlich definiertem **Unternehmertum in eigener Sache** nach individuellem Lebensrhythmus und freier Arbeitsplatzwahl. Wir haben mehr Freiraum, tatsächlich ein persönlich-vielfältiges Lebenswerk zu schaffen.

3.2.5 Employability – Entrepreneurship

▶ Die *Marke Ich* ist wesentlicher Teil des Unternehmertums in eigener Sache

Im Mittelpunkt steht dabei die Fähigkeit, **sich selbst zu führen**. **Selbstverantwortung** zu übernehmen für die eigene Entwicklung, die eigenen Ziele und diese daraufhin mit **Selbstdisziplin** zielorientiert umzusetzen. Diese Schlüsselkompetenzen steigen massiv an Bedeutung, wie eine empirische Studie der Fachhochschule Ludwigshafen am Rhein bereits 2006 zeigte (Rump 2006). Gefragt ist ein Persönlichkeitsprofil, welches nicht allein fachliche Qualifikationen aufweist, sondern vielmehr überfachliche Kompetenzen mit spezifischen individuellen Einstellungen und Haltungen vereinbart.

Einstellungen und Haltungen

- Belastbarkeit
- Lernbereitschaft
- Engagement
- Eigeninitiative
- Eigenverantwortung
- Veränderungsbereitschaft

Überfachliche Kompetenzen

- Kommunikations- und Konfliktfähigkeit
- Reflexionsfähigkeit
- Teamfähigkeit und Empathie, sich in andere hineinversetzen zu können
- Unternehmerisches Denken und Handeln

Allein bei der fachlichen Kompetenz ergab sich damals eine Deckung der vorhandenen mit den von den Unternehmen als wünschenswert angegebenen Kompetenzen. Auch die Messergebnisse zur Belastbarkeit und zur Teamfähigkeit lagen nahe an den Zielvorstellungen der Wirtschaft. Die größte Diskrepanz ergab sich bei den Schlüsselfähigkeiten **Eigenverantwortung** wie **Unternehmerisches Denken und Handeln**.

Hat sich 2012 seitdem etwas positiv verändert, vielleicht durch die „Ich-AG"? Leider nein.

In Deutschland ist nicht nur die Fachkräftelücke breiter als gedacht, es fehlen auch Unternehmer. Wie Bert Losse in der *Wirtschaftswoche* Nr. 20/Mai 2012 für den Bereich New Economics darlegt, machten sich 2011 rund elf Prozent weniger selbstständig als im Vorjahr. Hinweise für mögliche Ursachen gibt der Global Entrepreneurship Monitor (GEM) (Brixy et al. 2011), die seit 1998 weltweit größte Studie zur Analyse von Gründeraktivitäten.

Aus den Umfrageergebnissen aus 49 Ländern lässt sich für Deutschland eine Reihe von Stärken und Defiziten ableiten. Zwar sind die Förderprogramme noch vergleichsweise üppig, auch der Schutz geistigen Eigentums ausgeprägt, es steht selbst ein dichtes Netz von Beratern für Jungunternehmer zur Verfügung, aber es hapert an der **mentalen Einstellung**, der **Gründermentalität**.

Arbeiten wir Deutschen also wirklich lieber in einem fest geregeltem, sicheren Firmenumfeld? Feste Tarife mit festgeschriebenen Lohn zu festgeschriebenen Zeiten? Sichere, unveränderte Arbeitsplätze auf Lebenszeit, nur ja kein Wandel und vor allem Dienst nach Vorschrift, ja keine Eigeninitiative? Einmal Mallorca – immer Mallorca, nur ja keine Überraschung?! Gibt es keine Ideen, keinen Mut, kein Aufbrechen mehr? Wollen wir hier in Deutschland die Welt nicht wenigstens „ein klein wenig" mit Kreativität und Innovation verbessern?

Die GEM Studie legt nahe, dass deutsche Schulen miserabel auf eine Selbstständigkeit vorbereiten und auch die Gründungsausbildung an den Hochschulen unterentwickelt ist. „Als Folge liegt Deutschland bei Gründungsfähigkeiten und -motivation deutlich hinter Staaten wie Großbritannien, den Niederlanden oder der Schweiz. Auch ist das Marktumfeld für Existenzgründer nicht optimal, weil laut

Studie die Konsumenten neue Produkte und Dienstleistungen weniger wertschätzen als anderenorts." (Losse 2012, S. 40)

Vor allem fehlt es an einer mentalen Unterstützung durch unsere gesellschaftlichen Werte und Normen, also unsere deutsche Kultur. Sie liegt mit einem Wert von −0,18 noch unterhalb des Wertes bezüglich der negativen Gründerausbildung. Trauen wir Deutschen uns nichts mehr zu? – sind wir zu erstarrt, zu gewöhnt an oder zu verwöhnt durch unser Sozialsystem?

Falls man also nicht gleich nach dem Studium als Unternehmer starten möchte, bieten globale Firmen die besten Möglichkeiten, seine „Selbstständigkeit" zu erproben, das nötige Rüstzeug zu erwerben, seien es fachliche Kompetenzen wie soziale Führungsqualitäten. Wichtig ist die Eigeninitiative, etwas aufbauen, gestalten und umsetzen zu wollen. Unternehmen wünschen sich Mitarbeiter, die wie der Unternehmer selbst pro-aktiv den Wettbewerb beobachten, innovationsfähig sind und sich selbst eigenverantwortlich in die Entwicklung des Unternehmens einbringen, also erkennen, dass sie selbst der Treiber für den Unternehmenserfolg sind. Eigentlich nichts Neues: Mitte der 80er meinte mein damaliger Vorgesetzter und Mentor bei Siemens bereits – „Wenn Du Dich in einem Unternehmen engagierst als wäre es Dein eigenes, dann wirst Du immer Wertschätzung und Erfolg bekommen."

Mitarbeiter mit diesem Persönlichkeitsprofil sichern sich ihre persönliche Beschäftigungsfähigkeit, ihre individuelle **Employability**. Sie bietet den Sicherheitsanker in der agilen, dynamischen Wirtschaftswelt sowohl als Angestellter wie als Selbstständiger. Employability zeigt sich laut Professor Dr. Jutta Rump in der „Fähigkeit, fachliche, persönliche, soziale und methodische Kompetenzen unter sich wandelnden Rahmenbedingungen zielgerichtet und eigenverantwortlich anzupassen und einzusetzen, um eine Erwerbsfähigkeit zu erlangen und zu erhalten". Eine wichtige Voraussetzung für den Erhalt der Employability ist **lebenslanges Lernen**. (Rump 2006)

Natürlich besteht darin die Gefahr einer Zwei-Klassen-Gesellschaft. Denn Employability ist sowohl Chance wie Herausforderung. Niemand kann heutzutage erwarten, dass Gesellschaft, Staat oder eben Unternehmen einem die Eigenverantwortung abnehmen. Auch Unternehmen nicht, die nicht mehr allein „Anpassungsweiterbildung" oder „Karriereentwicklung" im firmeninternen Personalentwicklungs-Angebot haben, sondern die die Selbstverantwortung und das Engagement, das gedankliche Unternehmertum des Mitarbeiters einfordern. Der Mitarbeiter als Unternehmer – in eigener Sache:

1. Aufgeschlossenheit, Offenheit für neue Sachverhalte, Marktanforderungen, Prozesse und Erfahrungen. Sich der Realität des persönlichen beruflichen Umfelds stellen, zum Beispiel mittels Marktanalyse der eigenen Person, der Position wie

des Unternehmens. Analyse von Stärken und Schwächen gegenüber dem Wettbewerb mittels SWOT-Analysis, inklusive Entwicklungsmöglichkeiten und Bedrohungen vom Arbeitsmarkt. Analyse auch der Top- Wettbewerber des jetzigen Arbeitgebers hinsichtlich Image und Marktpositionierung. Mit welchem Selbstverständnis treten zum Beispiel deren Mitarbeiter in gleicher Position auf.
2. Welche Fähigkeiten und Kompetenzen werden gesucht für die aktuelle und vor allem für eine zukünftig angestrebte Position? Welches „Wording" wird gebraucht?
3. Wo sind Lücken festzustellen, die ausgeglichen werden müssen? Welche Fähigkeiten sollten entwickelt werden?
4. Welche Möglichkeiten bieten sich hierzu, z. B. weitere Ausbildung, Weiterbildung, Herausarbeiten sozialer wie persönlicher Kernkompetenzen mittels Coaching?

Ergebnis Eine persönliche Marktanalyse bezüglich der Branche, Position, des Image wie zukünftigen Anforderungen zum kontinuierlichem Wachstum. Die *Marke Ich,* **die Unique Selling Proposition (USP) für die persönliche Marktposition.**

Die Anforderungen an den Einzelnen, an seine persönliche **Employability**, umfassen heute neben persönlichen, fachlichen, sozialen und methodischen Kompetenzen zusätzlich Anforderungen an die Gesundheit, die Belastbarkeit, die Einsatzfähigkeit und das persönliche Engagement. Offenheit für Veränderungen, das Erlernen eines positiven Umgangs mit notwendigen Veränderungsprozessen im persönlichen wie im beruflichen Leben werden für den Einzelnen wie für die Unternehmen zu modernen Kernkompetenzen.

Denn Berufswege sind in der modernen Berufswelt immer weniger planbar. Arbeitnehmer erkennen, dass sie weit weniger als früher in den einmal erlernten Berufsfeldern tätig sein werden. Mehrere Berufe gleichzeitig oder nacheinander auszuüben wird zur Norm werden. Der Begriff der Sicherheit ist demnach in etlichen Branchen bereits neu definiert. Eine Beschäftigungssicherheit existiert nicht mehr – basiert nicht mehr auf einem bestimmten Arbeitgeber oder Arbeitsplatz und auch nicht mehr auf einem einmal erlernten Beruf, sondern resultiert vielmehr auf der Fähigkeit, sich immer wieder aktiv wechselnden Anforderungen und Herausforderungen zu stellen.

Veränderungsbereitschaft Pro-aktives Handeln, lebenslanges Lernen und Engagement wie Ausdauerfähigkeit, Belastbarkeit (Resilienz) sind die modernen Kernkompetenzen, die es zu entwickeln gilt. Gerade auch für die Generation 50plus, die massiv ihr Recht auf Arbeit einklagen wird und zeigen kann, dass mit dem Alter die

3.2 Erfolg neu denken

Kompetenz zunimmt, in variablen Kontexten zu agieren und die steigende Komplexität zu meistern. Gesundheit ist für diese Zielgruppe eine Grundvoraussetzung in eigener Sache, wenn das Rentenalter weiter ansteigen wird. Der positive Umgang, die Kompetenz, ein „gesundes" Leben zu führen, wird zur weiteren Kernkompetenz bis ins hohe Alter.

Selbstreflexion und Authentizität

Wie aber können wir unsere Persönlichkeit erhalten, wenn wir uns ständig anpassen und verändern müssen? Geben wir uns da nicht auf?

Verändern ja, aber nicht verbiegen – authentisch bleiben, nur so erhalten wir unseren Marktwert und unsere Anziehungskraft. Denn nach der Selbstkenntnis, der Bestandaufnahme ist es noch viel wichtiger, einen Schritt zurückzutreten und nach innen über seine eigenen Wertvorstellungen, seine Vision und Ziele zu reflektieren. Denn wir werden nachhaltig nur dann Erfolg haben, wenn wir authentisch leben, arbeiten und führen.

Authentizität wurde in meinen Interviews, bei Personalabteilungen, Personalberatungen wie bei Projektleitungen bis hin zu Managern als wesentliches Auswahlkriterium für Manager wie Mitarbeiter genannt. Authentizität wird eingefordert: Man möchte wissen, mit wem man es zu tun hat. Worauf diese Person Wert legt, was sie einbringt und wozu sie sich verpflichten/committen will. Vice versa übrigens, auch als Manager wie als Mitarbeiter wollen sie die richtige Wahl treffen, bei der beruflichen Laufbahn wie der Selektion des Unternehmens.

Wir sollten besonders jungen Menschen Mut machen, ihre Persönlichkeit zu finden, herauszuarbeiten und zu schärfen. Denn ein klares Selbstbild erzeugt Souveränität, Gelassenheit und eine gefestigte Persönlichkeit. Dabei geht es viel weniger um die „Außen-Wirkung", das Branding, das Image, die USP, wie soeben beschrieben, sondern viel wesentlicher um den **eigenen „Kern-Wert"**, um das, wofür wir selbst stehen. Das, was uns einzigartig macht und uns allein Sicherheit und Stabilität gibt. Ich nenne dies die persönliche **„Unique Personal Proposition"** (UPP).

Wenn die Vision und Werte eines Unternehmens wie einer Karriereposition mit den persönlichen Werten übereinstimmen, werden wir uns authentisch engagieren und wie Unternehmer in eigener Sache auch für den neuen Arbeitgeber agieren können. Wenn dagegen Diskrepanzen vorhanden sind, werden diese sich immer negativ auf die Arbeits- oder Führungsfähigkeit auswirken, da wir unsere Persönlichkeit nachhaltig verleugnen müssen. Im besten Fall befinden wir uns in einigen Jahren auf der Höhe unseres materiellen Erfolgs, aber innerlich leer und ausgebrannt. **Selbstreflexion** – immer mal wieder **eine Auszeit, um über sich nachzu-**

denken – lohnt daher. Zu überlegen, ob der Status quo erfüllend oder nur zufriedenstellend ist, was wir wirklich wollen in und mit unserem Leben.

Gemäß ihrer Lebensprämissen wählen gerade die jüngeren Generationen ein Unternehmen wie ein Reise-, ein Transportmittel und zwar zweckdienlich, bis man ein angestrebtes Ziel erreicht hat: Managerposten per Bahn oder Flugzeug auf schnellstem Weg oder eine Kreuzfahrt durch mehrere Prozesslandschaften einer Firma, um die Gesamtstruktur des Unternehmens zu elaborieren. Das klingt nach Karrierist oder „Ichling" – muss es aber nicht. Für die Dauer der Reise sind sie dem Unternehmen gegenüber loyal und fühlen sich ihren Kollegen wie Mitarbeitern gegenüber verantwortlich. Sie teilen die Werte des Unternehmens und fühlen sich als High Performer wohl und wertgeschätzt in einer „Community of the Best". Sie fühlen sich für den Erfolg des Unternehmens auch über die Dauer des Vertrages verantwortlich.

Sie sind aber selbstbewusst genug, ihre Grenzen zu setzen, wenn sich Lebensumstände ändern. Pro-aktiv, also auf Eigeninitiative werden Lösungen für adäquate Arbeitszeitmodelle besprochen, und wenn nichts Passendes gefunden wird, dann verlässt man den Arbeitgeber und begibt sich auf die Suche nach einem, der in diesem Lebensabschnitt, für den geforderten Gestaltungsfreiraum besser passt. Wenn die „Reiseerfahrung" mit dem Ex-Arbeitgeber gut war, bleiben sie dem Unternehmen auch nach der Kündigung gegenüber loyal und als Alumni verbunden.

Best-in-Class-Unternehmen bieten daher hervorragende Chancen für die eigene Employability wie Entrepreneurship. Denn gerade für den Start in einem anderen Unternehmen ist man bestens bestellt und wird „mit Kusshand" genommen, sei es als Angestellter wie als Freelancer.

Unternehmen wie Accenture, Apple, Google oder Microsoft scheuen ein gesundes Maß an Fluktuation daher nicht. Gerade in der IT-Branche bedeuten neue Mitarbeiter eine Bereicherung an neuen Ideen, anderen Sichtweisen, neuen Kompetenzen und Profilen. Wie Katrin Neuendorf darlegt, haben Mitarbeiter gute und verständliche Gründe, das Unternehmen zu verlassen. Teilweise kommen sie nach einigen Jahren wieder zurück und nutzen in der Zwischenzeit das Alumni-Netzwerk.

Bei Accenture gibt es gerade bei Kollegen Mitte 30 wegen Familiengründung und dem Wunsch, mehr lokal arbeiten zu können, einen Fluktuationsanstieg wie auch Mitte 50, wenn zum Beispiel Partner mehr Freiraum für ihr privates Leben in Anspruch nehmen wollen. Viele entscheiden sich zum Beispiel, hochbezahlt als Freelancer zu arbeiten, oder gründen eigene Unternehmen.

Warum ist gerade die Selbstständigkeit als **Freelancer** so attraktiv, für den Einzelnen wie für das auftraggebende Unternehmen?

3.2 Erfolg neu denken

Freelancer sind flexibel einsetzbar, bringen frisches Wissen von außen und arbeiten eigenständig. Niemand zählt sie genau, aber laut Schätzungen 2011 soll es in Deutschland rund **zwei Millionen freie Mitarbeiter** geben. Immer mehr Unternehmen arbeiten gerne und oft mit diesen Spezialisten zusammen, vor allem in den Medien, der IT- und TK-Branche, aber auch Energiewirtschaft, Automobilindustrie sowie bei Banken und Versicherungen. Gerade die Mediensparte wäre ohne Freelancer kaum denkbar, „zu starr wären die Strukturen, zu hoch die Sozialabgaben, zu lang die Vorlaufzeiten, zu bindend die Verträge", begründet Ursula Katthöfer in ihrem Artikel: Freelancer, Spezialisten to go (*ManagerSeminare* Mai 2012, S. 75) diesen Anstieg.

Die Universität der Bundeswehr München in Zusammenarbeit mit der Heinrich-Heine-Universität Düsseldorf und der FernUniversität Hagen liefert die Studie dazu: „FlinK – Freelancer im Spannungsfeld von Flexibilisierung und Stabilisierung – Innovative Konzepte für den erfolgreichen Einsatz, die Motivation und Bindung sowie die Stärkung der beruflichen Identität und Employability". Stephan Kaiser, Professor für Personalmanagement und Organisation an der Universität der Bundeswehr München, unterscheidet verschiedene Typen: „Angefangen beim hoch qualifizierten IT-Freelancer, der sich den Arbeitgeber aussuchen kann, der sehr gut verdient und der keinen Work-Life-Konflikt hat. Bis zum freien Journalisten, der in prekären Verhältnissen lebt und ständig neue Aufträge sucht." (Katthöfer 2012, S. 76)

Die wesentlichen Eigenschaften, die alle erfolgreichen Freelancer laut Studie auszeichnen, sind die nachfolgenden:

- Sie können selbstständig und eigenverantwortlich arbeiten.
- Sie sind anpassungsfähig.
- Sie können finanzielle Durststrecken aushalten, wenn sie längere Zeit keinen Auftrag haben.

Das schätzen die Unternehmen an Freelancern:

- Exzellente Expertise und Erfahrungswissen, gerade bei Mitte 50 Senior Managern, für einen selbst gewählten Zeitraum. Oftmals könnten sich die Unternehmen einen solchen Spezialisten als Festangestellten gar nicht leisten.
- Flexibilität, Reaktionsschnelligkeit
- Erweiterung der Perspektive, Wertschätzung des Wissens aus anderen Kundenprojekten

- Frisches Wissen wird in die eigenen Teams integriert. Es erfolgt ein konstruktiver Knowledge-Transfer an Methoden, Tools und Erfahrungen, von der Analysefähigkeit über das Projektmanagement bis hin zu Branchenkenntnissen.

Diese wirtschaftliche Dynamik wird weiter zunehmen. Das zeigt bereits der Anstieg der Projektwirtschaft an der deutschen Wertschöpfung von gerade einmal zwei Prozent 2007 auf geschätzte 15 % in 2020 (Studie der Deutschen Bank Research. „Deutschland im Jahr 2020").

Die Projektwirtschaft ist daher bereits ein fester Bestandteil der Gesamtwirtschaft, eben eine Unternehmer-Gesellschaft als Folge der Dienstleistungs- und Wissensgesellschaft. Bisherige Wertvorstellungen an eine langfristige Bindung und eine hohe Identifikation der Mitarbeiter mit ihrem Unternehmen verlieren somit an Gewicht. Effektivität und Flexibilität sind gefordert. Dennoch gewinnen gerade die Best-in-Class-Unternehmen, denn auch in einer Unternehmer-Gesellschaft sind sie wesentliche Bausteine für die Employability wie für das Entrepreneurship des Einzelnen.

Beide gewinnen, und bei exzellenten Unternehmen sind die Mitarbeiter selbst dann noch dem Ex-Unternehmen gegenüber loyal, weil ein Teil ihres Marktwertes auf diesem Unternehmen gründet.

Viele Freelancer werden nicht wie bei einer klassischen Personalauswahl über Lebenslauf, Interviews oder Assessment Center rekrutiert. Das Recruiting basiert vielmehr auf Netzwerken, persönlichen Bekanntschaften. Es handelt sich aber nicht um ein „Old-Boys-Network". Da die Leistung, die Effektivität und die Passgenauigkeit des Freelancers für den Auftrag entscheidend sind, geht es vielmehr um ein **Leistungsversprechen, ein gegenseitiges Vertrauen.**

Kenne ich den Berater aus früheren Projekten, weiß ich, wie er arbeitet, ob man sich auf ihn verlassen kann, wie er dieses Projekt und den Auftraggeber behandeln wird? Kann ich mich auf seine Güte und Qualität verlassen? Diese Punkte sind entscheidend für ein professionelles Zusammenarbeiten. Ein Vorschuss-Vertrauen sozusagen, denn jeder will wieder und weiterhin mit Best-in-Class-Partnern zusammenarbeiten.

Der Risikofaktor einer geringen Unternehmensidentifikation mit dem aktuellen Auftraggeber ist daher minimal. Jeder Freelancer ist auf seine **Reputation** bedacht, auf sein professionelles Image im Markt. Daher gibt es ein reiches Netzwerk an hoch qualifizierten Freelancern, High Performern. Sie reihen sich in die Alumni-Netzwerke der früheren Unternehmen ein und werden auch gerne eingesetzt, weil eine grundlegende Identifikation und Loyalität immer noch vorhanden sind.

Entscheidend ist auch hier wieder der **Mindset**, das persönliche Denken des freien Mitarbeiters wie der festangestellten Kollegen und vor allem des verantwortli-

3.2 Erfolg neu denken

chen Managers. Alle arbeiten partnerschaftlich zusammen. Dieses **Partnering**, diese Partnerschaft fußt auf gegenseitigem Vertrauen und Wertschätzung einerseits, Leistungsbereitschaft und Leistungsfähigkeit andererseits.

Zusätzliches Kernkriterium: das unternehmerische Denken und Handeln in Eigenverantwortung. Man muss nicht mit Unternehmergeist geboren werden, man kann diesen auch im Laufe seiner professionellen Karriere entwickeln. Grundvoraussetzung ist der willentliche Sprung in die Unsicherheit:

> **Beispiel**
>
> Als ich vor rund zehn Jahren vor der Wahl stand, einen Herzinfarkt oder ein berufliches Scheitern zu riskieren, war die Entscheidung zunächst nicht so einfach, wie sie aussieht. Zu fest war mein Denken, mein Fühlen, fast mein gesamter Lebensinhalt mit meinem Beruf, mit meiner Verantwortung als Partner einer internationalen Unternehmensberatung verwoben. Mein Denken verwurzelt in der 24/7-Verfügbarkeit und dem Dienst an Klienten, Kollegen und Mitarbeitern. Über fünfzehn Jahre war ich gewohnt, mehrere Projekte gleichzeitig zu leiten. Lange Arbeitstage und Wochenendarbeit waren für mich genauso normal, wie per E-Mail auch in Urlauben erreichbar zu sein. Meine Agenda war prall gefüllt. Meine Expertise gefragt. Gerade als Geisteswissenschaftlerin hatte ich eine exzellente Karriere in der Wirtschaft vollbracht. Ich wollte genau da sein, wo ich war, als Partner, Geschäftsführerin einer weltweit renommierten Unternehmensberatung. Sollte ich dies alles aufgeben? Würden nicht eine kurze Auszeit und weitere Medikamente helfen?
>
> Als „Strategin, die mit beiden Beinen auf dem Boden steht" haben mich Kollegen bezeichnet. Kurze Auszeiten hätten nicht ausgereicht, und Möglichkeiten, wie sie heutzutage von Accenture geboten werden, gab es damals noch nicht – ich musste die Realität akzeptieren und den Sprung in die Ungewissheit wagen.
>
> Nach meinem Austritt aus Accenture nahm ich mir zunächst meine persönliche Gesundung vor und wollte dann wieder einsteigen, in eine Festanstellung. Eine Selbstständigkeit konnte ich mir nicht vorstellen. Ich war es gewohnt, ein „fest bezahlter, sprich angestellter" Geschäftsführer mit Unternehmergeist zu sein. „Flying with Net" also. Dies bot Sicherheit und Status, aber auch ein Leben als Workaholic, was meinem beruflichen Streben zwar bislang voll entsprach, Reiz, Wachstum und Wissen bot, aber gesundheitlich einfach nicht mehr weiterzuführen war. Ich hatte es über fünfzehn Jahre versäumt, für mich Grenzen zu setzen. Ein für mich harter Bruch.
>
> Als die ersten gesundheitlichen Fortschritte erreicht waren, drängten sich meine bisherigen Denk- und Leistungsprinzipien wieder in den Vordergrund. Meine „leere Agenda" zeigte meine „Bedeutungslosigkeit". Ein harter Erkennt-

nisprozess: Ich musste mich selbst zurückgewinnen. Meine Authentizität wie Souveränität.

Als Stratege analysierte ich mein Leben, meine Leidenschaften und was ich mit meinem Leben nun „gewinnbringend" anfangen wollte. Zielsetzung war die 50 %-Woche von Tim Ferriss, nur noch vier Stunden am Tag Arbeit, den Rest inklusive Wochenende für mich, meinen Mann, Familie und Freunde.

Aber im Unterbewusstsein arbeitete noch der Kritiker, der mich als Versager, als Aufgeber und Leistungsverweigerer brandmarkte. Ich musste doch etwas tun. Ich wollte noch etwas leisten im Leben. Messkriterien halfen. Aufgrund meiner Aufzeichnungen konnte ich nachvollziehen, warum mein Körper mit 43 Jahren so alt war wie mit 65. Ich hatte genauso viel Arbeitsleistung vollbracht, wenn man meine tatsächlich geleisteten Stunden seit 1986 zusammenzählte und eine 40-Stunden-Woche voraussetzte. So gesehen durfte ich mich also „zur Ruhe setzen", wollte ich aber nicht. Ein anderer Messwert zeigte, dass mein Cortison-Level erst nach zwei Jahren wieder auf einem normalen Niveau eingependelt war. So lange brauchte es auch, um neue Souveränität zu erlangen.

Zunächst stürzte ich mich in mehrere Ausbildungen, die mir ein tiefes und breites Know-how in Gesundheit, Entspannung und Fitness lieferten und mich veranlassten, mein bisheriges Leben als Couch-Potato grundlegend zu ändern. Ein großer Energiegewinn wie eine große Bereicherung meiner Expertise.

Wesentlicher war mein Umgang mit der Zeit. Ich gewann **Zeit-Souveränität**, konnte meinen persönlichen Lebensrhythmus leben. Zunächst auf die harte Tour: bisher hatte ich mein Smartphone als meinen persönlichen Terroristen bezeichnet. Über einen Zeitraum von vier bis fünf Jahren hatte ich daraufhin überhaupt kein Mobile Phone, und siehe da, es funktionierte auch. Freunde, Kollegen und Kunden konnten es nicht glauben, als ich sie bat, mich zu 90 % über E-Mail zu kontaktieren oder eben über mein Office. Ich versprach, mich in dringenden Fällen umgehend zu melden, ansonsten bat ich um einen Tag Karenzzeit. Seit einigen Jahren habe ich zwar wieder ein Smartphone, es bleibt jedoch immer noch meistens offline. Ich habe dadurch eine wesentlich größere Freiheit für mich gewonnen. Am Telefon musste ich für meine Mitarbeiter und Kollegen meist sofort Entscheidungen treffen, nun bevorzuge ich die reflektorische Möglichkeit. Ich kann mit Ruhe auf eine E-Mail antworten, einen persönlichen Gesprächstermin vereinbaren, und ich bin überzeugt, dies hat der Qualität meiner Arbeit nur genutzt.

Während ich früher „Zeiten für mich" wie für meine Nächsten hinter die beruflichen Prioritäten gestellt habe, stehen sie heute an erster Stelle. Dies zeigte sich vor allem im letzten Jahr, als mein Mann schwer erkrankte, mein Vater starb und ich mich einer Operation unterziehen musste. Ich blockte hierfür meine beruflichen Verantwortlichkeiten und konzentrierte mich auf meine Lebensaufgaben, die eben nie planbar sind. Meinen Klienten bin ich sehr dankbar für ihr Verständnis und Entgegenkommen, für ihre Flexibilität. Ein Beweis gegenseitigen Respekts, Vertrauens und Wertschätzung. Auch so „geht Geschäft". Trotz dieser zeitlichen Verschiebungen und persönlichen Belastungen konnte ich meiner Verantwortung als Berater und Coach gerecht werden. Ein großer Vorteil als Freelancer, aber auch des technischen Fortschritts. Denn nur so konnte ich vom Krankenhaus aus arbeiten und doch bei meinen Nächsten sein, private und berufliche Verantwortung in Einklang bringen.

In meinem persönlichen Veränderungsprozess habe ich weiter Denkweisen radikal verändert, die mein Beraterleben und mein Leistungsbewusstsein prägten. Ich bin daran gewachsen und heute sehr froh darüber, diesen gesundheitlichen Wake-up Call rechtzeitig erhalten zu haben. Auch ich hatte Angst. Angst vor allem, mir selbst nicht mehr zu genügen. Angst vor der Zukunft. Auch nackte Existenzangst. Selbstständigkeit stand früher nicht zur Diskussion.

In meiner Brust wohnten zwei Seelen: einerseits das Streben nach Sicherheit als Kind einer Flüchtlings- wie Beamtenfamilie, andererseits das Streben nach der Exzellenz eines High Performers, der immer „besser" werden und Stagnation vermeiden möchte. Für meinen Mann dagegen war nie eine Anstellung in Betracht gekommen. Er war seit seinem Studium und einer kurzen Phase als Jungingenieur bei Dyckerhoff & Widmann immer selbstständig gewesen. Er konnte meine Unsicherheit gar nicht nachvollziehen. Er ist Niederländer.

Freiheit als Unternehmer – ich entschloss mich, vom Unternehmer mit Sicherheitsnetz zum „Flying without Net" als Unternehmer in eigener Sache zu werden. Heute liebe ich genau das: mein eigener Herr sein, einen balancierten Lebensstil mit sehr viel persönlichem Freiraum. Meiner Expertise und meinen Kunden bin ich treu geblieben. Es war durchgehend für mich ein Weg in die richtige Richtung, gemäß meiner Wertorientierung: **bewusster, intelligenter und nachhaltiger mit sehr viel mehr Selbstbestimmung.**

Vielleicht wählen aus diesem Grunde viele Frauen die Selbstständigkeit, gründen Unternehmen oder arbeiten als Freelancer. Der große Vorteil, die selbstbestimmte, flexible Raum- und Zeitnutzung. Ich liebe meine Zeitsouveränität. Und obwohl ich immer noch gerne und auch viel arbeite, arbeite ich größtenteils stressfrei. Ich „genehmige" mir die Zeit, die ich „fürs Leben" brauche, Zeit für meinen Mann und meine Familie, Zeit für mein Laufen, Geselligkeit, Lesen und ausgiebige Reisen. Ich „generiere Leben" nicht mehr, ich lasse Leben einfach mal geschehen. Denn genau dies wünschen sich viele meiner Klienten: Nicht immer planen, einteilen müssen. Einfach leben dürfen.

Warum überlegen sich dies so viele gerade in der **Mitte des Lebens?** Der Psychotherapeut C. G. Jung ging davon aus, dass der Mensch in der ersten Lebenshälfte (bei damaliger Lebenserwartung in den ersten 36 Lebensjahren), welche sozusagen den Frühling und Sommer des Lebens darstellt, sein Ich entfalten darf. Er soll seine Anlagen verwirklichen und sich der Außenwelt zuwenden, um dem Naturzweck zu dienen: seinen Platz, seine Positionierung in der Gesellschaft finden und einnehmen. Seine Berufung, seinen Beruf finden, seinen Partner und eine Familie gründen.

In der zweiten Lebenshälfte vom 36. bis zum 72. Lebensjahr, welche den Herbst und den Winter des Lebens versinnbildet, muss er sein Ego wieder abbauen. Nun ist er aufgefordert, sich nach innen zu wenden und dem Kulturzweck zu dienen. Sich mit seinen Kenntnissen und Fähigkeiten in die Gemeinschaft einbringen. Wissen und Weisheit vertiefen. Sich dem Alter stellen. Sein Lebenswerk vollbringen.

Während die Ziele der ersten Lebenshälfte oft leicht messbar sind, zum Beispiel quantitativ einerseits in der beruflichen Entwicklung (Anstellung, Vergütung, Karriereentwicklung), andererseits in der privaten Entwicklung (Partnersuche, Ehe, Familiengründung, Hausbau) zusammengefasst den „**äußeren Erfolg**" darstellen, sind die „Erfolge" in der zweiten Hälfte mehr qualitativer Art, somit schlechter messbar, da es sich um den **inneren Erfolg** handelt. Der äußere Erfolg lässt sich relativ klar, linear und mit guter Planung und Engagement recht schnell erzielen. Der innere Erfolg geschieht dagegen im Verborgenen und dauert bis an sein Lebensende. Der äußere Erfolg bringt offizielle Anerkennung und Wertschätzung. Für den **inneren Erfolg** kann man nur **sich selbst Anerkennung** geben. Dafür ist man dann auch frei und unabhängig von der Beurteilung anderer (siehe Abb. 3.7).

Gehen wir nochmals zurück zu Peter F. Drucker. Denn immer wieder müssen wir feststellen, dass so vieles bereits vor mehreren Jahrzehnten vorgedacht wurde und wir es einfach versäumt haben, dies in der Praxis auszuprobieren, an die Aktualität anzupassen und in die Realität „gewinnbringend" zu integrieren. Interessanterweise hat bereits Peter F. Drucker sich mit den Herausforderungen der zweiten Hälfte des Lebens auseinandergesetzt und sie aufgrund der gewachsenen Lebenserwartung als „Herausforderungen des 21. Jahrhunderts" bezeichnet. Peter Drucker sprach 1999 (Drucker 1999, S. 327–333) von

- Wissensarbeitern, die in einen konstruktiven, sehr anspruchsvollen Dialog mit den Vorgesetzten treten. Die somit einen demokratischen Führungsstil benötigen mit größtmöglichen Freiräumen für die persönliche Kreativität, Produktivität und selbstbestimmten Arbeitsstil.
- der neuen Herausforderung, was diese Wissensarbeiter in der zweiten Lebenshälfte tun werden, wenn die Midlife Crisis überwunden sei. Die Midlife Crisis

3.2 Erfolg neu denken

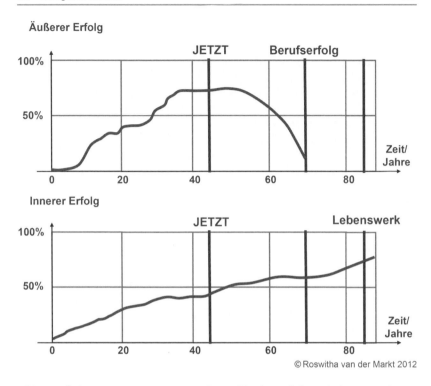

Abb. 3.7 Äußerer Erfolg versus Innerer Erfolg (Bildrechte: Urheberrecht beim Autor)

war für Drucker im Wesentlichen auf Langeweile begründet. Im Alter von 45 haben die meisten Manager ihren Karrierehöhepunkt bereits erreicht oder gar überschritten. Und sie wissen es. Sie sind Experten in ihrem Gebiet, verstehen ihr Geschäft. Sie haben geschäftlich schon fast alles gelebt. Tätigkeiten, die mit 30 noch richtig anspruchsvoll waren, sind bis zum 50. Lebensjahr schon zur Routine geworden. Was soll da noch viel „Neues" kommen?

- Selbstmanagement sei daher für einen 50-Jährigen Manager wie Wissensarbeiter die größte Herausforderung. Selbstmanagement, wie sie sich auf die zweite Lebenshälfte vorbereiten. Was sie gedenken, in den nächsten 30 Jahren sinnvoll und wirkungsvoll umzusetzen. Für sie wird Selbstmanagement der zweiten Lebenshälfte entscheidend für den Lebenserfolg, ihr Lebenswerk.
- Vor allem jedoch sind Wissensarbeiter in der Mitte des Lebens noch topfit – und können bis über 80 noch hervorragend arbeiten.

Peter F. Drucker bemaß damals die Menschen, die ihre zweite Lebenshälfte nochmals sehr bewusst managen, noch als Minderheit. Er sah bereits vor 20 Jahren folgende Möglichkeiten für das Selbstmanagement in der zweiten Lebenshälfte:

1. Personen/Manager, die nach einer erfolgreichen Tätigkeit in einem Bereich eine zweite Karriere, kombiniert mit der bisherigen Expertise, aber ruhig auch in einem anderen Bereich anstreben.
2. Personen/Manager, die in ihrer ersten Laufbahn sehr erfolgreich waren, streben parallele Karrieren an. Reduzieren zum Beispiel ihre Haupttätigkeit, erweitern auf eine weitere Tätigkeit, gegebenenfalls als Berater und engagieren sich sogar noch in einer ehrenamtlichen Aufgabe.
3. Personen/Manager, die zu sozialen Entrepreneuren werden. Sie waren äußerst erfolgreich als Geschäftsleute, Ärzte, Berater und Universitätsprofessoren, lieben ihre Arbeit, wollen jedoch mehr Sinn für sich, etwas von dem Erreichten in gemeinnütziger Arbeit an die Gemeinschaft weitergeben.

Für Drucker werden diejenigen Menschen „Erfolgsgeschichten" schreiben, die in der zweiten Lebenshälfte eine persönliche und gesellschaftliche Chance sehen. Sie können die Führungsrolle übernehmen und zum Rollenmodell werden. Allerdings muss dieser Lebensabschnitt lange, bevor er beginnt, gestaltet und durchdacht werden.

Da in unserer Gesellschaft Erfolg von so großer Wichtigkeit ist, von jedermann Erfolg erwartet wird, ist es entscheidend, oftmals in der Mitte des Lebens zu erkennen, dass gerade der Lebenserfolg im Meistern des „äußeren Scheiterns" liegt. Ab der Mitte des Lebens ist man bereiter, Nein zu sagen, mutiger, zu seinen Werten zu stehen, weil man sich besser kennt als früher.

Man nutzt die Chancen, sich auch in risikoreichen Situationen selbst treu zu bleiben. „Gerade sein größter beruflicher Misserfolg erweist sich im Nachhinein als Voraussetzung für seine weitere persönliche Entfaltung." (Hemel 2007, S. 195). Äußerer Misserfolg wird dann zum inneren Erfolg.

Wo also eine Person Erfolg hat, muss oft eine andere Misserfolg haben. Neben der selbstbestimmten Deutung dieses (Miss-)Erfolges, ist es unerlässlich, für sich selbst einen Bereich zu schaffen, in dem man überzeugt ist, einen persönlichen Beitrag leisten und etwas bewirken zu können.

Man erhebt sich somit aus der „äußeren Bedeutungslosigkeit" in die rein persönliche „Bedeutsamkeit" der eigenen Wirksamkeit. Gerade dieses Management des eigenen Lebens stellt „eine Revolution der menschlichen Angelegenheiten dar. Es konfrontiert eine Person und insbesondere einen Wissensarbeiter mit neuartigen

3.2 Erfolg neu denken

Tab. 3.2 Erfolg neu denken

Bewusst	Intelligent	Nachhaltig
Selbstkenntnis, Selbsterkenntnis Selbstbewusstsein	Seinen „inneren Kern" wahren Unique Personal Proposition statt allein Unique Selling Proposition	Authentizität
Die Flamme der Begeisterung entfachen	Die Flamme pflegen statt auszubrennen	„Lifelong Burning"
Bewusstsein persönlicher Stärken & vor allem Grenzen	In die eigene Lebenszeit und Gesundheit investieren	Steigerung von Kreativität, Innovation und Produktivität
Bewusstsein eigener Bedürfnisse	Ausbrennen von Menschen wie Umwelt wird präventiv vermieden	Langfristigkeit in ökologischem, ökonomischem und sozialem Handeln
Beruf als „Berufung" aus Leidenschaft	Offenheit, Neugier – Integration von Neuem, Flexibilität	Integration aller Impulse zu einem Lebenswerk
Bewusstsein über private wie berufliche Prioritäten	Berufliche und private Lebensaufgaben meistern	Manager und Mensch sein
Design der persönlichen Lebensstrategie	Ziel: persönliche Wirksamkeit	Lebenswerk
Werte-Orientierung	Persönliche Kernwerte herausarbeiten und spiegeln mit der Umwelt (Unternehmen, Märkte, Privatleben)	Werte nachhaltig in sein privates wie berufliches Leben integrieren; sich selbst treu sein

und nie dagewesenen Herausforderungen. Es verlangt von jedem Wissensarbeiter, wie ein CEO zu denken und zu handeln" (Drucker 1999, S. 331).

Für Peter F. Drucker verwandelt „das Auftauchen des Wissensarbeiters, der sich selbst managen kann und muss, jede Gesellschaft", jede soziale Struktur. Ein bewussteres, intelligenteres und nachhaltigeres Managen und Leben können möglich werden (Tab. 3.2).

3.2.6 „Gut leben (statt) Viel haben"

▸ Wertmaßstab ist der persönliche „Innere Erfolg"

Warum also sollten wir Erfolg neu denken? Wie können wir uns vom (vermeintlichen) äußeren Leistungsdruck befreien und offen, bewusster werden für unseren inneren Erfolg? Ist es nicht viel einfacher, hie und da ein paar Schwerpunkte zu verschieben? Ich denke nicht.

Wir haben viel zu viele Beispiele, wo dies eben nicht geklappt hat. Wo versucht wurde, alles mit unterschiedlichen Prioritäten perfekt zu managen und man letztlich auf der Strecke geblieben ist. Top Performer, kreative und produktive Leistungsträger werden zu Versagern gemacht und abgestempelt, obwohl uns klar sein müsste, dass ein 24/7-Arbeitspensum auf hohem Niveau für niemanden umsetzbar ist. Wir verlieren so die Besten!

Top Athleten machen es uns vor, wie ein Wandel realisiert werden kann:

1. Nicht immer *Top* sein müssen – gelassener, „bescheidener", zufriedener werden

Sven Hannawald, einst umjubelter Skisprungheld und Medienliebling, zog sich wegen eines Burnout-Syndroms 2004 aus der Öffentlichkeit zurück. Nach einem Jahr gab er seine Skisprungkarriere auf. Aber sein erfolgreiches Leben geht dennoch leistungsorientiert weiter: Er fährt mit Begeisterung Autorennen, bei denen er weiß, dass es nie zur ganz großen Spitze, etwa zur Formel 1, reichen wird. Hannawald gibt sich mit schlechteren Rängen zufrieden, scheint aber mit sich im Reinen zu sein. Er fühlt sich nicht als Versager, wenn er reflektiert in der Öffentlichkeit über seinen psychischen und körperlichen Zusammen- und Leistungseinbruch und über die Veränderungen in seinem Leben spricht. Leistung zählt nach wie vor für ihn. Doch der Anspruch, der Ton, die Färbung, das Gefühl für Leistung haben sich für ihn verändert. Er ist bewusster, vor allem gelassener und souveräner geworden. Seine Lust auf Leistung hat sich gewandelt. Hannawald verdient nun sein Geld mit Autorennen, und nach wie vor will er gewinnen, leistungsfähig und leistungsbereit sein, aber mit mehr Distanz und Selbstbewusstsein.

2. Top Leistung aufgrund von Pausen, langen Auszeiten und bewusster Abgrenzung

Britta Steffen war lange eine sehr talentierte deutsche Schwimmerin, hatte aber offenbar Probleme, mit den Situationen permanenten Leistungsdrucks umzugehen und die selbst gesteckten Ziele zu erreichen. Sie entschied sich für eine mehr als einjährige Trainingspause und eine fast zweijährige Wettkampfpause, holte sich die

Unterstützung eines Mentalcoachs, um geistig wie psychisch anders mit Leistungserwartungen umzugehen. Sie begann 2004 ein Studium als Wirtschaftsingenieurin für Umwelt und Nachhaltigkeit, welches sie 2012 abgeschlossen hat.

2005 ließ sie als Wettkampfjahr bewusst aus, trainierte und studierte nur. Sie war wieder „frei im Kopf, hatte wieder einen sehr guten Zustand und viel Spaß am Sport". Sie gewann danach Titel am Fließband, u. a. als mehrfache Europameisterin, Doppelolympiasiegerin, Doppelweltmeisterin und Sportlerin des Jahres. Mit ihren Olympiasiegen 2008 wurde ihr Kindheitstraum wahr: „Impossible is nothing!"

2011 konnte sie dagegen ihren eigenen Ansprüchen und Erwartungen nicht gerecht werden, und sie reiste auf eigene Kosten nach Hause. Was ihr Anfeindungen der Medien einbrachte, sie hätte ihr Team im Stich gelassen. Abgrenzung vom Urteil anderer war nötig. Auf ihrer Homepage bezeichnet sie dies als die bisher „schwierigste Zeit meines Sportlerlebens. Neben der sportlichen Niederlage, musste ich mich teilweise ungerechtfertigten Anfeindungen erwehren. Das war sehr hart."

Im Mai 2012 gewann die 28-Jährige wieder drei Goldmedaillen in der Europameisterschaft und ist auf Olympiakurs nach London. Wenn sie auch bescheiden abwinkt, wenn Medien wieder Olympia-Gold von ihr erwarten, will sie es doch wissen: „Nichts reizt mich mehr, als noch mal zu erfahren, was ich zu leisten imstande bin!!!"[6]

3. Bewusste Beendigung der bisherigen Karriere – und Neuanfang

Oliver Kahn, mehrfacher Gewinner der Deutschen Meisterschaft, des DFB-Pokals, Weltpokalsieger, Champions-League-Sieger, UEFA-Cup-Gewinner mit zahlreichen individuellen Auszeichnungen. Große Erfolge gepaart mit Niederlagen und einem selbstbewussten Charakter. Von einer reinen Hochleistungsmaschine mit übermäßigem Ehrgeiz wandelte er sich vom „Titan" zu einem ganz normalen Menschen in den letzten Jahren seiner Fußball-Karriere: „Was mit seinem Fehler im WM-Finale 2002 begonnen hatte, fand im verlorenen Kampf gegen Jens Lehmann um die Nummer eins in der Nationalmannschaft bei der WM 2006 seinen Abschluss: Kahn akzeptierte die harte Entscheidung des damaligen Bundestrainers und Bayern-Coachs Jürgen Klinsmann und setzte sich als Ersatzmann auf die Bank. Dazu reichte er seinem Konkurrenten vor dem Elfmeterschießen gegen Argentinien die Hand und zeigte so seine menschliche Seite."[7]

Er beendete seine Karriere als Fußballprofi. Im *Focus* Interview (*Focus Magazin* 52/2006) berichtete er von seiner Selbstbefreiung vom „Titanen"-Image, falschem

---

[6] Steffen, Britta: Homepage: http://www.britta-steffen.com/uebermich.php, Stand 29. Mai 2012.
[7] Kahn, Oliver: Homepage: http://www.oliver-kahn.de/index.php, Stand 29 Mai 2012.

Ehrgeiz, freudloser Disziplin und was er mit einer Stiftung für Kinder tun wolle. Sein Ziel: den Kindern über richtigen und falschen Ehrgeiz zu erzählen und wo dies hinführen kann. Denn er habe dies ja alles in seiner Karriere selbst erlebt. Sich für solche Dinge zu engagieren, gab ihm Kraft und Vision für die nächsten Jahre. Er pausierte zunächst ein Jahr, um Körper und Geist völlig runterzufahren, weil er wusste, dass sich nicht nur sein Stoffwechsel ändern würde, wenn der Druck und das tägliche Training wegfallen. Ein Jahr Auszeit sei notwendig zur Regeneration nach 21 Jahren Profifußball. Außerdem wolle er nicht immer Pläne machen, sondern das Leben mal auf sich zukommen lassen.

Kahn war sich der eigenen Endlichkeit in seinem Job bewusst und wollte nun umso mehr auch die anderen Seiten, die anderen Potentiale in seiner Persönlichkeit entdecken und entfalten. Für ihn war klar, dass es niemandem gut tue, immer das Gleiche zu machen. „Man muss sich verändern. Darüber habe ich mich kürzlich auch mit dem Pianisten Lang Lang unterhalten. Er meint, er könne seinen Job bis 80 machen. Ich finde, das ist ein Nachteil. Für mich ist 40 eine klare physische Grenze. Und das ist gut so. Wissen Sie, der Torwartjob ist kein großer Spaß. Ich finde – und Jens Lehmann übrigens auch – dass unser Job sehr viel mit Druck zu tun hat." (Lehmkuhl und Wolfsgruber 2006)

Von 2009 bis einschließlich 2011 studierte Kahn erfolgreich General Management und erwarb den akademischen Grad eines Master of Business Administration. Seit 2008 ist er als Fußballexperte bei Länderspielen im Einsatz. Er arbeitet als Referent zu den Themen Motivation und Leadership vor Experten und Führungspersönlichkeiten unterschiedlicher Wirtschaftsbereiche. Oliver Kahn hat bisher drei Bücher veröffentlicht und eine eigene Stiftung gegründet, die junge Menschen stark machen möchte.

Drei herausragende Beispiele, wie äußerer (Miss-)Erfolg zu innerem Erfolg wurde. Zu einem deutlichen Wachsen und Vertiefen der eigenen Persönlichkeit führte. Brüche in der Karriere wurden akzeptiert, neue Lösungen gefunden und umgesetzt:

1. Befriedigung und Freude, Begeisterung am Beruf, an Leistung sind ausschlaggebend, nicht das Streben allein nach einer Top Position. Ehrgeiz ist nach einiger Zeit kontraproduktiv.
2. Kürzere Pausen wie längere Auszeiten sind notwendig, um den „Kopf wieder frei zu bekommen". Vom Stadium einer freudlosen Disziplin zurückzufinden zum Spaß am Beruf. Danach wird man kreativer, innovativer, leistungsstärker und produktiver.
3. Auch bei einer bewussten Beendigung einer Karriere wie nach einem Einbruch, sei es Kündigung bis hin zum Burnout, sind längere Phasen zur Regeneration für Körper und Geist notwendig. Man kann dann zu sich selbst zurückfinden,

neue Potentiale entdecken und ausbauen, aber vor allem auch einmal das Leben genießen, nicht mehr nur verplanen, sondern laufen lassen.
4. Es gibt ein lebenswertes Leben, auch und gerade nach einer Top Karriere. Man hat die Freiheit, „alles zu tun", seine gesamten Kenntnisse zu verbinden, Neues zu integrieren und Neues zu schaffen. Beruflich wie privat. Wir können viel leisten und bewirken, aber anders, weniger ehrgeizig, vielmehr besonnener, ausgeglichener und souveräner.

Diese neue Lebensbalance umfasst Leistung und Lebensgenuss und entspricht auch dem Denken und Streben der jungen Generation. Der persönliche Wertmaßstab liegt im „inneren", langfristigen Erfolg. In der Unabhängigkeit vom „Lob der anderen". Eine konstruktive Abgrenzung zur Erwartungshaltung des beruflichen wie privaten Umfeldes ist ein Kernkriterium zur Erreichung der so wesentlichen Authentizität, ohne die erfolgreiches Führen, Leisten und Leben nicht mehr möglich ist. Sich selbst treu sein kann man nur, wenn man weiß, wer man ist und nach was man im Leben strebt.

Als Executive Coach werde ich von meinen Klienten zu vielfältigen Themenstellungen befragt. Im Kern handelt es sich meist darum,

- Klarheit und Übersicht in einer bestimmten beruflichen wie Lebenssituation zu erhalten,
- Problembereiche und Blockaden zu analysieren und Lösungen zu erarbeiten,
- Sinn und Werte zu definieren und umzusetzen,
- Ziele, Strategie und Planung zu definieren und umzusetzen.

Letztendlich **Erfolg zu haben als Manager wie als Mensch**, beruflich und mehr und mehr rein persönlich.

Top Manager definieren sich ab der Mitte des Lebens, auf dem erreichten beruflichen Höhepunkt gerne neu. Sie sind bereit zur Reflexion, zur Umstrukturierung fernab einer Midlife Crisis. Bereits Manager Mitte 30 fokussieren sich heutzutage nicht mehr allein auf die berufliche Karriere, sondern es ist ihnen bewusst, dass ihre persönliche Energie und Gesundheit entscheidend sein werden, ihre Ziele und Vorstellungen umsetzen zu können. Sie lassen ihre privaten Zielsetzungen nicht mehr außen vor, sondern möchten gerne an einer Integration von Berufs- und Privatleben arbeiten. Übrigens völlig gleichwertig bei weiblichen wie männlichen Führungskräften. Sie suchen einen mentalen Sparrings-Partner auf Augenhöhe mit Erfahrung, mit dem sie lösungs- und praxisorientiert arbeiten können.

In den letzten Jahren häuften sich die Fälle, bei denen wir gemeinsam an Burnout-Erfahrungen arbeiten mussten, sei es nachträglich nach einem massiven Zu-

Formulierung von vier persönlichen Zielbereichen

Abb. 3.8 Lebensbereiche – Balanced Scorecard (Bildrechte: Urheberrecht beim Autor)

sammenbruch, wie generell immer mehr zur Vorbeugung eines solchen. Daher integriere ich in meinem Coaching-Prozess alle vier wesentlichen Lebensbereiche und fokussiere mich nie allein auf die berufliche Ebene. Selbst wenn meine Klienten zum Teil zu Beginn hierüber erstaunt sind, zeigt sich im Verlauf der Sitzungen immer, dass eine Trennung von Beruf, Leben, Gesundheit und Partnerschaft, Familie gar nicht möglich ist.

Auch wenn wir uns bei der fokussierten Zielsetzung auf einen beruflichen Kernbereich konzentrieren, bewahren wir die Reflexion und Übersicht, wie dieser von den anderen Bereichen tangiert wird, zum Beispiel als Energie-Quelle dienen kann oder auch Distraktionen verursacht, die rechtzeitig berücksichtigt werden müssen. Diese Bereiche erarbeiten wir uns wie eine **Balanced Scorecard**, die auch als Basis für die Definition der Ziele und Wertgrundlagen gelten. Eine Management-Methode, die die oberen Führungskräfte bereits aus ihrem Führungsalltag kennen und sehr gerne für sich persönlich anwenden. Dies schafft Transparenz (siehe Abb. 3.8).

Im Coaching-Prozess bauen vier große Prozess-Schritte aufeinander auf, die in der Praxis Erfolgsfaktoren nachhaltigen Coachings sind:

1. Klarheit schaffen
2. Veränderung initialisieren und praktizieren

3.2 Erfolg neu denken

3. Integration – Erfahrungen sammeln und reflektieren
4. Nachhaltigkeit sichern

Ein solch nachhaltiger Coaching-Prozess kann zeitlich ein ganzes Jahr umfassen, wobei sich die einzelnen Coaching-Sitzungen selbstverständlich im Laufe des Jahres stark reduzieren. Die Dauer basiert auf den natürlichen Zeitbedarf bei Veränderungsprozessen. Je tiefgehender eine Änderung internalisiert werden soll, desto wichtiger ist die Beobachtung über einen längeren Zeitrahmen.
Zielsetzung ist:

- die persönliche Veränderungskompetenz als wesentlichen Erfolgsfaktor aufzubauen.
- Selbstführungskompetenz zu erlangen.
- Selbstverantwortung zu übernehmen.

Als erfahrene Change-Management-Expertin kenne ich die typischen Fallstricke bei der Umsetzung, vor allem bei der Integration und der Nachhaltigkeit. Sowohl bei einem Veränderungsprozess bei großen Unternehmen wie gerade auch bei persönlichen Veränderungen liegt die Herausforderung darin, nach der erfolgreichen Implementierung „weiter dran zu bleiben". Erst nach einem halben Jahr verankert sich das veränderte Verhalten in unserer Struktur, mental wie körperlich. Man „denkt" nicht mehr bewusst jeden Schritt bei der Umsetzung und umso größer ist die Gefahr, in „alte" Schemata und Mechanismen, persönliche Denkweisen und Blockaden zurückzufallen. Einfache Beispiele sind die anfängliche Euphorie beim Besuch eines Fitness Centers, dessen Vertrag nach einem halben Jahr nicht mehr genutzt wird, oder auch die strikte Befolgung einer „aufgezwungenen" Diät, die keine langfristigen Erfolge birgt. Erst in den nächsten sechs Monaten zeigt sich der Erfolg und sichert somit die Nachhaltigkeit. Wenn diese Prozess-Schritte nochmals analysiert und reflektiert werden, können zusätzliche Potentiale oder auch Bereiche, die in der tatsächlichen Praxis kaum durchführbar sind oder mit zu großen Energieeinbußen einhergehen, erkannt werden (siehe Abb. 3.9).
Bei **drei kritischen Aufgabenstellungen** ergeben sich für die Klienten die meisten einschneidenden Erkenntnisse im Analyse- und Veränderungsprozess:

1. Werteprofil
2. Energiequellen
3. Lebenserfolg und Lebensziel

Individuell, integrativ, praxisnah – Erfolgsfaktoren nachhaltigen Coachings

Klarheit	Veränderung	Integration	Nachhaltigkeit

• Klärung der Ziele mittels Balanced Scorecard
• Formulierung von vier Zielbereichen:
  • Beruf, Management
  • Familie, Partner
  • Gesundheit, Fitness
  • Lebens-Sinn/ Werte
• Persönliche Bestandaufnahme
• Analyse der eigenen Persönlichkeitsstruktur
• Messbare Zielsetzungen
• Planung mit Meilensteinen
• Persönliche Vision
• Self Energizing
	• Individualisiertes Sinn- & Werteprofil
	• Wille zur Veränderung
	• Pragmatische, lebensnahe Veränderungen in
	  • Beruf, Management
	  • Familie, Partner
	  • Gesundheit, Fitness
	  • Lebens-Sinn/ Werte
	• Machbarkeit
	• Persönliche Stärken – Mental, Physis, Psyche
	• Methoden persönlichen Risikomanagements
	• Self Coaching
		• Veränderung stabilisieren
		• Zielcheck
		• Check der Lebensbalancen
		• Aktualisierung des persönlichen Risikomanagements
		• Verständnis für die eigenen Bedürfnisse & Grenzen
		• Beständigkeit
		• Internalisierung der Erkenntnisse
		• Self Management
			• nachhaltige Veränderung
			• Regelmäßiger Check der Lebensbalancen und Zielsetzungen
			• Bewusstsein des individuellen Sinn- & Werteprofils
			• Sicherheit im Umgang mit eigenen Bedürfnissen & Grenzen, auch in Krisensituationen
			• Self Leadership

3 Monate	6 Monate	9 Monate	12 Monate

© Roswitha van der Markt 2012

Abb. 3.9 Nachhaltiger Coaching-Prozess (Bildrechte: Urheberrecht beim Autor)

1. **Werteprofil – das Herausarbeiten persönlicher Werte**
In einem dreistufigen Auswahlprozess entscheiden sich die Klienten für ihre wichtigsten Werte. Aus rund neunzig sollen sie im ersten Schritt ihre zehn wesentlichen Werte herausarbeiten. Diese Werte werden nach ihrer Priorität Lebensbereichen zugeordnet, zum Beispiel Karriere und Erfolg, Finanzen, dem persönlichem Wachstum, der Gesundheit und Fitness, dem sozialem Umfeld. Im zweiten Schritt müssen fünf Werte aufgegeben werden. Nur fünf Werte werden mitgenommen und wiederum den Lebensbereichen zugeordnet. Bereits hier zeigen sich erste Schwierigkeiten sowohl bei der Reduzierung, der klaren Herauskristallisierung wie in der Prioritätensetzung in der Entscheidungsfindung. Im entscheidenden letzten Schritt können nur noch drei Werte selektiert und in ihrer Bedeutung für Privatleben wie Beruf analysiert werden.
Johannes V. (Name geändert), CIO eines Energieunternehmens, 49 Jahre, stand unter erheblichem Leistungs- und Erfolgsdruck, nachdem einige Umstrukturierungen im Hause vorgenommen worden waren. Bei der Analyse seiner Werte

erkannte er, dass sich sein Werteprofil ausschließlich auf den Privatbereich bezog. Im tiefergehenden Gespräch über die Folgen und Risiken einer beruflichen Niederlage oder Misserfolgs wurde ihm klar, dass sein ganzes persönliches Umfeld hinter ihm stehen würde, ihn nicht nur wegen seines beruflichen Erfolgs wertschätzt und dass auch die finanzielle Basis ausreicht. „Es kann gar nicht so viel passieren", meinte er abschließend. Er bekam wieder einen freien Blick und konnte gelassener seine Aufgaben erfüllen. Wie sich im Laufe des Coaching-Prozesses etwas später herausstellte, stand er überhaupt nicht auf der „Watching list". Alle Sorge grundlos. Er hatte sich selbst Angst und Druck gemacht.

2. **Persönliche Energiequellen analysieren**
Die meisten meiner Klienten haben im Verlauf ihrer Karriere regelrecht „verlernt", wie Leben „einfach" laufen kann. Ihr gesamtes Leben ist durchorganisiert, Privates wie Berufliches detailliert geplant. Professionelles Zeitmanagement par excellence, nur wirkliches Leben braucht eben Zeit. Ein spontaner Biergartenbesuch mit Freunden ist kaum mehr möglich. Damit geht auch häufig das Bewusstsein verloren, was als Energiequelle dienen kann, weil man aus den Augen verloren hat, was einem Freude und Spaß bereitet. Gerade Top Manager treiben sehr bewusst Sport. Bewegung und gesunde Ernährung sind ihnen wichtig. Wenn ich nachfrage, wie sie trainieren und wie viel Freude sie daraus ziehen, erhalte ich oft ernüchternde Antworten: „Freude, eigentlich nein. Das muss man halt tun, um sich fit zu erhalten, leistungsstark zu bleiben. Ich trainiere jeden Tag exzessiv rund zwei Stunden, bevor ich ins Büro gehe. Bin zwar kein Frühaufsteher, aber es muss halt sein, und danach fühle ich mich ja sehr gut. Hab den inneren Schweinehund besiegt und mir bewiesen, wie fit ich noch bin." Aus gut gemeinten, auch richtigen Gesundheitshinweisen wird somit ein zusätzlicher Leistungsdruck generiert, wie ein erfolgreicher Manager zu sein hat.
Andere Energiequellen werden sicherlich auch genannt. Die Zeit mit Freunden und der Familie, aber „immer mit Smartphone" – immer erreichbar. Diese Energiequellen werden sehr häufig den beruflichen Prioritäten untergeordnet, als Erste gekappt und auf privates Verständnis gehofft. Vor allem Kontakte zu Freunden fallen aus Zeitgründen unter den Tisch. Die Negativspirale läuft weiter. Erst mit der Kenntnis der eigenen Energiequellen können auch hier bewusst Grenzen gezogen werden.

3. **Erfolg ist zumeist allein der berufliche Erfolg**
Wenn ich nach den größten Erfolgen im Leben meiner Klienten frage, erhalte ich zu 90 % berufliche Meilensteine: Aufstieg auf eine bestimmte Managerposition, der erweiterte Verantwortungsbereich, das Meistern schwieriger Projekte und Situationen. Höchstens 10 % sprechen von einer gelungenen Partnerschaft, Erfolg in einem Ehrenamt, öfter auch von einem Marathonlauf. Wenn ich nach

Glücksmomenten frage, kommen dagegen 90 % private Erlebnisse: die Hochzeit, die Geburt der Kinder, Augenblicke auf Reisen.
Erfolg ist Beruf. Glück ist privat.

Erfolg und Glück, Leistung und Zufriedenheit scheinen in unserer Gesellschaft schlecht vereinbar zu sein. Zwar zeigen Väter stolz die Bilder ihrer Kinder, aber kaum einer gibt eine Top Position für das „Glück der Familie" auf. „Ja, vielleicht würde ich dies sogar sehr gerne tun, zumindest für eine gewisse Zeit. Mir fehlen meine Kinder, ich habe viel Spaß mit ihnen, kann mich entspannen, mich runterfahren, wenn ich mich ganz auf sie konzentriere. Aber eine Auszeit?! Wie soll das denn gehen. Dann verliere ich doch den Anschluss – und niemand würde das verstehen. Ich wäre ein Drückeberger", meinte ein Marketing-Manager eines Versicherungsunternehmens.

Wie aber gewinnen wir den **Zugang zu unseren Energiequellen** zurück, die uns aufbauen, entspannen, frei machen, regenerieren und re-vitalisieren?

Viele schauen zunächst auf bekannte Ratgeber, was alles gemacht werden sollte. Es geht aber vielmehr darum herauszufinden, was einem selbst, ganz persönlich als Energiequelle dient, was einem Freude macht und einem „leicht von der Hand geht". Nicht laufen, weil es heute „dazugehört und den veritablen Dopamin-Stoß verabreichen soll", sprich simpel glücklich machen soll. Auch Entspannungsseminare sind eher kontraproduktiv. Denn wie Euripides bereits bemerkte:

Der Mensch ist wie seine Umgebung.

Die Sehnsucht nach Ruhe wird zu einem Dauer-Symptom in der aktuellen Burnout-Diskussion. Entspannungstechniken, Ruhe und Stille werden den Burnout-Patienten als „Heilungsmethoden" angeboten, die dann nach der Rückkehr in ihr privates wie berufliches Umfeld wieder „verpuffen" wie eine ebenso verpönte Zigarette.

Burnout = Chefsache ist eines meiner Kernthemen. Seitdem erhalte ich ungefragt regelmäßig Post und Information einer anerkannten Reha-Klinik für seelische Gesundheit, gerichtet an Führungskräfte und Selbstständige. Im Prospekt die typischen Bilder von Autogenem Training bis Qui Gong, Teamsitzungen und Ruhe-Inseln. Angebote von rund acht Wochen, um Ruhe zu finden, herunterzuschalten. Eine Ausnahmezeit, die so niemals wieder auftreten wird. Auch Unternehmen, die gerade in ihrem Gesundheits-Management eine Vielzahl solcher Präventiv-Programme anbieten, doktern an diesen Symptomen herum. Sie ändern jedoch nichts an ihrer Unternehmenskultur und noch weniger an ihren Leistungskriterien und Zeitmanagement. Der Leistungsdruck bleibt gleich. Vielmehr sollten Mitarbeiter wie Führungskräfte nun „zusätzlich" Zeit für diese Workshops finden. Wobei in diesen fast niemals Führungskräfte anzutreffen sind, obwohl gerade diese als Vorbild vorangehen sollten. Kaum einer will sich outen. Deshalb nutzen viele Executive Coaching, die schon einmal Erschöpfungssymptome erlebt oder gar Programme abgebrochen haben. Meine Klienten sind „High Performer". Sie brennen gerne. Wenn sie nicht voller Leidenschaft und Energie sind, dann fehlt ihnen das „Salz in der Suppe" des Lebens.

Klaus B. (Name geändert), Unternehmensberater, 52 Jahre: „Klar wollte ich Ruhe. Ich hatte mir endlich mal einen Freiraum von vier Wochen geschaffen, um auf einer Insel voll auszuspannen. Hatte mich darauf gefreut, gut geplant – alles freigeschaufelt. Kein Anruf, keine Mail – nichts, nur Wind, Dünen, Strand, Meer. Alles, was sie einem als Ideal vorgeben, um wieder innezuhalten und zu sich zu kommen. Dann war sie da – die Ruhe, die Stille, die freie, endlos dauernde Zeit. Ich konnte sie nicht aushalten. Es war Horror pur, der größte Stress. Ich bin geflohen! – und weiß nun über unser Coaching, dass ich meine Energiequellen anders auftanken muss als mit den landläufigen Methoden." **Zeit fürs Innehalten** – bitte nicht automatisch mit Ruhe-Aushalten verbinden.

Innehalten heißt vor allem: Stopp sagen – **raus aus dem Alltagstrott**. Eine andere Perspektive einnehmen, auf sich selbst und das eigene Leben. Erst dann setzt Reflexion ein und die muss nicht „im stillen Kämmerlein" erfolgen. Gerade nicht bei pro-aktiven Leistungsträgern, deren Umfeld davon geprägt ist, ständig in der höchsten Taktfrequenz zu schlagen. Um im eigenen Rhythmus bleiben zu können, nicht von 100 auf 0 abbremsen, sondern nur eine leichtere Gangart einschlagen. Genauso wie bei einem guten Training. Da stoppt keiner abrupt nach dem anstrengenden Intervalltraining, sondern macht einen sogenannten **Cool-down**. Ein angenehmes Auslaufen, in dem der Körper warm und energiegeladen herunterfährt.

Mit meinem Klienten eruiere ich daher ihre ganz persönlichen Energiequellen (Abb. 3.10):

- Was haben Sie früher gerne gemacht?
  Gerade in der Rückschau mehrerer Jahrzehnte analysiert der Klient, was ihm in früheren Lebensabschnitten am meisten Energie gegeben hat. Oftmals erhalten wir Einblick in „versunkene" Glücksgefühle.
- Was macht Ihnen Freude? Wo spüren Sie am meisten Energie und Kraft?
- Was wollten Sie schon lange mal machen?
- Was wollen Sie entdecken? Was reizt Sie? Wozu hatten Sie nur noch nicht die Zeit?

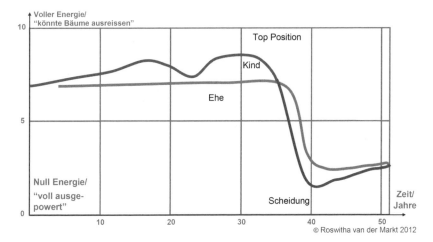

Abb. 3.10 Persönliche Energiebilanz (Bildrechte: Urheberrecht beim Autor)

Nach der Analyse folgt die praktische Umsetzung: das Ausprobieren.

High Performer wollen auch im Privatbereich gerne völlig Neues wagen, eine neue Sportart (Segeln, Tauchen) oder neue Länder kennenlernen. Eben eine etwas andere Herausforderung, die nichts mit dem beruflichen Umfeld zu tun hat und dennoch weitere Potentiale der Persönlichkeit entdecken lässt. Neues an sich entdecken oder wieder zulassen. Denn für sie bedeutet gerade das Gefühl der Stagnation extrem viel Stress. „Ich will meine Zeit möglichst gut nutzen. Nicht mit Schlaf vertrödeln", sind häufige Anmerkungen hierzu. Aber selbst Nobelpreisträger finden oft erst dann die durchschlagenden Ergebnisse, wenn sie ihr Labor verlassen und ihr Gehirn „freigeschaltet" haben, „raus aus der Box" springen und spielerisch neue Lösungen finden.

Schritt 1: Innehalten = Stopp sagen zum Alltag Sei es an einem Abend in der Woche, am Wochenende, im Urlaub bewusst etwas Neues tun. Damit erleben sie wieder Energie und Kraft. Sie lassen sich ganz ein auf das Neue, sind als „Anfänger" konzentriert auf ihr Tun, voll im „Flow".

Sabine F. (Name geändert), Bereichsleiterin IT eines Energie-Unternehmens, 47 Jahre: „Ich habe einen Aikido-Workshop besucht. Zum ersten Mal spürte ich, wie Körper und Geist zusammenspielen können. Eine Einheit bilden und ganz souverän auf Angriffe antworten. Es hat Spaß gemacht. Ich konnte diese Erfahrung später sogar sehr gut im Beruf wie auch in privaten Situationen umsetzen. Bewegung, Klarheit und souveräne Ruhe – einfach gut."

Schritt 2: Neues (wieder)entdecken – Energie tanken Herbert K. (Name geändert), Finanzvorstand eines Software-Unternehmens, 55 Jahre: „Fast unverständlich, aber ich konnte mal gut malen. Paris – die Expressionisten haben es mir angetan. Dann habe ich das natürlich ‚ad acta' gelegt. Erst durch Ihre Anregung habe ich was Extremes gewagt: Mit einem modernen Künstler, den ich in einer Ausstellung kennengelernt habe, wieder malen und mit Farben experimentieren. Dann sogar eine Reise nach Paris, in der ich die Stadt ganz anders kennengelernt habe. Licht und Muße – ich habe alle Eindrücke auf mich einwirken lassen." Er genoss seine Besuche mehrerer Museen, gewann neue Impulse und integriert seine Erfahrungen im Privat- wie Berufsleben nun in seine expressiven Gemälde. Bald ist sogar eine Ausstellung geplant.

Schritt 3: „Mal nichts tun" – Müßiggang genießen In einem Umfeld, in dem „Nichts-tun" gleichgesetzt wird mit Faulheit, Unproduktivität, Nutzlosigkeit, Vergeudung und Versagen, ermöglichen die Schritte 1 und 2 oftmals erst die reale Möglichkeit für Leistungsträger, nun wirklich zur Ruhe kommen zu können. Sie können nun Ruhe zulassen und mit ihr wie mit einer guten Freundin umgehen. „Die größte Errungenschaft: ich habe mir meine Wochenenden nun zu 90 % freigeschaufelt. Keine Termine, Mails, beruflichen Telefonate. Ich genieße diese Tage ohne Planung. Ich kann wieder faulenzen", Florence V. (Name geändert), Partnerin einer Steuerberatung, 44 Jahre.

In einem weiteren Schritt wird das Niveau der persönlichen Zufriedenheit in den jeweiligen Bereichen Beruf/Karriere, Gesundheit/Fitness, Lebensweg/Sinn und Partnerschaft/Familie/Freunde bilanziert (Abb. 3.11).

Bernhard S. (Name geändert), ein erfolgreicher Bankmanager, 45 Jahre, erkannte bei seiner Zufriedenheits-Bilanz nicht nur ein starkes Ungleichgewicht von Privatleben zu Beruf und Karriere, sondern auch innerhalb des Bereichs seiner Manager-Position empfand er große Unzufriedenheit. Wir analysierten seine beruflichen Zielsetzungen als Führungskraft und verglichen sie mit seinen Werten. Nur ein Wert konnte derzeit realisiert werden, die beiden anderen wurden unterminiert. Bisher hatte er außerdem geglaubt, dass seine Ziele zu rund 25 bis 30 % in seinem persönlichen Einflussbereich lagen. Was bereits nicht „üppig" ist.

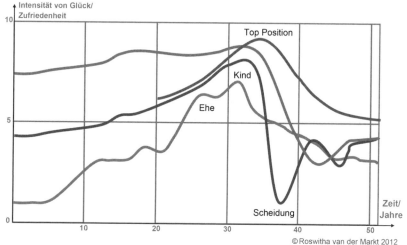

Abb. 3.11 Zufriedenheits-Bilanz (Bildrechte: Urheberrecht beim Autor)

Nach einer weiteren Analyse musste er feststellen, dass nur 15 % von ihm persönlich wirksam beeinflusst werden konnten: „Dafür habe ich nun all meine Energie aufgebracht, hatte einen gesundheitlichen Zusammenbruch vor zwei Jahren und meine Familie fast ruiniert", stellte er resigniert fest. Beides, seine Werte wie seine Zielvorstellung als Führungskraft, lagen quasi außerhalb seines beruflichen Wirkungsfeldes. Er zog die Konsequenzen und im beiderseitigen Einvernehmen wurde auseinandergegangen. Nun hat er ein kleines Unternehmen gegründet, nur zwei Mitarbeiter, klare Wertbezüge – er will ein verlässlicher Finanzberater für seine Kunden sein können. Kein „Alleskönner" mehr, sondern mit realistischer Bescheidenheit eines Beraters ehrlich das aktuell beste, individuelle Finanzkonzept für den Kunden anbieten, jedoch bewusst auf Risiken und Ungewissheiten für die Zukunft verweisen.

Für viele endet ihre Karriere Mitte 60, jedoch bereits ab 50 Jahre treten Verlustängste auf oder das Bewusstsein, seinen Platz gegenüber Jüngeren verteidigen zu müssen. Mental befinden sich einige auf einen „absteigenden Ast", selbst wenn die Realität anders ist. Sie empfinden es aber so. Zwei Sichtweisen sind festzustellen:

1. Nach 55 genieße ich mein Leben, werde reisen, segeln, Golf spielen und mich vielleicht als Sponsor oder in einem Ehrenamt betätigen (die spielerische Variante).
2. Nach 55 plane ich meinen Altersruhesitz, die finanzielle Seite soll für meine Familie gesichert sein. Vor allem wenn ich pflegebedürftig werde, soll alles geregelt sein (die resignierte, äußerst rationale Variante).

Wenige dagegen überlegen sich, was sie ab der Mitte des Lebens positiv verändern wollen und können, um bis 80 oder 90 voller Zufriedenheit und Zuversicht ihr Leben gestalten, ihre Wirksamkeit einbringen zu können.

Sie reagieren eher aufgeschreckt, wenn ich sie danach frage, wie alt sie wohl werden, wie viele Lebensjahre ihnen noch verbleiben, oder wenn ich sie künstlich in eine Situation versetze, von der aus wir rückblickend überlegen, was an ihren Leben wertvoll erscheint:

- Was waren die wirklich **besonderen** (besonders schönen, ergreifenden, glücklichen, weisen) Momente Ihres Lebens?
- Was war für Sie wichtig und gut an Ihrem Beruf? Was hat er Ihnen geschenkt oder in welchen Erfahrungen hat er Sie enttäuscht? Warum hat der Beruf Ihnen Kraft gegeben oder Energie geraubt?
- Was bedauern Sie in Ihrem Leben und welche Ratschläge geben Sie Jüngeren, um ein rundum erfülltes Leben zu führen?

In einem solchen Prozess wird man sich seiner Endlichkeit bewusst und das ist heilsam. Denn oftmals verbauen wir uns den Weg zu unserem Erfolg durch die Konzentration auf kurzfristige Probleme und lassen uns von der eigenen langfristigen Entwicklung abhalten. Der zentrale Schlüssel zum Erfolg liegt in einer **langfristigen Orientierung**, was ich in meinem Leben als **Lebenswerk** erreichen will, welche individuelle Potentialentwicklung wie auch welchen Beitrag ich leisten kann zum Ganzen: zur Familie, zum Freundeskreis, zur Gemeinde, zum Land.

„Mehr Umsatz ist kein Lebensziel. Wir planen nicht das Jahr, wir planen unser Leben", schreibt auch Stefan Merath, ebenfalls Unternehmenscoach (Merath 2012, S. 40–42).

Bei unserer gestiegenen Lebenserwartung auf durchschnittlich 80 bis 85 Jahre sind dies ab der Mitte des Lebens noch rund 30 Jahre. Aber mental haben viele mit 65 oder 67 bereits abgeschlossen. Selbst dann sind noch rund 15 bis 20 Jahre „gewinnbringend" zu gestalten, um Erfolg zu haben und sein Lebenswerk abzuschließen. Politiker wie Helmut Schmidt machen es uns vor, Künstler wie Harry Belafonte oder Karl Lagerfeld. „Es ist immer noch was drin!" Im Vergleich zu vergangenen

Lebensspannen von 15 bis 30 Jahren erkennen viele Klienten, was sie in einem solchen Zeitraum für ihr Leben bisher alles umgesetzt haben und (er)schaffen konnten. Dann ändert sich die Perspektive: Es entsteht eine optimistischere Zukunft, aber auch ein bewussterer Umgang mit sich selbst.

Das Verständnis von Erfolg schließlich, das mit dieser neuen Leistungskultur verbunden ist, ist somit anders zu denken. Werte und Sinnfragen, Achtsamkeit und Gesundheit und damit langfristig stabilisierende Elemente nehmen an Bedeutung zu. Erfolg in diesem Sinne ist einerseits nach innen gerichtet, die Entfaltung seines vollen Potential und andererseits nach außen gerichtet, der persönliche Wertbeitrag für die Gemeinschaft, aber zusätzlich auch das eigene Vermögen, wertvolle Momente, Freude und Genuss in vollen Zügen genießen zu können.

Gut leben braucht eben Zeit Gut leben braucht mehr Bewusstsein, aber weniger „Mehr" im Sinne des „alten" Leistungsmantras übertriebenen Ehrgeizes: Schneller, höher, weiter.

Wichtiger denn je wird dabei sein, als Unternehmen und Einzelner, sich und anderen Grenzen zu setzen, auch, aber nicht nur, in Gestalt einer festen Werteverankerung und permanenten Sinnreflexion.

Kurz gefasst: **Es ist alles – an Erfolg – möglich, weil nicht mehr alles möglich ist.**

Wirksam leisten, wirksam führen, wirksam erfolgreich sein

4

Das Paradox zwischen wachsender Notwendigkeit zur Flexibilität, Offenheit und Transparenz bei Führenden und Mitarbeitern, bei Beratern, Kunden und Lieferanten einerseits und der wachsenden Notwendigkeit, sich selbst und anderen Grenzen zu ziehen andererseits, ist eine der spannendsten Triebfedern eines neuen Leistungs-, Führungs- und Erfolgsverständnisses.

Thomas Sattelberger sah daher im Interview der Bertelsmann Stiftung am 23. Oktober 2010 als Personalvorstand der Telekom AG folgende Herausforderungen für die Personalarbeit von morgen (Brand et al. 2012, S. 88–96, S. 90 f.):

- Eine **Unternehmenskultur** aufbauen, die auch in Krisen wie der Weltwirtschaftskrise 2008 dem Mitarbeiter **Stabilität durch Werte** vermitteln kann. HR muss auch in schlechten Zeiten „wetterfest" sein und ein erhöhtes Ethik-Bewusstsein vermitteln.
- **Orientierung geben**: Das Vakuum, die Mehrdeutigkeiten des wirtschaftlichen Umfelds für Mitarbeiter mittels einer aussagekräftigen **Strategie** füllen. Hier müssen Management und HR als Mittler eng zusammenarbeiten.
- Eine **gesunde Unternehmenskultur sichern**: HR sollte der Taktgeber, Antreiber und Impulsgeber sein für ein gesundes Unternehmen. Das Thema Gesundheit auf allen Unternehmensebenen integrieren, um Burnouts bis hin zum Suizid zu verhindern.
- **Soziale Partnerschaft** zwischen allen wirtschaftlichen und gesellschaftlichen Stakeholdern schaffen.
- **HR als strategischen Partner** eng am Geschäft implementieren, so dass das tatsächliche Business in Personalprogrammen über- und umgesetzt werden kann.

Einige dieser Forderungen werden bereits seit Jahren diskutiert, nun aber hat sich die Brisanz zur Umsetzung gesteigert.

Es müssen alte Konzepte der Motivation, des Vertrauens, der Kontrolle und der Loyalität überdacht werden. Eine neue Leistungs-, Führungs- und Erfolgskultur entsteht bereits – wir können sie wirksam verstehen und vor allen Dingen pro-aktiv mitgestalten.

Thomas Sattelberger fordert ein Umdenken der strategischen Gestaltung der Personalfunktion schon im Studium, nicht erst im Unternehmen selbst. Er wirft wichtige Fragen auf:

1. Wie wird die Personalarbeit in der Zukunft auch für karrierebewusste junge High Performer zu einem angestrebten Management-Bereich? – und damit als Business-Partner ernst genommen.
2. Wie bekommt HR wieder eine richtige Talent-Pipeline für sich selbst?
3. Wie können wir wesentliche HR-Themen, Ethik genauso wie Change Management in die relevanten Bachelor und Master Studiengänge integrieren? Wie kann erfolgreich bereichsübergreifend, also „cross-functional" effektiv zum Kernthema Mensch zusammengearbeitet werden?

4.1 Personalmanagement neu denken

▸ Neue Konzepte in der Personalarbeit wirksam umsetzen – Social Contract 1.0, Enterprise 2.0, People X.Y. und HR 3.0

Was ist faul am bisherigen Personalsystem? Auf dem „3. Zukunftsforum Personal" im Oktober 2011 in München zeigten Top-Manager aus dem Personalwesen Willen zur Selbstkritik. Teilnehmer: die ehemalige SAP-Personalchefin Angelika Dammann, Professor Dr. Jutta Rump, Thomas Sattelberger (noch Deutsche Telekom), Ex-Uni-Credit Personalvorstand Oliver Maassen, Lufthansa Personalvorstand Stefan Lauer und andere.

Insgesamt erlebten rund 350 Personalmanager kritische Diskussionen zu radikalen Transformationen der Arbeitswelt: Social Contract 1.0 – die gesellschaftliche Verantwortung der Unternehmen, Enterprise 2.0 und die Rolle von Social Media, People X.Y. und das Talent-Management der jungen Generationen, HR 3.0 mit Fragen zur Demokratisierung und Diversity. Eines trat deutlicher hervor als in früheren Veranstaltungen. Die Einsicht, dass sich etwas ändern muss – und zwar an den Strukturen und Prozessen. Vieles, was technisch zu einer Vereinfachung und Öffnung der Unternehmenskulturen beitragen würde, scheitert an **Stereotypen un-**

seres Denkens. Wir müssen „**Mehr Demokratie wagen**", wie Sylvia Jumpertz ihren Artikel betitelt (ManagerSeminare, 01/2012, S. 74–78).

Social Contract 1.0
Statt Shareholder-Value-Orientierung sollten sich die Unternehmen an ihre **gesellschaftliche Verantwortung** erinnern und Unsicherheiten aufgrund von Globalisierung, staatlichem Wachstumsrückgang und Wirtschaftsverfehlungen durch „crossnationale, **nachhaltige und wertebasierte Unternehmensverfassungen** begegnen".

Enterprise 2.0
Der Fokus liegt hierbei **nicht** auf den modernen Technologien und ihrer Anwendung, sondern viel einschneidender und entscheidender in der Identifikation und Umsetzung eines neuen Unternehmensselbstverständnisses. Machtstrukturen, seit Jahrzehnten erprobte Rezepte der Personalführung werden radikal überarbeitet. Mitarbeiterrekrutierung, Bindung, Entwicklung wie Motivation und Förderung sowie die Art der Führung müssen überdacht werden. Dabei ist die Transformation der Unternehmensstrukturen von reiner Hierarchie- zu einer **Prozess- und Netzwerkorientierung** die zentrale Herausforderung. Die Bedeutung von Manager wie Mitarbeiter hängt immer weniger von Macht und Status, sondern zunehmend von ihrem **Wertbeitrag** ab.

People X.Y.
Vielfalt und **Toleranz** als zentrale Herausforderung. **Diversity** mit dem Ziel, Menschen mit unterschiedlichem Alter, Background, Bildungsstand und Geschlecht sowie variablen Ansprüchen an Arbeit in das Unternehmen zu integrieren. Mitarbeiter wollen mehr Souveränität, **Eigenverantwortung** und Beteiligung. Dazu gehören flexible Arbeitsmodelle, schnelle Entscheidungswege, eine gesunde, motivierende Arbeitskultur, finanzielle Gerechtigkeit sowie direkte und persönliche Mitbestimmung.

Aber gerade Diversity scheitert bisher vor allem an den **Machtstrukturen** im Unternehmen, am Kampf um Machterhalt, meint Elitenforscher Michael Hartmann. Nicht allein in Bezug auf den sozialen wie kulturellen Background, sondern in der Konfrontation mit der **Vielfalt der Ansprüche**, die die Mitarbeiter an ihre Arbeit herantragen. In einer Arbeitswelt, in der der Leistungsdruck genauso stetig wächst wie die privaten Lebensaufgaben von Gesundheit, Kinder- oder Elternversorgung, ist dies kein nettes Entgegenkommen mehr im Einzelfall, sondern eine grundlegende Notwendigkeit, der Selbstbestimmung der Mitarbeiter Rechnung zu tragen.

Dies erfordert eine Vielzahl von Instrumenten, die oft noch nicht vorhanden sind, vor allem aber ein Umdenken: einen Paradigmenwechsel.

Dieser **Paradigmenwechsel** zeigte sich im „Outing" zweier Personalvorstände, zweier Top-Manager: Oliver Maassen (Ex-Uni-Credit) macht einen lang gehegten Traum wahr und nimmt ein Sabbatical, um über seine weitere Entwicklung in Ruhe nachzudenken. Lufthansa Personalchef Stefan Lauer bekannte sich zu seinem Burnout. Beide Spitzenmanager ernteten Applaus für ihre Offenheit und ihren Mut (Jumpertz, S. 77). Wer Mut hat, Schwächen zuzugeben, seine Grenzen akzeptiert, ist heutzutage als Vorbild prädestiniert. Er zeigt allen, dass selbst nach einem Zusammenbruch wieder Kraft, Leistungsfähigkeit und Belastbarkeit vorhanden ist. Zeigt jedoch auch, dass er mit sich intelligenter und achtsamer umgeht, Reflexion vor Aktionismus, Ehrgeiz, Macht und Status stellt.

HR 3.0

Für die moderne Arbeitswelt wie Personalarbeit haben die Integration und das Monitoring nicht allein von quantitativen, sondern vor allem qualitativen Zielen Vorrang. Beide müssen ineinandergreifen, um ein Unternehmen wirtschaftlich erfolgreich zu erhalten und Mitarbeiter zu binden. Wer im Management nur Hard Facts als Karrieregrundlagen gelten lässt, wird scheitern. Auch eine „Work hard – play hard" (Brot & Spiele)-Kultur wird nicht zum Erfolg führen. Besonders die junge Generation X wie Y fordert Selbst- und Mitbestimmung ein. Sie wollen beides in Einklang bringen können: Arbeit und Leben, Erfolg und Muße, Kinder und eben „**Mehr Leben**" als das bisherige Mehr. „Weisure" ist für sie normaler Alltag. Klassische Zeiterfassung, eine scharfe Trennung zwischen Berufs- und Privatleben nicht mehr erwünscht. Leistung wird trotz Chatten, Twittern oder YouTube während der Arbeitszeit erbracht. Die starren tariflichen Regelsysteme sind obsolet geworden. Mitarbeiter von HR 3.0 wollen weder durch Unternehmen noch Gewerkschaften fremdbestimmt werden.

HR ist hierbei die Schnittstelle für den wirtschaftlichen Erfolg: Der Mensch im Fokus – dann kann sich HR auch bewusst als strategischer Partner für **Talent Management** etablieren. Die Studie „Talent Management im deutschsprachigen Raum" (2011) der Personalberatung Heidrick & Struggles verdeutlicht jedoch, dass deutsche Personaler in diesem Bereich ihre Hausaufgaben noch ungenügend gemacht haben. Zwar sehen 80 % der Unternehmen in Deutschland, Österreich und der Schweiz einen massiven Mangel an Fach- und Führungskräften auf sich zu kommen, sie sind jedoch ziemlich schlecht darauf vorbereitet. Die Untersuchung basiert auf Aussagen von rund 100 Firmen. Nur rund ein Viertel der befragten Personalexperten sind mit dem Talent Management im eigenen Hause zufrieden. Talent Management **muss** in die Unternehmensstrategie eingebettet sein, um wirksam zu sein. Eine Verzahnung der operativen Einheiten mit dem Personalwesen. Dies impliziert einen offenen, konstruktiven Dialog zwischen den Bereichen und den Einsatz einer Vielzahl von Instrumenten, die unterstützen, Talente zu ermitteln, zu fördern und zu binden. Ein Großteil der Unternehmen (43 %) musste leider zugeben, dass diese Instrumente des Talent Managements meist unstrukturiert sind und ohne hinreichende Erfolgskontrolle zum Einsatz kommen. Gut zwei Drittel hielten die Erfolgsmessung des Talentmanagements in ihrem Unternehmen für kaum oder wenig nützlich, rund 35 % sahen darin überhaupt einen Nutzwert. Hier sind intensive Überzeugungsarbeit und Kommunikation nötig. Bislang jedoch werden nur Instrumente mit geringem Reifegrad eingesetzt: Fluktuationsrate, Mitarbeiterbefragung und Kündigungsquote zum Beispiel. Nur 27 % der befragten Unternehmen haben ein wirksames Talent Management realisiert. Diese zählen zur Avantgarde.

Meines Erachtens liegt die Problematik zunächst auch nicht im Design und der Implementierung von Methoden und Tools, sondern wiederum im Denken der Handelnden. Wie bereits Gerhard Schulmeyer Mitte der 90er betont auch 2012 der Audi-Chef Rupert Stadler, CEO des Jahres 2011, im Interview mit Manfred Engeser: „Würden wir unsere Bemühungen um die besten Mitarbeiter einstellen, hätten wir schon verloren. Personal ist mehr als ein Posten der Gewinn-und-Verlust-Rechnung. Der Erfolg eines Unternehmens beginnt **im Kopf seiner Mitarbeiter.**" (Engeser 2011, S. 74–77, WIWo, S. 77)

4.1.1 Konzepte für eine neue Leistungs-, Führungs- und Erfolgskultur

„Structure follows Strategy" – dieser Basisgrundsatz bleibt auch heutzutage gültig. In Zukunft vielleicht ergänzt durch das Motto „**Talent follows Strategy**".

Strategisches Talent Management benötigt eine tiefgehende Verankerung in die globale Unternehmensstrategie, sollte ein wesentlicher und integrativer Bestandteil sein. Investition in das beste Talent im Unternehmen, im Sourcing, in der Entwicklung wie in der Multiplikation – immer im Einklang mit Geschäftsstrategie, Prozessen und Abläufen in den einzelnen Aufgabenbereichen und Geschäftsfeldern. An dieser Schnittstelle arbeiten Manager des strategischen Talent Management partnerschaftlich auf gleicher Augenhöhe mit ihren Kollegen der einzelnen Abteilungen zusammen.

Warum ist diese Forderung nach einer **strategischen Partnerschaft von HR** heute noch wichtiger als Jahre zuvor? – Die Ressource Mensch wird knapp, Bestleister waren es schon immer.

Accenture Research schätzt bei Wachstumsraten von weltweit bis zu 10 % den globalen Arbeitskräftebedarf auf 3,5 (2010) bzw. 4 Milliarden Beschäftigte (2020). Viele der heutigen Arbeitsplätze werden anspruchsvoller werden, Wissensarbeit und neue Qualifikationen gefragter sein als je zuvor. Laut Schätzung werden allein in den alten Industrienationen zwischen 32 und 39 Millionen Positionen **unbesetzt** bleiben. „Bis 2030 könnte Europas Arbeitsmarkt rund 12 Millionen Arbeitsfähige (fast 8 %) durch Migration und demografische Entwicklung verlieren." (Accenture Research Whitepaper, Strategisches Talent Management 30.05.2012). 2050 rechnet man sogar mit einer Reduzierung der arbeitsfähigen EU-Bevölkerung um ein Sechstel auf 255 Millionen (EU Statistik 2005). Der Wettbewerb um das beste Talent ist in der neuen Wirtschaftswelt somit der Schlüssel für einen nachhaltigen Erfolg. Es gilt, eine langfristige Employer-Branding-Strategie zu implementieren. Denn es werden nur wenige Unternehmen in der Lage sein, in Zukunft für ihren Talentbedarf auf die geforderten Spitzenkräfte zuzugreifen (vgl. Nagel 2011).

Entscheidend ist die **richtige Mentalität**. Mit ihr sowie einer starken Führung und einer klar artikulierten Strategie kann eine positive Dynamik in Gang gesetzt werden, die zum Multiplikator für Talente, Kompetenzen wie das Engagement der Mitarbeiter wird. Nur wenn ein Unternehmen langfristig vorausschauend eine starkes positives Image am Markt erzeugt, ein aussagekräftiges **Employer Branding** als „Best Place to Work" erreicht hat, kann es die Anzahl seiner Talente um ein Vielfaches erhöhen. Kernkriterium ist die Fähigkeit, strategisch bedeutsame Mitarbeiter zu erkennen, zu fördern, an genau der „richtigen" Stelle einzusetzen und langfristig an sich zu binden. Ziel ist sicherlich die Steigerung der Flexibilität, des Lernens, der Innovation wie der Leistung, um durch geeignete Mitarbeiter eine außergewöhnliche Wertschöpfung zu erzielen, aber auf der Basis einer **nachhaltigen Gesunderhaltung** dieser Mitarbeiter bis 67 Jahre!

Einige Branchen, allen voran die IT-Unternehmen, sind Vorreiter in der Umsetzung einer agilen, dynamischen Organisation. **Kultur, Strategie und Werte bilden eine Einheit** und ziehen Spitzenkräfte, High Performer als Best-in-Class-Unternehmen an. Die bisher vorherrschende feste, stark hierarchische Organisationsstruktur mit klar definierten Autoritäts- und Machtbefugnissen wird diesen Branchen und diesen Mitarbeiter-Zielgruppen nicht mehr gerecht. Bisherige Konzepte liefern für diese moderne Arbeitswelt kaum mehr oder zum Teil sogar die falsche Orientierung.

Gleichzeitig jedoch gibt es noch hinreichend andere Branchen, die eine Mehrzahl von unterschiedlichen „Subcultures", wie Edgar H. Schein sie benennt, in sich vereinigen: die Kultur der Ingenieure, der Wissenschaftler, der Finanzexperten, der Executives, des Vertriebs bis hin zur Kultur der Produktionsmitarbeiter. In solchen Firmen ist es schwer, allein eine agile, dynamische Prozesskultur zu implementieren. Sie würden den unterschiedlichen Ansprüchen der Arbeitnehmergruppen eben nicht gerecht werden. Hier müssen die Unterschiede von Produktions- und Wissensarbeit berücksichtigt werden. Auch diese Vielfalt und Toleranz in der unterschiedlichen Dynamik bezüglich einer Projekt-, Prozess- und Netzwerkorganisation muss berücksichtigt werden, so dass wir auch diejenigen mitnehmen, die leistungsstarke Arbeitnehmer sind, aber mehr Stabilität benötigen und keine High Performer sind. Wir benötigen sie ebenso für einen nachhaltigen Erfolg, wirtschaftlich wie in Bezug auf unsere **gesellschaftliche Verantwortung**.

Die Herausforderung besteht jedoch in diesem Fall in der Bewältigung einer noch größeren Diskrepanz dieser unterschiedlichen Kulturen innerhalb eines Unternehmens. Die „alten" Produktionskulturen arbeiten nach tariflichen Vorlagen, die oftmals leider eher eine starke Begrenzung der Employability, somit eine Gefährdung für die Beschäftigungsfähigkeit der Mitarbeiter darstellen, als ihrer grundlegenden Aufgabe nachzukommen, Arbeitsplätze oder die Beschäftigungsfähigkeit des Einzelnen zu sichern.

Das krasseste Beispiel fand ich in einem Energie-Unternehmen. Hier kämpfen beide, der Bereichsleiter IT wie der Personalleiter, um eine zukunftsfähige Gestaltung des IT-Bereichs. Viele sehr gute Mitarbeiter haben sie aufgrund der starren Strukturen bereits an den Wettbewerb verloren. Diese Arbeitnehmer wollen in einer High-Tech-Umgebung arbeiten, sich neuen Herausforderungen stellen und stetig dazu lernen. Meines Erachtens verheerend *darf* dieses Energie-Unternehmen Mitarbeiter, die Weiterbildung dringend benötigen, gar nicht fördern. Denn der Vorgesetzte, das Unternehmen *darf* aufgrund alter Tarifvorgaben seine Mitarbeiter noch nicht einmal nach ihrem Kenntnis- und Wissensstand befragen. Eine fördernde Weiterbildung wird verhindert, obwohl sie für einen IT-Bereich, aber vor allem für die Mitarbeiter selbst zwingend, das heißt überlebensnotwendig ist.

Datenschutz, Schutz des Mitarbeiters vonseiten der Gewerkschaft führt in unserer Zeit mit einem solchen Vorgehen zum sicheren *Aus*, und zwar für den Mitarbeiter wie langfristig für das Unternehmen. Tarifkonzepte aus dem Bergbau sind hier verheerend kontraproduktiv. Aufgrund einer solchen Einstellung finden sich innerhalb des IT-Bereiches des Energie-Unternehmens zwei unterschiedliche Kulturen, die gegeneinander kämpfen statt miteinander zu arbeiten und aufzubauen. Einerseits „Produktionsmitarbeiter" des „alten" Leistungsverständnisses, die in Ruhe ihren Dienst nach Vorschrift ableisten wollen, ihre Kreativität und ihr Denken an der Pforte abgeben. Bei einem Workshop, bei dem Mitarbeiter sich bezüglich Verbesserungsmöglichkeiten im Betrieb einbringen konnten, war eine Bereichsleiterin entsetzt, als man ihr entgegnete: „Warum sollten wir denn mitdenken. Das ist nicht unsere Aufgabe. Wofür brauchen wir dann Chefs. Die werden doch dafür bezahlt." Andererseits jedoch gibt es Mitarbeiter, die sich engagieren, die bei kritischen Projekten gerne länger und engagierter arbeiten würden, die jedoch vom Chef aufgrund Tarifvorgaben zurückgehalten werden müssen. Dadurch allerdings werden Arbeitsplätze gefährdet und gerade diese leistungsstarken, wenigen Mitarbeiter wandern zum High-Tech-Wettbewerb ab.

Fähige Manager sind in einem solchen Unternehmen oftmals gezwungen, tarifliche Vorgaben zu umgehen, so zum Beispiel gewährte ein Bereichsleiter einem krebskranken Mitarbeiter eine für ihn passende Arbeitszeit, so dass er sich zurückziehen konnte, wenn er es benötigte, und wenn er wollte und konnte, länger arbeiten. Für diesen Mitarbeiter war die Arbeit ein wesentlicher Stabilitätsfaktor. Als er einige Zeit später dennoch seiner Krankheit erlag, teilte seine Ehefrau diesem Manager mit, wie wohl ihm die **Zeitsouveränität** getan hatte. Er hatte das Gefühl einen **Wertbeitrag** zu liefern, trotz Krankheit wertvoll zu sein und andererseits auf seine Genesung Rücksicht nehmen zu können.

Starre Regelungen, klare Vorgaben bringen uns im neuen Leistungsverständnis leider nicht mehr weiter. Auch Gewerkschaften sollten sich öffnen, im Denken tatsächlich die Mitarbeiter in einer solch vielfältigen Beschäftigungsumwelt unterstützen zu wollen. Flexibel zum Wohle des Arbeitnehmers in einer modernen Welt zu handeln.

Beispiel

Sabine M. (Name geändert), **IT-Projektleiterin eines globalen Automobilkonzerns,** fasst dies für ihre Branche folgendermaßen zusammen:

Die Vorgaben in der **Produktion** sind naturgemäß starrer. Die Mitarbeiter haben weniger Eigenverantwortung. Der Meister ist klar der „Vorgesetzte", er teilt die Arbeit ein und kontrolliert. Der Arbeitnehmer hat seine Schichten und Aufgaben und ist damit sehr zufrieden. Er will wissen, was Sache ist, sich einordnen und lieber Verantwortung abgeben als tragen. In der Produktion ist eben keine Homeoffice-Arbeit möglich.

Arbeit wird lokal im Werk am angestammten Platz in den festgelegten Zeiten absolviert. Die Zielvorgaben sind klar, auch Bonus oder Malus. Mitarbeiter in der Produktion würden wir mit zu viel Freiheit und Flexibilität nur überfordern. Dennoch stehen auch hier unterschiedliche Arbeitszeitmodelle zur Verfügung, die rechtzeitig mit dem Vorgesetzten organisiert werden können und müssen.

Bei anderen Abteilungen dagegen ist eine weitaus größere Flexibilität möglich, zum Beispiel in der IT-Abteilung. Homeoffice-Work gibt es aber für einige Unternehmensbereiche schon seit 15 Jahren. Sie ist sehr stark vom **Vertrauen des Vorgesetzten** abhängig, das heißt, das Vertrauen in die **Ergebnisorientierung** des Mitarbeiters ist entscheidend. Es gibt viele unterschiedliche Arbeitszeitmodelle, die flexibel genutzt werden können. Jedoch ist augenfällig, dass

4.1 Personalmanagement neu denken

Führungskräfte nicht Teilzeit arbeiten. Sie nehmen auch ihr Dienst-Handy mit ins Wochenende, weil von ihnen rundum Erreichbarkeit und Verfügbarkeit erwartet wird. Eine Führungskraft arbeitet auch am Wochenende, während dies von dem „normalen" Mitarbeiter nicht erwartet wird. Dieser lässt sein Dienst-Handy am Abend wie am Wochenende im Büro. Er hat normalerweise abends wie am Wochenende frei und bekommt als Tarif-Mitarbeiter Zeitausgleich und Vergütung, falls Wochenendarbeit notwendig würde, zum Beispiel für die Inventur. Im Werk selbst darf aus Sicherheitsgründen nicht am Wochenende gearbeitet werden. Hierzu braucht es eine Sondergenehmigung. Für alle, Führungskräfte wie Mitarbeiter, steht jedoch schon seit Langem ein Firmen-Kindergarten zur Verfügung. In Absprache mit dem Vorgesetzten gibt es „kaufbare" Urlaubstage, zum Beispiel zehn Tage über den tariflich vorgeschriebenen Jahresurlaub. Hierfür wird ein Zeit- und Finanzplan erstellt. Auch Sabbaticals, abgestimmte längere Auszeiten, sind möglich. Jedoch sollten längere Auszeiten von mehr als einem halben Jahr vermieden werden. Dies birgt die Gefahr des Imageverlustes als Top Leister. Man verliert sein Standing in der Firma, Leistungs- und Kompetenzeinbrüche werden befürchtet. Das Vertrauen der Führungskraft in die Belastbarkeit und das Engagement, die Loyalität des Mitarbeiters bröckelt.

Entscheidend sind sicherlich die Leistungskriterien. Eine Spitzenkraft kann hier in einem bestimmten Rahmen Selbstverantwortung für die eigene Leistungserbringung übernehmen. Es liegt in ihrem Ermessensspielraum, wie sie ihre täglichen Arbeitszeiten vorausplant, um das Ergebnis in time & quality zu erbringen. Es gibt eine klare persönliche Zeiterfassung und Überstunden müssen laut Tarif zu einem festgelegten Zeitpunkt, am Jahresende, definitiv abgebaut sein. Die Arbeitszeiterfassung, sprich die Vor-Ort-Präsenz, ist immer noch ein vorherrschendes Leistungskriterium: Nur derjenige arbeitet (wirklich), der anwesend und sichtbar ist. Allerdings ist dies sehr abhängig von der Führungskraft, der Controlling-Mentalität der Führungskraft, ihrem Vertrauen in den Mitarbeiter.

Da Sabine M. selbst nicht nur in Großkonzernen, sondern auch im Mittelstand tätig war, unterstützt sie einerseits dieses Zeiterfassungssystem, weil Überstunden abgebaut werden müssen und somit Rücksicht auf den Arbeitnehmer genommen wird. Während bei den mittelständischen Unternehmen teils die Mentalität vorherrscht, Überstunden seien „all inclusive". Allerdings hatte sie dadurch als positives Resultat festgestellt, dass sie damals effektiver gearbeitet habe. Sie entwickelte selbst **bessere Arbeitsmethoden** und **Selbstdisziplin**. Sie erzielte eine bessere Arbeit ohne Überstunden.

Bei der jüngeren Generation sieht sie bereits einen Wandel. Sie wollen mehr Work-Life-Balance, mehr auf ihr Leben achten. Viele wollen mehr virtuell arbeiten, als es bisher (vor allem in der Produktion) möglich ist. Sie geht daher davon aus, dass diese Virtualität und die Wissensarbeit auch in der Automobilbranche weiter zunehmen werden. Viele Abteilungen, viele Arbeitsprozesse sind schon virtuell. Die Komplexität wird steigen, die Qualität muss gleich bleiben oder verbessert, Innovationen gefördert werden. Langfristig werden sich Arbeitsstrukturen sicher ändern. Aber in einem globalen Unternehmen muss nicht allein Platz für Spitzenkräfte sein. Gerade mittlere Ebenen bieten Stabilität. Mitarbeiter auf diesem Niveau, Fachkräfte wie Führungskräfte, sind vielleicht nicht ambitioniert, wissen, dass sie keine Aussicht haben auf eine Top Position, sind jedoch damit zufrieden. Man merkt zwar, dass ihnen das Quäntchen Ehrgeiz fehlt, jedoch machen viele einen guten Job. Sie bilden einen stabilisierenden Rahmen. Auch solche Mitarbeiter muss es geben, nicht allein Bestleister.

Für Sabine M. sind Bestleister auch nur dann High Performer, wenn sie nicht nur hervorragende Leistung erbringen, sondern vor allem „menschlich in Ordnung" sind. Sie in den Menschen ihre Priorität sehen. „Wenn jemand nur karriereorientiert ist, fehlt etwas in seiner Leistung als Führungskraft. Man fragt sich, wie lange hält er dies durch? Wer nur im Job super ist, ist kein Bestleister, weil er Leben außen vor lässt. Wer immer nur 70 Stunden pro Woche arbeitet, ist kein Vorbild. Mit der Zeit sollte man weiser werden, nicht nur älter."

Sie selbst war früher auch karriereorientierter. Sie hat sich jedoch bewusst die Frage gestellt: Was sind mir die Arbeit, die Karriere, der berufliche Erfolg wert? Was will und muss ich dafür aufgeben? Was bin ich bereit, wirklich einzusetzen? Für sie wurde in dieser Reflexion klar: Sie will noch was vom Leben haben und das deckt sich nicht mit ihrem Karrierewunsch. **Wenn man top sein will, hat man kein Leben mehr.** Man muss diese alten Strukturen aufbrechen, statt ständig zu ackern. Man vernachlässigt dann andere Bereiche, vernachlässigt sein Leben. Als Mann hat man noch mehr Möglichkeiten, weil die Ehefrau den Rücken freihält. Dies ist bei ihr nicht möglich, somit wären das „persönliche Investment" in eine Top-Management-Position kontraproduktiv zu ihrer Lebensqualität.

Unternehmen aller Branchen stehen also vor der Herausforderung eines **nachhaltigen Personalmanagements**. Nachhaltigkeitsprinzipien in puncto Umwelt und sozialer Verantwortung verändern nicht nur Produkte und Geschäftsmodelle in Richtung „Green Management", sondern auch den Umgang mit der „Ressource" Mensch.

Was können Unternehmen von ihrer HR als strategischem Partner erwarten

Bisher galt und gilt die Prämisse einer langfristig intensiveren Nutzung der Arbeitskraft. Das „alte" Leistungsverständnis fokussierte sich allein auf die Effizienz- und Leistungssteigerung. In der heutigen Zeit mit steigenden Ausfall-Zahlen durch psychische Erkrankungen, gar Burnout bis zum Suizid, liegt die Verantwortung des Managements im Erhalt von Potentialen, Talenten und Ressourcen. HR ist hier Wegweiser für **eine gesunde, nachhaltige Unternehmenskultur.**

Hierbei geht es schon lange nicht mehr um die üblichen Mitarbeiterzufriedenheits-Umfragen oder Programme zum Gesundheits-Management, von der Rückenschule bis zum Fitness Center. Es geht um tiefgreifende Konzepte zur Eigenverantwortung, Eigeninitiative und Achtsamkeit des einzelnen Mitarbeiters, des einzelnen Managers, wie gesund gelebt und gearbeitet werden kann.

Ein tiefgehendes Umdenken – ein Paradigmenwechsel ist erforderlich: Nicht immer ein Mehr in puncto mehr Arbeit, schneller, höher und weiter zu fordern, sondern mehr Selbstbewusstsein und Selbstreflexion. Mut und Bewusstsein, Grenzen zu setzen, Auszeiten zur Regeneration zu gewähren. Es gilt, Arbeitsplätze, -prozesse, -umfelder und neue Angebote zu verwirklichen, mit denen **Mitarbeiter bis ins hohe Alter psychisch und physisch gesund und produktiv** im Unternehmen tätig sein können. Es gilt, **lebenslange berufliche Entwicklung** zu ermöglichen und dafür mit flexiblen, individualisierbaren Gehalts-, Karriere- und Zeitmodellen gezielt Motivationsanreize zu schaffen.

HR als strategischer Partner sollte eine **treibende Rolle** in diesem wesentlichen **Change-Management-Prozess** zu einem neuen Leistungs-, Führungs- und Erfolgsverständnis übernehmen. Diese Change-Management-Herausforderung umfasst die systematische Vermittlung und vor allem das systematische Monitoring dieses neuen Denkens sowie die Befähigung zu nachhaltigem Verhalten bei jedem einzelnen Mitarbeiter – auf allen Unternehmensebenen, in allen Unternehmensbereichen, entlang der Wertschöpfungskette – am eigenen Arbeitsplatz, gegenüber Kollegen, Kunden und Netzwerkpartnern. Erst wenn in all diesen Ebenen **Leben integriert** ist, gleichberechtigt mit den Bereichen Leisten und Führen, kann man von einem erfolgreichen Wandel der Unternehmenskultur sprechen.

Das ist ein besonders steiniger Weg, führt er doch weg von den üblichen Pfaden der Führungs-Kontrolle und der einseitigen „Mehr"-Leistung hin zur Selbstbestimmung und Grenzziehung des Einzelnen: die achtsame Reduzierung der Leistung durch bewusste Pausen und Auszeiten, das Nein zu einem ehrgeizigen Projekt, wenn diese Grenze erreicht ist. Das Akzeptieren dieses Neins, ja sogar Wertschätzung dieser – nach „altem" Verständnis – Leistungsverweigerung. Ein solches neues Denken,

Handeln wie Leistungsverständnis spiegelt dann tatsächlichen Respekt und Wertschätzung der Persönlichkeit jedes einzelnen Mitarbeiters.

Dies ist der einzige Weg, der langfristig Erfolg verspricht. Denn für die jüngere Generation sind bisherige „kooperative" und „demokratische" Führungsstile eher „Oldies" aus vorigen Jahrzehnten: „Mitarbeiter, die man noch auf die herkömmliche Weise führen muss, sind in der Neuen Welt eine Belastung. In der Welt der komplexen Knowledge-Organisationen und der dynamisch vernetzten Systeme führt man mit Wissen, Erkenntnis und Heuristiken sowie mit kybernetischen Regelkreisen, Selbstregulierung und Selbstorganisation." (Malik, Focus 04/12, S. 67)

Die Studie „Nachhaltigkeit und Personalführung 2009" des Institute for Sustainable Management der Steinbeis Hochschule Berlin unter Leitung von Professor Dr. Wilfried Mödinger ermittelte, dass über die Hälfte der befragten Unternehmen die Personalmanager als wichtigste Unterstützer und Begleiter der inhaltlichen-konzeptionellen Arbeit und des Prozesses sehen. „Demgegenüber gelten die Unternehmensspitze eher als Initiator, die Fach- und Führungsebenen als Leiter der Transformation. Erwartet wird, dass vor allem neue Kommunikations- und Verhandlungskompetenzen (48,5 %), neue Werte, Denkrichtungen und Motivatoren (46,6 %) sowie neue Instrumente für nachhaltiges Arbeiten (34,7 %) vermittelt werden. Dabei sollen projektbezogenes Lernen und Lernen durch Reflexion methodisch im Mittelpunkt stehen." (vgl. Accenture, Talentmanagement) (Marchlewski 2008)

Wie können diese hehren Forderungen in der Praxis umgesetzt werden?

Accenture Deutschland, Österreich, Schweiz: Workplace Solutions

Für Ildiko Kreisz, HR Senior Vice President, steht seit zwei Jahren **Gesundheits-Management** im Fokus der Personalarbeit vor Ort. Selbstverständlich gibt es die typischen Programme und Angebote bezüglich Sport, Bewegung, Ernährung und Entspannung. Kurse im Rahmen der Programme „Fit for Work" wie auch „Fit & Balance", geleitet durch Professionals aus der Gesundheitsbranche wie auch von erfahrenen Kollegen. So zum Beispiel geben Berater Yoga-Unterricht für ihre Teamkollegen vor Ort. Es gibt Rückzugsorte zur Stille oder Möglichkeiten, gemeinsam Sport in der Mittagspause zu treiben.

Viel wesentlicher werden jedoch Prozesse zur Bewusstseinswerdung, zur **Achtsamkeit,** gesehen:

1. Wie gehe ich als Individuum mit meiner Gesundheit und Leistungsfähigkeit um?

Wie erkenne ich meine persönlichen Grenzen? An welchen Symptomen mache ich diese fest?
2. Wie kann ich langfristig auf mich selbst achten? Wie kann ich Phasen vorausschauend planen, in denen sich Hochleistung und Ruhepausen, Auszeiten sinnvoll abwechseln?
3. Wie führe ich stressfrei? Wie führe ich ein Team erfolgreich aus einer Stressphase heraus?

Als professionelle Unterstützung werden Ärzte, Executive Coachs, Psychologen wie auch Coaches aus dem Hochleistungssport, Top Athleten als Einzel- wie Team Coach eingesetzt. Gerade Coaches aus dem Hochleistungssport, Top Athleten beweisen sich als gute Motivatoren wie Reflektoren, weil sie die bereits von mir früher angesprochene Notwendigkeit der Superkompensation exzellent vermitteln können – und zwar als Top Leister. Sie kennen den Antrieb, den „Pursuit of Excellenz", den Ehrgeiz, Bestleistung anzustreben, aus eigener Erfahrung, und eben daraus sowohl die positiven wie negativen Konsequenzen.

Des Weiteren bietet ein **Employee Assistant Program** eine anonyme individuell-psychologische Betreuung in persönlichen Krisenzeiten an, zum Beispiel bei Scheidung, Trauerfällen und anderen psychologischen Problemstellung bis hin zu Burnout.

Im Gegensatz zu meiner aktiven Zeit, in der es zwar auch schon Sabbaticals gab, wird auf größere Flexibilität geachtet und nun auch vermehrt Augenmerk auf **bewusste Pausen und Auszeiten zwischen den Projekten** gelegt.

In den USA und anderen Ländern, auch europäischen Nachbarländern, können in einem Portal die jeweiligen Projektverantwortlichen bei einer Rekrutierung erkennen, ob der Berater soeben ein anderes Projekt beendet hat und somit nicht gleich wieder eingesetzt werden sollte, selbst wenn er dies aufgrund seines Leistungsbewusstseins anfragt. Hier setzt eine bewusste Fürsorge für den Mitarbeiter ein, kein Einfordern, sondern ein konstruktiver Dialog im Verweisen auf die Selbstverantwortung des Einzelnen. Dies war bislang ohne Datentransparenz eines Portals sehr schwierig, da Berater normalerweise wechselnde Projektmanager als Vorgesetzte hatten, die von der vorherigen Arbeitsintensität und Auslastung nichts wussten. Der Mitarbeiter aber eben bisher vielleicht keinen Mut hatte, seine Grenzen zu setzen, um seine Auslastung und sein Image nicht zu schädigen, oder weil er schlicht sich seiner physischen und psychischen Grenzen nicht bewusst war. In Deutschland konnte diese erfolgreiche Vorgehensweise aufgrund des Betriebsrates leider noch nicht eingesetzt werden. Accenture HR, Ildiko Kreisz hofft, es auch hier bald umsetzen zu dürfen.

Generell verfallen bereits Überstunden zu keinem Zeitpunkt, so dass auch Urlaube bis zu einem halben Jahr für ausgiebige Reisen nach Australien oder Neuseeland möglich sind. Auch unterschiedliche Arbeitszeitmodelle können gewählt werden. So zum Beispiel kann eine geringere Wochenstundenzahl gewählt werden, um einen längeren Urlaub zu gewährleisten, wobei bis zur Auszeit weiterhin 40 Wochenstunden gearbeitet wird, um ein kontinuierliches Gehalt zu sichern.

Generationen-Management ist noch kein Thema bei Accenture. Der Durchschnitt ist jung. Jedoch wird auch hier die Phase der Familiengründung mit einem Familien-Service unterstützt, werden mehr lokale Arbeitsmöglichkeiten geschaffen, um eine Fluktuation aus diesen Gründen zu reduzieren.

Verankert bleibt der Wert **Stewardship** – mit der Kenntnis, dass nicht alles regelbar ist, dass aber eine **Win-win-Situation** für alle Beteiligten erzielt werden soll. Frei nach dem Motto eines früheren CEOs: „We are ordinary people, doing extraordinary things."

Das Wesentliche in einer solchen **Hochleistungskultur** ist die bewusste Beachtung der persönlichen Grenzen, damit es nicht (mehr) zum „**Erfolgsparadoxon**" kommt: Gerade erfolgreiche High Performer erwarten in ihrer Disziplin Höchstleistung von sich und wollen diese abliefern. Sie setzen sich dadurch enorm unter Druck, was letztlich auf Dauer zu einer erheblichen Leistungsminderung führt. Oft über Jahre und Jahrzehnte erst ein schleichender Prozess bis hin zum Burnout. Notwendig wird die individuelle Achtsamkeit des Mitarbeiters wie des verantwortlichen Managers: das positive Akzeptieren, das positive Umdenken – ein **bewusstes *Nein* zur quantitativen *Mehr*-Leistung** hin zu einer größeren qualitativen und nachhaltigeren Leistung und Lebensqualität.

Der Heidelberger Sportpsychologe Hans-Dieter Hermann, Psychologe der Fußball-Nationalelf, pointiert im Focus 23/12, dass wir alle vom Sport viel lernen können. Vor allem zeigen uns Top Athleten, wie wir erfolgreich mit Niederlagen umgehen und Scheitern zur Basis unseres langfristigen Erfolgs machen können. Denn Sport sei wie die „Spielwiese des Lebens. Sportler haben unglaublich viel trainiert und zeitlich investiert, bevor sie größeren Erfolg verbuchen können. Sportler wissen um die Bedeutung vom Aufbau der Physis, von Konzentration, von Leistung unter Druck und von Regeneration. Und sie holen sich Kraft und Energie auch aus dem Team. Sogar Einzelsportler sind von vertrauten Personen umgeben, die sie begleiten." (Brand et al. 2012, S. 88–96, S. 90 f.)

Ob Team, Partner, Familie oder Freunde, um auch privat ein vertrauensvolles und stabilisierendes Umfeld zu haben, benötigen wir Zeit.

4.1 Personalmanagement neu denken

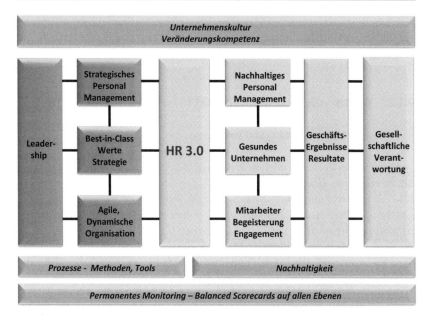

Abb. 4.1 HR 3.0 Bausteine (Bildrechte: Urheberrecht beim Autor)

Offenere, flexiblere Strukturen fernab von festgeregelten Tarifsystemen oder Zeiterfassung bieten für die moderne Leistungsgesellschaft dann viel mehr „Schutz und Fürsorge" für den Mitarbeiter, um seine individuellen Ansprüche zu gewährleisten: Work und Life zu vereinbaren, Leistung wie Lebensaufgaben mit Lebensfreude zu integrieren. Diese flexiblen Prozess- und Projektstrukturen können nicht mehr mit veralteten festen Regelsystemen agieren, die die Mitarbeiter mehr behindern als fördern. Ihnen vor allem das Wesentliche verweigern: die eigene Employability und Eigenverantwortlichkeit. Mit diesem „alten" Leistungsverständnis wurden eben „Galeerensklaven" produziert, die reagieren und auf Anweisung produzieren, keine modernen selbstbewussten Mitarbeiter als Unternehmer in eigener Sache.

Agile Organisationsformen bieten dem Mitarbeiter diesen Rahmen, ein eher **offenes Framework**, in das sich der Arbeitnehmer mit seinen Kenntnissen, seinen Bedürfnissen und seinen Werten ein- und angliedern kann. Auch die Personalarbeit fokussiert sich auf ein Rahmenwerk an wertorientierten, eigenverantwortlichen Methoden und Tools. Statt Kontrolle – Selbstverantwortung und Vertrauen. Statt Fremdbestimmung – Selbstbestimmung auf der Basis der Selbstkenntnis, wie man arbeiten und was man leisten will und kann. Statt Machtstrukturen – Führung aufgrund persönlicher Authentizität und Autorität durch Kompetenz, Wissen und Wertbeitrag (siehe Abb. 4.1).

4.1.2 Werte – die einzige Stabilität in einem offenen Rahmen

▶ Loyalität, Verantwortung und Vertrauen

Werte bieten in diesem offenen System letztlich die einzigen Stabilitätsfaktoren. Als Pater Anselm Grün als Keynote-Sprecher auf den „Petersberger Trainertagen 2012" über Werte und Wertschätzung sprach, wurde es im Publikum still. Pater Anselm appellierte, jeden Menschen in seiner Einzigartigkeit wertzuschätzen, und erinnerte eindringlich an christliche Grundwerte, vor allem an den Glauben an das Gute im Menschen (Jumpertz 2012, S. 64–71). Wertschätzung ist die einzige Basis für „moderne" Werte wie Diversity wie auch für traditionell bewährte wie Verantwortung und Vertrauen. Trotz der Andacht, die die Community der Personalverantwortlichen wie Manager in Anbetracht der Rede Anselm Grüns zeigten, fehlt es in der aktuellen Business-Welt oft genau an dieser Wertschätzung.

Kontrolle ist dann immer „noch besser" als Vertrauen. Technologiegläubigkeit immer „noch besser" als tatsächlich wertschätzende kooperative Zielbildung und Zielbindung. Denn diese benötigt viel Zeit für persönliche Gespräche, um sein Gegenüber mit seinen Ansprüchen wie Arbeitsweisen kennen und vor allem verstehen zu lernen. Dann lieber Festhalten an „alten", vertrauten Sicherheitssystemen, Machtstrukturen und Regelwerken. Denn ein Paradigmenwechsel im Denken erfordert Mut zum Sprung in die Ambiguität, in das Vertrauen in den Mitarbeiter und seine Leistungsbereitschaft, seinen Willen, einen nachhaltigen Wertbeitrag liefern zu wollen, selbst bei einem „Kurzzeitvertrag".

Obwohl die Wirtschaftswissenschaftlerin Jutta Rump feststellt, dass wir uns endgültig von der Vorstellung einer Beziehung zwischen Arbeitnehmer und Arbeitgeber verabschieden müssen, die über Jahrzehnte hinweg in unveränderter Art andauerte (Katthöfer 2012, S. 74–78).

Vielmehr bieten Best-in-Class-Unternehmen wie Accenture, BCG und Microsoft für High Performer ein positiv herausforderndes Umfeld, in und an dem sie selbst wachsen können. Zwei grundlegende Werte bilden eine gewinnbringende Symbiose: Ergebnisorientierung und Vertrauen, das heißt Vertrauen in die Leistungsfähigkeit des Einzelnen und seine Zuverlässigkeit, qualitativ hochwertige Ergebnisse, Resultate als Wertbeitrag für das Unternehmen, für das Team zu erbringen. Bei einer intrinsischen Motivation bedarf es keiner Kontrolle, nicht einmal

4.1 Personalmanagement neu denken

der klassischen „Eselskarotten" – der Incentives. Der Wertbeitrag, das Lernen, das Wachsen am Ergebnis sind „Erfolg genug". Dabei möchte ich niemanden absprechen, auch eine gerechte Vergütung in Boni zu erhalten.

Aber für „klassische High Performer" sind externe Leistungsanreize eben nicht allein die ausschlaggebenden Motivatoren. „Alte" Entlohnung- und Motivationssysteme stoßen heutzutage an ihre Grenzen. Viele High Performer verlassen trotz guter bis sehr guter Vergütung gestandene Unternehmen und wandern zum Wettbewerb ab, wenn dieser ihm größere Entwicklungsmöglichkeiten, mehr Gestaltungsfreiraum, größeren Freiraum in Arbeitszeit und Arbeitsort lässt. Ihm somit mehr Vertrauen zum Selbstmanagement, zur Selbstmotivation und Ergebnisorientierung gestattet. Gerade mit Hilfe eines solch agilen, dynamisch offenen Unternehmensverständnisses und Systems kann man heutzutage Spitzenkräfte anwerben, entwickeln, fördern und motivational an das Unternehmen binden. Spitzenkräfte **wollen** in einem Best-in-Class-Unternehmen arbeiten und ihr Bestes leisten.

Werte sind hier „the spirit of the organisation", sie werden gelebt und mittels qualitativer Scorecards auf allen Ebenen im Unternehmen gesteuert und in Managemententscheidungen einbezogen. Sie durchlaufen als Führungsthemen permanenten Business Reviews. Die Personalabteilung agiert als Partner der Führungskräfte, bietet allerdings wiederum ein offenes Set an Methoden und Tools, auf das situationsgerecht zugegriffen werden kann. Es gibt kein „One size fits all" mehr, sondern so viele Modelle wie Vielfalt der Ansprüche sowie Erwartungen der Mitarbeiter und Führungskräfte:

> **Beispiel**
> Wie Katrin Neuendorf für Microsoft betont: Im Fokus steht immer die **persönliche Eigenverantwortung**. Der Manager muss Position beziehen: Was haben wir in puncto Werte erzielt? Welche Prozesse wurden mit welchen Ergebnissen umgesetzt, zum Beispiel Diversity, der Prozentsatz der Frauen in den jeweiligen Ebenen? Wie werde ich als Führungskraft bewertet, da nicht allein die eigene Leistung und die Ergebnisse (Hard Facts) zählen, sondern auch die Leistung bei der Mitarbeiterförderung und Motivation? Eine 360-Grad-Bewertung ist für ihn wie seine Mitarbeiter Usus geworden.
>
> Auch der Mitarbeiter muss Position beziehen: Jeder Einzelne ist in der Hochleistungskultur persönlich verantwortlich für seine eigene Weiterentwicklung. Diese Selbstverantwortung spiegelt sich mit klaren persönlichen Zielsetzungen pro Geschäftsjahr wider in den Diskussionen und Abstimmungen zwischen ihm und seinem verantwortlichen Manager, nicht allein wegen der Vergütung, sondern vielmehr für eine adäquate persönliche Karriereplanung und Weiterent-

wicklung. Jeder Einzelne ist bei Microsoft „seines Glückes Schmied". Weder die Führungskraft noch die Personalabteilung nehmen ihm diese Verantwortung ab. Der Mitarbeiter ist somit „Unternehmer in eigener Sache".

Die Führungskraft agiert hier vielmehr als Coach und Mentor, die Handlungshinweise und Unterstützung gibt, denn als „Leistungs-Controller". Die Personalabteilung stellt hierfür den Rahmen mittels geeigneter Methoden und Tools, Prozesse und Entwicklungsmöglichkeiten. Für Katrin Neuendorf hat Microsoft in Deutschland eine sehr gute Balance erzielt: Die Entwicklung des Einzelnen ist einerseits das Wichtigste, da sie Innovation sichert und andererseits sicherlich dessen Einbindung ins Unternehmen, seine Wirksamkeit, seinen Ergebnisbeitrag für das Unternehmen.

Eine klare Win-win-Situation – eine gegenseitig wertschätzende Balance aus den Ansprüchen und Erwartungen des Einzelnen mit den Erwartungen und Forderungen des Unternehmens.

Microsoft kann sich am Standort Deutschland somit die Qualifikation und vor allem die Begeisterung der Mitarbeiter für das Unternehmen sichern. Regelmäßig finden Entwicklungs- und Karrieregespräche statt, die auf der Auswertung verschiedener Befragungen, zum Beispiel von Kollegen, Mitarbeitern, Managern und Kunden, beruhen. Darauf aufbauend erfolgen ein realistisches Coaching und Mentoring. Die Erwartungen des Einzelnen an seine Weiterentwicklung wie Lebensplanung werden integriert. Wenn der Mitarbeiter erläutert, was ihm gerade auch persönlich wichtig ist, was und warum etwas Sinn für ihn macht, wird dies in die Führungsarbeit integriert und bestmöglich umgesetzt. Gerade die Möglichkeiten der **freien Ortswahl und Zeiteinteilung** eröffnet den Mitarbeitern eine große Bandbreite zur Verwirklichung beruflicher wie privater Ziele.

Offenheit und gegenseitiges Vertrauen sind hierzu Grundvoraussetzungen. Mitarbeiter von Microsoft sind diese **Transparenz** nicht nur gewohnt, sie leben sie. Sie ist ein aktiver, kontinuierlicher Bestandteil des Führungssystems auf allen Ebenen. Ergebnisse sind bewusst sichtbar. Denn es muss möglich sein und möglich gemacht werden, dass jeder mit seinen Kenntnissen einen Wertbeitrag zum Unternehmen leisten kann. Beide Seiten – Mitarbeiter wie Unternehmen – sind somit offen für Neues. Jeder lernt immer wieder etwas Neues hinzu, es kommt auch immer Neues auf ihn zu. Genau dies ist die grundlegende Forderung an Kreativität und Innovation, die sowohl der Arbeitnehmer an Microsoft wie das Unternehmen an den Mitarbeiter stellt. Der Mitarbeiter sichert und verbessert damit seine Employability, die Firma ihre Marktpositionierung. Jeder will die Firma voranbringen, innovativ bei Produkten wie Arbeitsprozessen sein. Keiner will im Status quo verharren, sondern Themen weiter verbessern und neue

Wege beschreiten. Daher geht jeder gerne die „extra Meile". Damit stechen Top Performer im Vergleich zu ihren Peers hervor. Sie wollen nicht nur leisten, was gefordert wurde, sondern darüber hinaus performen. Ziel ist dabei nicht in erster Linie der Profit, sondern die Microsoft-Kultur will die „Welt positiv verändern, dazu beitragen, dass Menschen weltweit besser arbeiten und leben können".

Katrin Neuendorf, die auch mit anderen Unternehmen und deren Personalabteilungen gut vernetzt ist, hat dies vergleichbar noch kaum in anderen Firmen sehen können. Allein aufgrund dieser Offenheit, Transparenz, des gegenseitigen Vertrauens und der Wertschätzung können Ergebnisse erzielt werden, die woanders kaum möglich sind.

Ehrlichkeit und Integrität sind die Basis für diese konstruktive Teamarbeit. Offene und zeitnahe Information, konstruktive Feedback und Kritikfähigkeit, Mitdiskutieren sind Bestandteile dieser Microsoft-Kultur und werden durchgängiger praktiziert als in anderen Unternehmen und häufiger als in anderen Branchen. Diese Kultur wird jedem Bewerber von Anfang an auch klar erläutert, so dass jeder weiß, worauf er sich einerseits „einlässt", andererseits dass er pro-aktiv mitgestalten kann.

Eine Kultur des Networkings – einer konstruktiven Vernetzung und Kooperation intern unter den Kollegen wie extern zu Alumnis, zu Partnern/Lieferanten, Beratern und Kunden. Alle teilen ihre Erfahrungen und wirken im Entwicklungsprozess mit. Alle Beteiligten gestalten pro-aktiv den Veränderungsprozess. Es gibt keine Stagnation. Die kontinuierliche Bereitschaft zur Verbesserung hat maßgebliche Auswirkung auf das Denken, den Mindset des Einzelnen realisiert. Statt Angst vor – der Wille zu stetiger Veränderung.

Unbenommen führt dieses unternehmerische Denken und Handeln auch zu einem Spagat zwischen dem internationalen Führungsrahmen und der eigenen Gestaltungsfreiheit. Dies muss immer bewusst bleiben. Man ist zwar Unternehmer in eigener Sache, aber da man als „Entrepreneur with Net" arbeitet, muss sich hier stetig um Balance bemüht werden.

4.1.3 Karriereplanung passé?

▶ Neue Erwerbsbiografien entstehen – „Brüche" als Erfolgsfaktoren akzeptieren

Mit dieser „neuen" Leistungskultur, die stark auf die persönliche Autonomie des Einzelnen setzt, wird unsere Wirtschaftswelt wesentlich farbenfreudiger als die alte. Sie bietet für Unternehmen wie jeden Einzelnen mehr und vor allem neue Chancen. Die Karriereplanung verläuft nun nicht mehr allein klassisch von links unten nach rechts oben in kürzest möglicher Zeit, sondern ist volatiler, brüchiger und viel bunter. Erfolg ist nicht mehr die rein beruflich messbare Position mit möglichst viel Macht, Status und Profit, sondern zeigt sich in der Bewertung der persönlichen Autonomie, dem Freiraum in der beruflichen wie privaten Lebensgestaltung, der individuellen nicht allein quantitativen, sondern vielmehr qualitativen Lebensleistung bis ins hohe Alter. Langfristig stabilisierende Elemente nehmen an Bedeutung zu – für das Unternehmen und vor allem für die einzelne Person. Im Fokus stehen Werte und Sinnfragen, Achtsamkeit und Gesundheit, vor allem Lebenszufriedenheit – und dies nicht in einem „esoterischen", auch nicht allein in einem philosophischen, sondern gerade in einem persönlich wie gesellschaftlich wirtschaftlichen Rahmen.

Wirtschaftswachstum wird nicht mehr durch mehr Output, mehr Leistung nach den alten Regeln erzielt, sondern global, international mehr und mehr mit Partnering®, mit Synergien und Kooperationen von Ländern wie Unternehmen. Gelebte Vielfalt, Inbound und Outbound Management, Knowledge Sharing einerseits und andererseits doch Wahrung des Unternehmens- und Wettbewerbsvorteils. Globales wie lokales Energie-Management, Talent Management und Wissens-Management – Teilen, das Knowledge Sharing – werden zu entscheidenden Wachstumsfaktoren: Intelligenter, bewusster handeln – die „neue" Leistungskultur lebt von internationaler Vernetzung, Wissen, geistiger Kraft und wesentlichen Werten wie Vertrauen und Kooperation.

Aufgrund der Herausforderung der **demografischen Entwicklung** gerade in den westlichen Industrienationen wird Gesundheit zum wesentlichen Wachstumsmotor für Kreativität und Innovation. Dadurch ändert sich auch die Beurteilung der Lebensbedingungen des Einzelnen in einem Land. Denn Wissensarbeiter sind ausschlaggebend für den wirtschaftlichen nationalen Erfolg. Bei guten Rahmenbedingungen können sie erheblich länger produktiv arbeiten als in der „alten" Leistungskultur, aber sie wollen nicht nur leisten um der Leistung willen, sondern Lebenszufriedenheit und Lebensfreude empfinden können. Medizinische Untersuchungen liefern die Daten dazu, dass nicht die finanzielle Sicherheit allein, sondern vor allem eine grundlegende Zufriedenheit, Optimismus und ein positives soziales Umfeld zur Gesundheit, zu einem langen erfolgreichen Leben beitragen. Eine persönliche Autonomie mit großem Gestaltungsfreiraum hinsichtlich Arbeitszeit und Raum bietet optimale Integrationsmöglichkeiten von Beruf und Privatleben. So können Lebensaufgaben genauso gemeistert werden wie persönlich berufliche Leistungsziele. Denn gerade die Leistung der High Performer langfristig wie nachhaltig zu erhalten, ist ein sehr kritischer Erfolgsfaktor. Vor allem müssen deutsche Unternehmen erst einmal „Gewinner" im globalen Talent Management sein bzw. werden. Ihre Attraktivität basiert nicht allein auf ihrem eigenen Employer

Branding, sondern stark auch auf den gesellschaftlichen Rahmenbedingungen, wie angenehm, unkompliziert und zufrieden in Deutschland gelebt und gearbeitet werden kann.

Es könnten sich neue Länder-Ratings ergeben bezüglich eines „**Brutto-Happiness-Index**", quasi ein **Country Branding**, wo die besten Chancen und Möglichkeiten für ein gesundes, zufriedenes Leben bestehen.

Da Talent Management bereits heute global umgesetzt wird, werden Unternehmen mit starker Employer Brand sich „Best Partner"-Länder als Firmensitz auswählen, und zwar nicht mehr allein aus Kosten- oder Steuergründen. Denn nur in einem Land, welches seinen Mitarbeitern eine gute gesundheitliche Infrastruktur, Sicherheit, Demokratie, Green Energy und größtmögliche persönliche Autonomie bieten kann, werden sie die geeigneten, selten gewordenen Spitzenkräfte anwerben, fördern und binden können. Schon heute zeigt sich dies in der **Migration unserer Spitzenkräfte**, zum Beispiel deutscher Ärzte, die lieber in Skandinavien mit größeren persönlichen Freiräumen arbeiten. Denn Deutschland tut sich schwer, nicht nur internationale, sondern auch deutsche Spitzenkräfte anzuwerben und an sich zu binden.

Langfristig hilft da auch die Euro-Krise nicht weiter, die gegebenenfalls ambitionierte junge Talente aus wirtschaftlich kritischen Ländern wie Griechenland, Spanien oder Portugal zu uns führt. Wir benötigen keine „neuen Gastarbeiter". Wir benötigen ein Ineinander- und Aneinanderwachsen von globalen Talenten, die sich wortwörtlich genommen: Bei uns *Wohlfühlen*. Die bereit sind, unser Land mitzugestalten und mit aufzubauen. Nicht allein die Sprache ist hinderlich, sondern häufig immer noch die zu starren, wenig international offenen Denkstrukturen in deutschen Unternehmen wie deutschen Gemeinden. Ich spreche aus Erfahrung, als Deutsche in Deutschland, mit einem Niederländer verheiratet und oft im Ausland lebend. Wenn Vielfalt nicht gelebt werden kann, ist auch ein guter Verdienst kein ausreichendes Angebot im internationalen Wettbewerb um beste Talente.

Aber wie erfasst man, **wie lebenswert** ein Land ist?

Der klassische Ansatz berücksichtigt vor allem materielle Eckpunkte, wie ich sie in Kap. 2 beschrieben habe. Geht es nur nach solch quantitativen Zahlen, müsste Deutschland ein auch von seinen Bürgern gelobtes Land sein. Ist es aber laut **OECD Zufriedenheitsindex** nicht. Im Ländervergleich schneidet Deutschland leider nicht positiv ab. „Glück" ist eben nicht an Wohlstand gebunden, noch nicht einmal an Sicherheit. Anhaltend zufrieden mit ihrem Leben sind dagegen die Skandinavier, Schweizer, Luxemburger, Iren und auch Bürger aufstrebender Nationen wie Polen.

Auf den Karten der „Map of Happiness" ist Deutschland das Land der Skepsis, der Unzufriedenheit in einem ansonsten weitgehend glücklichen Europa. Folgt man den Daten der „World Database of Happiness", einer Metastudie aus Ergebnissen verschiedener Befragungen von 1946 bis 2006 und ergänzt um Daten des „World Value Survey" von 2005 bis 2007, so hat unsere Zufriedenheit seit Ende des Zweiten Weltkrieges kontinuierlich abgenommen, obwohl die Zufriedenheit der Menschen weltweit stark gewachsen ist, trotz Katastrophen, Kriegen und Krisen. „Im kumulierten Glücksindex aller bisher durchgeführten World Value Surveys liegt Deutschland hinter Mali und Ägypten und vor Algerien und Guatemala auf dem 47. Platz. In Europa befinden wir uns in Gesellschaft von Ländern, die noch mit den Nachwirkungen des in den letzten zwei Jahrzehnten abgeschüttelten Sozialismus zu kämpfen haben. Eigentlich ist das für eine der reichsten, sichersten, bestversorgten Nationen der Welt die falsche Nachbarschaft." (Patalong, Spiegel Online, 26.05.2011)

Auch in der „OECD-Studie" von 2011, OECD steht für die Organisation für wirtschaftliche Zusammenarbeit und Entwicklung, die Bürger aus 34 Mitgliedstaaten über ihre **Lebenszufriedenheit** befragte, liegt Deutschland im neuen „**Better Life-Index**" im Mittelfeld. Aber dieses Mittelfeld reicht nicht, um High Performer zu halten oder gar anzuwerben.

Deutschland vermittelt somit leider kein Bild eines Landes mit angenehmen Arbeits- und Lebensbedingungen. Vor allem die Bürger selbst sind pessimistisch, unzufrieden und häufig leider auch unhöflich. Ich stimme Frank Patalong zu, wenn er auf den „deutschen Miesepeter" verweist. Wer einige Zeit im Ausland gelebt hat, genießt dort Freundlichkeit, Höflichkeit, Flexibilität wie Unkompliziertheit und ist recht ernüchtert, wenn er in „heimatliche Gefilde" zurückkehrt. Jedoch: Zufriedene Mitarbeiter sind die besten „Aushängeschilder" für das Unternehmen. Sie überzeugen durch ihre eigene Begeisterung und gewinnen am besten neue Kollegen für ihre Arbeit. Somit können allein zufriedene Bürger positiv für unser Land Deutschland werben, und selbstverständlich bedeutet dies auch ein Mitgestalten, ein Mitarbeiten an diesem „zufriedeneren Leben und Arbeiten in Deutschland".

Wie wirken sich diese Daten und Fakten konkret auf unsere Arbeit, auf unser Leben aus? Was ändert sich dadurch in unserem Denken, in den Köpfen der Führungskräfte, der Mitarbeiter und Personalmanager? – fassen wir kurz zusammen:

1. **Spitzenkräfte sind „Unternehmer in eigener Sache"**
Sie schätzen ihre persönliche Autonomie, lebenslanges Lernen, berufliche Herausforderungen und kontinuierliches Wachstum. Sie haben eine Vision für ihr Leben, was sie an Zielen erreichen und welchen Wertbeitrag sie liefern wollen. Sie gestalten ihr Leben nicht nach einem „fest-gezurrten" Karriereplan, sondern eher wie ein flexibles, offenes System, in dem ihre persönlichen Werte die grundlegende Stabilität bieten. Sie wählen für sich ganz bewusst das beste Unterneh-

4.1 Personalmanagement neu denken

men als Arbeitgeber wie auch das beste Land für eine bestimmte Lebensphase. Unternehmen wie Länder werden einem starken Wettbewerb um diese Talente unterzogen. Nicht sie, sondern die Spitzenkraft wird zum „Cherry Picker".

2. **Lebensleistung und Lebenszufriedenheit gewinnen an Bedeutung**
   Erfolg ist nicht mehr allein beruflicher Erfolg, sondern auch sozialer, vor allem menschlicher Erfolg im Meistern von wesentlichen Lebensaufgaben als Partner, Eltern, Kind, Freund wie als Gemeindemitglied. Menschen wollen einen sozialen Wertbeitrag leisten, sei es rein privat oder im Ehrenamt. Sie wollen Freiraum für ein sinnvolles Leben. Sie wollen Leben und Arbeit integrieren. Sie wollen vor allem auch einen Wertbeitrag jenseits des „klassischen Rentenalters" erbringen. Ein rundes Lebenswerk. Beispiele gibt es bereits zuhauf, nicht allein Politiker, Künstler, Autoren, sondern erfahrene Senior-Experten, die ihr Wissen weltweit zur Verfügung stellen und auch mit Mitte 70 noch „Auslands-Projekteinsätze" weltweit durchführen. Sie werden dort gerade wegen ihres Alters, ihres Wissens und Erfahrung und ihrer Bereitschaft, dies zu teilen, hoch geschätzt. Dort sind sie willkommen, hier werden sie in „Frühverrentung", in den „Ruhestand" geschickt. Erst wenn wir hinsichtlich des demografischen Wandels dieses veraltete „Alters-Denken" ad acta gelegt haben, können auch hier eine positive Win-win-Situation und echte Diversität umgesetzt werden. Generationen-Management nicht allein als „Kostenfaktor", nicht allein pessimistisch betrachtet, sondern optimistisch als maßgeblicher Erfolgsfaktor für Unternehmen wie Mitarbeiter. Erfolg ist dann gleichbedeutend mit Respekt, Vertrauen, Wertschätzung und internationalem Zusammenwirken.

3. **Karriere ist nicht mehr „planbar"**
   Begeisterung und Können, Kompetenz und kontinuierliches Lernen, Freude an der eigenen Leistung wie das Teilen und gemeinsame Wachsen mit anderen sind ausschlaggebend. Es wird auch in Deutschland – wie bereits in anderen Ländern wie Skandinavien, den Niederlanden und den USA – **mehrere Karrieren in einem „persönlichen Arbeitsleben"** geben. Berufe, die nicht immer stringent aufeinander aufbauen, jedoch meist einen „roten Faden" der Begeisterung und Leidenschaft aufweisen. Sei es die Liebe zur Technik, zu Zahlen, Fakten und Details oder zu Menschen. Dadurch wird das persönliche Leben bunter, farbiger und volatiler. Persönliche Fähigkeiten, Talente wie Vorlieben können besser integriert und ausgelebt werden. Durch diese Flexibilität steigert sich gerade auch die Fähigkeit, Krisen und Veränderungen positiv anzunehmen und zu meistern. Scheitern wird akzeptabel, wird „möglich": Auch Personalberatungen wie Personalabteilungen sehen darin eine Steigerung der persönlichen Handlungssouveränität, der individuellen Belastbarkeit und Resilienz, der eigenen Reflexion. Employability, die Beschäftigungsfähigkeit ersetzt die bisherige Forderung nach

einem sicheren Arbeitsplatz, der so in Zukunft nirgendwo mehr gewährleistet werden kann. Diese persönliche Veränderungskompetenz wird eine der wesentlichen Kernkompetenzen für den Einzelnen.

4. **Neue Erwerbsbiografien entstehen – „Brüche" werden akzeptiert**
Eine typische Aufstiegskarriere nach „altem Leistungsdenken" wird kaum mehr möglich sein aufgrund der hohen Mehrdeutigkeit, Komplexität und Unsicherheit in wirtschaftlichen Entwicklungen. Was heute Trend und umsatzstark ist, kann morgen schon obsolet sein. Karrieren wandeln sich von vertikalen Organisationskarrieren zu horizontalen Projekt- und Prozesskarrieren.
Gerne mit einer Kombination aus Selbstständigkeit und Anstellung. Wer gestern noch Top-Manager in einem globalen Unternehmen war, entscheidet sich morgen als Berater, als Freelancer in einem internationalen Projekt mitzuwirken. Mehrgleisigkeit, Nebenjobs und völlig „neue Karrieren" bereichern das Bild. Wer bislang professioneller Experte in einem Gebiet war, ist bereit, als „Lehrling" wieder den Weg zur Meisterschaft zu beginnen, wenn die Begeisterung und Leidenschaft für die Sache vorherrschen. Der Kopf wieder frei werden soll und eine neue Lebensplanung eingegangen wird. Da kann dann das Hobby zum Beruf werden und der Beginn einer erfolgreichen Selbstständigkeit, vom Senior Vice President zum Hotelier in der Auvergne.
Das Verständnis von Unternehmens- und Personalführung in einer neuen Kultur der Leistung muss folgerichtig ein anderes sein als in der alten. Es ist flexibler und mit Blick auf Lernprozesse neu grundiert, um den permanenten Wandel zu meistern und nachhaltig erfolgreich zu bleiben. Beurteilungen von Lebensläufen ändern sich. Brüche in der Laufbahn werden akzeptiert, genauso wie längere Pausen oder Auszeiten. Man verliert nicht mehr sein Standing und Image als Top Leister. Ausschlaggebend ist einzig der Wertbeitrag, mit dem der Einzelne überzeugen kann, weniger seine Positionierung oder seine Stringenz in früheren Positionen. Es wird nicht mehr sofort ein Leistungs- oder Kompetenzeinbruch befürchtet, wenn jemand Zeit für sein Privatleben, seine Regeneration oder seine Reflexion in Anspruch genommen hat und damit einen beruflichen Wechsel verbindet.
Erfolgsentscheidend werden die Fähigkeit zur Flexibilität, Beharrlichkeit und Durchhaltevermögen, die Einsatzfähigkeit und Lernfähigkeit wie das persönliche Engagement und die Authentizität. Man will wissen, wofür der Manager wie der Kollege steht, damit sich eine erfolgskritische Vertrauensbasis entwickeln kann. Diese qualitativen Beurteilungskriterien steigen in der Bedeutung bei der Selektion von Führungskräften wie Mitarbeitern. Sie sind nicht mehr quantitativ messbar mit wirtschaftlichen Hard Facts, Durchlaufzeiten pro Position bis hin zu Führungsspanne und Führungstiefe. Die Beurteilung liegt in der Hand

der Kollegen, der Mitarbeiter, Partner und Kunden in einem konstruktiven, offenen und partnerschaftlichen Dialog. Transparenz und Vertrauen siegen über Kontrolle, sind jedoch herausfordernder für Mensch wie Organisationsstruktur. Persönliche Reputation, Authentizität und Wertesystem stehen im Fokus der Beurteilung.

5. **„Weniger arbeiten, mehr leisten"**

    Das alte „Erfolgsparadoxon", welches aufgrund erhöhtem Leistungsdruck zur nachhaltigen Leistungsminderung führte, wird gebrochen werden. Im „neuen Leistungsdenken" wird der Paradigmenwechsel in Form einer bewussten, zeitlichen „Leistungsverweigerung" zur Grundlage der Leistungssteigerung für Wissensarbeiter. Kürzere Pausen bis hin zu längeren Auszeiten werden von Führungskräften nicht mehr allein akzeptiert werden müssen, sondern im Rahmen eines „positiven Ressourcen Managements" notwendig sein, um im wirtschaftlichen Fachjargon zu bleiben. Das Vertrauen der Führungskraft in die Belastbarkeit und das Engagement, die Loyalität des Mitarbeiters bleibt erhalten. Wie Leslie Perlow in ihrem Video auf YouTube eindringlich darlegt: „It is required to pay attention to personal life, it pays off in increased productivity."

    Mitarbeiter werden ihre persönliche Autonomie einfordern, das heißt Arbeit ohne Zeiterfassung, Arbeit am Ort ihrer Wahl, zum Beispiel dem Homeoffice. Größtmögliche Flexibilität – allein gesteuert durch Werte wie Ergebnisorientierung und gegenseitiges Vertrauen, Respekt und Wertschätzung. Meist in globalen, virtuellen Projekt-, Prozess- und Netzwerkstrukturen. Teilzeitarbeit wird auch für Manager möglich werden. Denn es zählen nunmehr handwerkliche Managerfähigkeiten, die Professionalität der Führungskraft und nicht die Machtposition und der Status. Eine Teilung ist dann organisatorisch auch leichter zu realisieren, wie bisher zwei Projektmanager teilen sich auch Führungskräfte ihren Job. Dies ermöglicht den Unternehmen jedoch auch die Einbindung von Fachkräften, die dem Arbeitsmarkt bislang eher verloren gingen, zum Beispiel hoch qualifizierter Frauen bis hin zu Senior Experten bis über 67.

6. **Vielfalt leben**

    Das Personalmanagement wird in Zukunft eine Vielzahl an unterschiedlichen Modellen anbieten, die möglichst viele unterschiedliche Ansprüche und Erwartungen der Mitarbeiter abdecken können. HR wird zum Best-Partner, zum Mittler im Unternehmen in einem offenen Netzwerk von Inbound und Outbound Management von Personal, Talenten und Partnern. Selbst Ex-Mitarbeiter, die aus persönlichen wie beruflichen Gründen ausgeschieden sind, aber eine durchgängig positive Reputation haben, gehören weiterhin zu einem konstruktiven Alumni-Netzwerk. Sie selbst werden entweder als Freelancer wie auch mit ihren neu gegründeten Firmen in ein Partnernetzwerk eingebunden.

Es gibt somit keine festgelegten Rezepturen, Regelsysteme mehr für ein „optimales" Personalmanagement, sondern eine Vielzahl, eine Vielfalt individueller wie unternehmensspezifischer Konzepte, Modelle, Methoden und Tools. Auch das Personalwesen ist offen, transparent, agil und dynamisch. Es bietet vielmehr nur noch Plattformen, auf die die Führungskräfte und Mitarbeiter selbstverantwortlich zugreifen und durch die sie die Unternehmensangebote individuell nutzen können. Nicht die Plattformen, nicht die Technologien sind jedoch für HR 3.0 oder Enterprise 2.0 ausschlaggebend, sondern ein grundlegend geändertes Denken – weg von der Technologie-Gläubigkeit, der Sicherheit durch feste Strukturen hin zu einem sich kontinuierlich ändernden Rahmensystem, in dem Mitarbeiter alles wissen, kommentieren und mitgestalten wollen und können. Führung wird demokratischer. Mitarbeiterbefragungen wie permanente Bewertungen der Führungskräfte entwickeln sich zu einem Dauerzustand. Keiner kann sich „mehr ducken". Denn der Vormarsch der Mitmachkultur in einer Hochleistungskultur lässt sich nicht mehr aufhalten. Treiber dieser Entwicklung war das sogenannte Enterprise 2.0, die interne Vernetzung des Unternehmens. Firmen nutzen auch intern Wikis, soziale Netzwerke mit Betriebsgruppen auf Xing, LinkedIn, Facebook oder Google+ wie auch Micro-Blogging, um damit Arbeitsabläufe zu optimieren.

Der Begriff Enterprise 2.0 wurde vom Harvard Professor Andrew McAfee mit seinem 2006 im MIT Sloan Management Review veröffentlichten Artikel über „Enterprise 2.0: The Dawn of Emergent Collaboration" geprägt, wie Social Software die Zusammenarbeit von Mitarbeitern und Teams im Unternehmen unterstützen kann wie auch zwischen Firmen und Firmen mit ihren Kunden. Zentrale Praxisfelder sind daher die Projektkoordination, das Wissensmanagement sowie die Innen- und Außenkommunikation. Enterprise 2.0 Software macht Arbeit ohne Zeit- und Raumlimitierung erst möglich. McAfee stellte jedoch klar, dass die effektive Nutzung solcher kollaborativen Tools und Plattformen stark von der Unternehmenskultur abhängt. Hierarchische und zentrale Steuerung werden hier durch **autonome Selbststeuerung** in Teams ersetzt, die von der **Führungskraft mehr moderiert** als klassisch „geführt" wird (McAfee 2006).

Die Demokratisierung der Führung schreitet voran

Auch wenn vielleicht viele Chefs der „alten Schule" dies verhindern wollen: Sie stehen unter transparentem Review. Es geht nicht mehr um klassische Arbeitsteilung mittels Chef-Kommandos und Kontrolle, sondern vielmehr um eine kooperative Zielbildung, und diese benötigt Zeit.

Der Kern des Managements Enterprise 2.0 oder HR 3.0 liegt im Führen über Zielvorgaben, gegenseitigem Vertrauen in qualitative Ergebnisorientierung und Leistungszuverlässigkeit. Klassische Kontrolle gehört der Vergangenheit an, selbst wenn die **Ergebnisverantwortung** immer noch bei der Führungskraft verbleibt. Dieser Bestandteil der Hierarchie, der „Weisungsbefugnis" bleibt auch im neuen Leistungsdenken erhalten. Auch dies ist nichts grundlegend Neues, wie Sie berechtigterweise anführen werden, die Entwicklung weg vom autokratischen Führungsstil ist schon seit langer Zeit im Gange, nun jedoch ist sie akut aufgrund der Beschleunigung der sozialen Medien (Gillies 2012, S. 24–28).

4.2 Management neu denken

▷ Harte und weiche Faktoren sind gleichwertig für eine erfolgreiche Unternehmensführung

4.2.1 „Agile Unternehmen" – Projekt- und Prozessstrukturen ersetzen Hierarchien

Da die bisher vorherrschende feste, stark hierarchische Organisationsstruktur mit klar definierten Autoritäts- und Machtbefugnissen den heutigen wirtschaftlichen Anforderungen an Dynamik, Schnelligkeit sowie Komplexität nicht mehr gerecht wird, lassen sich auch die Stärken einer Führungskraft in diesem volatilen Geschäftsumfeld nicht mehr durch konventionelle Mittel wie ein Assessment Center feststellen. Mit einem solchen kann man gerade noch erkennen, ob dieser Manager für die „alte Welt" tauglich gewesen wäre, worin man noch von einem „Vorgesetzten" sprach. Auch für Professor Fredmund Malik ändern sich die Anforderungen für das Führungsverhalten eines erfolgreichen Managers in Richtung (2012) (Strobel 2012, S. 67):

- Offensive Wahrnehmung von Komplexität
- Vernetzung
- Ganzheitlichkeit und Dynamik
- Ausgeprägtes Interesse, seine Effektivität und Leistungsfähigkeit zu verbessern
- Meistern von Ungewissheit, Unberechenbarkeit und Unvorhersehbarkeit
- neugieriges und mutiges Herangehen an sich rasch wandelnde Situationen
- Multi-Aktionsfähigkeit
- Offenheit und Transparenz leben

und vor allem die Fähigkeit, Vertrauen zu schaffen und mit Widersprüchen umzugehen.

234   4 Wirksam leisten, wirksam führen, wirksam erfolgreich sein

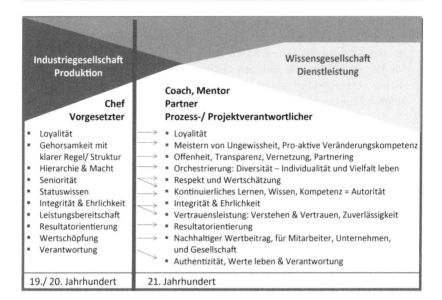

Abb. 4.2 Führung – Entwicklung von der Industrie- zur Wissensgesellschaft (Bildrechte: Urheberrecht beim Autor)

Mein Fokus in diesem Buch liegt mehr auf den Themen Leistung und Leben, weniger auf Führung selbst. Literatur hierzu gibt es genügend und auch die Klassiker von Fredmund Malik wie Peter F. Drucker kann ich nur immer wieder betonen. Wenn ich also in diesem Rahmen von Führung, von Leadership spreche, dann in erster Linie von der Selbstführung, der Vorbildfunktion eines Managers, indem ich versuche, die geänderten Rahmenbedingungen der agilen, dynamischen Organisation auf wesentliche Charakteristiken „guter Führung" zu beziehen, und zwar für den Mittelstand genauso wie für Konzerne. Welche Anforderungen und Qualitäten bleiben gleich? Was hat sich bereits geändert oder wird sich voraussichtlich weiter ändern (siehe Abb. 4.2)?

Gleichbleibend sind Kriterien wie Resultatorientierung sind Kriterien wie Resultatorientierung und damit die Ausrichtung auf Ziele. Top-Manager sollten e und damit die Ausrichtung auf Ziele. Top-Manager sollten eine Vision verfolgen, die auf klaren Werten aufbaut, und ihre Strategie danach ausrichten. Dies bildet den stabilisierenden Rahmen für ihre Mitarbeiter, gerade bei dynamischen Marktbedingungen. Kernfähigkeiten sind daher die Konzentration auf das Wesentliche und

4.2 Management neu denken

damit Weniges, die Fokussierung auf die eigenen Stärken der Firma (die Kernkompetenzen), der Wille, einen nachhaltig-wertschöpfenden Beitrag zu leisten, Vertrauen aufbauen und Verantwortung tragen zu wollen, gerade auch im Hinblick auf die Entwicklung, Förderung und Gesunderhaltung von Mitarbeitern.

Geändert hat sich bereits oder wird sich in vielem ändern: die hierarchische Machtposition, die alleinige Entscheidungsbefugnis, die eher zu einem Gegeneinander von Mitarbeiter und Führungskraft führte. Denn das Bild vom Vorgesetzten als „Widersacher" des Mitarbeiters bis hin zum „Sklaventreiber" überwiegt immer noch im Denken, in den Köpfen vieler Menschen, der den Arbeitnehmer zur Leistung „antreiben", zumindest motivieren muss.

Aufgrund solcher Einstellungen fehlte es an Offenheit und Transparenz. Erst aufgrund von 360-Grad-Leistungs- und Führungsreviews wurden Einblicke von beiden Seiten für die Beteiligten möglich. Aber heutzutage fordern „emanzipierte Wissensarbeiter" eindeutig ein Miteinander ein, ein gemeinsames Gestalten, gemeinsames Schaffen von etwas Neuem, Wertvollen, eben die vielbesprochene Projekt- und Prozessverantwortung, die Hilfestellung durch den Manager, nicht die Befehls- und Kontrollkultur.

Vom reinen „Vorgesetzten" wird der Manager zum Coach, der Teams wie dem Einzelnen hilft, sich innerhalb der Arbeit wie im Privatleben zur persönlichen „Exzellenz" entwickeln zu können. Basis: Fördern durch Fordern aufgrund herausfordernder Situationen, in Veränderungsprozessen und vor allem im eigenverantwortlichen Handeln. Mittels einer vertrauensvollen, transparenten Zusammenarbeit kreiert er Win-win-Situationen, denn sowohl das Unternehmen, er selbst als Führungskraft als auch der Mitarbeiter werden dazu befähigt gemeinsam, bisherige Grenzen und Probleme erfolgreich zu überwinden. Im „alten" Leistungsverständnis war eine gegenseitige Vertrauensbasis oftmals Luxus geworden. Der Top-Manager häufig isoliert an der Spitze, der kaum einem anderen gegenüber offen sein konnte. Schwäche zeigen war unmöglich. Immer top sein zu wollen, **ist** jedoch unmöglich.

Der „moderne" Manager steigt also von seinem Thron der „Crème de la Crème", der Top Elite der Wirtschaft. Für die richtig guten Führungskräfte ist dies kein Problem, denn sie haben sich seit jeher mehr als „Diener der Organisation" denn als alleinige Herrscher über ihre Mitarbeiter verstanden. Für sie war immer die Aufgabe entscheidend, nicht die Position und noch weniger die Vergütung. Ihnen war immer bewusst, dass man nur im Miteinander mit den Angestellten erfolgreich sein kann, sie mitnehmen muss auf die Reise.

Ihnen wird es nicht schwerfallen, die neuen Wertmaßstäbe umzusetzen, in denen nicht der Status wesentlich ist, nicht nur wirtschaftliche Hard Facts, sondern die Kompetenz und das Verhalten im Umgang mit Kunden, Kollegen und Mitarbeitern zählt. Denn sie tun dies bereits. Sie sind bereits **Partner**. Und zwar nicht allein in Großkonzernen, sondern gerade auch im Mittelstand:

> **Beispiel**
>
> Lassen wir einen **Praktiker** sprechen. **Bernd Schröder** ist CFO (Chief Financial Officer) und Director Human Resources von Sport+Markt, Weltmarktführer für Sportmarketing und Sportsponsoring. Vorher war er 16 Jahre für Siemens im Bereich Finanzen tätig sowie mehrere Jahre als CFO und Partner in einem mittelständischen IT-Unternehmen. Er hat somit tiefgehende Erfahrung sowohl innerhalb eines Großkonzerns wie im Mittelstand.
>
> Was sind für ihn die **wesentlichen Leistungskriterien** einer erfolgreichen Führungskraft?
>
> 1. **Nachhaltigkeit**
>   Manager sollen ihr Handeln in erster Linie mit Sicht auf das Wohl des Unternehmens ausrichten, das heißt langfristige, nicht nur kurzfristige Ziele verfolgen und umsetzen. Führungskräfte haben die Aufgabe, das Unternehmen für den Mitarbeiter erlebbar und lebbar zu machen. Denn nur wenn es dem Unternehmen gut geht, dann geht es auch den Mitarbeitern und den Shareholdern gut. Gerade eine transparente Kommunikation mit allen Stakeholdern über die angestrebte Strategie, die Rahmenbedingungen des Marktes, die Herausforderungen ist wichtig.
> 2. **Involvierung, Mitnehmen der Mitarbeiter auf die Reise**
>   Information allein ist nicht ausreichend. Handeln von „oben herab" nach dem Motto „Ich weiß schon, was gut für Dich ist" ist kontraproduktiv. Mitarbeiter müssen involviert werden, wenn sie Ziele glaubwürdig umsetzen sollen. Dann folgen sie der Vision und dem Weg des Unternehmens loyal auch in guten wie schlechten Zeiten. In der Produktion ist dies differenzierter zu sehen. Bei standardisierten Abläufen am Fließband ist sicher eine klare Ansage gefragt. Wichtiger als in Produktionsbetrieben ist der Integrationsansatz daher bei Dienstleistungsunternehmen, bei Knowledge Workern, vor allem in High-Tech-Unternehmen.
> 3. **Klare Ziele vorgeben**
>   Ausgehend von den Unternehmenszielen sollen die auf die Mitarbeiter heruntergebrochenen Ziele mit diesen gemeinsam erarbeitet und nicht aufoktroyiert werden. Diese Ziele müssen realistisch erreichbar sein, sowohl quantitative Hard- wie qualitative Soft-Ziele. Dadurch wird ein besseres Selbstverständnis und Commitment erzielt. Dazu ist jedoch Zeit zu intensivem Austausch notwendig.

Denn nur so kann für beide Seiten festgestellt werden, ob sie auf dem gleichen Weg sind, ob ihre Zielvorstellungen übereinstimmen oder wo Abweichungen auftreten. Am Ende dieses konstruktiven Dialogs entsteht eine identische Zielvereinbarung. Innerhalb dieses Prozesses ist es wesentlich, dass jeder authentisch ist und bleibt. Authentizität ist für alle Beteiligte der Schlüssel zum Erfolg, denn „innen" und „außen" müssen übereinstimmen. Sein anstatt Schein. Denn ein falsches Bild der eigenen Leistungsfähigkeit und Leistungsbereitschaft, der eigenen Kompetenz würde unweigerlich zum Misserfolg führen.

4. **Identität & Loyalität**
Für Bernd Schröder ist ein Top-Manager, der nur ans Geld denkt, kein Top-Manager. Wiederum bietet der Sport einen guten Vergleich: Ein Top Sportler gewinnt Gold nicht wegen des Geldes. Vielmehr hat er ein intrinsisches Bedürfnis nach Erfolg, nach Sieg. Man muss als Manager begeistert sein für das Unternehmen, bereit sein, alles zu tun, nur dann wird man mit dem Unternehmen Erfolg haben.

Für ihn ist wichtig, eine Atmosphäre, eine Kultur zu schaffen, in der man gemeinsam „durch dick und dünn" geht. Damit ist keine „Legionärs-Ethik" gemeint, in der Mitarbeiter wie Manager nur kurzfristig „abräumen" wollen („Nach mir die Sintflut"), sondern die bewusste Übernahme einer sozialen Verantwortung. Trotzdem oder gerade deshalb muss ein Manager auch Profit machen, aber in sozialer Balance. Er muss Nachhaltigkeit und Stabilität durch Werte wahren.

Denn eines muss der Führungskraft von Anfang an klar sein: Ohne ihre Mitarbeiter kann sie gar nichts erreichen, gerade nicht in diesem komplexen, multi-funktionalen und globalen Markt.

5. **Richtige Mitarbeiter selektieren**
Ein Unternehmen benötigt Spitzenkräfte, eben sehr gute Mitarbeiter, die genau mit ihrem Wissen an die gesuchte Stelle passen. Daher sollte eine Führungskraft mutig sein und nur solche Personen einstellen, die sogar besser sind als man selbst. Man sollte keine Angst davor haben, von ihnen „überholt" zu werden. Im Netzwerk arbeiten alle für den Erfolg des Unternehmens, haben ein gemeinsames Ziel. Der Manager übernimmt dabei mehr übergreifende Aufgaben, die Koordination, während die Top Experten die spezifischen Aufgaben lösen. Ein Top-Manager ist vergleichbar mit einem Top-Coach bei Athleten: Er setzt die Mitarbeiter nach ihren Stärken ein und balanciert deren Schwächen aus. Er fördert auch die Kommunikation und Kooperation zwischen den einzelnen Bereichen.

Als eine Faustregel für erfolgreiche Führung gilt für Bernd Schröder allerdings der grundlegende Wert der Loyalität gegenüber dem Unternehmen. Wenn ein Mitarbeiter, so kompetent er auch sein mag, illoyal ist im gegenseitigen Zusammenarbeiten, wird er für den Erfolg des Unternehmens sehr gefährlich. Selbst wenn es keine Lebensanstellung mehr gibt, innerhalb einer vertraglichen Bindung muss man sich auf die Loyalität des Mitarbeiters, auf seine Zuverlässigkeit verlassen können.

6. **Strategisches Denkvermögen**
Ein Manager braucht eine hohe Analysefähigkeit, da er komplexe Ansätze miteinander „verweben" muss und daraus eine strategische Taktik herausarbeitet – der Weg ist das Ziel. Er muss lange vorausschauend denken und planen sowie ein guter Beobachter des Wettbewerbs sein. Die Strategie muss Gegenwart und Zukunft realistisch verbinden. Er muss wissen, auf welcher Basis er aufbauen kann und was er für die Entwicklung braucht.

7. **Kaufmännisches Grundverständnis**
Jede Führungskraft, ob im mittleren oder Top Management, benötigt kaufmännisches Grundverständnis. Zumindest zu wissen, dass Profitorientierung bedeutet, Umsatz und Kosten im Griff zu haben. Dazu muss ein Top-Manager eine P&L, Bilanz und Cash Flow Statements lesen und verstehen können. Er muss wissen, wo das, was er als Manager macht, sich auch in den Zahlen, im Gewinn oder Verlust wiederfindet. Nicht unbedingt bis ins letzte Detail, aber er sollte verstehen, wo sein Handeln hinführt, welche Konsequenzen zu erwarten sind. Dies ist letztlich seine wirtschaftliche Verantwortung für Unternehmen und Mitarbeiter. Auf der mittleren Ebene sollte er daher die wirtschaftlichen Kennzahlen und Auswirkungen vor allem seines Verantwortungsbereiches im Griff haben, während man von einem Top-Manager schon erwarten muss, dass er tatsächlich auch ein Entrepreneur, ein Unternehmer ist, also gerade auch strategisch nicht allein wirtschaftlich handelt.

8. **Networking**
Eine Top Führungskraft sollte in unserer globalen Welt ein gezielter Networker sein. Sicher nicht mit allen und jedem, da ist Selektion nötig. Aber mit den wesentlichen internen wie externen Stakeholdern, mit Kollegen, Partnern bis zum Wettbewerb und Branchenkennern sollten regelmäßiger Austausch und Networking betrieben werden, zum Beispiel im Finanzbereich zu Banken und Investoren, im Vertrieb zu Markt, Kunden, in der IT zu Partnern, Lieferanten, Research, Developern, Experten. Der Manager sollte die unterschiedlichen Arten der Vernetzung kennen und auch bewusst nutzen.

4.2 Management neu denken

9. **Entschlussfreudigkeit/Zielstrebigkeit**
Als Unternehmer sollte man keine Angst vor „falschen" Entschlüssen haben, sonst verharrt man zu schnell in Stagnation und der Betrieb steht still. Falls eine falsche Entscheidung getroffen wurde, muss man andere Lösungen finden. Hauptsache, es geht weiter. Wichtig ist jedoch die Fähigkeit, Negatives aufzunehmen und tragen zu können. Manager müssen auch Negatives erklärbar machen, ohne das Gesicht wahren zu wollen. Auch Negatives muss erlebbar gemacht werden und die Führungskraft muss die **Verantwortung übernehmen**. Sie kann sich dieser Aufgabe nicht entziehen.

Ein Manager mittlerer Ebene sollte dagegen sehr ausbalanciert mit seiner Entschlussfreudigkeit umgehen. Er darf mit seinen Entschlüssen ohne Abstimmung mit dem Top Management nicht „vorpreschen", was sicher seinen Gestaltungsfreiraum, sein Unternehmertum einschränkt. Balance heißt hier, dass er eigenverantwortlich, aber nicht eigenmächtig handeln kann.

Was sind für einen Praktiker letztendlich **die kritischsten Erfolgsfaktoren**, um bis ins Top Management vorzustoßen?

1. **Authentizität:** Wahrhaftig sein, eine persönlich klare Linie haben und sich nicht verstellen.
2. **Durchhaltevermögen:** In der Sache nicht aufgeben und das Team, die Mitarbeiter mit auf die Reise nehmen. Sie integrieren.
3. **Soziale Kompetenz:** Menschen wahrnehmen, sich in andere hineinversetzen können. Zuhören können und versuchen zu verstehen sowie grundlegend kommunikative und sprachliche Fähigkeiten. Wissen, wie man Sachen auf den Punkt bringt und Komplexes einfach erklären und kombinieren kann. Man sollte generell kein „Ellenbögler" sein, dennoch aber
4. **Durchsetzungsvermögen** im entscheidenden Moment haben, die richtigen Argumente. Am besten ist es, sich mit einer Kombination aus sozialer Kompetenz und fachlich fundierter Argumentation behaupten zu können.

Dazu benötigt eine Top Führungskraft **Seniorität**, diese ist jedoch weniger altersbedingt, sondern erfahrungsbedingt. Es geht vielmehr um eine „gestandene Persönlichkeit", und die eigene Persönlichkeit wächst eben mit dem Alter, mit Erfahrungen aus unterschiedlichen Tätigkeiten, zum Beispiel Auslandsaufenthalten. Dennoch: Es ist heutzutage gut zu sehen, wie sich die Persönlichkeit bei jungen Führungskräften entwickeln kann.

Selbstdisziplin: Ob jung oder alt, ein Top-Manager muss überzeugen und mitreißen können. Er muss sich selbst im Griff haben, darf sich nie gehen lassen, selbst dann nicht, wenn er „schlecht" drauf ist. Denn eine positive, optimistische Ausstrahlung ist wichtig, da alle Mitarbeiter auf den Top-Manager schauen. Somit hat er die Verantwortung und kann eben nicht machen, was er will. Er ist ständig unter Beobachtung und braucht für sich selbst einen Sparrings-Partner, einen Coach, einen Freund, sonst wäre er oft „zu einsam da oben".

Werte sind sehr wichtig: Wie in einer Familie stimmt der Satz absolut: „Der Fisch stinkt am Kopf zuerst." Die Manager eines Unternehmens müssen Vorbild sein. Sie müssen die Werte wirklich verkörpern, tatsächlich (vor-)leben. Er muss hinter diesen Unternehmenswerten stehen, vor allem aber auch zu seinen persönlichen Werten: Wenn zum Beispiel Mitarbeiter in Not geraten, dann kann sich keiner hinter Regeln verstecken. Da muss und kann man helfen, selbst in Konzernen außerhalb der Richtlinien. Meist wird dies jedoch aus Angst nicht gemacht, man traut sich nicht.

Für ihn als Manager wie als Mensch ist Priorität 1: Verantwortung als Führungskraft übernehmen, was immer auch bedeutet, sämtliche Konsequenzen zu tragen.

Gibt es tatsächlich Unterschiede zwischen der Führungsfähigkeit eines Top-Managers im Mittelstand gegenüber Konzernen – und wenn ja, wie wirken sich diese in der Praxis aus?

In **Großunternehmen** ist das Leben und Arbeiten für Manager

- **viel politischer:** Die Karriere muss diplomatischer geplant und mittels Networking entwickelt werden. Führungskräfte sind oft eloquenter, im Auftreten selbstbewusster, sicherer in der Persönlichkeit wie in der Kleidung. Man sieht, der Manager fühlt sich wohl in seiner Rolle als Vorstand. Aufgrund der Marktpositionierung von Großunternehmen ist er weltoffener, internationaler.
- **viel arbeitsteiliger:** Selbst die Buchhaltung ist bis in die kleinsten Prozessbereiche aufgeteilt. Prozesse generell bis ins kleinste Detail durchdacht und so kann man Durststrecken besser überstehen. Aber man reagiert auch schwerfälliger. Entscheidungswege sind länger. Dafür können komplexe Projekte und Planungen umfassender angegangen werden, weil sämtliche Ressourcen im Hause vorhanden sind, zum Beispiel ein Pool von Experten.
- **Globalität managen leichter:** Man hat mehr Möglichkeiten, global zu agieren, kann sich in der Investitionsphase über längere Zeit Auslandserfahrungen aneignen und erhält in Trainings sehr gute Kenntnisse über Land und Leute, startet somit mit besserem Kulturverständnis.
- **Entrepreneur sein schwieriger:** Zwar „offiziell erwünscht", in der Praxis allerdings wird man schnell abgebremst und kontrolliert durch Richtlinien. Verantwortung wird einem dadurch leider abgenommen und damit oft auch das

4.2 Management neu denken

dazugehörige Denken, die Flexibilität. Wirkliches Unternehmertum fehlt. Einige geben sich damit zufrieden, andere verlassen eben das Unternehmen, um selbstständig zu werden, eine Firma tatsächlich selbstverantwortlich führen zu können.

In **Mittelstand** ist das Leben und Arbeiten für Manager

- **viel schneller bei Entscheidungen:** Es gibt durchgängig flache Hierarchien, weniger Bürokratie, weniger Diplomatie, weniger bis gar keine Politik. Der Mittelstand bleibt oft bescheidener, vermeidet starke Selbstpositionierung und Inszenierung. Dies zeigt sich auch darin, wie man spricht und kommuniziert.
- **ganzheitlicher, praktischer:** Im Denken und vor allem im Handeln. Die meisten mittelständischen Unternehmen sind global aufgestellt, dennoch handeln sie auch da eher „hemdsärmeliger", rein praxis- und ergebnisorientiert: Es wird einfach gemacht, was gebraucht wird, ohne lange Vorlaufzeiten. Der Mittelstand ist schneller, flexibler, kann sich schneller ändern, ein- und aussteigen. Der mittelständische Manager ist in vielen Dingen ganzheitlich involviert.
- **Entrepreneur sein leichter:** Es gibt zwar „Leitplanken" für die Führung, aber es ist nicht alles zugepflastert mit Richtlinien. Man trägt schneller und pragmatischer Verantwortung. Verantwortung wird einem durch das System eben nicht abgenommen, sondern Führungskräfte im Mittelstand müssen sich vieles selbst erarbeiten. Sie haben keine Stäbe, die Anzahl von Assistenten und Sekretärinnen ist sehr überschaubar. Allerdings kann die Macht der Eigentümer die Eigenständigkeit im Unternehmertum im Mittelstand stark einschränken.

Jedoch ist die **Finanzierung**, das heißt Investitionen im und für einen Konzern, leichter zu realisieren. Banken sind nicht so risikofreudig bei mittelständischen Unternehmen. Die positive Konsequenz: Im Durchschnitt hat der Mittelstand ein besseres Eigenkapital, agiert unternehmerisch ohne Bankverschuldung und damit sehr solide bei kaum oder nur wenigen Börsengängen. Frei nach dem Motto: „Ich verlasse mich auf keine Bank und erst recht nicht auf Finanzanalysten."

Diese Aussagen eines Top-Managers zeigen uns ein aussagekräftiges Bild des Mittelstands als tatsächliche Stütze unserer Wirtschaft. Das Vorurteil „Mittelstand beschäftigt Mittelmaß" trifft nicht zu.

Vielmehr kann man eher von einer Differenz der Bedeutung von Diplomatie und Politik im Handeln eines Managers von Großunternehmen sprechen versus eines eher pragmatischen Vorgehens eines Mittelständlers. Die Trumpf-Chefin Nicola Leibinger-Kammüller führt gerne das Leitbild ihres Vaters an: „Nicht alles, was geht, geht auch gut. Und: Nicht alles, was vielleicht als interessantes Geschäft erscheint, ist machbar. Wer dieses ‚Leitbild für verantwortliches Handeln' unterschrieben hat, bekennt sich offen zu dem Anspruch, danach zu handeln." Nicola Leibinger-Kammüller leitet den Maschinenbauer Trumpf und bricht damit gleich zwei Tabus. Sie beantwortet die oft gestellte Frage gern kurz und praktisch: „Kann man als Frau und Geisteswissenschaftlerin ein solches Hochtechnologieunternehmen führen? – ja, das geht." (Leibinger-Kammüller 2012, S. 76–78)

Somit handelt es sich hier nicht um den in Kap. 2 für Mittelständler angesprochenen „Kuschelfaktor Unternehmen" mit „Wohlfühlatmosphäre", sondern um nachhaltige Werteorientierung. Auch im *Focus* 24/2012 beweisen sich mittelständische Unternehmer als siegreiche Strategen, die den großen Konzernen häufig einen entscheidenden, eben schnelleren Schritt voraus sind in puncto Veränderungsbereitschaft, Entrepreneurship und Mitarbeiterorientierung.

Veränderungsbereitschaft

Auch eine langjährige Erfolgsstrategie hält nicht ewig. Selbst wenn die Geschäftszahlen noch blendend ausfallen, hinterfragen deutsche Mittelständler regelmäßig ihre Strategie und passen sich den rasant ändernden Rahmenbedingungen ihrer Branche an. Sie handeln pro-aktiv, weil sie ein geändertes Einkaufsverhalten ihrer Kunden festgestellt haben.

Kunden sind es heute gewohnt, per Internet rund um die Uhr einzukaufen. Man kann sich nicht mehr auf ein langjähriges positives Branding und Image verlassen. Junge Generationen müssen auch von „alten" Marken überzeugt werden. Überdachte man früher vielleicht nur alle fünf Jahre sein Geschäftsmodell, so darf sich heute auch ein mittelständischer Chef nicht so lange Zeit lassen. Diese Veränderungen sind jedoch zwingend notwendig, damit auch jüngere Kundengenerationen bewährte Marken neu und stärker wahrnehmen.

Entrepreneurship

Gerade die Nachfolgegeneration „gestandener" mittelständischer Unternehmer verabschiedet sich von oftmals autoritären Führungsstilen der Gründer. Sie selbst als Unternehmer wie ihre Führungskräfte und auch Mitarbeiter sollen selbstständiger handeln, um den neuen flexibleren Kurs zu unterstützen und ihn in der Gesamtorganisation lebbar zu machen.

Mitarbeiterorientierung

Pragmatisch ist es dem mittelständischen Unternehmer bewusst, dass er seine Mitarbeiter mitnehmen, die Angst vor Veränderung rechtzeitig abbauen muss. Brita-Chef Markus Hankammer hat deshalb ein „**Open Space**"-Büro eingerichtet, da Innovationen vor allem im Gedankenaustausch entstehen. Seine Mitarbeiter können sich bestimmten Arbeitstypen zuordnen: „Vieltelefonierer", „Hochkommunikativ", „Hochmobil" – und damit unterschiedlichen Arbeitsplätzen: Einzelbüro, Vierergruppe oder wechselnde Einsatzorte. Zusätzlich gib es eine „Silent Box" oder einen „Talk Spot" mit Stehtisch und Hockern, in denen auch Besprechungen stattfinden. Wer spricht da noch von einer eiskalten Office-Worker, einer „Work hard – Play hard"-Kultur (Matthes und Schuster 2012, S. 122–128)?

Die Münchner Comet Unternehmensgruppe erhielt 2011 den Sieger-Preis für gerechte Chancen in der Arbeitswelt. Folgendes machen sie anders:

Diversity Kein Unterschied zwischen Geschlecht, Herkunft oder Alter eines Mitarbeiters. Der Frauenanteil liegt bei 60 % und dies bei der männerdominierenden IT-Branche. Die 65 Mitarbeiter kommen aus zwölf Nationen. Bereits der zweite Mitarbeiter war in der 80er Jahren, wo die „Frühverrentung" Mode wurde, deutlich über 50 Jahre.

Arbeitszeitmodelle Es gibt nahezu alle Modelle, die man sich vorstellen kann – von acht Stunden in der Woche über temporäre Einsätze bis zur vollzeitnahen Teilzeit, durchgängige Homeoffice-Arbeit bis Vollzeit im Büro. Alle Anliegen werden gleich ernst genommen, ob pflegebedürftige Eltern, Doktorarbeit, Engagement für Sport, Ehrenamt oder Naturschutz. Respekt vor persönlichen Ansprüchen zählt. Die Modelle werden individuell mit dem Mitarbeiter erarbeitet und gelten jeweils für ein halbes Jahr. Dadurch wird Flexibilität gewahrt, da sich der Bedarf über die Zeit wandeln kann. Frauen, Männer und auch Führungskräfte nutzen diese Arbeitszeitmodelle, diese Arbeitszeitreduzierung.

Führung Funktion und Rolle sind wesentlich, nicht die Position. So kann ein Mitarbeiter für ein Projekt die Führung übernehmen und diese Managementrolle nach Beendigung des Projekts ohne Image- und Statusverlust wieder abgeben. Dies ist weder eine Niederlage noch ein Rückschritt. Auch wenn man eine Führungsrolle abgibt, ist man bei Comet weiterhin sehr erfolgreich, da die Posten nicht mit spezifischer Wertigkeit versehen sind. Entscheidend ist das Ergebnis, der Wertbeitrag. Auch die Teilung einer Führungsposition ist möglich. Teilzeit für Manager.

Kommunikation Aufgrund der unterschiedlichen Arbeitszeiten und Arbeitsorte wurde ein stetiger Informationsfluss notwendig. In der Kommunikationszentrale arbeiten drei Mitarbeiter, die immer wissen, wer bei Fragen zu einem Projekt ansprechbar und verantwortlich ist. Der entscheidende Punkt liegt in der Verantwortung des Einzelnen. Er allein muss sicherstellen, dass seine Kollegen ausreichend Informationen und Kenntnis haben, um während seiner Abwesenheit erfolgreich für den Kunden arbeiten zu können (Bittelmeyer 2012, S. 6–7).

All diese Veränderungen haben sich für viele Mittelständler ausgezahlt. Statt patriarchalischem Führungsstil konnte zum Beispiel der heutige Jägermeister-Chef Paolo Dell' Antonio feststellen: „Ohne unsere Mitarbeiter, die mit viel Emotion, Kompetenz und Mut immer neue Wege gehen, wäre der Erfolg nicht möglich gewesen." (Bittelmeyer 2012, S. 6–7)

Außerdem brauchen Unternehmer für solche grundlegenden Veränderungsprozesse einen langen Atem. Erfolge sind erst weit in der Zukunft, nach mehreren Jahren, festzustellen – und hier haben Mittelständler aufgrund ihrer positiven Eigenkapitalbasis einen klaren Vorteil gegenüber Konzernen. „Langfristig wirksame Investitionen, deren Ergebnisse erst in Jahrzehnten sichtbar werden, würden zwar auch bei Aktiengesellschaften häufig gefordert, vom Kapitalmarkt aber selten honoriert. Konzernmanager brauchen jeden Quartalsbericht eine neue Nachricht, die den Kurs der Aktie befeuert." (Matthes und Schuster 2012, S. 122–128)

Ob Mittelstand oder Großkonzern: Die agilen, dynamischen Organisationsstrukturen sind für alle bereits allgegenwärtig. Sie werden erfolgreich gelebt.
Zukunft – ist bereits heute.

4.2.2 „Partnering" – der „neue" Erfolgsfaktor im Management

Partnering® – wieder ein neues Schlagwort, eine neue Mode, werden Sie vielleicht entgegnen oder als Führungskraft seufzen, ob noch weitere hehren Erwartungen auf Sie zukommen mögen.

Weit gefehlt, Partnering ist als wesentliche „Management-Fähigkeit" bereits seit rund zwanzig Jahren in aller Munde weltweit anerkannter Management-Gurus, wie Marshall Goldsmith, Robert S. Kaplan/David P. Norton, Kenneth Blanchard und vielen mehr. Partnering wird als kritischer Erfolgsfaktor für wertschöpfende Führung angesehen, nicht allein bezüglich der Bildung erfolgreicher Partnerschaften außerhalb der eigenen Organisation, also dem Partnering mit anderen Unternehmen, Beratern, Freelancern, Lieferanten und Kunden, sondern vor allem auch innerhalb der Firma.

Ersteres beleuchtet die **Kooperation zweier oder mehrerer Unternehmen**, die ihre Aktivitäten, ihre Produkte, Services und auch ihr Wissen ganz oder teilweise in eine Partnerschaft einbringen mit dem Ziel, für beide/alle Partner substanzielle Vorteile zu generieren – eine sogenannte Win-win-Situation zu erzielen. Strategisch gesehen sollten sich beide/alle Partner komplementär ergänzen bzw. sich gegenseitig befruchten, um eine Wertschöpfung, den sogenannten „added value", herzustellen.

Partnering bedeutet die strategische Verknüpfung von Wertschöpfungsaktivitäten bei geringer Kapitalverflechtung. Somit kommt dem Partnering in unserer komplexen Welt und gerade bei schwierigen Wirtschaftszeiten mit zurückhaltender Investitionsbereitschaft eine zunehmende Bedeutung zu. Partnering kann wirtschaftliches Überleben dann überhaupt erst ermöglichen. Aber allein die fortschreitende Globalisierung, die zunehmende Interdisziplinarität wie konvergierende Technologien führen zu einem notwendigen Zusammenwachsen von Branchen. Dabei gibt es unterschiedliche „Festigkeiten" der Verbindung, von losen Netzwerkverbindungen bis hin zu festen strategischen Partnerschaften als Joint Venture oder gar Fusion.

Die **besten Partner** in der Wertschöpfungskette bis zum Endresultat auf seiner Seite zu haben, ist somit erfolgsentscheidend, ob im Produkt- oder Dienstleistungs- und Projektgeschäft. Basis wiederum: Offenheit, Transparenz, Teamwork und gegenseitiges Vertrauen. Es handelt sich um eine Art **Symbiose** – alle ziehen an „einem Strang", zum gemeinsamen Nutzen.

In der zweiten Bedeutung konzentriert sich Partnering auf die Führung innerhalb eines Unternehmens: Die **Gestaltung einer partnerschaftlichen Unternehmenskultur**, in der die unterschiedlichen Bereiche, die „Subcultures", von denen Professor Ed Schein spricht, gleichberechtigt zusammenarbeiten bis hin zur persönlichen Fähigkeit des Managers zu einer partnerschaftlichen Führung von Teams und dem Coaching Einzelner.

Partnering, **Partnerschaft** bedingt in beiden Dimensionen die Kooperation **auf gleicher Augenhöhe**, mit gegenseitigem Respekt und Wertschätzung. Eine partnerschaftliche Führung basiert auf dem Grundsatz, mit anderen so zusammenzuarbeiten, wie man selbst gerne zusammenarbeiten möchte bzw. so zu führen, wie man selbst gerne geführt, gerne in seiner Persönlichkeit und seiner Professionalität akzeptiert werden möchte.

Eine partnerschaftliche Führung ermöglicht daher die Balance und den Anspruch nach Diversität, nach Vielfalt im Unternehmen, weg von einem patriarchalischen Führungsstil, der die „einzig mögliche Marsch-Richtung" vorgibt. Dadurch muss ein Manager nicht mehr der „Alleskönner" sein, nicht mehr der Kommandeur. Aber selbst heute gibt es noch kein klares Bild, was einen „Partnerschaftlichen Manager" tatsächlich auszeichnet. Verliert der Status des Managers dann nicht an

Gewicht? – Bedeutet es denn nicht eher Schwäche, auf gleicher Augenhöhe zu agieren? Wie soll das denn funktionieren, wenn man doch verantwortlich ist für das Ergebnis, wenn man doch Resultate einfordern, beurteilen und kontrollieren muss?

Die Verlagerung weg vom autoritären Führungsstil vollzog sich langsam, aber stetig – im Fokus standen und stehen Themen wie Hilfestellung und Coaching durch die Führungskraft. Im besten Falle spricht man vom „Hirten", der als Führungskraft seine Mitarbeiter unterstützt, ihnen mit Rat und Tat zur Seite steht, ihnen Schwierigkeiten aus dem Wege räumt. Klassisches Vorgehen: Die Aufgabe wird delegiert, die Meilensteine und Ziele werden abgestimmt, der verantwortliche Projektleiter erfüllt seine Aufgaben und holt sich Hilfestellung wie Entscheidungen vom verantwortlichen Manager, wenn er auf Probleme stößt. Ein nicht wirklich eigenverantwortliches Vorgehen, gerade auch dann nicht, wenn die Führungskraft sich dazu verpflichtet fühlt, dem Mitarbeiter Entscheidungen abzunehmen, ihn in allem zu unterstützen und Probleme für ihn löst. In dieser Rolle kann sich jeder Manager andererseits aber auch als „unentbehrlich" fühlen, sei es allein in seiner eigenen Wertschätzung wie in der seiner Mitarbeiter: „Ohne mich läuft nichts."

Wirkliches Lernen, wirkliche Selbstverantwortung, wirkliche „Wachstumsschübe" in der professionellen Entwicklung des Mitarbeiters werden so nicht erzielt. Am entscheidenden Punkt bleibt ein hierarchisches Verhältnis, die Verantwortung wird an den Manager abgegeben. Noch kein partnerschaftliches Zusammenwirken, jedoch die bislang übliche Praxis selbst eines demokratischen Führungsstils. „Empowered" ist der Mitarbeiter in diesem Falle nicht.

Die Konsequenz: Viele, gerade menschlich wertvolle Führungskräfte fühlen die Bürde eines „Helfer-Syndroms". Sie müssen immer verfügbar, einsatzbereit sein, um ihren Mitarbeitern mit Rat und Tat zur Seite zu stehen. Daher auch so wenig Teilzeit innerhalb einer Führungsposition, denn wie sollte eine Aufteilung von Verantwortung praktiziert werden können? Letztlich fühlen sie die alleinige Bürde der Verantwortung. Oftmals aus diesem Grund gönnt sich der Manager keine Pausen, keine Rückzüge, ist bis spät in die Nacht, an Wochenenden und selbst im Urlaub immer ansprechbar. Auf mittlerer Ebene ist dies besonders schwierig, weil er „nach oben" wie „nach unten" verantwortlich und verfügbar sein und Entscheidungen, auch weitreichende, in kürzester Zeit treffen soll – eben an allen Ecken brennt und dadurch häufig ausbrennt. Es ist diese Kopplung von sozialer mit wirtschaftlicher Verantwortung, die zum Burnout führen kann.

Die Bereitschaft, Verantwortung tragen zu wollen, wird dann zum Fluch für Manager, die nicht aufgrund des Status, der Position oder Vergütung Chef werden, sondern Ergebnisse in sozialer Verantwortung erzielen wollten. Aber ist dieses Dilemma überhaupt zu lösen?

4.2 Management neu denken

> **Beispiel**
>
> Walter P. (Namen geändert), Bereichsleiter eines Hightech-Unternehmens, 53 Jahre. Man hatte ihn als Experten bei einer Fusion in das Unternehmen geholt und er blieb in der obersten Führungsriege. Er hat diese Firma erfolgreich mit seinen Management-Kollegen aufgebaut und eine exzellente Marktpositionierung erreicht. Er ist High Performer, hat hohe Erwartungen an seine eigene Leistung, ist Perfektionist. Dies ist für ihn gerade für seinen Verantwortungsbereich sehr wichtig, wo es auf Daten und Fakten, auf Korrektheit ankommt.
>
> Er war gewohnt, ständig verfügbar zu sein, lange und auch am Wochenende zu arbeiten, gönnte sich keinen Urlaub und brach Mitte 40 schließlich in seinem Büro zusammen. Nach einer Reha von sechs Monaten änderte er sein Führungsverhalten hinsichtlich Burnout, jedoch nicht für sich selbst. Denn er war schließlich für die Qualität der Ergebnisse wie für das Wohlbefinden seiner Mitarbeiter verantwortlich. Seine Mitarbeiter sollten auf gar keinen Fall Gefahr laufen auszubrennen.
>
> Da er ein eher „penibler" Chef war, mit klaren Qualitätsansprüchen, hatte er für seine Abteilung durchgängig „Best People" rekrutiert und verlangte von ihnen Bestleistung nach seinen Wertmaßstäben. Über Jahre war er eher enttäuscht, dass er immer nachkontrollieren, ja nacharbeiten musste, um das angestrebte Resultat zu erzielen.
>
> Nach seinem Zusammenbruch wurde dieses Bedürfnis noch größer, jedoch wollte er auf sein Team Rücksicht nehmen. Keiner durfte länger als bis 18.30 Uhr im Büro bleiben, Wochenendarbeit wurde „geahndet". Er selbst jedoch „machte die Arbeit seiner Mitarbeiter". Schließlich spürte er dieselben Symptome wie vor seinem Zusammenbruch, obwohl er regelmäßig Sport trieb, auf seine Ernährung achtete. Zeit für sich jedoch oder seine Frau, die für ihn eine große Stütze war, blieb nie. Er hatte schon lange ein schlechtes Gewissen, da auch kein Urlaub „möglich" war. Nur längere Flüge oder auch längere Geschäftsreisen nach Asien hatte er zurückgeschraubt.
>
> Im Laufe des Coachings wurden auch Feedbacks seiner Mitarbeiter eingeholt und er war sehr erstaunt zu erfahren, warum sie nicht mehr bereit waren, „die extra Meile" zu gehen. „Warum sollte ich 100 % geben? In den fünf Jahren hier in der Abteilung wurde kein einziger meiner Berichte, meiner Konzepte oder Verträge wirklich anerkannt. Ja, es gibt sogar Lob, aber wie kann ich dem trauen, wenn es immer Änderungen, Korrekturen gibt. Oft weiß man nicht, warum dies oder das fehlte. Die notwendigen Informationen habe ich nicht rechtzeitig erhalten. Dann mache ich eben nur 80 % und der Rest wird vom Chef eh ergänzt. Ich mache eben meinen Job. Befriedigend ist dies jedoch nicht. Ich habe schließlich

ein exzellentes Examen und weiß nun gar nicht, wie ich mich hier weiterentwickeln soll." So das Statement eines Mitarbeiters. Eine Kollegin bemerkte, sie würde gerne mal eine Stunde länger am Abend oder auch mal am Wochenende arbeiten, um an anderen Tagen (sie ist in einem Sportteam und Mutter) für sich und ihre Familie dafür mehr Zeit zu haben. Aber keine Chance, alles muss in ganz festem Rahmen erledigt sein.

Walter P. hatte auch keine weiteren Führungsebenen eingezogen. Er wollte gerne alles selbst „im Griff haben", so blieb ihm aber auch keine Zeit zu einem klärenden „Delegations-Gespräch" zu Beginn einer Aufgabe wie auch zu regelmäßigem Informationsaustausch. Den Mitarbeiter waren zwar die Rahmenanforderungen bekannt, sie kannten die Vorlieben des „Chefs" und wie er selbst arbeitete, welche ambitionierten Erwartungen er an sein Team hatte, aber Einzelkriterien wurden selten en détail besprochen. „Dazu habe ich doch gar keine Zeit. Dann mache ich dies doch lieber gleich selbst. Dann weiß ich, dass es gut ist."

Das klassische Führungs-Dilemma in puncto Delegation: Kann Walter P. als Manager seine Ergebnisverantwortung an seine Mitarbeiter abgeben, delegieren, kann er ihnen tatsächlich trauen, tatsächlich vertrauen, dass sie die von ihm angestrebte Leistung erbringen?

Für Walter P. war umso erstaunlicher, dass die Kunden selbst „seine Extra-Leistung" gar nicht „bemerkten". Denn darin lag nicht ihre Priorität. Frustration für Walter P. als Führungskraft in gleich zwei wesentlichen Partnerbeziehungen, zum Kunden wie zum Mitarbeiter.

Diese 360-Grad-Feedbacks zeigten ihm, dass er zuhören und verstehen musste. Die Erwartungen und Ansprüche erkennen, erfahren und verstehen musste. Loslassen musste von seiner Perfektion, vor allem eigene Ansprüche überdenken, teils revidieren musste. Dem Mitarbeiter tatsächlich Verantwortung übertragen und dadurch sich selbst entlasten. Vertrauen aufbauen.

Ein Lösungsansatz liegt in dem Motto „**Hilfe zur Selbsthilfe**".

Hilfestellung jedoch ist sehr diffizil. Als Erwachsener in unseren westlichen Industrieländern wird es eher als Schwäche ausgelegt, nach Hilfe zu fragen. Bislang sollte vor allem die Führungskraft keine Schwäche zeigen, den Kurs als Kapitän genau kennen. In einer solch dynamischen, komplexen Welt kann jedoch keiner mehr ohne die Hilfe des anderen ein hoch qualitatives Produkt herstellen. Wir sind auf kompetente Hilfe angewiesen. Gerade Führungskräfte haben sich im Laufe ihrer Karriere von Experten in ihrem Fachgebiet zu einem bereichsübergreifenden Generalisten entwickelt. Sie sind umso mehr auf die Hilfe ihrer Angestellten, ihrer Leistungsträger angewiesen: Ohne die Mitarbeiter ist eine Führungskraft gar nichts.

4.2 Management neu denken

Hilfe anzubieten oder nach Hilfe zu bitten, zeigt uns das Dilemma: Hilfe zeigt immer ein Gefälle, ein hierarchisches Verhältnis und widerspricht somit einem partnerschaftlichen Dialog auf gleicher Augenhöhe. Edgar H. Schein erläutert in seinem Buch: Helping: How to Offer, Give, and Receive Help (McGraw-Hill 2009; Schein 2009) genau diese Schwierigkeiten. Hilfe geben oder nehmen führt zu erheblichen zwischenmenschlichen Dynamiken und Disharmonien bezüglich Wertschätzung, Wertigkeit und Diskriminierung. Jemand, dem man ungefragt Hilfe anbietet, erscheint schwach und unfähig – genauso wie jemand, dem man Entscheidungen abnimmt, zur Unmündigkeit gezwungen wird. Stärke hingegen kann derjenige zeigen, der Hilfe gibt und sogar noch ungefragt eine umfassende Beratung, wie etwas genau durchzuführen oder umzusetzen ist.

Motivation und Eigenverantwortung, Selbstmanagement und Leistungsbereitschaft können so nicht „gelernt" werden. Frustration jedoch schon, Dienst nach Vorschrift – man gibt sein Denken eben an der Pforte ab, weil es eh nicht gefordert wird. Selbst in einem „demokratischen" Führungsstil zeigt dieses „Helfer-Syndrom" ein klares Machtverhältnis. Die Führungskraft mit der **Macht des „besseren Wissens"** und der letztendlichen Weisungsbefugnis.

Edgar H. Schein spricht dagegen von einer „**Humble Inquiry**" – bescheiden nach den Bedürfnissen, den Erwartungen oder im weiteren Schritt nach den Problemen zu fragen, zurückhaltend zu erkunden, warum und inwieweit der andere überhaupt Hilfe benötigt, und ihm dann innerhalb eines partnerschaftlichen Dialogs Hinweise und Tipps zu geben, wie er selbst die Lösung für sich finden und erarbeiten kann.

Wie also kann Hilfe zur Selbsthilfe, zum Selbstmanagement durch die Führungskraft funktionieren?

Die Führungskraft als Coach

Im Rahmen dieses Buches bevorzuge ich ein rein pragmatisches Vorgehen zum Thema Coaching beziehungsweise Coaching-Verhalten von Führungskräften, das in der Frage gipfelt, können oder dürfen Führungskräfte überhaupt Coaches sein?

Selbstverständlich kenne ich die strikte Definition von Coaching versus Beratung, Training on the job und vielem mehr, und auch die zahlreichen Diskussionen hierzu. Der Begriff Coaching hat hierdurch schon viel Schaden genommen, wurde in einigen Unternehmen regelrecht verbrannt. Ich stimme zu, dass zwischen Coaching-Verhalten und Coaching differenziert werden sollte, aber ich wehre mich dagegen, Führungskräften Coaching-Verhalten und Coaching-Fähigkeiten absprechen zu wollen. **Führen durch Fördern** ist ein wesentlicher Bestandteil eines partnerschaftlichen Führungsstils. Den Mitarbeiter zu befähigen, selbst Grenzen und Blockaden zu überwinden, beruflich wie privat.

Wer, wenn nicht der Manager, weiß, wann und warum ein Mitarbeiter „herausgefordert" oder zur Selbstfürsorge angeleitet werden sollte? In diesem Falle können Führungskräfte zu echten Coaches mutieren: fördernd, stärkend, effektiv, emphatisch, systematisch, ziel- und ergebnisorientiert.

Ken Blanchard hat hierzu schon vor rund zwanzig Jahren ein „Leadership Partnering for Performance" mit einem Situational Leadership® I Modell entwickelt, in dem er abhängig von unterschiedlichen Ansprüchen der Mitarbeiter an Führung variable Führungsverhalten definierte. Von einem noch stark direktivem Führungsstil für junge Mitarbeiter, die gerade erst ihr Know-how aufbauen, in die Organisation hineinwachsen und daher noch mehr der Sicherheit bedürfen, über die unterstützende Beratung hin zu Coaching und Delegation von Spitzenkräften mit Sachverstand und hoher Leistungsbereitschaft. Als wichtigste Erkenntnis realisiert der Mitarbeiter, dass er selbst aufgrund seines eigenen Verhaltens den Führungsstil seiner Vorgesetzten beeinflussen kann. Bei der Weiterentwicklung dieses Modells wurde noch mehr Wert auf intensiven, partnerschaftlichen Austausch und Dialog gelegt (Blanchard 2003, S. 59–72). Dieser ist besonders in der Zusammenarbeit mit Wissensarbeitern, mit Experten ihres Gebiets und hohen Leistungsansprüchen notwendig. Es kommt auf die beiderseitige Kenntnis, den Respekt wie die Wertschätzung an: wie jeder persönlich arbeitet bei Problemlösungen. Welche Wege er einschlägt, um Entscheidungen zu treffen. Wie er Verantwortung trägt. Welche Qualitätskriterien er als Resultat erzielen will. Das Ergebnis ist gegenseitiges Vertrauen. Vertrauen jedoch braucht Zeit, wächst über die Dauer der Zusammenarbeit.

Die Führungskraft als Coach fungiert wie ein „Transportmittel" für den Erfolg des Mitarbeiters. Es ist nicht die Hilfestellung durch Ratschläge und Entscheidungen, sondern vielmehr die Stärkung des Mitarbeiters zur Eigenverantwortung, zur persönlichen beruflichen wie privaten Weiterentwicklung. Es gilt, ihm eben nicht die Blockaden zu beseitigen, die Entscheidungen abzunehmen, sondern ihn dazu zu befähigen, diese in Verantwortung für alle Beteiligten, das heißt loyal gegenüber den Partnern wie sich selbst, zu treffen. Ihn auch aufzufordern, bestimmte Risiken einzugehen, um seine Fähigkeit zu entwickeln, mit Mehrdeutigkeiten und Veränderungen besser umgehen zu können.

Der Fokus liegt darauf, den Mitarbeiter immer wieder auf diese Selbstverantwortung und die Notwendigkeit des Selbstmanagements hinzuweisen und keine Lösungen für ihn zu finden. Ihn im Falle einer „Überforderung als Bestleister" eben nicht „einfach in Urlaub" zu schicken, sondern ihn in einem konstruktiven partnerschaftlichen Dialog selbst zur Erkenntnis zu führen, wie er eigenverantwortlich mit seiner Energie besser umzugehen lernt.

Ist die Führungskraft dann nicht überflüssig geworden? Wenn jeder sowieso alles selbstverantwortlich umsetzen kann. Wozu braucht man noch Manager?

Gute Führungskräfte fürchten nicht, obsolet – somit überflüssig – zu werden. Sie wollen ihre Mitarbeiter geradezu befähigen, ihren Job zu tun. In einem Unternehmen gibt es viel zu viele Herausforderungen, an denen jeder wachsen kann. Gute Führungskräfte klammern sich nicht an einer Position fest. Vielmehr kennen sie ihre Führungs-Qualitäten genau:

1. Sie bewahren den Überblick, verlieren sich nicht im Detail, nicht in einer Einzelaufgabe.
2. Sie erkennen wesentliche strategische Herausforderungen für das Unternehmen, für spezifische Abteilungen und entwickeln Strategien, setzen Visionen um.
3. Sie kennen und erkennen Prioritäten. Gerade innerhalb einer agilen, dynamischen Organisation ist dies erfolgsentscheidend. Sie agieren richtungsweisend, bieten einen stabilisierenden Rahmen.
4. Sie unterstützen bereichsübergreifende Kommunikation und Zusammenarbeit, agieren als Moderator zur Problemlösungsfindung.
5. Sie sind das „Back-up" für ihre Mitarbeiter und Teams in harten Zeiten. Back-up gerade auch für Offenheit und Transparenz, für die Sicherung der Werte.

Ronald A. Heifetz und Donald L. Laurie betonen in ihrem Artikel. „The Work of Leadership" (Harvard Business Review 2002), wie wichtig es ist, dass Leader Mitarbeitern, die sie wirklich fördern wollen, immer wieder neue Herausforderungen bieten müssen. Sie nicht in Sicherheit und Stabilität „einpacken", sondern sie dazu auffordern, sich auch „ohne ihr Eingreifen" der Geschäftswelt mit allen Ungewissheiten entgegenzustellen. Nur so können sie Mitarbeiter immer wieder herausfordern, ihre bisherigen persönlichen Grenzen und Blockaden zu überwinden und auf ein neues Leistungs- und Reflexionsniveau zu gelangen (Heifetz und Laurie 2002).

Fordern ist Fördern
James Belasco beschreibt ein schrittweises, aufeinander aufbauendes Vorgehen. Er empfiehlt, sein Augenmerk auf die Fortschritte im Prozess selbst, nicht auf Perfektion zu legen. Mehr auf die Stärken, Interessen und „Talente" zu legen statt auf „Verbesserung von Schwächen". Persönliche (Denk-) Blockaden zu erkennen und abzubauen, die Wachstum und Entwicklung behindern. Die Persönlichkeit mental zu festigen, um Visionen in der Realität möglich zu machen. Den eigenen Beurteilungs- und Handlungsradius durch Selbsterkenntnis und Selbstmanagement zu vergrößern. Im Gegensatz zu einem externen Coach hat die Führungskraft die Chance, dem Mitarbeiter im Unternehmen genau die richtigen, die passenden Entwicklungsmöglichkeiten zur Erprobung anzubieten; sei es mit Projekten oder

Führungserfahrungen. Der Einsatz der richtigen Person für die richtige Aufgabe zum richtigen Zeitpunkt (Belasco 2003, S. 233–240).

Und an dieser Schnittstelle verlagert sich die Rolle der Führungskraft von der eines persönlichen Coachs oder Team-Coachs in die Rolle eines Dirigenten, der die Vielfalt der Aufgaben in seinem Bereich oder als Top-Manager bereichsübergreifend im Blick hat.

Die Führungskraft als Dirigent

Wie ein Dirigent kennt er genau die Stärken und Fähigkeiten „seiner Teams", kennt aber auch die Eigenarten, die verschiedene Abteilungen eines Unternehmens zu „kulturellen Inseln" (cultural islands laut Edgar H. Schein) mit starken Kommunikationsblockaden werden lassen können. Jede Insel mit eigenem Stolz, eigenem Wertesystem, eigenen Fähigkeiten, die im Gesamtorchester des Unternehmens entweder krasse Misstöne erzeugen oder eine optimale Performance.

Ein Dirigent hat durchgehend eine exzellente musikalische Ausbildung, beherrscht nicht allein mehrere Instrumente, sondern besitzt eine intensive Kenntnis unterschiedlicher Komponisten und Werke. Vergleichbar zu Branchen und Produkten/Services, hat er als Dirigent, als Unternehmer eine eigene Vision, wie ein Stück am besten performed werden kann. Mit dieser Vision, der Argumentationskette, wie Teile oder das gesamte Stück gespielt werden sollte, überzeugt er die Experten seiner verschiedenen Abteilungen. Dazu hat er ein tiefgehendes Verständnis und eine große Wertschätzung für die Virtuosität seiner einzelnen Musiker, die jedoch alle – inklusive des Solisten – gemeinsam an der Performance arbeiten müssen. Tanzt nur einer aus der Reihe, führt dies zur Dissonanz, wird nur ein Beteiligter zu gering geschätzt, fehlt die Qualität!

Selbst wenn ein quantitatives Missverhältnis zwischen Pauke oder Triangel zur Gruppe der Violinen besteht, so ist der einzige qualitative Einsatz der Triangel an der richtigen Stelle in der richtigen Intensität entscheidend. Dies sicherzustellen und zu vervollkommnen, ist die Aufgabe des Dirigenten. Das Gesamtstück im Auge zu behalten, das Beste aus allen „herauszuholen" und dadurch für alle Partner von Nutzen zu sein bis hin zum Kunden, dem Zuhörer, für den dies zu einem erhebenden Erlebnis werden kann.

Deshalb ist für Microsoft für die Entwicklung ihrer Führungskräfte entscheidend, dass Manager die Chance erhalten, Einblick in mehrere Bereiche zu bekommen. Dieses Wissen kann nur sukzessive aufgebaut werden und ist erfolgskritisch, da alle Mitarbeiter bereichsübergreifend optimal zusammenarbeiten müssen. In diesen „Einblicken" sollte die Führungskraft verstehen lernen, worum es den Mitarbeitern in diesem Bereich geht.

4.2 Management neu denken

Warum sie gerade diesen Bereich zu ihrer „Berufung" gewählt haben, denn darin liegen die Werte und die Kultur dieses Bereichs. Ingenieure legen Wert auf Technologie, sie wollen ein herausragendes Produkt erschaffen, während die Kollegen des Vertriebs Kundenbedürfnisse erfüllen wollen, die nicht immer mit den Vorstellungen des Technikers übereinstimmen. Projektmanager sehen die Möglichkeiten eines Softwareprodukts zum Beispiel oft differenzierter, während der Account Manager schon ein noch weit in der Ferne zu erwartendes Release verkauft. Dadurch entstehen große Kommunikations- und Vertrauensschwierigkeiten.

Der Manager als Dirigent hat aufgrund seiner Erfahrung in den unterschiedlichen Bereichen deren „Subkultur" schätzen gelernt und kann somit einen ausgleichenden, partnerschaftlichen Dialog als **Moderator** herstellen, um zu einem zufriedenstellenden Endergebnis zu gelangen. Mit Hilfe bereichsübergreifender Teams, modern „cross-functional teamwork" genannt, kann er das gegenseitige Verständnis und auch eine Vertrauensbasis aufbauen.

Dazu muss er immer wieder wie ein Dirigent das „Pult" besteigen, um den Überblick zu wahren, die Einzelprozesse und Projekte miteinander verweben zu können. Er wird zu einem Generalisten, der Experten orchestriert, seien es Freelancer oder eigene Mitarbeiter, inbound oder outbound.

Je persönlicher, partnerschaftlicher diese Beziehungen gestaltet werden können, umso verlässlicher die Vertrauensbasis – es entsteht ein psychologischer Vertrag.

Wie können diese Ansätze praktisch umgesetzt werden? Ist dies nicht allein Zukunftsmusik?

> **Beispiel**
>
> Bereits Ende der 80er Jahre konnte ich diese partnerschaftlichen Führungsqualitäten bei exzellenten Managern am eigenen Leib erfahren. In einer eher patriarchalischen Struktur eines Großkonzern, noch festgezurrt in angeblich die Arbeitnehmer schützenden Tarifvorgaben:
>
> Bereits im ersten halben Jahr, somit noch in meiner Probezeit, erhielt ich große Freiräume, die mich motivierten und meine Leistungskraft unterstützten. Die damals übliche Arbeitszeit von 8 Uhr morgens bis 17 Uhr nachmittags. Ich bin nicht unbedingt Langschläfer, aber vor 9 Uhr ist mein Gehirn nicht sehr leistungsmotiviert. Mein „Chef" erkannte sehr schnell, dass ich ein High Performer bin und bereit war, die „extra Meile" zu erbringen. Meine Resultate sprachen für mich – und als ich darum bat, durfte ich meine Arbeitstage durchgängig erst um 9 Uhr beginnen. Diese Entscheidung vertrat er sogar in einer kritischen Situation gegenüber Kunden. Ich hatte einen Termin um 8 Uhr, war rechtzeitig auf dem Weg zum Kunden, blieb aber im Stau stecken. Zur damaligen Zeit noch ohne Handy, hatte ich keine Möglichkeit, meinen Vorgesetzten oder den Kunden zu

informieren. Dieser rief deshalb recht ungehalten bei meinem Vorgesetzten an und als er um 08.30 Uhr nachfragte, wo ich denn bliebe und ob im Hause Siemens Pünktlichkeit nicht zur Höflichkeit gehöre, antwortete dieser überzeugt: „Da müssen Sie sich leider geirrt haben, Frau van der Markt nimmt nie einen Termin vor 09.00 Uhr an." Als ich um viertel nach neun beim Kunden erschien und um Entschuldigung bat, entgegnete dieser, eine Viertelstunde sei nun wirklich kein Problem. Das könne jedem passieren.

Später als Projektleiterin bei einem anderen Manager powerte ich mich richtig aus. Ein Hochgefühl des Erfolgs, ein großartiges Produkt und ich erhielt für meinen Einsatz eine große Wertschätzung. Allerdings hatte ich Überstunden für rund sechs Wochen angesammelt, die nicht durch die Tarifregelungen abgesegnet waren. Mein Vorgesetzter hatte mich rechtzeitig darauf hingewiesen, aber ich hätte *mein* Projekt, meine Ergebnisse just in dem Moment abgeben müssen, in dem ich die Resultate auch dem Vorstand präsentieren konnte. Die Lorbeeren meiner Arbeit hätte jemand anderer oder mein Chef persönlich kassieren können. Wer will so etwas schon riskieren – und zum Glück wollte auch mein damaliger Vorgesetzter diese Situation nicht für sich selbst ausnutzen.

Wir gingen beide ins Risiko. Das heißt, mein Vorgesetzter wie ich selbst mussten uns gegenseitig absolut vertrauen, und die (Tarif-)Regeln brechen. Nach meiner Präsentation, lange Zeit nach der letzten zeitlichen Möglichkeit, um meine Überstunden offiziell korrekt abzubauen, nahm ich volle sechs Wochen Urlaub und reiste nach Afrika. Einmal pro Woche sollte ich meinen Vorgesetzten kurz informieren, ob es mir gut ginge. Im Gepäck hatte ich die Aufgabe, mein Projekt auch am Standort Siemens in Südafrika zu präsentieren. Meine erste große Präsentation außerhalb Deutschlands in englischer Sprache. Mein Chef hatte einen blanko von mir unterschriebenen Urlaubsschein. Wenn mir auf der Reise etwas passiert wäre, würde er den Urlaubsschein für mich ausfüllen, so dass ich auch im Krankheitsfall „abgesichert" wäre, wie er andererseits bezüglich eines „offiziellen" Urlaubs. Es war ein wundervoller Urlaub und eine tolle Erfahrung, als junge Projektleiterin „mein Produkt" international vorstellen zu können. Ich wurde gefordert, gefördert und gleichzeitig wurden meine persönlichen, physischen Bedürfnisse nach Erholung wie Reiseerfahrung berücksichtigt. Eine partnerschaftliche Beziehung mit großer gegenseitiger Wertschätzung.

Ich habe solche positiven Coaching-Beziehungen gerade im Konzern Siemens öfter erfahren dürfen. Ohne dieses Fordern, dieses „Hineingeworfenwerden" in immer größere Aufgaben mit gutem Back-up durch „meine Führungskräfte" hätte ich mir gerade am Anfang meiner Laufbahn verschiedene Aufgaben gar nicht zugetraut. Mein Zutrauen in meine Fähigkeiten konnte dadurch kon-

4.2 Management neu denken

tinuierlich wachsen. Ich war mir des sicheren Back-ups gewiss, dennoch erhielt ich eben keine vorgefertigten Lösungen.

Dazu sind jedoch vor allem „gestandene", das heißt souveräne Führungskräfte fähig, denen es intrinsisch „um den Menschen", um die Sache an sich, das angestrebte Resultat geht und nicht um die persönliche Positionierung. Sie sind bereit, Risiken einzugehen und dadurch soziale Verantwortung zu tragen. Sie sind bereit, für die Entwicklung und Förderung ihrer Mitarbeiter sogar selbst zurückzutreten. Sie sind selbstsicher, souverän und stehen für ihre Werte.

Diese souveränen und authentischen Führungskräfte hatten es nur an einer Stelle damals leichter als heute. Eine dauerhafte Verfügbarkeit, eine ständige Erreichbarkeit per Smartphone gab es noch nicht. Es galten die allgemeinen Regeln der Höflichkeit, dass niemand nach 20.00 Uhr abends mehr angerufen werden sollte. Auch das Wochenende wie der Urlaub waren heilig.

Diese Manager wussten, dass Mitarbeiter sich regenerieren müssen, Auszeiten benötigen, um kreativ und produktiv sein zu können. Diese „Vorgesetzten" respektierten die Privatsphäre, das Privatleben des Mitarbeiters. Sie waren am Menschen selbst interessiert, nicht nur an seiner Leistung für die Abteilung. Sie kannten persönliche Herausforderungen, Krankheiten der Kinder oder Eltern, wie auch individuelle Interessen aus intensiven Gesprächen. Leben war integriert in Leisten, in Führen und Selbstführen.

Rezepte, Konzepte, Regelwerke oder Ratgeber kann es für ein neues Leistungs- und Erfolgsverständnis somit nicht wirklich geben. Das neue Leistungsverständnis bewusster, intelligenter, sinnvoller und nachhaltiger zu leben und zu handeln, richtet sich nicht an unser gesellschaftliches und/oder wirtschaftliches System, sondern an jeden Einzelnen. Dies stellt für mich die größte aktuelle Herausforderung dar: der Respekt des Privatlebens, der Respekt und die Achtsamkeit auf die individuellen Fähigkeiten, Möglichkeiten, Grenzen und Lebensvorstellungen des Einzelnen.

Statt Methoden und Tools benötigen wir Selbstachtung und Selbsterkenntnis, um über die Dauer eines über 80 Jahre währenden Lebens, Freude, Sinn und Erfüllung finden zu können. Arbeit und Leistung gehören dazu, Burnout dagegen nicht.

Es ist auch heute wieder möglich, das ganz persönliche Hamsterrad zurückzudrehen, indem wir bewusst, **einen Schritt zurücktreten** und den **Fokus auf unsere langfristige Lebensqualität** legen.

Wir haben alle die Möglichkeit, selbst bestimmt und sehr bewusst, unser Leben zu gestalten. Leistung zu bejahen und zu fördern, als Manager wie als Mensch jedoch ein kritisches Augenmerk darauf zu legen, wie viel Raum diese Leistung in unserem Leben einnimmt.

Leistung sollte ein sinnvoller Baustein in unserem Leben sein, aber nicht so stark überhandnehmen, dass ein erfülltes Leben unmöglich wird, dass wir Lebensfreude, Lebensqualität außer Acht lassen wie unsere Lebensaufgaben in Partnerschaft, Familie und Freundschaft.

Denn bei allem „technischen Fortschritt" müssen wir uns bewusst sein, dass **zwei Ressourcen** unserem Leben, unserem ambitionierten Streben und Planen **klare Grenzen** setzen:

- **Unsere Zeit**
  Denn wir (ver-)planen nicht allein den Umsatz, den Arbeitstag, sondern Tag für Tag unser Leben, unsere Lebenszeit.
- **Unser Körper**
  Denn er kennt seine Grenzen besser als unser Geist. Er muss sich dem „Lauf der Zeit" zwar beugen, wir können ihn jedoch dabei unterstützen, dies mit Kraft und Energie, Freude, Wohlwollen und Wohlergehen zu tun.

Erfolg spiegelt sich dann darin wider, wie wir am Ende unseres Lebens mit diesen beiden Ressourcen sorgfältig und „gewinnbringend" umgegangen sind. Wenn Sie mit über 80 oder 90 Jahren bewusst und voller Freude sagen können: „Ich habe wirklich gelebt! Ich habe meine Potentiale und meine Träume verwirklicht, habe Liebe genossen, gute Freundschaft erlebt und viele wundervolle Erinnerungen. Ich habe das Glas zu 100 % geleert."

Diese Aufgabe kann einem jedoch keine Regelung, keine Führungskraft abnehmen – sie liegt im persönlichen Ermessen, in der Selbstverantwortung – in der Liebe zu sich selbst. Wie Wilhelm Schmid philosophisch zusammenfasst: **Lebenskunst – mit sich selbst befreundet sein.**

Literatur

Amabile T, Kramer S (2011) The progress principle: using small wins to ignite joy, engagement, and creativity at work. Harvard Business Review Press, Boston Massachusetts

Amabile T, Kramer S (2012) How leaders kill meaning at work. McKinsey Quarterly 01/2012

Amann B (2011) „Der kalifornische Traum", ZDF Mediathek, Video 1521448, 2. Dezember 2011

Bartholomus U, Thielicke R (2011) Eine Generation brennt aus. Focus 37:76–84

Brand U, Remke S, Ruzas S, Amling A, Jung B, Pröse T (2012) Siegen lernen. Focus 23:88–96

Bauer-Jelinek C, Martens A (2011) Das wahre Gesicht der Macht, Tabu der Führungslehre, ManagerSeminare 165:24–29

Belasco J (2003) The leader as partner-coach and people-developer. In: Segil L, Goldsmith M, Belasco J (Hrsg) Partnering, the new face of leadership. Amacon, New York, S 233–240

Bersin J (2012) The end of a job as we know it. In: Forbes Online: Leadership

Bethge P, von Bredow R, Brinkbäumer K, Diez G, Fichtner U, Hawranik D, Hujer M, Niggemeier S, Müller MU, Rapp T, Schmitz G, Schmundt P, Hilmar WM (2011) Apple-Gründer Steve Jobs – der Erfinder des 21. Jahrhunderts. Spiegel 41:68–77

Bittelmeyer A (2012) Chancengleichheit: Mehrwert durch Vielfalt, Vielfalt macht uns stark. ManagerSeminare regional, Wissenshochburgen im Süden 166:6–7

Blanchard K (2003) Leadership partnering for performance, using situational leadership® II to bring out the magnificence in people. In: Segil L, Goldsmith M, Belasco J (Hrsg) Partnering, the new face of leadership. Amacon, New York, S 59–72

Blanchard K, Johnson S (1998) Who moved my cheese?: An amazing way to deal with change in your work and in your life. Pinguin, New York

Böck H (2012) Glücksgefühl statt mehr Konsum. In: TAZ: Grenzen des Wachstums

The Boston Consulting Group, Inc. und World Federation of Personnel Management Association (2008) Creating people advantage, Bewältigung von HR-Herausforderungen weltweit bis 2015, Boston

The Boston Consulting Group, Inc. und World Federation of Personnel Management Association (2010) Creating people advantage 2010, How companies can adapt their HR practices for volatile times, Boston

The Boston Consulting Group (2009–2011) Inc. und WFPM (World Federation of Personnel Management Associations) (2011) Creating people advantage, Boston

Brixy U, Sternberg R, Vorderwülbecke A (2011) Global entrepreneurship monitor, Länderbericht Deutschland

Burn-out-Alarm (2010) Professoren und Klinikchefs warnen vor psychologischen Krisen als Massenphänomen. Focus 43

Covey SR (1990) The 7 habits of highly effective people. Fireside, New York

Csikszentmihalyi M (2010) Flow, das Geheimnis des Glücks, 10. Aufl. Klett-Cotta, Stuttgart

Deliga S (2011) Über die Sendung „Hart aber fair" von Frank Plasberg über „Burnout – Modekrankheit oder echte Seuche?". Bild.de. Zugegrifen: 15. November 2011

DeLong TJ (2011) Flying without a net, turn fear of change into fuel of success. Harvard Business Press, Boston

Dilk A, Littger H (2011) Mitarbeiterbindung „Betüddelung der Besten". ManagerSeminare 164:56–62

Domke B (2012) Weisure. In: Was ist Weisure. Harvard Business Review 1: 23.12.2012

Drucker PF (2010) Management in a time of great change, 1995. In: Drucker PF (Hrsg) Was ist Management? Das Beste aus 50 Jahren, 6. Aufl. Econ Verlag, Berlin, S 351

Drucker PF (2010) Management challenges for the 21st century, 1999. In: Drucker PF (Hrsg) Was ist Management? Das Beste aus 50 Jahren, 6. Aufl. Econ Verlag, Berlin, S 270

Drucker PF (2010) Management challenges for the 21st century, 1999. In: Drucker PF (Hrsg) Was ist Management? Das Beste aus 50 Jahren, 6. Aufl. Econ Verlag, Berlin, S 327, 331

Ederer P (2006) Innovation at work: the European human capital index, Lisbon Council Policy Brief in Zusammenarbeit mit Deutschland Denken! E.V. Zeppelin University GmbH, Brüssel

Effenberg S (2011) Interview Christian Witt (10/2011): Ich muss, ich muss, ich muss. Focus 42:94–95

Engeser M (2012) Permanenter Testlauf. Wirtschaftswoche 21:72–77

Faerber-Husemann R (2004) Deutschlandfunk, 01. Mai 2004

Ferriss T (2008) Die 4-Stunden Woche, mehr Zeit, mehr Geld, mehr Leben. Econ-Ullstein, Berlin

Flassbeck H (2010) Die unendliche Leistungsträgerlüge. Wirtschaft und Markt

Frankl VE (1982) Der Mensch vor der Frage nach dem Sinn, 3. Aufl. dtv, München

Frankl VE (2000) Trotzdem Ja zum Leben sagen, Ein Psychologe erlebt das Konzentrationslager. dtv, München

Fromm E (2000) Einleitung zu E. Fromm und R. Xirau, The Nature of Man, aus: Authentisch leben. Herder, Freiburg i. Breisgau

Gallup Consulting® (2011) Jeder fünfte Arbeitnehmer hat innerlich gekündigt, Beratungsunternehmen Gallup veröffentlicht Engagement Index 2010, Pressemitteilung vom 09. Februar 2011, Berlin

Gillies C (2012) Die Facebookisierung der Firmen, Führung 2.0. ManagerSeminare 166:25–28

Gladwell M (2011) Überflieger. Warum manche Menschen erfolgreich sind – und andere nicht. In: Bethge P, von Bredow R, Brinkbäumer K, Diez G, Fichtner U, Hawranik D, Hujer M, Niggemeier S, Müller MU, Rapp T, Schmitz G, Peter S, Hilmar WM (2011) Apple-Gründer Steve Jobs – der Erfinder des 21. Jahrhunderts. Spiegel 41:68–77, S 71

Godin S (2012) Interview with Vivian Giang, reporter Business Insider

Goleman D (1996) Emotionale Intelligenz. Hanser, München

Grewe M, Hasselberg S, Hirzel J, Kaufmann A, Kusitzky A, Schuster J, Seitz J, Strobel B (2012) Können Sie Boss? Peperoni-Karriere: Wer nach Macht strebt, kann von den Mächtigen lernen. Focus 4:58–66

Grunenberg N (1997) Macher der Moderne: Gerhard Schulmeyer, Was ist los mit den Deutschen? Die Zeit 43

Havighorst F (2006) Personalkennzahlen. Edition der Hans Böckler Stiftung, Düsseldorf

Hemel U (2007) Wert und Werte, Ethik für Manager – ein Leitfaden für die Praxis, 2. Aufl. Hanser, München

Hesse H (1952) Eigensinn, aus „Betrachtungen". In: Glück. Amandus Verlag, Wien

Hesse H (1986) Eigensinn macht Spaß, Individuation und Anpassung. Suhrkamp, Frankfurt/Main

Heifetz RA, Laurie DL (2002) The work of leadership. Harvard Business School Publishing Corporation, Cambridge

Himanen P (2001) Die Hacker-Ethik und der Geist des Informations-Zeitalters. Riemann, München

Hondrich KO (1988) Krise der Leistungsgesellschaft? In: Hondrich KO, Schumacher J, Arzberger K, Schlie F, Stegbauer C (Hrsg) Krise der Leistungsgesellschaft? Empirische Analysen zum Engagement in Arbeit, Familie und Politik. Westdeutscher Verlag, Opladen. Unter Mitarbeit von Berens J, Müller E, Vollmer R

Hope T, Hope J (1996) Transforming the bottom line managing performance with the real numbers. HBS Press, Harvard College, Boston

Innovations-Report (2006) Forum für Wissenschaft, Industrie und Wirtschaft

Janzing B (2012) Wertkonservativer Wachstumskritiker. In: TAZ: Grenzen des Wachstums, 03.Januar 2012

Johnson S (2000) Die Mäusestrategie für Manager, Veränderungen erfolgreich begegnen. Hugendubel, München

Jones TD, Womack JP (1996) Lean thinking, banish waste and create wealth in your corporation. Simon & Schuster, New York

Jumpertz S (2012) Mehr Demokratie wagen, Thesen vom Zukunftsforum Personal 2011. ManagerSeminare 166:74–78

Jumpertz S (2012) Wenig Talent fürs Talentmanagement, Personalarbeit in Zeiten des Fachkräftemangels. ManagerSeminare 166:6

Jumpertz S (2012) Personalentwicklung macht Kultur, Petersberger Trainertage 2012. ManagerSeminare 170:64–71

Jumpertz S (2012) Unheimlich viel Spaß, Dokumentarfilm „Work hard – play hard". ManagerSeminare 170:12

Liebert N (2011) Immer höher, schneller, weiter? In: Taz: Grenzen des Wachstums

Kahn O. http://www.oliver-kahn.de/index.php. Zugegriffen: 29.05.2012

Kant I (1784) Beantwortung der Frage: Was ist Aufklärung? Berlinische Monatsschrift 4:481–494

Kaplan RS, Norton DP (1996) The balanced scorecard translating strategy into action. HBS Press, Boston

Katthöfer U (2012) Spezialisten to go, Freelancer. ManagerSeminare 170:74–78

Kienbaum Management Consultants Studie 2008 in Zusammenarbeit mit Harvard Businessmanager

Kuhn L (2007) Reiz und Risiken der 70-Stunden-Woche. Harvard Business Manager 2012 (Juni)

Hewlett SA, Luce CB (2006) Extrem jobs – the dangerous allure of the 70-hour workweek. Harvard Business Review 2006 (Dezember)

Layard R (2005) Happiness: lessons from a new science. Penguin Press HC, New York

Lehmkuhl F, Wolfsgruber A (2006) Interview mit Oliver Kahn: Ich bin ein anderer Mensch. Focus 52

Leibinger-Kammüller N (2012) „Wir Deutschen haben früher auch kopiert", Interview geführt von Vanessa de l'Or. Cicero, Magazin für politische Kultur 2012(Mai):76–78

Leitl M (2007) Was ist Humankapital? Harvard Business Manager 9

Losmann C (2011) Work hard – play hard. Dokumentarfilm in Co-Produktion mit ZDF/ARTE, Uraufführung bei DOK Leipzig 2011

Losse B (2012) Gründer gesucht. Wirtschaftswoche 20:40

Loughborough-University. www.lboro.ac.uk

Maier C (2004) Die Entdeckung der Faulheit. Von der Kunst, bei der Arbeit möglichst wenig zu tun. Goldmann, München

Malik F (2006) Führen. Leisten, Leben, Wirksames Management für eine neue Zeit. Campus Verlag, Frankfurt

Malone TW (2011) The Age of Hyperspecialization. Harvard Business Review 2011 (July)

Marchlewski F (2008) Strategisches Talent Management, Accenture White Paper/ Accenture Research. http://www.accenture.com/Microsites/talentmanagement/Pages/default.aspx, sowie http://www.accenture.com/Microsites/talentmanagement/essays/Pages/NachhaltigkeitPersonal.aspx. Zugegriffen: 30.Mai 2012

Matthes N, Schuster J (2012) Die mutigen Strategien der Sieger. Focus 24:122–128

McAfee AP (2006) Enterprise 2.0: The Dawn of Emergent Collaboration, MIT Sloan Management Review, Cambridge

Meckel M (2009) Das Glück der Unerreichbarkeit, Wege aus der Kommunikationsfalle. Goldmann, München

Meckel M (2010) Buch an mein Leben, Erfahrungen mit einem Burnout, 2. Aufl. Rowohlt, Berlin

Merath S (2012) Entscheide dich – für dich!, Persönlichkeitsentwicklung. ManagerSeminare 166:40–42

Miegel M (2007) Epochenwende, Gewinnt der Westen die Zukunft? List Taschenbuch, Berlin

Mundle G (2010) Spiegel Online, 03. Februar 2010

Nagel K (2011) Employer Branding, Starke Arbeitgebermarken jenseits von Marketingphrasen und Werbetechniken. Linde Verlag, Wien

Opaschowski HW (2006) Deutschland 2020, Wie wir morgen leben – Prognosen der Wissenschaft, 2. erw. Aufl. VS Verlag für Sozialwissenschaften, Wiesbaden

Opaschowski HW (2010) WIR. Warum Ichlinge keine Zukunft haben. Murmann Verlag, Hamburg

Patalong F (2011) OECD-Zufriedenheitsindex Volk der notorischen Nörgler. Spiegel Online vom 26.05.2011

Perger WA (2009) Wirtschaftswachstum Aufstand gegen die Lebenslüge. Zeit Online, vom 30. September 2009

Perlow LA, Porter JL (2010) Weniger arbeiten – mehr leisten. Harvard Business Manager 2010 (Januar) (Boston)

Perlow LA, Porter JL (2012) Sleeping with your Smartphone, How to break the 24/7 Habit and Change the Way you work. Harvard Business Review Press, Boston

Reinecke C (2010) Wissensgesellschaft und Informationsgesellschaft, Version 1.0. In: Docupedia-Zeitgeschichte, Begriffe, Methoden und Debatten der zeithistorischen Forschung, 11. Februar 2010

Ressler C, Thompson J (2008) Why work sucks and How to fix it: no schedules, no meetings, no jokes – the simple change that make your job terrific. Penguin, New York (Vorwort und S. 3–4)

Rump J (2006) Employability – Künftige Anforderungen an Mitarbeiter und Führungskräfte, Präsentation: Fachhochschule Ludwigshafen am Rhein. Eschborn, 07. Dezember 2006

Rump J (2010) Leitung ibe, Institut für Beschäftigung und Employability, Vortrag: Megatrends der Wirtschaft, Ableitung für die Personalentwicklung. Bamberg 1. März 2010

Sattelberger T.(2010) Interview mit Tina Dörffer vom 23. Februar 2010, BertelsmannStiftung über die Herausforderung für die Personalarbeit von morgen. http://www.youtube.com. Zugegriffen: 29. Mai 2012

Schein EH (1985) Organizational culture and leadership. A dynamic view, San Francisco etc. (Jossey-Bass); p. 9 Jossey-Bass in Ogbonna E (abridged from E Ogbonna (1993) Managing organisational culture: fantasy or reality. Human Resource Management Journal 3(2):42–54. In: Billsberry, Jon (ed) The effective manager, open university, Milton Keynes 1997

Schein EH (2009) Helping: how to offer, give, and receive help, understanding effective dynamics in one-to-one, group, and organizational relationships. McGraw-Hill Professional, San Francisco

Schlie F (1988) Die Vielfalt der Leistungsbegriffe, in Hondrich KO, Schumacher J, Arzberger K, Schlie F, Stegbauer C, Behrens J, Mutter E (Hrsg) Die Krise der Leistungsgesellschaft, Empirische Analyse zum Engagement in Arbeit, Familie und Politik. Westdeutscher Verlag, Wiesbaden, S 50–67

Schmid W (2007) Mit sich selbst befreundet sein, Von der Lebenskunst im Umgang mit sich selbst. Suhrkamp, Frankfurt

Schor JB (2010) Plenitude, the new economics of true wealth. Penguin Press, New York (Also published in paperback as True Wealth)

Segil L, Goldsmith M, Belasco J (Hrsg) (2003) Partnering, the new face of leadership. Amacon, New York

Seligmann MEP (2007) Der Glücks-Faktor, Warum Optimisten länger leben, 3. Aufl. Bastei Lübbe, Bergisch Gladbach

Seligman MEP (2011) Flourish, a visionary new understanding of happiness and well-being. Nicolas Breale Publishing, New York

Shapiro EC (1996) Trendsurfen in der Chefetage. Campus, Frankfurt/Main, S 247 ff

Sprenger RK (2007) Das Prinzip Selbstverantwortung, Wege zur Motivation, 12. Aufl. Campus, Frankfurt

Bericht über Eva Zeisel. Schöner Wohnen Dezember 2011

Spiegel Online (2006) „Staatsverständnis: Der Traum von der sozialen Leistungsgesellschaft"

Steffen B. http://www.britta-steffen.com/uebermich.php. Zugegriffen: 29.05.2012

Strobel B (2012) Mutige Chefs gesucht, Management-Vordenker Fredmund Malik hält klassische Führungskräfte-Trainings für „bemitleidenswert unwirksam". Focus 4:67

Trainer Plattform, Internationale Antidoping Agentur: Der Sieg-Niederlage-Code. www.trainer-plattform.de. Zugegriffen: 12.01.2011

Unterschiedliche Image-Videos auf der Webpage von Trigema, datiert 30. Januar 2012

van Langen E (2012) Het randje von roem en naamlos. De Telegraf, Telesport

van der Markt R (2010) Ein rundes, volles Leben – und ich lebe es auf meine Weise! In: Asgodom S (Hrsg) Generation Erfolg, So entwickeln Sie Persönlichkeit. Kösel, München, S 221–241

Weber M (1904–1905) Die protestantische Ethik und der ‚Geist' des Kapitalismus. In: Archiv für Sozialwissenschaft und Sozialpolitik, Band 1, Bände 20–21 sowie in: Gesammelte Aufsätze zur Religionssoziologie 1920

Weber M (1920) Archiv für Sozialwissenschaft und Sozialpolitik. Die protestantische Ethik und der „Geist" des Kapitalismus. Bd 1., S 42–44

Wikipedia. http://de.wikipedia.org/wiki/100-Meter-Lauf. Zugriffen: 03. Januar.2012

Wikipedia. http://de.wikipedia.org/wiki/Leistungsgesellschaft. Zugegriffen: 03. Januar 2012

Wikipedia. http://de.wikipedia.org/wiki/Wachstumsrücknahme. Zugegriffen: 17. Januar 2012

Wikipedia. Emotionale Intelligenz. Zugegriffen: 11. April 2012, zuletzt aktualisiert 28. März 2012

Sachverzeichnis

A
achieving society, 9
Alumni (Netzwerk), 21, 68, 182, 184, 231
Ambiguität, 160, 222
Anerkennung, 28, 37, 43, 53, 61, 64, 88, 92, 98, 102, 105, 119, 131, 164, 173, 188
Arbeitsethik, 37, 38
Authentizität, 23, 163, 181, 186, 191, 195, 222, 230, 231, 237, 239
Autonomie, 2, 4, 161, 162, 175, 225–228, 231

B
Baby Boomer Generation, 44, 48, 85
Balanced Scorecard, 19, 20, 35, 86, 137, 139, 196, 223
Belastbarkeit, 49, 67, 105, 177, 178, 180, 210, 215, 229, 231
Berufsleben, 17, 40, 44, 80, 128, 147, 156, 160, 195, 203, 210
Berufung, 38, 54, 94, 188, 191, 253
Brutto-Happiness-Index, 227
Budgetverantwortung, 22, 26, 48
Burnout, 2, 41, 53, 59–61, 63–66, 68–70, 79, 85, 87, 93, 94, 96, 100, 101, 104–106, 108, 124, 130, 162, 163, 172, 192, 194, 195, 200, 207, 210, 217, 219, 220, 246, 247, 255
Business Reengineering, 7, 8, 19, 20

C
Change, 19–21, 59, 73, 95, 144, 151, 154, 159, *siehe auch* Veränderung
Change Management, 20, 21, 61, 87, 90, 91, 123, 144, 151, 154, 156, 157, 159, 197, 208, 217
Coach, 144, 150, 171, 187, 193, 195, 219, 224, 235, 237, 240, 249–252
Coaching-Prozess, 196–199
Commitment, 58, 236
Country Branding, 227

D
demografischer Wandel, 84, 91, 93, 104, 134, 139, 212, 226, 229
demokratischer Führungsstil, 37, 49, 127, 188, 218, 246, 249
Dienstleistungsgesellschaft, 111
Dirigent, Führungskraft, 142, 252, 253
Disziplin, 39, 41, 44, 49, 53, 58, 64, 84, 161, 163, 167, 171, 194, 220
Dreijahres-Wunder, 59
Drucker, Peter F., 12, 14, 22–24, 49, 93, 99, 110, 112, 142, 162, 188–191, 234
Durchsetzungsvermögen, 49, 239

E
Employability, 5, 19, 21, 72, 81, 87, 125, 127, 166, 167, 177, 179, 180, 182–184, 213, 221, 224, 229
Employer Branding, 127, 138, 158, 212, 227
empowered, 116, 133, 170
Enterprise 2.0, 209
Enterprise 2.0, 208, 232
Entrepreneurship, 73, 87
Erfolgsparadoxon, 220, 231

F

Frederick W. Taylor, 7, 117
Fremdbestimmung, 39, 81, 127, 131, 165, 170, 221
Führung, 3, 23–25, 31, 60, 63, 71, 89, 116, 140, 168, 209, 222, 232, 234, 238, 241, 243–245, 250
Führungsspanne, 22, 26, 230
Führungsstil, 24, 25, 30, 37, 49, 88, 98, 127, 188, 218, 233, 242, 244–246, 249, 250
Führungstiefe, 26, 230

G

Gemeinkostenwertanalyse, 7
Generationen-Management, 139, 220, 229
Gleichgewichtsethik, 78
grenzenloser Arbeitsplatz, 115, 144, 146

H

High Performer, 10, 12, 18, 20, 21, 25, 47, 56–60, 62, 64, 66, 71, 72, 93, 99, 105, 120, 124, 149, 150, 154, 155, 160, 165, 170–173, 176, 182, 184, 187, 201, 202, 208, 212, 213, 216, 220, 222, 223, 226, 228, 247, 253
Hochleistungskultur, 220, 223, 232
HR 3.0, 208, 210, 221, 232
Human Resources Management, 86, 136, 138
Humankapital, 32, 33, 91

I

Identität, 162, 163, 183, 237
Incentives, 31, 74, 81, 86–89, 223
Individualität, 134, 138, 142, 144–147, 163, 167, 170, 177
Industriegesellschaft, 22, 66, 88, 94, 109, 125
Informationsgesellschaft, 64, 110, 116
Innovation, 9, 13–15, 25, 87, 104, 109, 114, 127, 139, 143, 178, 191, 212, 216, 224, 226, 243
Integrität, 22, 23, 29, 136, 138, 225

K

Kant, Immanuel, 39
Karrierist, 57, 59, 79, 166, 182
Kennzahlen, 34, 35, 48, 238
Key Performance Indicators (KPIs), 27
Knowledge Management, 84, 111, 117, 120, 123
Knowledge Worker, 110, 236
Kommunikation, 30, 100, 147, 174, 211, 236, 237, 244, 251
Komplexität, 53, 95, 96, 106, 115, 181, 216, 230, 233
Kontrolle, 5, 16, 22–24, 99, 112, 169, 170, 208, 217, 221, 222, 231, 232
Kreativität, 5, 74, 87, 104, 111, 114, 139, 170, 173, 176, 178, 188, 191, 213, 224, 226
Kundenorientierung, 19, 157
Kündigung, 8, 21, 24, 32, 36, 43, 96, 106, 132, 182, 194

L

Leadership, 32, 49, 115, 137, 138, 140, 152, 154, 162, 173, 194, 234, 250, 251
Lebensaufgaben, 30, 40, 101, 132, 160, 187, 191, 209, 221, 226, 229, 256
Lebens-Intelligenz, 128
lebenslanges Lernen, 11, 116, 127, 161, 179, 180, 228
Lebensqualität, 33, 75, 76, 79, 83, 84, 93, 100, 107, 158, 177, 216, 220, 255, 256
Lebensrhythmus, 104, 177, 186
Lebenswerk, 21, 47, 54, 129, 153, 160, 177, 188, 189, 191, 205, 229
Leistungsbereitschaft, 2, 15, 16, 21, 37, 46, 49, 84, 133, 169, 185, 222, 237, 249, 250
Leistungsfähigkeit, 2, 7–9, 15, 16, 30, 36, 37, 42, 44, 46, 49, 54, 60, 61, 64, 65, 75, 84, 86, 93, 96, 98, 104, 106, 107, 151, 155, 173, 185, 210, 218, 222, 233, 237
Leistungsgesellschaft, 7–12, 18, 38, 52, 55, 61, 78, 92, 104, 167, 221
Leistungsträger, 1–3, 7, 10–12, 27, 36, 43, 46, 47, 50, 52, 53, 65, 78, 85, 93, 101, 108, 128, 176, 192, 201, 203, 248
Lob, 31, 43, 53, 62, 89, 173, 195, 247
Loyalität, 5, 17, 22, 52, 69, 74, 123, 140–142, 171, 184, 208, 215, 222, 231, 237, 238

Sachverzeichnis

M
Machbarkeitsglaube, 49
Macht, 10, 12, 22, 24–28, 36, 38, 41, 46, 49, 50, 52, 54, 55, 59, 72, 74, 79, 108, 111, 141, 147, 162, 163, 165, 168, 209, 210, 226, 241, 249
Management by Objectives, 24
Marktführerschaft, 22
Mehrdeutigkeit, *siehe* Ambiguität
Mentor, 18, 48, 52, 73, 115, 121, 122, 179, 224
Midlife-Crisis, 104, 188, 195
Motivation, 5, 8, 10, 20, 24, 30, 31, 35, 37, 49, 55, 56, 58, 81, 88, 99, 124, 130, 136, 141, 142, 150, 161, 172, 177, 183, 194, 208, 209, 222, 223, 249
Mut, 39, 45, 105, 132, 141, 153, 167, 178, 181, 210, 217, 219, 222, 244

N
Nachhaltigkeit, 84, 85, 130, 133–135, 141, 193, 197, 218, 236, 237

O
OECD Zufriedenheitsindex, 227

P
Partnering, 112, 127, 185, 226, 244, 245, 250
People X.Y., 208, 209
Perfektionismus, 3, 56, 167
Personal, 31, 32, 84, 86, 130, 208, 211, 231
Personalkennzahlen, 34
Persönlichkeit, 11, 20, 25, 42, 50, 53, 56, 58, 72, 80, 88, 94, 105, 114, 125, 132, 144–147, 150, 160, 161, 164, 167, 181, 194, 202, 218, 239, 240, 245, 251
Pflicht, 38, 40–44, 49, 67, 83, 94, 100, 107, 150, 157, 165
Plenitude, 107
Privatleben, 40–42, 44, 66, 69, 70, 72, 80, 81, 84, 93, 96, 97, 99, 100, 102, 103, 107, 108, 128, 131, 132, 147, 148, 155, 176, 177, 191, 195, 198, 203, 210, 226, 230, 235, 255
Profit Margin, 22, 27
Pursuit of Excellence, 57, 60, 64, 68, 70, 74, 165, 173, 219

Q
Qualität, 9, 36, 42, 46, 56, 72, 77, 79, 83, 87, 98, 99, 109, 119, 125, 129, 136, 142, 150, 153, 158, 169, 170, 174, 176, 177, 184, 186, 216, 234, 247, 252

R
Regeln, 48, 55, 87, 116, 127, 133, 146, 161, 167, 214, 226, 240, 255, 256
Rendite, 11, 13
Respekt, 20, 24, 116, 134, 138, 142, 152, 176, 177, 187, 218, 229, 231, 243, 245, 250, 255
Ressource, 1, 9, 31, 53, 75, 76, 78, 86, 98, 107, 108, 110, 111, 211, 216, 217, 231, 240, 256
Resultatorientierung, 22, 24, 79
Risiken, 49, 57, 111, 114, 124, 154, 160, 199, 204, 250, 255

S
Selbstbestimmung, 4, 39, 70, 81, 106, 111, 127, 132, 160–163, 165, 187, 209, 217, 221
Selbstbewusstsein, 44, 72, 161, 163, 164, 191, 192, 217
Selbstmanagement, 84, 135, 141, 160, 162, 165, 189, 190, 223, 249–251
Selbstverantwortung, 21, 63, 70, 81, 111, 122, 127, 130, 141, 157, 160, 165, 167, 177, 179, 197, 215, 219, 221, 223, 246, 250, 256
Selbstvertrauen, 5, 72, 80, 161, 164, 165, 167
Selbstverwirklichung, 13, 55, 150
Shareholder Value, 14, 15
Sicherheit, 11–13, 15, 17, 21, 22, 27, 28, 31, 34, 36, 46, 48, 55, 72, 80, 81, 84, 89, 94, 112, 127, 133–135, 146, 152, 156, 162, 166, 180, 181, 185, 187, 226, 227, 232, 250, 251
Sieg, Sieg-Niederlage-Codierung, 61
Sinn, 14, 18, 28, 47, 52, 58, 60, 72, 74, 79, 102, 130, 133, 141, 142, 162, 164, 165, 167, 190, 195, 203, 224, 255
Social Contract, 208, 209
Social Media, 84, 111, 112, 149, 157, 208

Spaß, 32, 37, 40, 42–44, 57, 63, 72, 83, 117, 130, 134, 144, 148, 149, 165, 193, 194, 199, 200, 203
Strategie, 24, 34, 75, 92, 130, 144, 160, 195, 207, 212, 234, 236, 238, 242, 251

T

Talent, 40, 53, 57, 61–64, 66, 72, 75, 208, 211, 212, 217, 227, 229, 231, 251
Talentmanagement, 1, 36, 158, 208, 210, 211, 218
Team, 1, 20, 25, 26, 30, 51, 58, 86, 89, 112, 113, 116, 119, 122, 127, 134, 136, 137, 139–141, 144, 146, 158, 168, 170, 172, 174, 175, 184, 193, 219, 220, 222, 232, 235, 239, 245, 247, 248, 251–253
Technologie-Gläubigkeit, 232
Time-to-Market, 92
Toleranz, 134, 139, 145, 167, 168, 209, 213
Top-Manager, 20, 25, 29, 44, 47, 50–52, 208, 210, 230, 234, 235, 237–241, 252
Transparenz, 113, 121–123, 127, 134, 138, 139, 141, 142, 168, 171, 172, 196
Tugenden, 57, 71

U

Unique Personal Proposition, 181
Unique Selling Proposition, 125, 142, 180, 191
Unternehmenskultur, 20, 26, 32, 51, 80, 163, 164, 175, 176, 200, 207, 208, 217, 232, 245
Unternehmergesellschaft, 109, 117, 120, 124, 127, 152

V

Veränderung, 2, 3, 30, 41, 58, 66, 80, 85, 89, 90, 110, 140, 143, 144, 146, 150–157, 159, 160, 172, 180, 181, 192, 196, 197, 225, 229, 242–244, 250
Veränderungsbereitschaft, 127, 143, 151, 177, 180, 242
Veränderungskompetenz, 127, 133, 134, 143, 151, 155, 159, 160, 197, 230
Verhalten, unternehmerisches, 25, 197, 217, 235, 249, 250

Verstehen, 2, 3, 134, 142, 166
Vertrauen, 4, 5, 13, 23, 24, 29, 60, 62, 98, 127, 134, 135, 140, 142, 161, 166–170, 177, 184, 185, 187
Vision, 10, 13, 19, 23, 32, 55, 62, 63, 73, 86, 88, 110, 142, 154, 156, 167, 181, 194, 228, 234, 236, 251, 252
Vorbild, 10, 51–53, 60, 64, 129, 163, 177, 201, 210, 216, 240

W

Weisure, 112, 149, 210
Wertewandel, 78, 85, 114, 132, 134
Wertschätzung, 20, 28, 37, 56, 102, 119, 131, 134, 139, 141, 142, 152, 164, 169, 177, 179, 183, 185, 187, 188, 217, 218, 222, 225, 229, 231, 245, 246, 249, 250, 252, 254
Wertschöpfung, 9, 11, 13, 23, 132, 134, 138, 184, 212, 245
Win-Win, 220, 224, 229, 235, 245
Wirtschaftsrücknahme, 75
Wissen, 12, 21, 33–35, 41, 67, 89, 93, 109–111, 113–116, 118–121, 125, 127, 142, 153, 161, 174, 183–185, 188, 194, 218, 222, 226, 229, 237, 239, 245, 249, 252
Wissensgesellschaft, 80, 87, 93, 106, 109–111, 114, 116, 117, 125, 126, 128, 165, 184, 234
Work-Life-Balance, 40, 44, 67, 68, 70–72, 81, 85, 87, 90, 91, 135, 158, 169, 174, 175, 215

Z

Zahlengläubigkeit, 13
Zeitmanagement, 41, 43, 44, 49, 66, 98, 102, 128, 199, 201
Ziel, 1, 55, 123, 132, 154, 162, 170, 176, 182, 209, 212, 225, 237, 238, 245
Zielvereinbarung, 18, 20, 23, 34, 237
Zufriedenheit, 56, 77, 79, 84, 161, 174, 200, 203, 205, 226, 228
Zuverlässigkeit, 135, 140, 142, 169, 222, 238
Zweck eines Unternehmens, 14, 22, 23

Adressen

Liebe Leserin, lieber Leser,
wenn Sie Roswitha A. van der Markt schreiben wollen, erreichen Sie sie unter info@vandermarkt-coaching.com. Über ihre Arbeit als Managementberaterin, Coach und Rednerin erfahren Sie mehr unter www.vandermarkt-coaching.com. Zum Thema dieses Buches bietet Roswitha A. van der Markt sowohl Vorträge wie Workshops und Coaching an.

Roswitha A. van der Markt
Garngartenstr. 6
D-85241 Hebertshausen b. München
Deutschland
E-Mail: info@vandermarkt-coaching.com
Tel: 0049-8131-99080

Über die Autorin

Roswitha A. van der Markt ist Autorin, Rednerin, Executive Coach und Managementberaterin mit mehr als 20 Jahren Erfahrung in der Industrie und als geschäftsführender Partner der weltweit führenden Unternehmensberatung Accenture für den Bereich Change Management und Human Performance.

Seit 1998 berät und coacht sie Einzelpersönlichkeiten wie Unternehmen bei Veränderungsprozessen, Human Performance sowie Strategie- und Organisationsprozessen. Im Fokus ihrer Arbeit sah sie immer die persönlich-menschliche Herausforderung bei Veränderungsprozessen und sie konzentrierte sich mehr auf das Coaching von Einzelpersönlichkeiten und Führungsteams.

High Performer aus Politik und Wirtschaft sind ihre Klienten. Leistung mit sinnvollem und erfülltem Leben zu verbinden, ist ihr zentrales Thema. Auf dem Wege zum Erfolg hat sie selbst immer wieder um die notwendige Balance ringen müssen. Sie ist für Top-Manager ein Sparringspartner auf Augenhöhe und weiß aus Erfahrung, wie notwendig, aber auch wie schwierig es ist, heutzutage als Manager wie Mensch seine persönlichen Potentiale ausleben, Lebensqualität und Erfolg verbinden zu können.

Sie studierte Geisteswissenschaften in München, Amsterdam und Pretoria und hat einen Executive MBA-Abschluss der Harvard University in Zusammenarbeit mit der MIT School of Management (Massachusetts Institute of Technology). Sie ist ferner Mitglied der German Speakers Association (GSA), der Vereinigung deutscher Spitzentrainer und der International Federation für Professional Speakers wie Mitglied des Instituts of Coaching Professional Association der Harvard Medical School.